单世联　李康化 主编

# 中国文化管理研究

（第一卷）

中国出版集团 東方出版中心

**图书在版编目（CIP）数据**

中国文化管理研究. 第一卷 / 单世联，李康化主编
—上海：东方出版中心, 2019.12
ISBN 978-7-5473-1580-4

Ⅰ. ①中… Ⅱ. ①单… ②李… Ⅲ. ①文化管理－中国－文集 Ⅳ. ①G123-53

中国版本图书馆CIP数据核字（2019）第260376号

**中国文化管理研究（第一卷）**

主　　编　单世联　李康化
策　　划　刘佩英
责任编辑　戴欣倍　肖春茂
封面设计　陈绿竞

出版发行　东方出版中心
地　　址　上海市仙霞路345号
邮政编码　200336
电　　话　021- 62417400
印 刷 者　上海盛通时代印刷有限公司

开　　本　710mm × 1000mm　1/16
印　　张　24.5
字　　数　319千字
版　　次　2019年12月第1版
印　　次　2019年12月第1次印刷
定　　价　78.00元

# 前　言

文化与人类共生，管理为社会机能。从有记载的时候开始，人类便有组织、调节、控制文化活动的行为，并且积累了许多值得尊重的经验和观念。回顾人类过去的管理尝试，其中当然有很多关于文化的荒诞看法，但由于人类的极端复杂性和文化价值的世代延续，漫长历史中提出的若干经验和观念现在仍以各种不同的形式反复出现。有关文化"管理"的理念和实践理所当然地也是文化传统的基本内容之一。

文化管理有一个漫长的过去，却只有一个短暂的历史。古希腊就有自发从事艺术推广活动的艺术家经理人(artist-manager)的角色，他们推销艺术作品，帮助艺术家实现其作品的经济价值。与此同时，以崇文著称的雅典城邦也查禁渎神的或无神论的、诽谤中伤的两种文字，柏拉图的《国家篇》《法律篇》则从理想城邦公民教育的角度，检讨模仿性文艺的认知价值、伦理效果和政治影响，提出了一套包括官方审查在内的文化管理思想。中世纪的文化生活由宗教神学所主宰，教会既鼓励支持服务宗教、传播福音的文化，也严禁各种世俗异端文化。近代以来，文化与民族国家建构及资本主义市场体制直接相关。17世纪，法国红衣主教黎塞留坚持"民族国家利益至上"的原则，以国家权力直接介入文艺生产，既保护文人也规范创作。1710年，英国议会颁布人类史上第一部著作权法案《安妮法令》，成为现代知识产权制度的基础。启蒙运动展开之后，剧院被普遍认为是道德学校，文艺生活中的国家意志逐步制度化；19世纪，资本主义市场原则向文艺领域扩展，艺术的经营管理、市场管理趋于成熟。20世纪60年代以来，北美和欧洲各国政府基于培养公民的国民意识、身份认同和文化归属感的考虑，积极投资建设公共及非营利的艺术组织，如博物馆、剧院、艺术中心、图书馆等，大量需要策略性的规划者、艺术机构财务管理者、人力资源管理者、艺术市场营销、博物馆藏品保育及策展人员等管理类人才。有见及此，一些国家纷纷设立专业艺术管理教育课程，创立专业同行评审的学术期刊，定期召开艺术行政学术会议，出版艺术管理教科书，形成国家或国际专业联系网络，所有这些都标志着艺术管理作为一门现代意义上的学科领域和专业的诞生。20世纪末全球化进程加速，文化交流、文明互鉴日益深刻地影响经济社会的发展，文化产业兴起，创意阶层崛起，文化议程被逐步整合到经济社会发展的动力、方式和目标之中。随着"文化资本主义"的兴起和人文社会科学领域"文化转向"的开展，艺术范畴扩大到整个文化领域，曾经相对独立的审美与艺术日益扩展到整个社会生活，精英艺术、商业艺术、应用艺术、业余艺术和文化遗产之间的界限逐渐模糊，行政管理扩大到经营管理，文化机构和组织的集中化与社会化同时展开，艺术赞助和补贴体系的不断更新，所有这些，都使得文化管理进入经济和社会政策体系，传统的"艺术管理(行政)"演化为"文化管理"，并以不同的方式进入学科学术体制。概括地说，西方文化管理的发展有三个阶段，这就是从活跃于市场的艺术中间人的"艺术推广"出发，到管理公共及非营利文化机构和组织管理为核心的"艺术管理/行政"学科的出现，再到支持具经济效益的文化创意产业为重点的"文化管理"领域。"文化管理"的自觉及其体系的构建是一个涉及政府权力、政治和意识形态、国家战略、全球文化交流、学科专业调整、新经济的崛起、新技术的推广、社会与发展方式的转型等诸多方面的过程。

古老的中国文化为文化管理提供了另一种更为丰富的经验和智慧。"管理"当然是晚清以来，特别是改革以来出现在汉语中的新词汇，但也有其古典含义。"管"为乐器之一，而"乐者，天地之和也"，故"管"是一种形成和谐秩序的管道和力量，引申开来就是使事物（如乐）或事情达到合理秩序的行为方式。“理”则是指自然的条理，玉石之理。作为动词，它表示的是“理顺”之意，即使事物或事情更为合理的意思。“管”和“理”都包含着一种自然秩序或人对秩序的要求。虽然没有直接使用“文化管理”的概念，但从《周易》的“人文化成”的理念，到刘勰“文之为德也大矣”的说法，古代中国从来都高度重视文化艺术的社会—政治功能；从周代的“采诗”制到宋代的画院，人文与艺术也渐被纳入国家管理的整体体系之中；从孔子的“删诗”“正乐”到后世儒家的诗教、乐教，以诗（乐）为教，古代中国的文化管理其实极为周密和深刻，它涉及各种文化形式的内容、风格和修辞。文化管理要处理的基本问题是“一”和“多”的矛盾，也即统一的政治—伦理准则和充满差异的艺术—文化事件的矛盾。古代中国的“和而不同，谐而不一”不但是处理文化间关系的原则，也是文化管理的原则。恰如钱钟书所释：“盖全同而至于‘壹’，绝异而至于‘睽’，则不能‘感’；必异中有同、同中有异始可。”（《管锥编》第一册，生活·读书·新知三联书店2007年版，第46—47页）从中西对比的角度看，以儒家为主体的中国文化，历来重视以德治国、以文养德。“发乎情止乎礼义”，中国文化管理离不开伦理，伦理也离不开管理。中国的文化管理不只是控制理论、权力行使，而且更多的是一种心性与行为的协调理论，一种沟通人际的关系学说。老子的“治大国若烹小鲜”的说法，近年来多有论者提及，但更具精意的是，古代中国还有一种由文艺而国家的管理思想。先是汉人蔡邕在《琴赋》中率先提出“治国譬如张瑟”的观念，此后《淮南子·缪称训》亦说“治国譬如张瑟，大弦絙则小弦绝矣。故急辔数策者，非千里之御也”。据钱钟书说，佛经（《四十二章经》《杂阿含经》《出曜经》等）、《礼记·杂记》及唐人刘禹锡的《调瑟词》等，其中均有“同《淮南》之旨”的论述。钱钟书据此指出，荀悦《申鉴·政体》篇：“睹孺子之驱鸡也，而见御民之方；孺子驱鸡，急则惊，缓则滞”；《后汉书·鲍永传》“永以吏人痍伤之后，乃缓其衔辔”，章怀注：“喻法律以控御人也”；《晋书·李雄载记》杨褒曰：“夫统天下之重，如臣乘恶马而持矛也，急之则虑自伤，缓之则惧其失”；堪相发明。“调瑟喻治国，亦西方古人常言；或论尼罗（Nero）失政，以弦柱急张、缓张为譬，尤类《淮南子》等语意。”（《管锥编》第三册，生活·读书·新知三联书店2007年版，第1615页）“治国譬如张瑟”是一个比“治大国若烹小鲜”更具中国特色的治国理念，据此我们可以对中国“文教立国”的传统获得更深入的理解。近代以来，中国引进西方现代性的文化自律理论，文化艺术拥有一定的独立性，与此同时，国家权力向文化艺术领域的扩张也是现代民族国家和现代治理体系建设的内容之一。1949年中华人民共和国成立以后，中国建构了一套完整的文化管理体系，从意识形态管理到文化行政管理，从公共事业管理到企业经营管理，都鲜明体现了马克思主义意识形态、社会主义文化理想和中华文化传统，有效地推动了中国文化繁荣发展和对外文化交流。改革以来，现代化进程迅猛推进，公民文化权利逐步落实，文化成为公民的生活方式与经济社会发展的引擎；公共文化服务体系日益完善；文化产业融合文化与经济，改变了中国文化与经济的版图；创意经济推动了中国经济的转型，如此等等，我们迫切需要建设与中国国家治理现代化要求相适应的系统完备、科学规范、运行有效的文化管理体系，而文化管理学科建设也成为繁荣中国人文社会科学的内在要求。

中外实践表明，文化管理作为人类促进、规范、引导文化发展的制度性实践，是文明人类的自觉行动。文化是表达希望、创造理想的自由领域，在现代社会，它具有否定现存资本主义社会秩序，提供另一种可能、另一种选择的乌托邦功能。对于20世纪的批判理论家来说，生活在一个“被管理的世界”是一个令人悲哀的事实。但是，在文化已经成为人类文明的生活方式，文化成为共同体凝聚力和国家软实力，文化生产、传播和消费已成为一个庞大产业的当代世界，系统的、合理的、有效的管理是文化发展的重要前提。问题只是在于，我们的文化管理如何在政府、市场与社会的互动中实现权力与市场、规范与自由、整体需要与个体创造之间的平衡？在这方面，列宁在一个多世纪之前说的话仍然是我们的指导思想：“无可争论，写作事业最不能作机械划一，强求一律，少数服从多数。无可争论，在这个事业中，必须保证有个人创造性和个人爱好的广阔天地，有思想和幻想、形式和内容的广阔天地。这一切都是无可争论的，可是这一切只证明，无产阶级的党的事业中写作事业这一部分，不能同无产阶级的党的事业的其他部分刻板地等同起来。这一切绝没有推翻那个在资产阶级和资产阶级民主派看来是格格不入的和奇怪的原理，即写作事业无论如何必须成为同其他部分紧密联系着的社会民主党工作的一部分。”(《党的组织和党的出版物》,《列宁选集》第一卷，人民出版社1995年版，第648页)在当代中国，文化管理的使命，就是通过对文化的系统管理、依法管理和综合管理，尊重文化的特殊性，维护文化价值的尊严，坚持正确导向，凝聚社会共识，校正文化发展轨道，繁荣文化生产与文化生活，实现民族文化的复兴。

文化管理当然有其约束、规训的内涵和效果，但从积极的方向看，它更是一种文化自觉和文明追求：我们必须选择我们所需要的文化、创造我们所希望的文化。我们生活在现实环境之中，我们承继着过去的传统，但我们不只是被动地接受环境与传统。改造我们的环境、转化我们的传统是今天的使命。不是文化决定论、文化宿命论，而是文化选择论、文化创造论，是文化管理的前提和基础。管理是我们自发的或自觉的行为的干预和介入，相对于自发的文化行为，管理是文化的自觉；相对于自觉的文化行为，管理是基于特定的目标和原则的更高自觉。无论如何，文化管理就是以我们今天的需要、理想来处理传统、改造现实，创造我们今天的文化，选择我们的未来。人类创造了文化又生活在文化之中，文化是人类生活实践的结晶又规范着人类生活实践。借用马克思的话说，人类创造自己的文化，但他们并不是随心所欲地创造，并不是在他们自己所选定的条件下创造，而是在直接碰到的、既定的、从过去继承下来的条件下创造。这就意味着，现代意义上的“文化管理”也有其传统根基，中国文化管理不同于西方文化管理，不同的文化管理模式，反映的是不同的文化传统，文化多样性表现为文化管理的多样性。我们要实现文化管理的现代化，要吸收外国特别是西方文化管理的理念、体制和技术，但文化多样性意味着文化管理的多样性，中国永远有自己的特色和自己的做法。如果说文明表达的是人类进步的共性，而文化则是体现着不同共同体的差异，那么中国的文化管理，既应当有现代文化的共同价值和现代治理体系的普遍标准，也应当具有中华传统的内涵并体现社会主义的核心价值观。在此意义上，文化管理是现代文化体系建设的必然要求，也是我们追求理想文化和美好生活的必要规范。

自20世纪90年代以来，上海交通大学文化产业管理专业就以培养文化管理人才、构建文化管理学科为目标，并为此做了不懈努力，包括编著专业教材、出版学术集刊、组织学术研讨等。我们有幸参与、见证了“文化产业管理”作为二级学科逐渐成形的历程，在此基础上，我们还应当继续推进“文化管理”作为独立学科的建设。根据我们的实践和认识，文化管理既有跨学科、交叉学科的性质，也应当是社会科学领域与工商管理、公共管理等并列的一门独立学科，这是经济建设、政治建设、文化建设、社会建设和生态文明建设五位一体总体布局的必然要求，这是坚持社会主义先进文化前进方向，树立高度的文化自觉和文化自信，建设社会主义文化强国这一宏伟目标的必然要求。在这门独立的学科之下，至少应当包括文化史论、艺术管理、文化遗产管理、公共文化管理、文化产业管理、创意管理六个二级学科。加强文化管理学科的建设，培养合格的、优秀的文化行政管理人才、公共文化与文化企业经营管理人才和文化管理研究人才，是高等学校的重要使命之一。今天，中国特色社会主义已经进入新时代，中国人民正奋力追求美好生活，文化发展和文化管理学科建设也进入了一个新的历史阶段。为此，在上海交通大学媒体与传播学院和东方出版社中心的支持下，我们以“上海交通大学全球文化管理研究中心”的名义，编辑了《中国文化管理研究》学术丛书，期待会聚国内外同行，阐释、提炼中国文化管理的丰富实践，借鉴外国特别是西方文化管理的理论、方法和学科建设经验，深入持久地开展中国文化管理的学科体系、学术体系和话语体系的研究和构建，推动文化管理作为中国人文社会科学领域的一门独立学科的建设。“东岸绿荫少，杨柳更须栽。”期待我们的同志——文艺文化工作者，高等学校文化管理类学科的同仁——都来参与这项共同的事业。

单世联

2019年10月

# 目　录

## 理论新篇



## 政策实践



## 空间探索

**文化经济**



**新近书评**

# Contents

# 理论新篇

# 老故事加新话语：西方文化管理的三个主题

| 单世联（上海交通大学媒体与传播学院）

**摘要：**

在西方历史上，官方审查、艺术补贴和版权制度是最具普遍性的文化管理方式。三种方式各有其内容、程序和目的，而既保持政府对文化艺术控制又维持文化艺术的生存和发展，则是文化管理的出发点。近代以来，公民权利和表达自由成为社会主题，官方审查的合理性、合法性受到质疑；艺术补贴当然必要，但只有少部分公民才欣赏的高雅艺术，为什么要拿全体纳税人的钱来补贴？版权制度应当是最没有争议的，但在新的技术条件下，能不能保护已是一个问题，如果保护的结果不是有利于创造和艺术家，则应不应当保护也还需要讨论。由此可见，在审查、补贴和版权这些似乎最基本、最常见，也最天经地义的管理行为中，都包含着复杂和多样的问题线索，而这些疑问随着社会变迁和技术进步，又具有新的内涵和效果。简要地介绍、总结已有的观点和论述，是建立现代文化管理体系的基础性工作。

**关键词：**审查；补贴；版权；争论

**Abstract**: In western history, official censorship, art subsidies and copyright system are the most common cultural management methods. The three modes have their own contents, procedures and purposes. The starting point of cultural management is to keep government' control while maintaining the survival and development of culture and art. In modern times, civil rights and freedom of expression have become social themes, and the rationality and legitimacy of official censorship have been questioned. Art subsidies are of course necessary, but since only a limited number of citizens appreciate the elegant art, why should all taxpayers subsidize it? Copyright system should be the least controversial, but under the new technological conditions, whether it can be protected remains a question. If the result of protection is not beneficial to creative artists, whether it should be protected or not also needs to be discussed. From then on, it can be seen that the most basic, common and natural management behaviors, such as censorship, subsidies and copyright, contain complex and diverse clues to problems, which have new connotations and effects with social changes and technological progress. Briefly introducing and summarizing the existing views and discussions is the basic work of establishing modern cultural management system.

**Keywords**: official censorship, art subsidy, copyright, debate

“文变染乎世情，兴废系乎时序。”与传统的文化生产多属个体性创作不同，当代文化，特别是文化产业是正在生长的经济领域，也与社会、政治、生态等深刻互动，它理所当然地成为政府管理的一个重要对象。尽管阿多诺(Theodor Adorno)为“被管理的社会”(包括“被管理的文化”)感到愤怒和悲哀，但任何政府都不能忽视这样一个庞大的、重要的产业。而文化生产、传播与消费所关系到的众多企业、巨量从业人员、持续上升的经济效益、广泛的社会影响等，也需要制度化、法规化的管理。问题只是在于，政府管理在什么程度上、以什么方式尊重文化产业的特殊性？在各种议题中，引起众多讨论并较具理论价值的，主要是文化审查、政府补贴和版权问题。

## 一、文化审查是否必要？

作为管理的主题之一，文化审查一般是指政府机构、宗教团体、民间社团以及社会风俗等基于主观判断而对文化内容与形式作某种程度的检查，这是一种限定公民对文化资讯的获取、阅读与听闻的制度。

文化审查由来已久。以文明和民主著称于史的雅典城邦，也查禁两种文字，渎神或无神论的、诽谤中伤的文字。古希腊哲学家柏拉图首创关于文艺审查的理论，其理论主要表述在《理想国》(或译《治国篇》《王制》等)和《法律篇》两篇对话中。在《理想国》第七卷中，柏拉图有一个著名的洞穴隐喻：有些人住在一个地洞中，他们的手脚被锁链束缚而不能移动，也不能掉头。在他们后面的高地上，有另外一些人扛着各种器具来来回回地走动。在这些行走之人的后面，是一团火，再后面是洞穴的出口。那些被缚的囚徒只能看见他们前面洞穴尽头的洞壁，他们既不能相互看见，也不能看到那些行走的人以及他们后面的火。囚徒们唯一能看见的就是面前洞壁上的影子，他们不知道这些影子是那些行走之人在洞壁上的投影，还以为这些影子就是真实的事物。这个寓言的意思是：绝大多数人都居住在黑暗的洞穴之中，他们是在模糊不清的影子世界中形成自己的认知和思想的。如果我们所能知道的只是影子，那么我们就永远也不会有可靠的知识。教育的任务就是引导人们走出洞穴进入光明世界，这是从现象（影子）世界进入实在世界的转变。“洞穴隐喻”是把握柏拉图的艺术思想的关键。在柏拉图看来，艺术是对感性事物的模仿，感性事物是对实在（“理念”）的模仿，所以艺术是“摹本的摹本”“影子的影子”，它“和真理隔着两层”，而真理也就停留在艺术之外。在此意义上，诗人没有真知，模仿只是儿戏，诗歌大体上等同于无知、欺骗和理智的混乱。

问题在于，艺术不但借真理之名欺骗公众，而且对公众具有巨大的魅力和诱惑。柏拉图认为，人的灵魂是由三部分构成的：理性、激情与欲望。就任何社会或个人来说，理想的状态是社会或个人灵魂中较好的成分征服较坏的成分，即以理性来征服激情和欲望，好的生活要求理性的统治。但绝大多数人不能使欲望与激情服从理性的领导，因而迷失自我，其行为不能与其真正的目的相一致。模仿艺术就恰恰在逢迎人性中低劣的激情，我们观看悲剧、聆听史诗时其实就是在想象中纵容我们脆弱的灵魂，以牺牲灵魂更高、更理性的部分为代价来强化这些激情。中国学者陈中梅指出：“人的心理状态的好坏将直接影响社会组织形态的状况，影响人的生存质量和氛围。紊乱的心灵会导致肌体的失衡，破坏生活的正常秩序。所以，柏拉图认为，设法保持人的心理平衡，形成健康稳定的心理状态是维持社会稳定和建立良好的社区生活秩序的关键。社会贤达们有义务从关护人的肌体和心魂的健康入手，借助于教育和包括诗歌在内的文化形式的辅佐，为改善人的生存状态，提高人的整体素质，增强人的公共意识和伦理观念努力奋斗。”①

艺术能够影响并教化公众，柏拉图高度重视文艺的教育功能，但几乎当时所有形式的艺术，都不能带来好的伦理-政治效果，不足以培养出合格的公民，所以柏拉图提出了一套文化审查的理论。

现有的作家作品既无真实内容又败坏公众灵魂。在《理想国》中，柏拉图对诗歌——主要指为西方文化奠定了基础的荷马史诗和悲剧——提出了严厉指控。① 诗歌模仿表象，因而是不真实的。② 诗歌属于灵魂中最坏的部分。③ 没有真实的外观诉诸灵魂中非理性的部分。美国学者帕帕斯（Nickolas Pappas）详细总结了柏拉图反对诗歌的理由，列表如下：②

**表 1　柏拉图反对诗歌的理由（美国学者帕帕斯总结）**

| | 第 2～3 卷 377a～388b | 第 10 卷 595a～608b |
|---|---|---|
| 1. 作者的错误 | 荷马（377d, 379d—e, 381d, 383a, 386c—387b, 388a—389a, 390a—391b,393a）；荷西俄德（377d,e）；品达（381d,408b）；埃斯库罗斯（380a,383a）；索福克勒斯（381d）；悲剧家作为一群人（394c—d,408b） | 荷马（595b, 598d, 599c—600e,605c,606e—607a）；荷西俄德（600d）；悲剧家作为一群人（595b,598d,605c） |
| 2. 易于受诗歌影响的听众 | 儿童（377a—c）；不过也有城邦里的一群人（378a,380b—c,383c,386a,391b） | 儿童（598c）；不过主要是成年人（604e,605b），即使是我们之中最好的人（605c） |
| 3. 诗歌的问题 | 1. 关于神的错误（377d—e,379a）；更坏的是　2. 对卫国者的坏的影响（378a,386c,387b—c,388d,391b） | 1. 诗歌的模仿是一种固有的无知过程（598c—601b, 602a—c）；更坏的是　2. 这败坏灵魂（604d—606d） |
| 4. 诗歌的坏影响 | 对祖先不敬（378b,386a）；公民之间的不和（378c,386a）；大笑（388e）；哀哭（378d—e,88d）；胆怯（381e）；沉溺于欲望（389d—e） | 大笑（606c）；哀哭（605c,606a）；沉溺于欲望（606d） |

① 陈中梅：《柏拉图诗学和艺术思想研究》，北京：商务印书馆 1999 年版，第 122 页。

② 〔美〕N.帕帕斯：《柏拉图与〈理想国〉》，朱清华译，桂林：广西师范大学出版社 2007 年版，第 241 页。

（续表）

| | 第 2～3 卷 377a～388b | 第 10 卷 595a～608b |
|---|---|---|
| 5. 模仿的过程 | 1. 诗人扮演角色说话的方式(393a—b,395a)；2. 演员表演一个角色(396b) | 1. 画家模仿一个对象的外观(598b—c)；2. 诗人向未受训练的听众扮演一个人行为的外观(604d—e) |
| 6. 模仿的主题 | 人(392b,393b—c,395e—396d) | 人(604e,605a—d) |
| 7. 模仿特别坏的结果 | 坏的习惯(395c—e) | 激起灵魂中低等的部分(605a,606a—d) |
| 8. 可以允许的诗歌 | 模仿最好的人(396e—386b) | 对众神的颂诗；模仿和赞美最好的人(604e,607a) |

不但荷马史诗和雅典悲剧既假且坏，柏拉图实际上还认为，几乎当时所有的文化形式，都不可能完成教育公民的重大使命。

比如造型艺术："我们要不要同样地监督其他的艺人，阻止他们不论在绘画或雕刻作品里，还是在建筑和其他艺术作品里描绘邪恶、放荡、卑鄙、龌龊的坏精神？哪个艺人不服从，就不让他在我们中间存在下去，否则我们的护卫者从小就接触罪恶的形象，耳濡目染，有如牛羊卧毒草中嘴嚼反刍，近墨者黑，不知不觉间心灵上便铸成大错了。""绘画以及一般的模仿艺术，在进行自己工作时是在创造远离真实的作品，是在和我们心灵里的那个远离理性的部分交往，不以健康与真理为目的地在向它学习。"①

再如音乐："假定一个人纵情乐曲，让各种曲调唱腔，甜的、软的、哭哭啼啼的，醍醐灌顶似地，把耳朵当作漏斗，注入心灵深处，假使他全部时间都沉溺于丝弦杂奏歌声婉转之间，初则激情部分（如果有的话），像铁似的由粗硬变得柔软，可以制成有用的器具。倘若他继续这样下去，像着了魔似的，不能适可而止，他就开始融化了，液化了，分解了。结果就会激情烟消云散，使他萎靡不振，成为一

① 柏拉图：《理想国》，郭斌和、张竹明译，北京：商务印书馆 1994 年版，第 107、401 页。

个‘软弱的战士’。”①

柏拉图对文艺的指控主要有两条理由。认识论-形而上学的指控是,它与真理相隔遥远。伦理-政治的指控是,它败坏公众灵魂。当代学者杰西卡·莫斯(Jessica Moss)认为:“模仿性艺术模仿表象而非真实,因此是‘写实性的’,有说服力并引人注目,可以欺骗观众让他们认为艺术家便是所模仿之事的专家。模仿性诗歌模仿的是人世生活和人类德性的表象。但这些表象与真实迥异:多样而矛盾而不是稳定而统一,看上去好的人物事实上是恶的典型样本。观众为‘写实性’描述所诓骗:他们崇拜并将这些英雄们作为德性典范加以效仿,并把作者当作是一个知晓如何生活的专家。与其他模仿性艺术相比,诗歌的蛊惑力似乎更大而且更具危害性,因为它影响和满足心灵中非理性的部分,那个经历强烈而富于破坏性的愉悦的部分。诗歌通过满足心灵这一部分继而增强它;于是观众们的理性思考陷入瘫痪,他们的心灵受到了危害。”②在柏拉图看来,模仿艺术鼓动、培养、加强灵魂中的最低贱的那一部分而败坏其中最佳的那一部分,它们所带来的快感是如此强烈以至于它们甚至可以威胁到那些通常明白是非、讲道理、准备服从法律的那些人的心灵秩序,其后果就像城邦中让坏人当政主宰国务而把好人轰下台一样。所以,为了维护灵魂的“自然等级秩序”,培养合格的公民特别是城邦护卫者,柏拉图认为,我们有理由不让模仿诗人进入一个具有完善法制的城邦。

然而,有两点必须强调。其一,在柏拉图的思想中,艺术在认识论-形而上学方面的虚假性与其在伦理-政治方面的危害性是不平衡的。他始终否定模仿艺术的认识论价值,但对其伦理价值却分别处理,即承认也有能够产生有影响的好作品,但在认识论-形而上学方面,他始终对模仿艺术持否定态度。正如陈中梅

---

① 柏拉图:《理想国》,郭斌和、张竹明译,北京:商务印书馆1994年版,第122页。

② 〔美〕杰西卡·莫斯:《模仿性诗歌及其恶之因由》,G.R.F.费拉里主编:《柏拉图〈理想国〉剑桥指南》,岳林等译,北京:北京大学出版社2013年版,第383页。

所说的："柏拉图承认，模仿艺术有时具有积极的意义，但在论及模仿与现实的关系时，他却经常迫于立论的需要，把它们当作负面的'陪衬'。"[①]因此，其二，柏拉图并没有把所有的诗人都赶出理想国，他反复区分了两种诗人、两种艺术：

> ……假定有人靠他一点聪明，能够模仿一切，扮什么，像什么，光临我们的城邦，朗诵诗篇，大显身手，以为我们会向他拜倒致敬，……与他的愿望相反，我们会对他说，我们不能让这种人到我们城邦里来；法律不准许这样，这里没有他的地位。我们将在他头上涂以香油，饰以羊毛冠带，送他到别的城邦去。至于我们，为了对自己有益，要任用较为严肃较为正派的诗人或讲故事的人，模仿好人的语言，按照我们开始立法时所定的规范来说唱故事以教育我们的战士。
>
> ……实际上我们是只许可歌颂神明的赞美好人的颂诗进入我们城邦的。如果你越过了这个界限，放进了甜蜜的抒情诗和史诗，那时候快乐和痛苦就要代替公认为至善之道的法律和理性原则成为你们的统治者了。[②]

城邦需要的是好艺术而不是坏艺术，当权者需要对艺术进行管制。由此，文化审查势在必行。后来在《法律篇》中，柏拉图提出了由谁、以什么标准来进行文艺审查的问题，其范围包括诗歌、音乐、舞蹈等。

> 任何诗人不得创作违反法律规定的不符合公共标准的作品，这些标准就是正确、高尚、优良，也不得在将其作品送交负责审查的官员和执法官审查，并得到批判之前就随意向他人表演。这些审查官实际上是我们在选举负责音乐的官员和教育总监时任命的。[③]

柏拉图设想：当一位严肃的悲剧诗人要把他的诗篇带进理想国时，审查官

① 陈中梅：《柏拉图诗学和艺术思想研究》，北京：商务印书馆1999年版，第270页。

② 柏拉图：《理想国》，郭斌和、张竹明译，北京：商务印书馆1994年版，第102、407页。

③ 柏拉图：《法篇》，《柏拉图全集》第3卷，王晓朝译，北京：人民出版社2003年版，第558页。

会这样对他说："尊敬的来访者，我们自己就是悲剧作家，我们知道如何创作最优秀的悲剧。事实上，我们整个政治制度就建得相当戏剧化，是一种高尚完美生活的戏剧化，我们认为这是所有悲剧中最真实的一种。你们是诗人，而我们也是同样类型的人，是参加竞赛的艺术家和演员，这种戏剧只有通过一部真正的法典才能产生，或者说，这至少是我们的信念。所以你们一定不要指望我们会轻易地允许你们在我们的市场上表演，让你们演员的声音盖过我们自己的声音，让你们在我们的男孩、妇女、所有公众面前发表公开激烈的演说。……呃，在城邦的执政官还没有决定你们的作品是否适宜公演之前，如果我们允许你们这么做，那么整个城邦也是疯子。"①

柏拉图是哲学家，他当然不会认为任何官员都具有审查文艺的资格。但城邦中有少数人，他们比一般人更能从文艺中获得美感快乐，也具有好坏是非的判断力，因此具有文化审查的资质。他认为："有关歌舞的法规应以下列方式决定。较早时代的音乐在古代诗歌中有非常丰富的内容，古代的形体舞蹈也很有丰富的内容，从中我们可以非常自由地选择与我们正在建构的这个社会相适应的东西。应当任命一些不小于五十岁的人来进行选择，由他们决定哪些令人满意的古诗可以接受，而那些被认为有缺陷的或完全不适用的诗歌，有些可以完全排除，有些则可以按照诗歌和音乐专家们的建议作某些修改。我们应当充分利用这些专家的诗歌才能，不过，除了少数情况外，我们不能相信他们的嗜好或喜爱，而要抱着立法者的目的使我们自己成都市解释者，制定舞蹈、歌曲、歌舞活动的

① 柏拉图：《法篇》，《柏拉图全集》第3卷，王晓朝译，北京：人民出版社2003年版，第576页。此论包含着政治家或权力的拥有者对艺术家的蔑视。20世纪纳粹德国的宣传部长戈培尔（Paul Joseph Goebbels），就对德国指挥家富特文格勒（Wilhelm Furtwängler）说过："政治本身也是一门艺术，甚至还是有史以来最高雅、最恢宏的一门艺术。我们这些给德国现代政治赋形的人，以为自己也是艺术家，肩负一个崇高的责任，那就是将蛮荒的民众，打造成民族的强壮而饱满的形象。艺术和艺术家的使命不仅仅是聚合，还要走得更远。创造、赋形、祛除病害的、扶持健康的，这便是艺术和艺术家的责任。"转引自〔法〕菲利普·拉古-拉巴特：《海德格尔、艺术与政治》，刘汉全译，桂林：漓江出版社2014年版，第74页。

整个规划，使之与我们的目的尽可能性吻合。”[①]同样，

> 判断音乐的标准是它能提供的快乐，但音乐并非给任何人或每个观众都提供快乐。我们可以说，最优秀的音乐是那些能使最优秀的、恰当地受过教育的人感到快乐的音乐，尤其是，它要能使善与教育方面都非常卓越的人感到快乐。我们说，对音乐作判断需要善，其原因在于判决者不仅需要智慧，而且需要勇敢。一位真正的判决者一定不能随波逐流，顺从听众，一定不能在大众的喧嚣中丧失自己的判断力，并在判决中借助诸神的名义来表明自己已经完成了职责。说实话，判决者的任务是不向听众学习，而是教育听众，反对那些以错误的、不恰当的方式给听众提供快乐的表演者。按照古代希腊的规矩，当时不存在现今西西里和意大利风俗中的这些自由，把事情交给大多数听众来裁决，根据他们的投票来决定胜利者。这种做法既腐蚀了诗人，同样又腐蚀了听众的嗜好，因为诗人创作标准以裁决者的嗜好为依据，听众成了他们实际上的老师。反复表演优于听众的角色必定会改善听众的嗜好；但若不是这样，那么结果也正好相反。[②]

柏拉图从哲学、伦理学和政治学方面奠定了文艺审查的理论基础，其影响深远直至当代。几乎可以说，迄今为止的文化审查的全部根据，都可以在柏拉图那里找到源头。他的思想在基督教垄断文化的中世纪得到进一步展开。上帝是真理和价值的唯一源泉，教会则自诩为神人交通的中介，是圣经的解释者和神谕的传布者，对他们认为是迷途的羔羊的普通人负有指导使命。教廷和教会不仅以宗教裁判所的绞刑架和火刑柱惩罚异端，而且严禁信徒阅读圣经原本和未经御准的神学著作。基督教诞生初期，就开始压制被它视为“异端”的观点。公元2世纪，以弗所议会（Council of Ephesus）焚烧了迷信书籍，禁止《圣保罗传奇》

① 柏拉图：《法篇》，《柏拉图全集》第3卷，王晓朝译，北京：人民出版社2003年版，第559页。

② 同上书，第406—407页。

(Acta Pauli)的出版。1559年,教皇保罗四世(Paul Ⅳ)首次发布《教廷禁书目录》,直至4个世纪之后才被废除。

柏拉图与基督教奠定了压制文化自由的两个理论源头,一是世俗的,一是神学的。两种理论都建立在三个理论基础之上。第一是人性分裂论。人有感性(感觉、情感、冲动、欲望等)和理性,理性优于、高于感性,但感性却污染和挑战理性,一个合格的公民必须以理性克制、统治感性。在欣赏文艺、接受文化产品时,感官的愉悦、直接的满足是不能允许的,因为它可能瓦解人的理性和信仰,破坏社会的整体利益。这种理论是把完整的人性、人格僵硬地区分为两个对立的方面,既看不到可能存在的感性与理性的和谐,也看不到人首先是一种感性存在的基本事实,实际上是对我的肢解、对人的不尊重。第二是文化不平等论。这就是大部分民众智识未开、公民程度不及格,他们不但缺少理性,道德上也不够坚定。因为缺少理性,他们在面临纷繁复杂的意见和观念时无法作出正确的分析和明智的判断;因为道德上不坚定,他们易于受到各种“危险的”“不健康的”声音、图像、言论和观念的蛊惑,因此必须接受“哲学王”、教会、领袖、政府的规范和指导。其具体方式就是接受各类形式的文化审查,不但要与各种不被允许的文化形式与内容隔绝开来,也要时时进行情感提炼、灵魂洗涤。它始终无法回答为什么大多数人没有能力为自己的观念与行为负责,而少数人却能成为“人类灵魂的工程师”?人类中的各个个体在经验、理性、智慧和道德上并不始终处于同一水平,确有各方面更为优秀的个体,但这绝不意味着,他们就有权利管理每个公民的心灵和思想。这不只是因为至少在现代社会,存在着公民文化权利一说,也是因为,在接受什么文化产品、如何欣赏文艺作品方面,没有人可代替另一个人。在文化审查的实践中,担任审查官的主要是三类人:富有经验的年长者,掌握权力的官员,有地位的文化精英,他们在文化上的审查权利主要来自他们在社会上和政治上的权力,似乎权力即知识、权力即标准。即使在最理想的意义上,这种审查也只能是为权力服务。第三是整体至上论。为了城邦、社会与国家的和谐稳定,公民的思想与言行必须受到控制。这三个理论自有其内在逻辑,文化审查也并非毫无道理。但文化史清楚地表明，文化审查制度总体上不利于文化生长繁荣。莎士比亚(William Shakespeare)十四行诗的第66首，是对其所处时代的总结。在列举了“天才注定做叫花子，无聊的草包打扮得衣冠楚楚，纯洁的信义不幸而被人背弃，金冠可耻地戴在行尸的头上，处女的贞操遭受暴徒的玷辱，严肃的正义被人非法地诟让，壮士被当权的跛子弄成残缺，愚蠢摆起博士架子驾驭才能，……淳朴的真诚被人瞎称为愚笨”等种种“恶”统治着“善”的现象时，就有对“艺术被官府统治得结舌箝口”的指控。①

莎士比亚的呼声回响在近代世界。为公民文化权利论证和辩护的第一声呐喊是宗教改革的领袖路德(Martin Luther)。根据其“因信称义”的观点，每个人都有资格评判神学问题，有能力凭自己的真诚(信)与上帝相沟通(义)。这种良知自由孕育了言论自由的萌芽。路德之后，18世纪的启蒙运动建立了一种人类的自信：理性为人类所共享，辨识真理与错误、善良与邪恶的权利属于每一个人。德国哲学家康德(Immanuel Kant)指出：“启蒙就是人从他咎由自取的受监护状态走出。受监护状态就是没有他人的指导就不能使用自己的理智的状态。如果这种受监护状态的原因不在于缺乏理智，而在于缺乏无须他人指导而使用自己的理智的决心和勇气，则他就是咎由自取的。因此，Sapere aude[要敢于认识]！要有勇气使用你自己的理智！这就是启蒙的格言。”②康德此论的精义在于，“受监护状态”或者说就是蒙昧，这是人类施加于我们自身的，而并非自然施加于我们的，我们必须有勇气走出这种不成熟的状态。“勇气”就是我们要敢于使用自己的理智，启蒙不只是知识、理智问题，而是勇气和精神问题，是人类精神的自我解放。每个人都可以也应当接受一切信息、观念和文化产品，然后勇敢地运用自己的理性加以判断和取舍。因此，文化审查是没有根据的。由此还可以

① 〔英〕莎士比亚：《十四行诗》，《莎士比亚全集》十一，梁宗岱译，北京：人民文学出版社1991年版，第224页。

② 〔德〕康德：《回答这个问题：什么是启蒙?》，《康德著作集》第8卷，李秋零译，北京：中国人民大学出版社2010年版，第40页。

引申出另一个观点：每个人的经验与理性范围都是有限的，敢于使用自己的理智并不意味着不犯错误，因此每个人，不管他是哲学家、官员还是牧师，都有可能犯错误，没有人可以代替他人审查文化产品，没有理由可以压制不同意见的存在和发表。启蒙主义推翻了柏拉图和基督教文化审查的理论基础，但失去了理论灵魂的审查制度，却依然凭借权力而维持而加强。

英国作家弥尔顿(John Milton)1644 年出版的《论出版自由》一书，是西方历史上第一次提倡出版自由、反对书刊检查制度的著述。英国议会于 1643 年 6 月 17 日通过法案，规定凡书籍、小册子或论文必须经主管机关或至少经主管者一人批准，否则不得印行。弥尔顿此书，就是针对这部审查法案而提出的全面反驳，实际上也提出了言论自由的基本理据。

正面地说，出版自由是一切自由中最重要的自由权利。人是有理性的动物，每个人都可以凭着自己的理性辨别真假正误。“许多人抱怨天意不应当让亚当逆命。这真是蠢话。上帝赋给他理智就是叫他有选择的自由，因为理智就是选择。不然的话他就会变成一个做作的亚当，木偶戏中的亚当。”自由地持有主张、自由地抒发意见，乃是人类与生俱来的“权利和特权”，同生命一样神圣不可剥夺。“我们对于光明感到骄傲，但如果我们不能明智地对待太阳，它就会让我们瞎眼。……因此，上天赐给我们光，不是要我们对着光注视，而是要我们利用光来发现我们还远不知道的东西。”没有人能垄断阳光，没有人能垄断真理。“真理和悟性绝不能像商品一样加以垄断，或凭提单、发票，掂斤播两地进行交易。我们绝不能把祖国的一切知识当成趸卖的商品，或者当成羊毛和黑呢子一样，标价签署发售。”①

反过来说，即使出版自由不可避免地会产生一些不良产品甚至有害毒素，这也不应当成为查禁图书的理由。因为善与真理这些正面的文化价值，并不独立存在，它们就存在于与恶、虚伪的联系之中，善与真理是正反对比、自由讨论和思

---

① 〔英〕弥尔顿：《论出版自由》，吴之椿译，北京：商务印书馆 1989 年版，第 23、29、30 页。

想交锋的结果。反对文化审查，必须说明为什么不要怕坏东西出来，弥尔顿的回答是，它们正是善与真理得以生产的前提和环境：

> 我们知道，在这个世界中，善与恶几乎是无法分开的。关于善的知识与关于恶的知识之间有着千线万缕的联系和千万种难以识别的相似之处，……就人在目前的情况说来，没有对于恶的知识，我们又有什么智慧可作选择，有什么节制的规矩可以规范自己呢？谁要是能理解并估计到恶的一切习性和表面的快乐，同时又能自制并加以分别而选择真正善的知识，他便是一个真正富于战斗精神的基督徒。如果一种善是隐秘而不能见人的，他没有气息，从不敢大胆地站出来和对手见面，而只是在一场赛跑中偷偷地溜掉；这种善是我不敢恭维的。……的确，我们带到世界上来的不是纯洁，而是污秽。使我们纯化的是考验，而考验则是通过对立物达到的。因此，善在恶的面前如果只是一个出世未久的幼童，只是因为不知道恶诱惑堕落者所允诺的最大好处而抛弃了恶，那便是一无所知的善，而不是一种真纯的善。……因此，在我们这个世界中，关于恶的认识与观察对人类美德的构成是十分必要的，对于辨别错误肯定真理也是十分必要的。①

弥尔顿反复强调出版自由，其理由简单地说，是真理不怕与虚伪交锋：“虽然各种学说流派可以随便在大地上传播，然而真理却已经亲自上阵：我们如果怀疑她的力量而实现许可制和查禁制，那就是伤害了她。让她和虚伪交手吧，谁又看见过真理放胆交手时吃过败仗呢？”②复杂些说，人不是神，人间的生活本来就是真善美与假丑恶并存的，恶是善的存在条件。“你纵使把一切贪欲的对象都消除掉，把一切青年都幽闭起来用最严格的纪律加以管理，但你却不能使原来不纯洁的人变得纯洁。……纵令我们可以用这种办法消除罪恶，但应当注意的是我们像这样消除了多少罪恶，就会破坏同样多的美德，消除其中之一，便会把另一

---

① 〔英〕弥尔顿：《论出版自由》，吴之椿译，北京：商务印书馆1989年版，第16—17页。

② 同上书，第46页。

个也一起消除了。”①

退一步说，出版管制在技术上也是不可行的。弥尔顿专门分析了柏拉图的文化审查论，认为《法篇》之所以没有被任何一个城邦接受，是因为他所说的法令只适用于他所幻想的共和国。而且，柏拉图也知道，他的文艺查禁令必须与共和国的许多别的条令联系起来，因为如果采取其中一种严格的办法，就必须同时管制一切其他同样易于腐蚀心灵的事物。

> 如果我们想要通过管制印刷事业来移风易俗，那我们就必须同样管制快人心意的娱乐活动。除了庄严的和陶立安式音乐以外，我们就不能听其他的音乐或者写作、咏唱其他的歌曲。同时对于舞蹈也必须有经过许多备案的表演者；任何姿态、动作和风格。要不经过他们批准认为是纯洁的，就不能教给我们的青年人。这一切柏拉图都作了安排。如果要对每一家人家的琵琶、提琴、吉他等都加以鉴定，这种工作就不是二十个许可制检查员所能胜任的了。人们的闲谈也不能任其自流，说话的内容也必须事先经过许可。试问发抒柔情蜜意的民歌小调在闺房中低声弹奏出来，又有谁去禁止呢？还有，窗口和阳台也是必须考虑到的。有许多狡猾的书籍，外面包着一个“包藏祸心”的书皮发售，这又由谁来禁止呢？是不是也由那二十个许可制检查员来管呢？此外，乡村也必须派查访员去检查一下短笛和三弦琴到底演奏了一些什么，甚至连民歌和市镇上的每一个提琴师所奏的全部乐曲也得管管，……其次，英国人家庭中的豪华奢侈的饮宴已经受到了国外的訾议，试问民族的堕落习气又有什么比这个更大呢？谁又能来管制我们日常的狂欢宴饮呢？同时，民众常常到沽酒买醉的酒家去闲荡。那又有谁来禁止呢？其实裁缝裁剪的服式也必须有经过许可制挑选出的头脑比较清醒的师傅来监督，以便制出不致伤风败俗的衣服。男女青年互相交谈是我国固

① 〔英〕弥尔顿：《论出版自由》，吴之椿译，北京：商务印书馆1989年版，第24页。

有的习惯，那时我们也必须加以管制。试问又有谁去指定应当讨论什么、提出什么论题，而不致超越范围呢？最后，淫乐场所又有谁去禁止，宵小结群又有谁去驱散呢？①

所有这一切都将存在，而且必然存在。可能伤风败俗或诱人堕落的文化产品、生活习惯非常之多，没有一个国家或政府可以将其禁令落实到每一个领域、每一种途径。如果禁止的仅仅是书籍，那么这一条从根本上就不可能达到其本身的目的。即使是执行古希腊曾经实行的取消和禁绝一切未经许可的诽谤性书籍，也必须把这些书籍（包括一切外国的书籍）开出清单来，以使人明白地知道，这当然也不是少数几个检查员所能应付的。再说，谁有资质和能力来进行书籍审查？书籍是文化的载体，也是人类精神生命的寄托："书籍并不是绝对死的东西，它包藏着一种生命的潜力，和作者一样活跃。不仅如此，它还像一个宝瓶，把创作者活生生的智慧中最菁华的保存起来。""如果不特别小心的话，误杀好人和误禁好书就会同样容易。杀人只是杀死了一个理性的动物，破坏了一个上帝的像；而禁止好书则是扼杀了理性本身，破坏了瞳仁中的上帝圣像。"②书籍是如此的重要，因此从道理上说，那些操书籍生杀之大权的书刊检查员在勤恳、学识和公正方面必须在一般人之上，才能完成这一重大的使命，但在当时的英国，实际上只有那些希图挣一个校对的薪水的人才愿意去干这种事，他们在判断上远不如作者本人，对写作一无所知。这批"铁锈式"的人员居然有权为所欲为地把最优秀的书中最精彩的段落清除掉，这当然是对作者、对书籍、对学术的庄严和特权的一个莫大的侮辱。总之，柏拉图式的书籍出版许可证制度必将使我们变得"荒谬可笑和疲惫不堪"，我们只能在这个罪恶的世界中，制订清明的法律，维护出版自由。

---

① 〔英〕弥尔顿：《论出版自由》，吴之椿译，北京：商务印书馆 1989 年版，第 22—23 页。"陶立安式"是柏拉图允许的一种音乐。

② 同上书，第 5 页。

说到最后，即使审查，也不应是事前限制（Prior restraint），因为出版物是善是恶、是真理是虚伪，只有在出版之后才能判断，而不应该在出版之前将它秘密扼杀。对于已经出版的有害出版物，健全的心智完全能够抵御它。只要意志和良心没有被玷污，知识和书籍都不会使人变坏。弥尔顿在政府的管制方式与民众的精神状态之间建立了一种联系，他向议员们呼吁：

> 现在除非培育我们的诸位议员对于纯正自由的爱已经不如往昔，否则就无法使我们在能力、知识和追求真理的热情上倒退。我们可能再变成诸位当初所发现的那种愚昧、粗暴而奴化的情况，但那时诸位就首先必须变成旧统治者一样暴虐、武断和专横。①

温和的、实行自由管理的政府与能力、知识和追求真理的热情联系在一起，而与统治者的暴虐、武断和专横相匹配的，则是愚昧、粗暴而奴化的民众。不幸的是，人类史更多的是后一种情形。弥尔顿为出版而呐喊，但《论出版自由》这本小书反映了出版自由的痛苦命运：1644 年 11 月 23 日出版时，没有得到官方许可，也没有签名登记。1658 年任护国公的克伦威尔还谴责了此书。直到一个世纪后的 1738 年，此书才得以公开出版。②

虽然弥尔顿的主张没有产生现实影响，但其有关文化审查的批判却提供了现代文化自由的主要论据，并形成了关于“观念市场”（Marketplace of Ideas）及“自我修正原则”（self-righting principle）的概念。弥尔顿曾指出善恶无法分开、真理在与虚伪交锋中得以显现的观点，被 19 世纪英国哲学家密尔（John Stuart Mill）提炼为真理的自我矫正的观点：

> 迫使一个意见不能发表的特殊罪恶乃在它是对整个人类的掠夺，对后代和对现存的一代都是一样，对不同意那个意见的人比对抱持那个意见的

① 〔英〕弥尔顿：《论出版自由》，吴之椿译，北京：商务印书馆 1989 年版，第 44—45 页。

② 参见〔美〕尼克拉斯・J.卡罗里德斯等：《西方历史上的 100 部禁书》，张秀琴等译，北京：中信出版社 2006 年版，第 159—163 页。

> 人甚至更甚。假如那意见是对的，那么他们是被剥夺了以错误换真理的机会；假如那意见是错的，那么他们是失掉了一个差不多同样大的利益，那就是从真理与错误冲突中产生出来的对于真理的更加清楚的认识和更加生动的印象。①

密尔详细论述了言论自由之于人类精神价值的必要性。根据密尔的论述，中国学者侯健将之分析为有四个方面。① 如果被权威压制的意见是正确的，那么我们就失去了获得一个正确的认识的机会。这自然是不应当的。② 即使被迫缄默的意见是一个错误，它也可能是而且通常总是含有部分的真理。而另一方面，被公认为正确的意见也难得是或从不全部是真理：既然如此，只有借助对立意见的冲突才能使不完善的真理有所完善。③ 即使公认的意见不仅是而且全部是真理，若不容它去接受猛烈而认真的挑战，那么它就会逐渐蜕化成一个教条。坚持它的人们并不能够深刻认识它的合理性，而实际上和坚持一个偏见的情形是一样的。④ 在上述情况下，教条即有可能丧失或减弱它作为真理的本来意义，并有可能失去对人们品行的陶冶作用，因为教条已变成一种纯粹的形式和术语，不仅对于优良生活是无益的，而且妨碍人们以理性或亲身经验去体味真理和培养真正的、虔诚的信念。密尔所论可以归结为一点，即言论自由和意见的多样性是真理浮现和彰显的必要环境，在此环境之中，真理具有自我矫正能力，真理的运动是一个自我矫正的过程，而权威的干涉只能破坏这一过程。②

正像柏拉图奠定了后来文化审查的理论基础一样，弥尔顿也奠定了文化自由的理论基础。随着近代以来民主制度的确立，文化日益从禁锢走向开放，言论

---

① 〔英〕密尔：《论自由》，程崇华译，北京：商务印书馆1959年版，第17页。此论亦得到密尔同时代的法国政治思想家托克维尔的支持："报刊是把善与恶混在一起的一种奇特的力量，没有它自由就不能存在，而有了它秩序才得以维持"，"为了享用出版自由提供的莫大好处，必须忍受它所造成的不可避免的痛苦。想得到好处而又要逃避痛苦，这是国家患病时常有的幻想之一。"（〔法〕托克维尔：《论美国的民主》，董果良译，北京：商务印书馆1991年版，第206、207页。）

② 参见侯健：《言论自由及其限度》，载《北大法律评论》2000年第2期。

和出版自由已经成为现代社会的基本制度,它已经被写进联合国《公民权利和政治权利国际公约》和绝大多数国家的宪法之中,成为文明人类的基本法则。但这绝不是说,现代文化已完全不存在审查,文化生产与消费已完全由公民自己主宰。由于文明人类迄今仍处于政府的有效监管和控制之下,因此在全球的大多数地方,出版自由都还没有完全实现。每个社会都存在文化审查制度,它旨在维护占统治地位的伦理、社会与政治秩序。以书籍为例,根据美国学者卡罗里德斯(Nicholas J. Karolides)等人的研究,从古到今,被西方查禁的图书主要有以下几种类型:

社会类禁书:因其主题和人物不符合审查官们的社会的、种族的以及性方面的标准而遭到查禁。社会审查重在道德审查,但道德观念不是一成不变的,过去一些包含着性描写内容而遭到查禁的书籍,现代则从密封的保险箱里被拿到了图书馆和书店的开放式书架上,甚至进入学校课堂成为学生的必读书目。“一个半世纪以来,人们对文学作品是否具有淫秽性的审判告一段落,而且关于书籍淫秽的旧有观念也已过时。那些能够阅读的人终于可以纵情于那些能够引起、刺激和诱导性冲动的语言之中——他们就是‘情色作品’的消费者。识字较少的人,大多是欣赏限制级的影片或图书杂志,享受感官的刺激,纵情于‘情色’之中。这两类作品一样,但由于读者群不同,产生的结果也就各不相同。”①

情色类禁书:语言猥亵本身并不足以使一部著作成为色情作品,但在 19 世纪和 20 世纪初,确有许多作品因此而遭到查禁。更多的作品则是因为它们讨论了或者隐含着诸如卖淫、未婚怀孕以及通奸等社会现象而遭到查禁。1957 年,美国最高法院重新界定了“淫秽”的含义:指那些虽含有性描写,但不会对“社会具有重要作用”的作品。

政治类禁书:专制高压的政府为了阻止国民获得某些政府认为是对自己不

① 〔美〕尼克拉斯·J.卡罗里德斯等:《西方历史上的 100 部禁书》,张秀琴等译,北京:中信出版社 2006 年版,第 76 页。

利的、对自己持批判态度，以及使自己陷入窘境的消息、意见和主张而实行禁令。进行这种活动的不只有中央政府，也包括地方共同体。“不论是个别还是集体的政治删禁事件，其代表意义是：民主基本条件的匮乏，即思想探求与流动的自由不被尊重。”[①]相对而言，现代民主国家能够更公正、更合理地对待文化产品中的各种内容，文化审查一般均有法律理据，甚至设计一些制度如电影分级制度来避免因言论管制所带来的危害，但也有少数地区和国家，其文化审查服务于某一群体甚至个别政治强人的利益，文化审查无法可依。在民主社会中，文化审查一般不会迫害作者或出版者，但在少数地区和国家，文化审查往往导致作者或出版者受到政治上的追究和迫害。

宗教类禁书：以“异端”“渎神”的罪名，禁止那些被认为是威胁宗教正统观念、信念、道德观以及社会与政治秩序的作品。宗教审查常常是一个占据优势的主流宗教为限制弱势宗教团体而制定的。在当代世界，宗教审查主要存在于一些原教旨主义国家。

四类禁书也基本上代表了文化审查的四种理由。此外，还有“军事审查”“商业审查”等专业性审查。文化审查是有效的，它部分地支持了统治权力和现存秩序，大量的文化名作都被损毁、篡改或打入冷宫，大量人口在相当长的历史时间内都不能自由地获得文化产品，生命中的欢乐受到限制，天才和创造性被窒息。如果严格按照宗教的、道德的或社会的理由，大量的文学名作都可能遭到查禁。正如美国学者考恩（Tyler Cowen）所说的：

> 批评家们经常抨击现代文学作品，认为它们使用了过量的性和暴力来迎合大众读者。但是，艺术杰作通常涉及有争议的主题。最高水准的富有创造性的作家探讨了性（薄伽丘和乔依斯）、暴力（荷马、陀思妥耶夫斯基、莎士比亚）、痛苦（但丁和萨德）、乱伦（索福克勒斯、菲尔丁、福克

---

① 〔美〕尼克拉斯·J.卡罗里德斯等：《西方历史上的100部禁书》，张秀琴等译，北京：中信出版社2006年版，第141页。

> 纳)、人兽交(奥维德)、猥亵和色情狂(拉伯雷)、奇异的怪物(斯宾塞)。明确涉及同性恋题材的作家的名单特别长,其中包括柏拉图、卡图卢斯、维吉尔、米开朗琪罗、王尔德、魏尔兰、兰波、惠特曼、普鲁斯特、纪德、曼以及其他许多人。①

所以,文化审查的历史是一部非人道的历史,是权力专横肆意干涉文化的历史,它实际上是以一群人,甚至一个人的标准来打压大多数人的文化权利。正因为如此,文化审查理所当然地也是一部"异教徒"和文化殉道者反抗和抵制的历史:种种逃避审查、挑战权威的文化行动谱写了文化史的无数悲歌。在此过程中,有两个特别值得研究的现象。一个是反常性的,即审查制度使自己变成了被禁思想的最佳传播者。一个文化产品,往往因其成为禁止的对象而广为传播。2014 年,根据德国版权法,书籍版权在作者死后 70 年失效,希特勒《我的奋斗》一书的版权将于 2015 年到期,届时此书将归属于"公共领域"图书,出版禁令将自动解除,因此多家出版商表示了对该书的兴趣。有鉴于此,德国联邦司法部于 6 月 26 日举行了各州司法部长会议,决定延长《我的奋斗》的出版禁令。对此,一些专家提议说,不如将禁书策略改为出版注释版图书。德国《焦点》周刊 26 日援引德国当代历史研究所主任威尔鑫的话说,"禁令是错误的象征性政治,这只会让这本书神秘化,激发一些人去阅读"。威尔鑫建议,出版一本注释版的《我的奋斗》,以便让民众辩证地看待历史。这一观点也得到德国犹太人中央理事会主席格劳曼的支持。格劳曼说,希望出版注释版能使该书"进一步失去神秘感所带来的吸引力"。② 另一个则是悲剧性的,大量的优秀文化产品因此而被禁止。1985 年,在匈牙利作协大会上,一位著名作家鉴于其时的审查制度的不透明、不公开,强烈呼吁政府设立一个明确的审查机构,详细规定它的权力;要求制定明确的法律条文,如果作家越过了界限,可以通过法院来起诉。这样,作家们至少

---

① 〔美〕泰勒·考恩:《商业文化礼赞》,严忠志译,北京:商务印书馆 2005 年版,第 63 页。

② 青木:《德国延长〈我的奋斗〉出版禁令》,载《环球时报》2014 年 6 月 27 日第四版。

知道创作的限制在哪里。[①]

在文化审查的历史与现状中，情色类审查最为普遍而持久，其动机可以是道德的、政治的和宗教的。这种审查遍及传统与现代各类国家，包括不同宗教信仰，不但为政府所坚持，也在很大程度上受到公众的支持。比如，2002 年对全球 12 个国家的青少年进行的调查，绝大多数受访者认为“美国青少年暴力、犯罪及性堕落的现象严重”，这反映出美国大多媒体，特别是好莱坞给青少年带来巨大影响的事实。[②] 当政治审查、宗教审查等在世界相当一部分国家已经消失的情况下，情色类审查仍然存在并有法律依据。

情色类审查的主要理由，是一些淫秽与色情类文化产品可能对受众带来不好的影响。在这个问题上，有两种解说。一种观点认为，文化产品中的内容与它的社会效果也不是一回事。当代法学家德沃金(Ronald Dworkin)指出，对于“绝大多数人来说，道德的核心就是性关系的法典，如果普通人对私通、通奸、残暴色情狂、裸露癖及大量出现的淫秽书画的看法不属于道德观点，那么，很难设想他可能具有别的信念会是道德信念。但是，著述和阅读这些活动并不等于亲身实践，而且，人们可以为谴责这些行为而提供理由(如它们会引起痛苦，是渎圣的行为，是一种侮辱，或会引起公众的厌恶)，但是，这并不意味着这种谴责可以扩展到创造和体验关于这些活动的幻想上”[③]。德沃金此论，其实也是一个常识：参与某种文化活动并不意味着将其直接延伸到实际行动之中，阅读与观看没有那么明显的效果。如果说色情作品可以引发色情行为，那么更多的叙述好人好事

---

① 参见景凯旋：《呼吁审查制度》，载《学习博览》2012 年第 1 期。中国文化史上也有过极“左”时期，对文化生产者妨碍极大。1956 年，名作家叶圣陶回复作协的短函中写道：“希望出些题目，指明哪些方面该注意，值得写。”(陈徒手：《人有病，天知否——1949 年后中国文坛纪实》修订版，北京：三联书店 2013 年版，第 506 页。)

② 参见〔日〕渡边靖：《美国文化中心——美国的国际文化战略》，金琮轩译，北京：商务印书馆 2013 年版，第 135 页。

③ 〔美〕罗纳德·德沃金：《认真对待权利》，信春鹰等译，北京：中国大百科全书出版社 1998 年版，第 338 页。

的作品是否就可以造就一个良善的社会呢？这就引出另外一种观点，即文化世界与现实世界的不同。媒体暴力是一个经常受到指责的现象，但它与现实的暴力行动之间，还有一个中介，这就是社会环境。1998年，日本学者就电视暴力与中学生的暴力倾向的关系作过一个调查，结论是："对于电视与孩子暴力倾向之间的关系这个争论已久的问题进行全面深入的讨论，同时注意将他们的学校生活、家庭生活及其他生活环境考虑在内。也就是说，在讨论电视对中学生的影响时，仅把注意集中在电视暴力上是不够的。如果不将社会环境和他们所处的整个当前环境都考虑在内，我们就不能正确理解电视对孩子的影响。"①

与此相反的另一种观点认为，淫秽作品会对个人和社会产生危害效果。1970年9月30日，美国"淫秽和色情作品委员会"发布对色情作品的调查结果，否认在色情作品和性暴力行为之间存在着任何明确的相互性，而且为促进健康的性发展，委员会还倡导自由化的性教育。由于委员会各成员对这份调查报告有不同意见，报告最终被参议院和总统否决了。尼克松总统在其否定意见中说：

> 委员会坚持认为，淫秽书籍和戏剧的大量出现对一个人的品格并没有持久的危害效应。如果确实是那样的话，那么伟大的书籍、伟大的绘画和伟大的戏剧也不会使一个人的行为变得更加高尚了。几个世纪的文明和几分钟的常识却告诉我们事实并非如此。②

两种观点都长期存在于文化史并一直处于争论之中，双方都各有大量根据和理由，至今也没有、似乎也不可能达成共识。值得注意的是，尼克松把淫秽书籍与伟大作品相对照的做法，提示了文化史上一个持久的现象，这就是"艺术和

① 〔日〕白石信子：《日益实用的电视：从1998年对电视及中学生的调查谈起》，载《国外社会科学》1999年第6期。

② 《纽约时报》1970年10月25日，第71页。引自〔英〕林达·尼德：《女性的裸体：艺术、淫秽和性》，赵静蓉译，《文化研究》第3辑，天津：天津社会科学院出版社2002年版，第290页。

色情作品陷入了一个相互界定的圈子里，彼此都依靠对方来确定自己的含义、意义和地位”①。据普林尼(Pliny)的《自然史》介绍，希腊著名的雕塑《米洛斯的阿佛洛狄特》就曾激动过一个小伙子的性行为；裸体维纳斯像也使观看它的观众充满欲望。如此又怎么来区分艺术杰作与淫秽作品呢？

英国学者马尔库塞(Steven Marcuse)在1966年出版的著作《另类维多利亚人：对19世纪中期英国的性行为和色情作品的研究》中指出，伟大杰作意义丰富而色情作品动机单一："文学作品具有……多种意图，但色情作品只有一种……色情作品的成功是有形的，可估量的，可计数的；而其中对真实判断的普遍追求却完全停滞了。因此在这方面，色情作品已沦落与像宣传、广告这样简单得多的文学形式同属一类的地步，它的目的就是要促使我们生产行动。色情作品被快感、无穷快感的念头和满足的思想缠住了。”②艺术杰作也可能有色情内容，但它不只是色情，还有更多的社会和人生意义；而色情作品不但只有一种意图和效果，它所激发的身体反应可以被计算，而且它还过量提供快感和欲望。此论的背后，是近代以来"审美无利害关系"的理论传统：文学艺术提供的愉悦是静观的、超验的，而色情作品，就像其他文化产业的商品一样，则是以刺激性的、混乱的形象尽可以吸引观众。在英国法律中，色情作品并不违法，触犯法律的是淫秽。所谓淫秽，就是激发有害的性行为，且超出在公开场合得到认可的习俗范围。英国1959年颁布的《淫秽出版物法》，从结构上区分了淫秽的危害效果与艺术价值，后者被界定为对淫秽事物的合理化和改良化，前者被界定为诱导人们走向堕落的潜势且缺乏艺术价值。不用说，两者之间的界限并不确定。

区分艺术与淫秽之外，另一种是区分作品与读者。1961年，英国法庭对企鹅公司出版劳伦斯(David Herbert Lawrence)的《查太莱夫人的情人》一书进行审

① 〔英〕林达·尼德：《女性的裸体：艺术、淫秽和性》，赵静蓉译，《文化研究》第3辑，天津：天津社会科学院出版社2002年版，第290页。

② 同上书，第288页。

判，法官在总结陈词中表示担心："一旦一本书开始发行，它就不再在某种学术机构的纯净氛围中消耗时间……它会设法进入书店，摆上书架，以三先令六便士的价钱出卖，并在对所有人都开放的公共图书馆里找到立足之地。"法官还告诫陪审团："你读完这本书后，是否会赞成你年幼的女儿——因为女孩的阅读能力和男孩的一样好——读这本书？你愿意把这本书随便放在家中吗？你是否甚至会希望你的妻子和仆人读这本书？"[①]显然，法官担心的不是作为文学小说的《查太莱夫人的情人》的淫秽内容，而是这些淫秽内容的读者：学者和艺术界人士读是没有问题的，但一般公众就不能读；男子读是没有问题的，但女孩、妻子、女仆就不能读。在这种区分作品与读者的背后，其实是对读者的区分：少数人读是可以，但"大众"不能读，因为他们还不能区分艺术与淫秽、不能把握自己。直接例证之一，面对从庞培古城发掘出的大量具有性意味的雕像，出现了一个在传播古典艺术和知识的同时避免淫秽事物腐蚀的问题。在20世纪70年代一份有关那不勒斯收藏品的官方指南中，有这样一段话：

> 我们已尽可能使缺少教育的人们和那些性别年龄都不允许他们逾越正派和节制法则的人们，不去注意它淫秽的一面。抱着这个目的，我们尽最大努力只从考古学和科学的观点去看待和叙述我们所拥有的每一件作品。我们决意要自始至终保持镇定和庄重。当一个科学家履行他的神圣职责时，他既不能脸红也不能微笑。我们像一个解剖学家静观他的尸体一样，注视我们的雕像。[②]

能否接触淫秽作品的标准，取决于教育程度和性别年龄。这种中产阶级绅士们的规范其实是一种教育不平等、性别不平等和年龄不平等。在政治上是否正确之外，它还面临着事实上的困难。比如到20世纪末，女性观看者已成为色

① 引自〔英〕林达·尼德：《女性的裸体：艺术、淫秽和性》，赵静蓉译，《文化研究》第3辑，天津：天津社会科学院出版社2002年版，第291页。

② 同上书，第293页。

情电影潜在的、最庞大的市场，而女性制片人、导演和明星也已在色情电影产业中发挥越来越大的作用。

严格地说，无论是区分艺术作品与色情作品，还是区分不同读者，其理论基础都还是柏拉图式的不平等观念。这种观念以改头换面的方式在现代文化观念与制度中复兴，与现代大众文化、文化产业相关。

首先是大众的崛起。区分文学杰作与淫秽作品、区分作品与读者（实为不同读者）的背后，核心是对“大众”的不信任，是对少数人文化权利的维护。根据英国学者肯德里克（Walter Kendrick）在《隐秘的博物馆》中的研究，色情作品是一个较晚近的现象，它与审查制度、现代大众文化的发展紧密相关。19世纪早期，“公众”的概念正在发生变化。廉价的印刷方式、读写能力的提高以及城市中心人口的集中化，都使得一幅画或一本书将被何人拥有越来越难以确定。社会上日前增加的恐惧就是，那些危险的东西有可能会落在“脆弱的”人们手中，比如妇女、儿童和穷人，还有那些容易堕落或毫无自律意识来抵制这种堕落的人。[①] 19世纪以后，第一种最具广泛性的文化形式是电影，此前不能欣赏艺术或被艺术关在门外的“公众”成为电影院的常客，如何为这些“公众”提供统治者或精英认为是“优秀”“健康”的电影产品，就成为一个问题。1915年美国最高法院的一份判决，就取消了在宪法上已得到保证的印行电影的自由：“不可能接受这样的观点：电影表演是一件单纯的事情……它们只是对各种事件、观念和已经发表的或者已知的意见的表达；它们无疑是生动的、有用的和有趣的，但是……也可能是邪恶的，一旦拥有印行的权力，由于它的表演的吸引力和方式，邪恶就会更大。”次年，英国“全国公共道德委员会”的报告中也认为：“电影对于我们数百万年轻人的内心看法和道德观具有一种深远的影响……我们把各种努力交给了这种深刻的信念：没有哪个时代的社会问题要求更加认真的注意。”总结这些情况，英国

① 参见〔英〕林达·尼德：《女性的裸体：艺术、淫秽和性》，赵静蓉译，《文化研究》第3辑，天津：天津社会科学院出版社2002年版，第294—295页。

学者威廉斯(Raymond Williams)指出：

> 正因为电影是通俗的，它才在某种程度上仍受控制，正如早期报纸所发生的情况一样，也如后来无线电广播、电视和录像将发生的情况一样。[1]

其次是文化生产方式的变化。英国学者尼德(Lynda Nead)根据上述肯德里克的观察指出："如果色情作品也可以被当作一个大众文化问题来谈论，那么，从另一个角度来观察，对艺术几个为数不多的、稳定的法律界定之一，就是后者的独特性和真实性。英国的许多地区都建立了影响艺术的法规，包括收入税法、版权税法、关税法、消费税法、博物馆法和美术馆法。而在所有这些法规里，必然要有一个对艺术范畴的中肯的界定。比如说，确定艺术边界通常与作品摹本的数量和摹本的生产手段有关。举例说来，根据关税法的消费税法的规定，油画、水粉画和素描的手工模仿本免收增值税，而批量生产的摹本则不享受这种优惠。这样一来，艺术地位就要靠其区别于大众文化的特性才能确立。如果色情作品被普遍认为要靠表现没有人类情感的性来吸引读者，那么，它同样要被看作是一种机械化和非人化的产物。因此，可以设想，最难以区分或定性的作品就是那些混淆了艺术和色情作品显著特征的，并使与这些文化范畴密切相关的媒介、场所和观者不知什么是好的作品。……换句话说，我们判定作品是否属于非法淫秽品，大多看它是否批量生产的、廉价出版的和新出版的。而这种理解方式，只有在与作为一种独特的、有价值的(无价的)和富有时代韵味的艺术概念相对时，才有可能被系统地提出来。"[2]艺术中的色情内容可以存在，而大众文化产品中的色情内容就是淫秽；大众文化区别于艺术的根据在于，它是机械化的、大批量生产的商品。由此得出的结论只能是：所谓"淫秽"问题与艺术没有关系或关系不

---

① 〔英〕雷蒙德·威廉斯：《现代主义的政治——反对新国教派》，阎嘉译，北京：商务印书馆2002年版，第54—155页。

② 〔英〕林达·尼德：《女性的裸体：艺术、淫秽和性》，赵静蓉译，《文化研究》第3辑，天津：天津社会科学院出版社2002年版，第295页。

大，只有文化产业的产品才有“淫秽”问题。但麻烦在于：在当代文化生产中，艺术与大众文化已融合起来而难以分解。所以，真正的问题现在变成：谁有权利在法律许可的范围内表现他们的性欲望和性快感？

综上所述，从古到今的文化审查，说到底都是一个权力问题。重要的不是文化要不要审查，而是谁来审查、依据什么标准来审查、审查是否有效？中国学者朱光潜在总结西方文化史上有关文艺与道德的讨论后指出：“柏拉图是第一个主张文艺要经国家审查的人，不过他的理想国并未实现，他的文艺主张也是徒托空言。中世纪耶教徒一方面想利用文艺，同时也设法限制文艺，但是说来很奇怪，最放任不羁的也莫过于中世纪欧洲文艺。虽然在表面上它有时涂了一些宗教的色彩做护身符，……英国清教徒当政时以为戏剧伤风败俗，严加禁止，但是查理二世复辟以后，戏剧复兴，偏要触犯清教徒所忌讳的猥亵佻达的言貌。近代各国政府多设专门机关去检查审定文艺作品。福楼拜的《包法利夫人》和波德莱尔的《罪恶之花》都受法国政府检举过，惹起轰动一时的诉讼。乔伊斯和劳伦斯的几种名著也被英国政府禁止过。但是这些被禁止的书籍销行反而更广。政府的干涉恰好替它们做了广告。……有远见的政治家和道德家最好让思想和情感自由流露，如设堤防去阻止它们，一旦堤防决口时，它们便不免泛滥横流，走到另一极端，影响反更坏。到了最后，文艺作品的检查审定者还是人民自己。哪一个时代没有一些无艺术价值而且有害世道人心的作品？但是这些作品中哪一部分后不遭自然淘汰？一般负检查审定文艺作品之责的官吏不幸大半都不是理想的文艺裁判者，他们不是见地狭隘，就是趣味低下，结果不但无补于世道人心，而且引起一般对于文艺与道德的讨论产生极强烈的反感。”[①]现在看来，这些观点仍然是合理的、正确的。

当然，禁止与限制只是政府管理文化的一种手段，这是对“异端”和反对派而

---

① 朱光潜：《文艺心理学》，《朱光潜全集》第 1 卷，合肥：安徽教育出版社 1987 年版，第 313—314 页。

言，与此相应的另一种手段，是以补贴的方式鼓励和支持符合政府标准的文化。权力不仅是文化发展的压力和破坏力，也是文化发展的推动力。

## 二、艺术补贴是否合理？

文化艺术是宝贵的。它不但是人类创造精神和理想价值的充分表达，而且也为最广大的公众所需要和喜爱。但是，令无数创造者和欣赏者不安的是，从事文化艺术的人经常不能养活自己；一些伟大的杰作无法获取经济和实用的回报；以牟利为目的的创作通常会受到批评，至少也是评价不高。法国路易十四时代的布瓦洛（Nicolas Boileau Despreaux）在为文艺制定规则时，明确批评"凭利害决定褒贬，为金钱出卖讴歌"的拜金主义，并在金钱与文艺之间划下一个严格的界限："如果你的心目中一味地只爱金钱，/那么，赶快离开这白美斯幽雅之区，/因为这河的两岸绝没有财神庙宇。/对最渊博的作家正如对伟大战士，/阿波罗只许给了一些荣誉和桂枝。"①一直到文化产业、文化经济蓬勃发展的今天，文化活动也不能与逐利行为完全等同。

### （一）永远的遗憾：艺术无法得到充分支持

文化与经济、艺术与财富的这种疏远甚至对立，除了一些文化人或作品自觉对抗当时当地的政治-宗教权力，挑战流行的趣味和标准，因而受到打压或冷落之外，文化艺术一般不能直接进入交换领域是一个更基本的原因。诗歌不能卖钱，美术不能致富，音乐无法谋生，在贫困中死去的并不只有《堂吉诃德》的作者塞万提斯（Miguel de Cervantes Saavedra）、音乐家舒伯特（Franz Seraphicus Peter Schubert）和画家凡高（Vincent van Gogh）。所以，在相当长的历史时期内，文艺

---

① 〔法〕布瓦洛：《诗的艺术》，任典译，北京：人民文学出版社2009年版，第67页。"白美斯"（Permesse）与"巴那斯"（Parnasse）是希腊神话中诗神阿波罗（Apollon）手下各司一种文艺的9个缪斯（muses）的徜徉之地，此处代表诗坛、文坛。

繁荣的前提是恩主(patronage)的保护和资助。19 世纪之前，首先是宗教机构，然后是宫廷与王族，最后是特权阶级，如贵族和富裕的资产阶级，担当了艺术资助者的角色。文艺复兴时期意大利的梅迪奇(Medici)家族的王公贵族、奥地利的帝王等都是著名例子。"恩主制"意味着艺术家和赞助人之间存在一种个人关系，艺术家得到的自主程度取决于恩主的个性和价值观。就社会地位而言，艺术家比一个仆人好不了多少，不过这种情况并不像听起来那样沮丧，因为那时社会中的每一个人都是这个或那个王公的仆人。以 18 世纪为例，当时的艺术家一般是在贵族赞助下进行创作，他为那些在社会地位和财产地位上比他高的公众创作。这并不意味着他的作品没有普遍意义，因为接受赞助的艺术家是技巧娴熟的大师，是接受赞助人的委托而工作的匠人，而赞助者感兴趣的是他的作品而不是他的个性，所以其创作必然会被引向古典主义的客观性和自我克制，而不只是对恩主个人的趣味和标准的满足。赞助制度使艺术家能够获得经济保障并能够在其社会中发挥作用，这种制度使那些成功地适应了它的要求的伟大艺术家得到很多好处，像德意志音乐家海顿(Franz Joseph Haydn)所显示的那样；而奥地利作曲家莫扎特(Wolfgang Amadeus Mozart)的悲惨命运又说明对那些不能适应的艺术家来说，这一制度强加给他们的负担是多么沉重。进而，这种制度赞助的对象总归有限。路易十四确实保护了文艺，但不是每个国王都像他那样，而且他的宫廷也只是保护了极少数他所喜爱的诗人。

从 19 世纪开始，资本主义市场体制开始扩展到文化领域。艺术创作越来越被组织到市场体系之中，越来越多的作品不是直接销售给公众，而是通过中介得以出售，这导致了文化生产中更严密的分工。而随着公民的文化需求日益释放，文化市场也逐步繁荣，一些成功的文化生产者也因此获得独立的职业地位和较好的经济收入。小说家巴尔扎克、狄更斯都是成功的典型。不过，即使资本进入文化或文化进入市场的时代，艺术与财富的联姻也并不完满。德意志诗人歌德(Johann Wolfgang Von Goethe)、海涅(Heinrich Heine)在与出版商打交道时都没有什么书生气，但前者仍要从宫廷得到支持，后者亦终身接受银行家叔父的资助,并因此产生许多矛盾。[①] 音乐家瓦格纳(Wilhelm Richard Wagner)的乐谱非常值钱,但其成功主要是靠巴伐利亚国王路德维希二世(Ludwig Ⅱ)的慷慨资助,而不是市场。更为复杂的是,艺术需要钱,但真正的艺术家对资本社会又有着本能的反感。19世纪末的法国画家高更(Paul Gauguin)卓越地表达了这种困境。一方面,诗人与艺术家也要生活,他们中的许多人因为贫困而耽误了创作。"我们这些画家,我们这些被宣告为一贫如洗的人,除了在物质生活方面的困难无处抱怨外,更为苦恼的是,这种物质困难造成了我们画画的障碍。为了寻找每天的面包,我们得失去多少时间啊!低三下四的工作,破旧不堪的画室,加上其他种种困难,所有这些都令人气恼,而跟着来的是软弱、不满和暴怒。"[②]另一方面,诗人与艺术家又习惯于将自己的贫困归因于金钱的压迫,拒绝服从权力和资本的逻辑。高更就因为受不了纸醉金迷的巴黎而决定到南太平洋的小岛上生活和创作:"……我将隐居到大洋洲的一个岛上的森林里,去享受狂喜、宁静和艺术。带着一个新家庭,远离欧洲那争名逐利的斗争。……我最终将在没有金钱和烦恼的情况下自由地去爱,去唱,去死。""我很快就要去大洋洲的一个小岛塔希堤。在那里,生活的必需品不用金钱即可得到。我想忘却过去所有的不幸,我想抛弃一切在别人眼中视为荣誉的东西,然后自由地画画。我想死在那里,被人遗忘。如果我的孩子也愿意去并能和我在一起,我会感到与世隔绝。对于下一代来说,一个可怕的时代——金钱王国的时代——即将在欧洲发生。一切都堕落腐败,甚至我和艺术也不例外。……一旦我的物质生活安排妥当,我就在那里献身于伟大的艺术。我将排除一切艺术的嫉妒,也不需要任何卑鄙的交易。"[③]高更的选择是明智的,正是在这个小岛上,他创作了许多举世震惊的作品。

---

① 参见〔德〕西格弗里德·翁泽尔德:《歌德与出版商》,张世广译,昆明:云南人民出版社2001年版;弗里茨·拉达茨:《海因里希·海涅》,胡其鼎译,北京:东方出版社2001年版。

② 〔法〕高更:《致安德列·丰丹纳》,赫谢尔·B.奇谱:《塞尚、凡高、高更书信选》,吕澎译,成都:四川美术出版社1984年版,第80页。

③ 〔法〕高更:《致妻子曼特》,《致威留姆森》,赫谢尔·B.奇谱:《塞尚、凡高、高更书信选》,吕澎译,成都:四川美术出版社1984年版,第88、88—89页。

然而，不是每个画家、诗人都会找到自己的“塔希堤”，他们也不可能全都远离城市。当代社会绝大部分文化产品和艺术杰作，都还是在城市社会中诞生的。20世纪以降，不但文化市场日益完善，而且在文化市场的基础上形成了完整的文化产业，艺术品进入市场、艺术家因创作而获取收益的渠道更为畅通。但理论与事实都证明，即使在文化市场与文化产业体系中，一些艺术类的产品仍然不能获得充分的回报，文艺家的贫困这个老问题仍未得到圆满解决，“饥饿的艺术家”并不只是小说家言。直到 2008 年，奥地利还有三分之一的艺术家收入低于贫困线。21 世纪初仍然有人注意到：“目前，在任何一个国家，没有哪家大剧院、乐队或公共图书馆仅靠经常光顾者支付的费用就可能实现收支平衡的。”①

这一简要的历史叙述表明，文化艺术在经济上不能自我维持，而无论是传统的恩主还是现代的市场，在支持、回报艺术方面都有内在的不足。文化艺术的繁荣，需要有新的赞助方式。

当代文艺的赞助体系，主要有由社会主导和政府主导的两个体系。不同的社会组织有其特定的考虑和动机，为了获得这种赞助，艺术家必须遵循组织所制定的繁缛的标准，艺术品则被用于体现组织的目标，成为公共关系的一种工具，因此很难体现其公共性。这是一个需要重新讨论的主题。这里主要讨论政府资助问题。

政府的文化政策基于不同的国情和传统。在欧洲，艺术资助主要来自中央政府或地方政府。这样的体制相对简单、固定、集中化，主要由大型的文化部门来实施。同时，由于艺术人才通常属于公务员序列，或属于执政党政治上的受益人，因此具有很强的政治色彩。这种体制在为艺术机构提供畅通和稳定资助的同时，也把文化领域划分为“圈内人”和“圈外人”。圈内艺术组织每年都能得到

① 〔法〕贝尔纳·古奈：《反思文化例外论》，李颖译，北京：社会科学文献出版社 2010 年版，第 4 页。

大量的资助,而那些圈外艺术组织即使有幸存活,也只能在文化的边缘苦苦挣扎。在美国,艺术资助是一个新现象。除20世纪30年代大萧条期很短的一个时间之外,直到60年代中期,美国政府才开始设置机构赞助艺术。这一赞助系统结合了联邦、州、地方政府的公共资助和来自个人、公司、基金会的民间资助,因此而显得复杂、分散、多样和动态。联邦政府设立"美国艺术基金会""国家人文基金会"为文化艺术和人文社会科学提供资助、咨询和建议,并根据各州情况投入先期基金。相应地,各州也成立"文化艺术理事会(或基金会)"予以配套投入。在直接资助外,政府还出台各种税收、担保等优惠政策,鼓励社会兴办文化。此外,联邦或地方政府还设立若干服务性的文化机构,如"公共广播公司"(CPB)、"博物馆和图书馆服务协会""史密森学会""国家美术馆""肯尼迪演出中心""艺术委员会""历史遗迹保护咨询委员会"等,这些非营利机构的资金来源部分是政府投入,更多是社会捐赠。几乎所有的政府都以两种方式资助艺术:或者使一类特殊的人得到好处,包括艺术作品的制作者(作家、画家、建筑师等)、演绎者(演员)和推广者(出版商、书商等);或者通过一系列的遴选将资助授予某一艺术家、作家或艺术组织的领导者。

艺术赞助的主要方式列表:①

**表2 艺术赞助的主要方式**

| 赞助类型 | 受众性质 | 艺术家自由的决定因素 | 艺术品的意义 |
|---|---|---|---|
| 恩主制 | 上层阶级 | 恩主的性格 | 恩主趣味的反映 |
| 艺术市场 | 中产阶级 | 市场的规模与可变性 | 商品 |
| 社会组织 | 官僚 | 组织制定的规范 | 公共关系 |
| 政府机构 | 官僚与公众 | 政府制度的规范 | 政治工具 |

政府补贴保护了一些文化门类,也解决了一些艺术家的生活困难。但政

① 〔美〕戴安娜·克兰:《文化生产:媒体与都市艺术》,赵国新译,南京:译林出版社2001年版,第148页。

府也像过去的赞助人一样，在支持艺术的同时有自己的考虑。以美国为例，长期以来美国文化艺术一直属于地方和私人事务，政府很少关注。二战末期，鉴于文化艺术在影响公众方面的重大作用，政府和政治家们开始介入文化艺术领域。无论是公共基金、优惠政策，还是官方支持的非营利机构，都不同程度地带有政治和权力的标准。事实上，所有支持文化艺术的官方行动，都有自己的标准、成见和意识形态立场，它们在支持了一些文化艺术的同时也可能限制另一部分文化艺术。即使政府努力公正并广泛吸取艺术界专家和公众的意见，也很难做到客观上的公正，原因很简单，政府的运作逻辑与艺术的生产逻辑并不一致。文化艺术的一个重要特征，是对艺术家和艺术产品的优劣没有普遍认可的标准，政府及其所代表的民意不能认同艺术家的创新，而其官僚主义的行为方式无法了解艺术界的真实状况。所以，对于一些真正的艺术家来说，政府补贴很可能用得不是地方。早在 19 世纪，高更就指出了政府艺术基金的集权倾向：

> 古代画家们真幸运，他们没有法国美术学院。过去 50 年的情况却不同：国家对平庸之辈的保护越来越多，适合每个人的内行人士只得被虚构出来。然而，在那些学究们旁边，勇敢的斗士已经出现，并且敢于公开展示打破清规戒律。学究们讥笑的卢梭的作品如今却挂进了卢浮宫；米勒的作品也是如此——他们曾经对这位差一点被饿死的伟大诗人百般羞辱。记住 1867 年的展览会：库尔贝和马奈自费在香榭丽舍大道上举办了画展。那一次又是他们取得了胜利，他们和学院派画家们站在一起时总使其相形见绌。法国能够为之感到骄傲的艺术荣誉在什么地方？那些没有得到赞赏的具有一流天赋的思想精英包括：卢梭、德拉克洛瓦、米勒、柯罗、库尔贝、马奈——所有这些人曾经都以不同方式遭到过拒绝。

高更稍后来补充道："那些独立艺术家的才华和他们树立的榜样足以说明

经费的无用和官方艺术部的无能。库里埃的话至今仍是真知灼见:‘政府鼓励的东西日趋衰落,政府保护的东西寿终正寝。’”①对此,我们或许能够用 19 世纪政府资助方式的不完善来解释,但当代的情况又如何呢?直到 20 世纪末,法国社会学家布尔迪厄(Pierre Bourdieu)等人还发现,存在着“国家资助者像私人资助者那样将掌握国家权力的作为资助的对象或者甚至组成一个‘作家’、‘艺术家’、‘研究者’的小朝廷”的现象,存在着“国家资金常常用来支持矫揉造作的艺术或官方艺术,国家订货很容易被政治压力所左右”的现象。②从 19 世纪到 20 世纪,政府行为并无实质性改进。原则上说,政府介入文化领域,基于“市场失灵”,基于政府责任,但其实践却表明,政府在这个领域似乎也不完全灵验。所以,迄今为止,政府是否应该以及如何补贴艺术,也仍然处于争论之中。

### (二) 英国的分歧:政府如何资助艺术

这是一个涉及文化、美学与公共政策的复杂问题。在政府是否应当以及如何补贴艺术的问题上,英国经济学家凯恩斯(John Maynard Keynes)与英国文化研究的奠基者威廉斯(Ramond Williams)之间的不同意见,始终比较重要。这不仅因为两人在各自领域的显赫地位,而且也因为他们的讨论展开了政府艺术政策的一些核心议题。

凯恩斯以经济学成就著称,同时也是对文化艺术以及更广泛的社会政治议题保持高度敏感的公共人物。正如他在经济上主张政府干预一样,他坚持认为

---

① 转引自〔美〕泰勒·考恩:《商业文化礼赞》,严忠志译,北京:商务印书馆 2005 年版,第 145—146 页。引文中的卢梭(Henri Theodore Rousseau,1844—1910)、德拉克洛瓦(Eugène Delacroix,1798—1863)、米勒(Jean-Francois Mille,1814—1875)、柯罗(Jean Baptiste Camille Corot,1796—1875)、库尔贝(Gustave Courbet,1819—1877)、马奈(Edouard Manet,1832—1883)均为法国画家。

② 〔法〕皮埃尔·布尔迪厄、〔美〕汉斯·哈克:《自由交流》,桂裕芳译,北京:三联书店 1996 年版,第 71、73 页。

政府在文化艺术上也应当有所作为，多次就政府资助艺术的理由和方式进行阐释。其所思所论，实际上代表了政府应当资助艺术的主要观点。

客观需要有两个方面。在艺术家这一面，他们只有在生活得到保障的前提下才能创造公众需要的艺术，而市场无法做到这一点。凯恩斯注意到，不但青年艺术家的作品无人问津，一些已经知名的艺术家的市场行情也不好。比如艺术批评家弗莱(Roger Fry)向公众推介法国后印象派的画作，但其声音似乎来自无垠荒原，而不是来自未来的希望之乡。凯恩斯早已是国家名人，但他也必须就一篇文章的稿酬而与《听众》编辑进行多次的讨价还价。这类经验加上他对文艺与经济的深切理解，使他理所当然地认为，市场妨碍艺术，如果没有人热心资助，艺术就不能蓬勃发展。在社会公众这一面，大多数人对艺术知之甚少，有些人花费大量金钱，购买的却是丑陋无比的东西。凯恩斯身体力行，为《国家文艺》等刊物和展览撰写大量文艺评论，甚至专门写了《阅读小议》来告诉人们如何阅读。个人的能力总归有限，凯恩斯因此向更广大的社会发出呼吁。1925 年，凯恩斯发起成立"伦敦艺术家协会"，旨在"使其成为一些艺术家的代理机构，通过给他们得到保证的收入，并且为其承担整个商务管理事务，从而让他们享有更大的自由，以免除他们所受的财务困扰。"①在动员社会力量的同时，凯恩斯反复强调，艺术是公共文化生活的一部分，政府也有责任为公众提供优秀的艺术。如果说古代的"恩主"赞助艺术是基于个人的爱好和需要，那么社会与政府对艺术的资助，则是基于对公众文化生活的关切。"公共性"是凯恩斯，也是一切支持政府资助艺术的主张的主要理由。

政府资助艺术是西方的老传统。凯恩斯论述和行动的价值，在于他是在政府疏远了艺术之后为政府资助艺术提供了新的理论和行动方案。原来，从 18 世纪开始，英国政府已不再关心艺术。原因有两。

---

① 〔英〕约翰·梅纳德·凯恩斯：《伦敦艺术家协会：起源和宗旨》，《凯恩斯社会、政治和文学论集》，严忠志译，北京：商务印书馆 2014 年版，第 303 页。

一个是经济上的。当一种新的有关政府和社会的观点主导社会时，经济价值至上成为政府政策的依据。“这就是功利主义的经济——我们几乎可以说财政——理想，它被视为整个社会唯一值得尊重的目的，也许它是文明人听说的最可怕的异端邪说。人们追求的是面包，只是面包”。[①] 根据功利主义的逻辑，政府在任何非经济目的上的任何花费都是邪恶之举。教育和公共卫生之所以能够得到资助，是因为它们有经济上的回报。其他的非经济类的花费，比如文艺方面的花费，最好的做法是向私人慈善机构求助。

另一个是政治上的。从表现形式来看，不同的艺术存在公共性和私人性，建筑是公共性最强的艺术，其次是音乐、表演艺术、造型艺术和工艺美术，最后是诗歌与文学。政府的责任是提供公共服务和公共物品，它所应资助的主要是各种“公共艺术”。但即使是公共性艺术，英国政府也未予支持，如不再保护受到开发破坏的乡村、不再修缮林肯大教堂等。而且，一些最具公共性的莫过于公共表演和公共仪式，不只是英国，而且西方民主国家都普遍被忽视了。民主政府和舆论将这类公共艺术或视之为古旧的奇特之物，或视之为野蛮的、或至多是幼稚的行为。凯恩斯认为，这是一个极大的、也将是灾难性的误解。因为同一地方的人聚集在一起共同庆祝、共同感受，是人类的一种普遍性需要；而这类活动所唤起的共同感情也是地区、民族与国家的凝聚力之一。无论从满足公民需要还是强化国家整合来说，政府都应对之高度重视。那么民主政府何以不鼓励、不支持这样的活动呢？据说，这是因为政府担心大量人群的积聚可能会导致动乱。凯恩斯明白地指出：“大量民众积聚起来，表达自己的感情，这可能非常危险，超过了任何其他场合；然而，正是由于这个原因，这样的情感应该受到正确的引导，并且加以满足，而不是被忽视。”[②]英国工业革命以后，大量人群的聚集确实是社会动乱的温床。对此，阿诺德(Matthew Arnold)在《文化与无政府》(1869)一书中，

---

① 〔英〕约翰·梅纳德·凯恩斯：《政府与艺术》(1936年8月26日)，《凯恩斯社会、政治和文学论集》，严忠志译，北京：商务印书馆2014年版，第412页。

② 同上书，第417页。

从维护秩序的角度予以批评，恩格斯在《英国工人阶级状况》(1845)一书中，基于工人的立场予以支持，而英国政府则是长期为公众的集会、游行和示威而头疼，进而把公共文化活动与社会抗议甚至政治对抗联系在一起，因而对之毫无兴趣。支持民主政府这种冷漠的事实是，在德国、俄国这类独裁国家，却频繁地举办这类大型公共文化活动。凯恩斯认为："在一定程度上，这是具有侵略性的种族精神或者国民精神的一个侧面；就此而言，这就带有危险性。然而，它在某种程度上也可能证明是一种可供选择的途径，借此满足人们对社会团结的渴望。我们阅读相关文章时将会发现，现在国外流行的这类公共仪式和庆祝典礼带有强迫的特征，完全是人为之物，是发表激烈演说的场合，有时候非常愚蠢。我们应该对此有更多了解。是政府具有的一种古老功能，是政府的一种统治之道，在大多数情况下被视为基本的东西。这样的东西大体上已被我们抛弃，被视为仅仅适合儿童和野蛮人的做法。我们这样做是否正确?"①独裁国家的公共仪式和庆祝典礼有其确定的政治目的，比如纳粹党就特别善于组织大规模的群众集会，希特勒则是第一个、也是最成功地以演讲对群众进行催眠的政治家。② 民主国家拒绝这种政治化的公共艺术是合理的，但如因此而忽视甚至取消这类公共活动，则会带来两个消极后果。一是文化品格的下降。"在这个世界上出现的许多时代、国家和文明中，是否只有我们给后人留下的除了防弹避难所之外，没有什么具有全国意义的纪念碑式的建筑呢?"③另一个是社会团结的松弛和政府权威的削弱。"一般说来，提供适当机会，满足这类几乎堪称人类的普遍需要，这在政府事务中应被置于很高的地位。在历史上，如果哪种社会制度以不适当的方式忽视了这类活动，可能被证明给其

---

① 〔英〕约翰·梅纳德·凯恩斯：《政府与艺术》(1936年8月26日)，《凯恩斯社会、政治和文学论集》，严忠志译，北京：商务印书馆2014年版，第418页。

② 参见单世联：《黑暗时刻：希特勒、大屠杀与纳粹文化》，第6、13章，广州：广东人民出版社2015年版。

③ 〔英〕约翰·梅纳德·凯恩斯：《给〈新政治家与国家〉编辑的信》(1938年8月22日)，《凯恩斯社会、政治和文学论集》，严忠志译，北京：商务印书馆2014年版，第431页。

自身带来危险。”[①]“民主政府在 19 世纪没能继续政府的庄严和体面，我认为这至少是其衰败的根源之一。”[②]

民主体制下不会产生伟大的艺术，这一点，19 世纪的诗人海涅、小说家司汤达（Stendhal）、思想家托克维尔（Alexis de Tocqueville）、哲学家尼采（Friedrich Wilhelm Nietzsche）等早已点明。凯恩斯一方面再度揭发资本主义扼杀文艺的罪恶：每一代人都会树立永久的纪念碑，以便崇尚庄严，彰显美丽，表达时代精神。比这类纪念碑更重要的是各种持续时间短暂的仪式、表演和娱乐活动，这样的活动不但可以让一般人在工作之余借此获得愉悦，而且让他们觉得自己是社会的一分子。“人们的经验直截了当地显示，如果这些事情带有旨在获利的经济动机，它们是不可能成功实施的。利用公共娱乐提供者具有的才华，让其为经济目的服务，从而进行剥削和伴随而来的破坏，这是当代资本主义犯下的最糟糕的罪行之一。……各类艺术家目前在社会中的地位堪称灾难重重。”[③]另一方面积极推动政府对文艺的资助以挽救艺术。特别要说明的是，凯恩斯是懂艺术的，他是当时具有世界影响的伦敦精英沙龙“布鲁姆斯伯里圈子”（The Bloomsbury Circle）的一员。据这个圈子的另一个成员、艺术批评家贝尔（Clive Bell）声称：在他那个时代，整个英国只有 6 个人懂得艺术。凯恩斯当然是其中之一，所以他才能说出这样的话：

> 艺术家需要经济方面的保障，需要得到足以为生的收入；在这两点得到满足的情况下，他希望在为公众和雇主服务的同时，保持自己的独立性。给艺术家提供帮助不是一件容易的事。[④]

---

① 〔英〕约翰·梅纳德·凯恩斯：《政府与艺术》（1936 年 8 月 26 日），《凯恩斯社会、政治和文学论集》，严忠志译，北京：商务印书馆 2014 年版，第 417 页。

② 〔英〕约翰·梅纳德·凯恩斯：《给 JR 爱克利的信》（1936 年 5 月 28 日），《凯恩斯社会、政治和文学论集》，严忠志译，北京：商务印书馆 2014 年版，第 405 页。

③ 〔英〕约翰·梅纳德·凯恩斯：《政府与艺术》（1936 年 8 月 26 日），《凯恩斯社会、政治和文学论集》，严忠志译，北京：商务印书馆 2014 年版，第 414 页。

④ 同上书，第 415 页。

政府必须资助艺术，但又不能妨碍艺术家的独立性。以凯恩斯主持的“音乐与艺术促进会”为例。该会从财政部获得经费，又得到教育总长的支持，但它并不是一个官方机构。“本会的政策是将艺术控制权力交给相关的团体和个人。艺术家们表演话剧，展示画作，举行音乐会，他们的作品多种多样，展现了不同的才华和良好愿望。”①

凯恩斯的努力甚具成效。战争期间，“音乐与艺术促进会”在支持艺术、繁荣文化方面的成绩得到英国社会的赞誉。1945 年 6 月，英国政府宣布，政府将通过“英国艺术委员会”的方式，以更持久的方式继续原“音乐与艺术促进会”的活动。这标志着政府正式介入文化生活。作为新老两个委员会的灵魂人物，凯恩斯发表“艺术委员会的政策与希望”的广播讲话，具体提出了政府资助艺术的一些重要原则。

政府资助艺术的途径。这就是“艺术委员会”的性质和工作方式问题。凯恩斯介绍说，本会“在组织上保持独立性，不受官僚气息的影响，但是由财政部拨款支持，从根本上对议会负责”。“一个半独立的机构得到适度数量的资金，以便刺激、抚慰并且支持任何由私人或者地方组建的协会或者机构。这样的协会或者机构具有严肃的目的，表现出一定的成功前景，致力于给公众提供戏剧、音乐和绘画方面的艺术享受。”②英国政府成立“艺术委员会”标志着它已经摆脱了 18 世纪以来的唯“经济”论，但政府出钱绝非意味着政府来办，官僚机构是艺术的大敌，所以“艺术委员会”独立，只是因为它要从政府拿钱，所以只能是“半独立”的。在“半独立”这个修饰语中，“独立”才是凯恩斯所关注的。当然，这种制度性设计能否真正落实，还是一个问题。

政府资助艺术的范围。上面已经说过得到资助的是“戏剧、音乐和绘画”，凯

① 〔英〕约翰·梅纳德·凯恩斯：《战争时期的艺术》（1943 年 5 月 11 日），《凯恩斯社会、政治和文学论集》，严忠志译，北京：商务印书馆 2014 年版，第 417 页。

② 〔英〕约翰·梅纳德·凯恩斯：《艺术委员会的政策与希望》（1945 年 7 月 12 日），《凯恩斯社会、政治和文学论集》，严忠志译，北京：商务印书馆 2014 年版，第 442 页。

恩斯接下来又说：公共财政终于发现，应该支持和鼓励具有教化作用和生命力的艺术活动。这表明，政府对艺术的资助是有选择的，并非什么艺术都能得到资助。因此，选择什么、排斥什么，便有一个文化权力的问题。

政府资助艺术的方式。凯恩斯深知政府资助艺术的危险性，因此再次强调艺术创作的特殊性和自由性的观点："就其性质而言，艺术家的工作从各个方面上都具有个人特征，是自由的，不受约束的，没有组织的，不受控制的。艺术家根据自己的精神气息采取行动，不能叫他朝着某个方向发展。……官方机构的任务不是说教，不是审查，而是给予鼓励、增强信心、提供机会。"①这一原则，在一定程度上把政府资助与政府干涉区分开来，是凯恩斯的卓越之见。

政府资助艺术的目的。文化精英凯恩斯并不满足于精英艺术，他对文化"公共性"的认知使他的目光始终没有脱离广大民众。他认识到，艺术的公众和潜在的公众远比一般估计的要大得多，也高度评价英国广播公司在扩展公众艺术渴望、恢复地方艺术、提高公众欣赏能力方面的贡献，并由此强调，政府资助艺术的目的，是把艺术带给那些被剥夺了接近艺术权利的公众，激活公众的艺术创造力和欣赏水平："艺术家依赖他们生活的世界，依赖当时的时代精神。我们没有理由假定，与我们最珍视的东西几乎全都出现在某些短暂时期相比，在没有建树的时代中，可以诞生具有本土特征的艺术天才。如果有了普遍的机会，让人接触到具有最崇高形式的传统艺术和当代艺术，艺术新作将会在出人意料的地方，以没有洞见到的形式大量展现出来。"因此，"艺术委员会的目的是，满足这些新近激起并且广为传播的艺术期望"。② 凯恩斯的文化观之所以是民主的，在于他强调政府资助艺术的目的不只是保护某些艺术，而更在于满足公众的文化需求。这对于那种"为保护而保护"的文化政策是一种有力的针砭。

反对官僚主义、重点支持艺术、保护创作自由、维护公民权益——凯恩斯的

---

① 〔英〕约翰·梅纳德·凯恩斯：《艺术委员会的政策与希望》(1945 年 7 月 12 日)，《凯恩斯社会、政治和文学论集》，严忠志译，北京：商务印书馆 2014 年版，第 442 页。

② 同上书，第 443、444 页。

论述几乎无可挑剔。但文化问题总是复杂的。至少有三个方面，凯恩斯的观点以及“凯恩斯主义机构”——“英国艺术委员会”的实践受到了质疑。其一，政府的资助方式是否真正摆脱官僚化？其二，政府资助的艺术是否摆脱市场的纠缠？其三，政府资助的艺术是否适应变化了的文化形势？把这个问题集中提出来的，是当代英国文化研究的奠基者雷蒙·威廉斯。

首先一个问题是，“英国艺术委员会”是否是一个“中间体”，其运行是否“不受官僚气息的影响”？“英国艺术委员会”运行多年，有效地支持了许多艺术创作，但到 20 世纪 70 年代末，也是其委员之一的威廉斯已经发现，此时的“艺术委员会”已经“举步维艰”，其“公共形象一度很差”。[①] 威廉斯当然同意，对艺术的实质性支持，不能通过普通的市场运作和偶然的私人赞助来实现，这是因为一个商业团体必然会使其政策服务于其自身利益；也不能通过政府艺术部门的管理来实现，这不仅因为政府部门要服从政治观点的变化，而且政府部门对门类众多、形式多样、良莠不齐的艺术实践缺少高度敏感，所以“中间体”是必要的也是合理的，但在从原则到恰如其分地实现原则之间，还有若干问题。结合自己在委员会 3 年工作的经验，威廉斯认为，“艺术委员会”并非真正的中间体，“它是大臣们和某个政府部门的囊中之物，它的独立性是有限的”。在组织体制上，委员会的主席是执政党提名的，它的新委员是教育大臣及工作人员与委员会主席及高级官员之间磋商定下的，它的各小组的主席是委员会主席及其官员私下磋商的结果。在制定政策中，真正发挥作用的不是那些来自社会各界、只有 3 年任期的委员和小组委员，而是委员会的官员。在工作作风上，由繁忙工作诱发的稀里糊涂的善意，逐渐在这些官员中间形成了一团和气的氛围，以至于对一些争论性问题，从来没有付诸表决。威廉斯承认，任何事务繁忙、机构复杂的组织中都会碰到这样一些困难，但其中有些是可以通过内部改革来解决的，比如主席的任免、

① 〔英〕雷蒙·威廉斯：《艺术委员会》，《希望的源泉——文化、民主、社会主义》，祁阿红等译，南京：译林出版社 2014 年版，第 47 页。

重大项目的表决等。

其次,“艺术委员会”资助的对象是不清晰的。凯恩斯 1945 年说的是“戏剧、音乐和绘画艺术”,艺术委员会 1946 年的《章程》说的是“唯有美术”(包括戏剧、歌剧、芭蕾、音乐、绘画和雕塑),1967 年又变成笼而统之的“艺术”,把文学、电影、摄影、表演艺术、社区艺术也囊括进来。威廉斯认为,凯恩斯以及“艺术委员会”没有考虑文学,而作家们与其他艺术家一样处境艰难,即使在艺术委员会把文学重新包括在“艺术”之后,也一直没有找到一种公正的文学政策。“美术”在传统中一般被理解为绘画和雕塑,现在却包括音乐、戏剧,同时又似乎可能排除电影、摄影、无线电和电视。由此可见,委员会在究竟要庇护什么艺术的问题上并不清晰。与此相关的是,“按照一种解释,艺术委员会的任务是分发资金去支持较古老的、传统的‘美术’,如 1946 年《宪章》所说的‘唯有’。按照另一种解释,既然实际上不是国家,而是一般公众在为并非‘庇护人’(富人和权势者,以及受他们庇护的人),而是公共服务的一种形式提供资金,那么,‘艺术’能够被现存的少数派公众局限在那些已得到认可、已被接受的各种形式上吗? 或者说这种范围必须被扩大到时代的实际艺术创作范围吗?”[①]委员会的这种“国家庇护人”观念,一方面不能明确它究竟“庇护”什么艺术,另一方面作为一种公共服务,它只是“庇护”一些少数公众(富人、权势者、强势集团等)认可的、接受的各种艺术形式,而没有涵盖一定时代的全部艺术。更重要的是,文化形势已经迅速变化,委员会无法应对不断变化的社会与文化关系。与此同时,不同艺术的归属也很混乱: 艺术归教育部,通过凯恩斯又归于财政部,1964 年又回到教育部。报纸、出版和电影归贸易和工业部,广播归内政部。这就表明,政府从来就没有一种连贯的文化政策。

与此相关的是,凯恩斯认为对艺术的资助目的是诱发艺术的“自我资助”,

---

① 〔英〕雷蒙德·威廉斯:《政治与政策: 艺术委员会的实例》,《现代主义的政治——反对新国教派》,阎嘉译,北京: 商务印书馆 2002 年版,第 205 页。

威廉斯则认为，在资本主义的各种条件下，不但是艺术，而且更为广泛的文化活动也并不是自我资助的。在管弦乐队、舞蹈、剧团和诗人之外，大多数的英国报纸、英国电影、大多数体育活动、无线电和电视等，在直接收入方面，也是“亏本”的。因此把赤字问题限定在“艺术”上，是没有道理的，现实存在的是一种“整体的、普遍的、弥漫着的文化上的经济危机”，缺钱的不只是“艺术”。问题的另一面在于，艺术也并不真的无法创造收入。威廉斯认为：“事实上，我们社会真正而持久的财富的一个很有意义的部分——我在这里指的是可流通的财富、现金价值，而不是指重要的、但在这种语境中是含糊其词的‘人类财富’——是在艺术作品中。其他时期的艺术作品公开地、甚至是众所周知地进入这个货币交换的世界，经常是以它们的一些最持久和最可信赖的形式。正统的算法把整个这一领域从艺术的盈亏范围中排除掉了。然而，如果我们要进行两种新的实践活动的话——一种是艺术销售征税，从这种交易的利润中提取大量的百分比，投入到其他人的创作中去；一种是全国版权基金，在作者的权益及其资产到期之后，可以继续收取某些被大量使用的作品的版权收益，……可以清楚地看出：说艺术从来都赚不到钱，这是一种该死的谎言。”①“正统的算法”是指经济学和统计学，在文化经济形成之前，它们一般不考虑艺术经济，而实际上，“艺术”也是有经济效益的，关键是如何看待某些非常重要的长期收益与短期亏损的关系。威廉斯此论指出了艺术的经济效益的复杂性，也质疑政府仅仅资助“艺术”的合理性。

第三，“艺术委员会”资助的目的是把艺术带出一般市场之外。换言之，有了政府资助，艺术是否就能摆脱市场体制的束缚？凯恩斯希望，国家挑选几个领域进行干预，比如通过资助艺术，可以使它不再“被出卖……给获取金钱的目的”。这个想法当然是好的，但在威廉斯看来，却是不切实际的。首先，当代英国仍然

① 〔英〕雷蒙德·威廉斯：《政治与政策：艺术委员会的实例》，《现代主义的政治——反对新国教派》，阎嘉译，北京：商务印书馆2002年版，第207页。

是资本主义社会，各种社会关系和主导经济的各种观念都充满粗糙的商业和利润观念，它们对被挑选出来的领域日益不满，受到资助有艺术机构根本不可能突破市场体制的控制，以至于一些满怀希望地被带出去、按不同原则运转的东西，最终又落入那个主要的运行轨道。20 世纪 60 年代以来，通过广告和赞助商，艺术被重新挤进一种新的市场压力之下，各种商业标准和优先权被逐步重新强加于其中，艺术成为艺术产业。其次，主导经济拥有自身利用这些经过挑选的领域的各种方式。那些有声望的艺术机构收取了“艺术委员会”的大笔资金，但它们不仅被当作艺术来利用，而且也被当作巡回演出的吸引力来利用，并被用于商业娱乐，它们本身就具有直接的商业目的；很多艺术创作，既得到“艺术委员会”的资助，又被各种商业机构以相对少的花费注满。这就是说，受到资助的艺术机构在从事商业目的活动，而商业机构在“赞助”创作时其实是在廉价地利用公共基金系统。当然，这不是“委员会”本身的过错。比如“那些赞助商给的钱比我们的拨款少得多，却能在文艺演出中冠以‘由帝国烟草公司赞助’等字样。艺术委员会曾坚持要相应地标明它给它们的拨款，对于这个压力，集团却说，把公共款项下拨给艺术团体是委员会的本职工作，而商业赞助与否则是由公司自己确定的”[①]。所以说在资本主义条件下，艺术不可能因其接受政府资助就可以被带出市场之外。而且，当这种“混合资助”被限定在“高雅艺术”时，非传统艺术、社区艺术、各种低成本的实验作品等就被丢弃，所以政府的资助行为加剧了一种文化偏见和习惯：“得不到资助的地区将乐于被告知：它们不仅必须通过税收和价格继续向高层次的国家艺术和商业艺术的这种混合物作贡献，而且它们本身也将被那种最强有力的准则所排除：各种标准！”[②]威廉斯强调的是，“艺术委员会”需要改革。遗憾的是，我们没有看到他的改革方案。

---

① 〔英〕雷蒙·威廉斯：《艺术委员会》，《希望的源泉——文化、民主、社会主义》，祁阿红等译，南京：译林出版社 2014 年版，第 47 页。

② 〔英〕雷蒙德·威廉斯：《政治与政策：艺术委员会的实例》，《现代主义的政治——反对新国教派》，阎嘉译，北京：商务印书馆 2002 年版，第 210 页。

第四，威廉斯高度赞同的是，凯恩斯超越了高雅文化的成见和习惯，他同时鼓励一种严肃的、扩展中的、变化中的通俗文化，所以“艺术委员会”资助的不只是“高雅艺术”。威廉斯认为只有这一点，才重新界定了艺术的性质和目的。他一方面说明艺术目的、艺术与观众的关系总是变化的，所以不能以传统的高雅文化为所有艺术的标准。另一方面又进一步扩展了凯恩斯艺术观的开放性，强调要传统艺术观众变化的同时，传统艺术也在变化。而这一过程与新的、变化的艺术观众一样，并非只是数量上的延伸或扩展，而是艺术、艺术家与广泛而多样的公众之间的交流。威廉斯认为，无论从艺术和文化方面，还是从政治的和经济的方面来说，主要是因为这一点，“前三个界定中的任何一个都可能吸引某种有限的公共资助，但确实只有根据第四个界定，我们才可能凭良心从总收入中为艺术筹集资金”①。

凯恩斯是政府干预论者，威廉斯是社会主义者，在政府资助艺术问题上没有分歧，但在资助什么、如何资助等问题上，威廉斯揭示了政府文化政策的一些根本性的内在矛盾，从理论上说，威廉斯的观点更为正确：“艺术委员会”没有如所期待的那么摆脱“官僚气息”；政府的“公共政策”不能只保护传统的“艺术”而不顾其他文化形式；受到公共资金资助的艺术仍然与商业行为纠缠不清，如此等等。问题是，如果任何机构都有官僚化的惯性，那么即使进行一些改革又如何能使“艺术委员会”这样一个拿着政府资金的机构成为真正的“中间体”？应当得到资助的确实不只是“艺术”，但文化领域广大无边，任何政府也都只能有选择地支持其中一些，而“艺术”则是最有可能减少争议的领域；得到政府资助的艺术机构仍然可能参与商业活动，那么政府是不是就不再资助了呢？凯恩斯的观点乐观单纯：艺术需要资助，政府通过中间机构可以在保障创作自由的前提下对艺术进行有效的扶持，政府的资助可以使艺术家摆脱市场束缚，如此等等，虽简单却

① 〔英〕雷蒙德·威廉斯：《政治与政策：艺术委员会的实例》，《现代主义的政治——反对新国教派》，阎嘉译，北京：商务印书馆2002年版，第212页。

便于实施。而威廉斯则在“英国艺术委员会”的运作实践中发现了一系列深层次的问题，其中最重要的是政府所掌握的公共资金如何才能真正“公共”地使用？这些观点即使没有动摇也质疑了政府资助艺术的合理性、合法性。在政府行为受到全民日益严格的监督、文化形式日益多元、“艺术”再也不是传统的狭隘领域的当代，威廉斯所论反映了新的时代需要。然而，在凯恩斯及“英国艺术委员会”的背后，是数百年积累起来的对“艺术”的信任和信念，因此其理论其实践迄今仍为大多数国家所奉行；而威廉斯的新论如何落实到行为与制度之中，还需要探索。在威廉斯质疑凯恩斯之后，发生在美国的一场争论，再度提出了一些相关问题。

### （三）美国的争论：政府补贴是否合理？

艺术具有崇高目的、对艺术应当资助等，基本上是“旧欧洲”的文化共识。所以威廉斯与凯恩斯的区别，只在政府应当如何以及资助什么艺术等技术性问题上。但在北美“新大陆”，既无悠久的艺术传统，也乏欣赏艺术、资助艺术的贵族富豪。在一个崇尚自由市场，以为政府对经济、文化的干预应该最小化的气氛中，政府资助艺术是一个需要论证的问题。“对于一个不为农业或者住房提供补贴，不为工人提供失业保险，也不为最贫困人口提供生活保障的政府，人们不会要求它补贴歌剧、交响乐或者芭蕾。”[①]如上所述，直到 20 世纪中叶，以 1960 年“纽约州艺术委员会”(NYSCA)和 1965 年“国家艺术基金会”(NEA)的成立为标志，美国才形成明确的文化扶持政策。但从一开始，政府是否应当补贴艺术就有无数争论。当里根政府于 1981 年执政，试图削减国家艺术基金会与国家人文科学基金会 5%时，在支持政府补贴艺术的自由主义者与赞同取消这个机构的保守主义者之间，再次展开了一场有关文化政策的争论。

---

① 〔美〕詹姆斯·海尔布伦、查尔斯·M.格雷：《艺术文化经济学》(第 2 版)，詹正茂等译，北京：中国人民大学出版社 2007 年版，第 251—252 页。

大体循欧洲的观点而来，长期研究文化政策的马尔卡希（Kevin Vincent Mulcahy）在《公共文化的合理性》一文中提出政府应当补贴艺术的五个理由：

经济理由：没有公共赞助艺术机构无法生存。

社会理由：公共赞助扩大了艺术品和艺术活动的受众。

教育理由：对艺术的公共赞助应当包括增强受众艺术鉴赏力的教育措施。

道德理由：艺术体现和证实了我们的文化遗产和价值。

政治理由：分配公共赞助应当鼓励多元主义而不是鼓励赞美国家的官方文化。①

尽管上述每一点都可能存在争议，但它们还是代表了当代各国政府在赞助艺术时所持的理由。然而，对于保守派来说，这五个方面都不是政府的责任，因为人们的审美需要不是政府所要关心的事。而且，由于城市中的文化产业和大学里的师生所进行的活动，艺术已经得到了赞助。

政府是否应该补贴艺术，属于广义的政府干预问题。政府补贴的主要理由在于市场失灵，市场失灵的原因在于垄断、外部效应、公共商品、成本下降的产业及信息缺乏，这几个方面同样存在于艺术市场中。其中最重要的是，在存在着外部效应的情况下，政府应提供一定的补贴来补助外部效应的边际价值，以鼓励其生产。然而，艺术会带来集体受益吗？"当人们观赏现场表演艺术、参观博物馆和美术馆或从事其他与艺术作品相关的活动时，都会从中获得私人收益，其中包括娱乐、鼓励及启发。然而不论这种个人得到的快慰是多么丰富或令人兴奋，除此之外，是否还存在某种类型的外部收益或集体利益？这是一个很难回答的问题，并且是艺术经济学领域中争论时间最长的问题，这本身就表明了该问题没有明确的答案。"②根据美国学者海尔布伦（James Heilbrun）和格雷（Charles M.

① 〔美〕Kevin Vincent Mulcahy, *The rationale for public culture*. In K. V. Mulcahy & C. R. Swaim (Eds), *Public policy and the arts*. Boulder, CO: Westview Press, 1982, pp.302—322.

② 〔美〕詹姆斯·海尔布伦、查尔斯·M.格雷：《艺术文化经济学》（第2版），詹正茂等译，北京：中国人民大学出版社2007年版，第227页。

Gray)的总结,肯定艺术有外部收益的主要有六个理由,而它们又都是可以争论的。

(1) 艺术是留给后代的遗产。但也有疑问:如果私营部门对艺术文化已有浓厚兴趣,那么是否无须政府补贴它们也能得到妥善保存呢?传承文化是真正的外部收益,但这种遗产的边际价值很低,以至于根本不需要补贴。

(2) 艺术增进民族认同及威望。但人们可以质疑:也许民族自豪感是这个时代的罪恶,不应补贴。或者说,在争取艺术补贴之前,人们不仅应该证实补贴是达到有效目标的可能办法,还要证实这是成本最低的方法。比如民族威望值得支持,但为什么是补贴艺术而不是补贴体育队伍到国外旅游?

(3) 艺术有利于地方经济发展,如吸引外地消费者,吸引新公司来该地定址而不是到其他城市等。但严格来说,地方经济受益不能说国家一定要支付补贴。

(4) 艺术有利于文科教育。这一点较少为人提及,因为值得补贴的好像只是艺术教育本身,而非任何特定的教育设置以外的艺术的生产和分配。

(5) 艺术参与者的社会进步。参与者得到改善,也为其他人带来满足,这当然是参与者的外部效应。然而,那些观看了拙劣戏剧或歌剧的人又怎么样呢?没有科学依据可以支持所谓的艺术对个性或行为具有良好影响的说法。

(6) 鼓励艺术创新。创新是重要的,所以要用专利权去保护技术创新。但在艺术领域,创新是没有专利可言的。“某件艺术品,例如一幅绘画、作曲或编舞是受到版权保护的。但是版权不能为任何创新原则——例如,一种新的绘画技巧或一种新的舞蹈风格——提供保护,而这些原则就体现在具体的作品中,如果不对其进行保护,就会造成社会效率低下。艺术实验是昂贵的,也是容易失败的。如果失败了,这些努力的艺术家或是非营利机构将独自承担所有的成本(并且没有商业情况中的税收减免)。但是,如果其成功了,创新者无法阻止其他人免费利用这些新技术。从而,艺术创新者的积极性就会受到削弱,他们所进行的实验也将低于社会期望的水平。”[①]这就需要对艺术进行补贴。不过，在实际情况下，我们不能臆断这些可用的政府补贴中会有多少用于艺术创新，实际上提供捐赠的实体一般会避免实验以求稳。

海尔布伦和格雷认为，如果艺术的外部收益或集体收益确实存在，那么它就是“公共物品”：它们是联合消费品，且不具有排他性。他们认为，艺术符合这两个条件，因此可以视为“公共物品”，问题是如何计算艺术外部收益的实际价值。“我们可以努力查明的是，公众是否认为艺术文化能够带来外部收益，如果是，他们愿意为此支付的代价是多少。然后，就可以用人们愿意支付的总和与政策补贴目前的水平进行比较，看看实际的补贴量是小于、等于还是大于公众对艺术的外部收益的认可。”[②]在澳大利亚和加拿大进行的调查表明，人们大体同意艺术能够带来公共收益，并愿意缴纳一定的税收以支持艺术。

外部效应之外，一些文化比如博物馆递减特性；信息缺乏使得消费者由于不懂艺术而不去参加艺术活动、由于需求受抑使得很多艺术企业无法实现本应获得的规模经济；生产力滞后引起表演艺术实际成本的增加；所有公民都至少应该拥有一定的接触艺术文化遗产的权利，需要用补贴来克服高价格与低收入的障碍，所有这些也都是主张政府补贴艺术的理由。

关于政府补贴所涉及的社会公正问题。在美国，收入不平等令贫困者很难接近文化。调查表明，相对贫困的人根本无法按市价负担大量现场艺术和文化活动，因此，保证让大多数人更多地接触文化传统的愿望，是对艺术进行补贴的强有力的道德理由。连带的一个问题是，艺术补贴是不是牺牲了富人而帮助了穷人，或是相反？澳大利亚的情况是，因为富人参加艺术活动要比低收入者频繁得多，这些高收入者从艺术补贴中获得的收益超过了他们为支持补贴而缴纳的税收，因此，艺术补贴会使收入分配变得更加不合理。而美国的情况则是，对艺

---

① 〔美〕詹姆斯·海尔布伦、查尔斯·M.格雷：《艺术文化经济学》（第2版），詹正茂等译，北京：中国人民大学出版社2007年版，第231页。

② 同上书，第233页。

术的补贴稍微有利于穷人，因为高收入者缴纳的税收高于他们所获得的艺术补贴。综此，两位作者认为："我们必须认识到，艺术补贴在任何国家都可能产生分配不当的结果，除非采取公平累进税制，或艺术补贴中包括大量明确针对低收入人群权益的方案。……无论在任何情况下，那些将其收益有效地集中于低收入者的补贴计划都不会对收入分配产生不当影响。"①

如此，政府应当补贴艺术的理由有三：一是除参与者的直接收益之外，艺术还为整个社会带来了外部效应。如为后代保留的文化遗产、对文科教育所作的贡献，以及艺术创新所带来的集体收益等。二是对艺术的享受是后天习得的品位，而许多消费者对此缺乏作出明智选择的信息和经验。三是公平性的考虑。所有公民都至少应该拥有一定的接触人类艺术和文化遗产的权利，这就需要用补贴来克服高价格和低收入的障碍，以及在地理上存在的无法接触的不同程度的问题。

在这个前提之下，海尔布伦和格雷介绍也反驳了保守主义者反对公共补贴的理由。

一个理由涉及政府的权力问题。社会学家哈格(Ernest van den Haag)以为，政府没有适当的社会政治理由强迫纳税人补贴政府选择的艺术。他否认以艺术可以带来集体收益。以歌剧为例："无论歌剧拥有什么样的价值，我们也不能说——即使在意大利或奥地利可以对其这样认为——它对我们国家的凝聚力、历史、文化或意识作出了什么贡献，或者说它现在有任何可能作出上述的贡献。歌剧如此，古典音乐、包括芭蕾在内的舞蹈，以及就总体而言，我们博物馆内的伟大艺术也是如此。它们在我们的历史上，或者在形成或公布我们的国债上都不占重要的地位。……我们博物馆的内容与我们的国民生活无关，并且它们对我们的国家凝聚力或认同感也没有任何贡献。"②海

① 〔美〕詹姆斯·海尔布伦、查尔斯·M.格雷：《艺术文化经济学》(第2版)，詹正茂等译，北京：中国人民大学出版社2007年版，第242页。

② 〔美〕Van den Haag, *Should the Government Subsidize the Arts?*, *Policy Review* 10(1979), p.66. 转引自《艺术文化经济学》(第2版)，詹正茂等译，北京：中国人民大学出版社2007年版，第246—247页。

尔布伦和格雷认为，此论一是忽略了很多艺术分支具有浓厚的美国传统，而且有些博物馆专门致力于美国的绘画和雕刻。其二，此论暗示了欧洲传统不能对美国的任何重要作用，但美国很多的艺术来自欧洲，高雅艺术的国际化已经打破了地域和国际。这种建立在一个单一情况之下的论点，当然不具有说服力。

另一个理由涉及政府补贴的公正性方面。哈格认为，政府补贴艺术等于是迫使所有阶层去补贴中产阶级。存在两种可能，一是艺术补贴对收入分配的影响，二是为提供补贴而征收的全部税收都不可避免地影响一些人的消费。哈格没有明确说明他究竟反对哪一种情况，只是以歌剧院为例，说明有些纳税人更喜欢将钱花在未受补贴的电影或百老汇表演上，拿走这些人的钱，会使中上层阶级受益。这在公共政策论争中有相当普遍性，海尔布伦和格雷据此认为，这似乎表明哈格关注的是分配效应。但一些非常具体的研究已经表明，美国的艺术补贴和征税的再分配净效应，是拿走富人的利益去补贴相对贫困的人，而中等收入的人基本上收支平衡。哈格忽视了两个事项。第一，如果一项补贴方案能够纠正由市场失灵所引起的资源分配不当，那么它就不应该因其会产生的分配效应而被否决。我们应该通过另一套有关收入分配的政策予以补救。第二，尽管如此，如果一个人坚持考虑配置政策的分配效应，那么无疑可以想象到艺术补贴不会对收入分配产生不利影响，任何一项例子（如歌剧）中所出现的反常效应都不构成反对艺术补贴的一般情形。

最后一个涉及政府的艺术补贴的实际效果问题。哈格认为，政府不能区分艺术的好坏，只能无差别地发放补贴，冒牌艺术家就会被吸引到这一领域之中，大量的政府预算就会被浪费在“愚人金”的生产上。而且，当政府补贴构建一个虚假艺术的世界时，真正的艺术家可能会发现成功实际上变得更加遥远。海尔布伦认为，这是一种空想，因为多数资助艺术的机构依赖于专业考察的完善体系，以力图使其资金的支出更加有效。虽然它们也有政治上的考虑，而且没有完全成功。

另一位社会学家班菲尔德（Edward Banfield）在《民主的缪斯女神》中提出了

反对补贴的另外一些理由。他强调完全市场竞争具有实现资源最佳配置的能力,承认外部效应会导致市场失灵的理论可能性,但即使如此,他也不认为外部效应是进行补贴的一个理由,也不认为不完全信息可以成为补贴的理由。如果消费者认为信息对他们是有用的,他们将愿意为此付费;私人市场将主动地提供信息。海尔布伦认为,此论忽视了多数消费者并不知道他们将从熟悉的艺术信息中获益,因此不会对有关艺术的介绍性信息或经验付钱。班菲尔德更重要的理由在于,根据他的理解,《独立宣言》和宪法原则是排斥这种干预的:“如果艺术很显然极大地影响了与个人福利相对的社会质量,那么政府可能就不会对其进行适当的补贴或干预艺术的活动。有许多事通过使人们变得尊贵或卑贱的方式来影响社会,通过获得大家一致同意而与政府无关的方法来影响社会,因为政府没能力管理它们(例如,对文明礼貌的强制规则),或因为政府的存在显然是为了其他目的。”①班菲尔德援引《独立宣言》和美国宪法的论证策略,实际反映了关于政府是否应该补贴艺术的论争底线:对政府权力的任何扩张都持怀疑态度的人,不会认为政府应该进行艺术补贴;而那些认为政府也能在市场经济中发挥重要作用的人,相对说来比较容易相信艺术补贴能够作为提高社会福利的一种方法。就此而言,有关政府是否应该补贴艺术的争论,是一个更大范围的论争:政府在多大程度上有权介入市场和社会?这是一个无法获得统一认识的问题。

发生在美国的争论有三个层次。一是政治立场,主要涉及政府权力的限度和政府行为的边界,因此,这一争论被认为是自由主义与保守主义之争。立场问题更多是基于信念和选择,因而不是简单的理性分析和论辩所能奏效。二是理论认知,即艺术是否有外部效益,艺术是否为“公共物品”。总的看来,肯定的一方更能得到历史与逻辑的支持。三是技术手段,即政府补贴如何能达到目的?

① 〔美〕Edward C.Banfield, *The Democratic Muse* (New York: Basic, 1984)p.250.引自詹姆斯·海尔布伦、查尔斯·M.格雷:《艺术文化经济学》(第2版),詹正茂等译,北京:中国人民大学出版社2007年版,第250页。

由于文化艺术生产的复杂性，“愚人金”的现象所在皆是，19 世纪的高更早就提出了这个问题。但如果上述第二点得到认可，那么我们也不能因为补贴不能达到效果就否定了补贴本身。技术性的错误只是提醒我们，政府不是万能的，真正的文化繁荣，主要还是靠艺术家的创造和公众的参与。所以争论归争论，迄今为止，美国联邦政府、州两级依然对艺术实施补贴政策。所以无论在理论上还是实践上，政府资助艺术都得到多数人的赞同。

然而，争论是有益的。威廉斯和哈格等人基于不同立场和考虑而发出的种种质疑，至少有助于政府文化政策的调整与完善。如公共资金的使用是否经过必要的程序性审查和监督，政府扶持的标准是否符合广大公众的标准，权力介入与意识形态考虑是否限制了艺术家的创作个性，资助对象的遴选过程是否公平公正公开，资助的效果是否经过严格评估，等等。结合威廉斯的观点来看，一个特别重要的问题，是如何处理“艺术”与文化产业的关系。正如英国学者奥康诺(Justin O'Connor)所说，政府资助艺术的政策与一种排他性的同义反复联系在一起：“公共资金面向了艺术，而市场面向了文化产业。……因为艺术的非商业化，它以为它才是最‘纯粹’的创意，但是它被认定为‘艺术’的依据，恰恰是因为它不是商业‘产业’的一部分。翻译成日常的文化政策就是：如果你在商业方面是可行的，那你就没有资格获得补贴；如果你有资格获得补贴，那你就必须被认定是更加纯粹的创意。”①文化产业把几乎所有的艺术都卷入了市场体制，对于专门的“艺术”机构来说，仅仅把自己视为非商业机构并关注政府补贴，不但是越来越困难了，而且会使自身越来越狭窄。其后果是，获得资助的“艺术”将面临更为强大的市场压力。所以艺术在文化产业时代的发展，不能满足于政府补贴、政府资助这一唯一的模式。政府资助是有效的工具，也是生硬的工具，中国文化政策的完善，必须通盘考虑整个文化领域，使这个工具更具弹性、更具多样性且不再

---

① 〔英〕贾斯汀·奥康诺：《艺术与创意产业》，王斌等译，北京：中央编译出版社 2013 年，第 219—220 页。

是文化政策的中心。

## 三、抛弃版权是否可行?

版权即著作权,是法律上规定的某一单位或个人对某项著作享有印刷出版和销售的权利,任何人要复制、翻译、改编或演出等均需要得到著作权所有人的许可,否则就是对他人权利的侵权行为。著作权的实质是把人类的智力成果作为财产来看待,一般被认为是保护文化生产者的创造性、积极性的基本手段,也是对创造者唯一的有效的激励因素,因此,版权是文化产业的核心竞争力,以至于文化产业在一些国家被称为"版权产业"。但在新的生产/传播技术,特别是互联网技术的背景下,长期延续的版权保护手段难以为继。有"互联网时代最重要的知识产权思想家"之誉的美国斯坦福大学教授莱斯格(Lawrence Lessig)系统地提出了这一课题:"互联网……使得内容的高效传播为可能。p2p(peer-to-peer)的文件共享方式采用了分布式智能技术,是互联网高效传播技术应用的典范。它以一种前人不能想象的方式使内容传播变得更加迅捷。网络的这种高效性将著作权法的一贯方针弃之不顾,也并未对其共享的内容是否拥有著作权加以甄别。因此,大量享有著作权保护的内容在网络上被公众共享。这导致了矛盾的激化。"[①]当代版权理论的议题之一,是要不要保护版权?由于版权涉及文化自由、公共领域等重大问题,因此,围绕版权所展开的论争就不限于管理或政策的范围,也关系到文化理论的一些基本议题。

著作权的变迁史是一部文化自由与文化限制的对抗史。1710 年英国议会颁布的《安妮法令》(Statute of Anne)是人类史上第一部著作权法案,该法案声称:所有出版物的著作权年限均为 14 年;如作者仍然在世,此年限可以更新一

① 〔美〕劳伦斯·莱斯格:《免费文化——创意产业的未来》,王师译,北京:中信出版社 2009 年版,第 3 页。

次。这时的"著作权"只是一系列有关禁止书籍再版的限制，至于一部作品应该如何使用则不在著作权的控制之内。据莱斯格的研究，当时的背景是，英格兰的图书市场因苏格兰出口图书的激增而受到冲击，出版商和图书经销商们希望通过法案来确保他们对出版业的专用设备有控制权。但当时许多人都觉得图书经销商对知识传播的影响是有害的，他们响应当时的启蒙主义，认为知识应该免费和自由获取。《安妮法令》既保护著作权又对这种权利作了一个时限的限制，旨在限制出版业中的垄断现象。不过，根据当时英国的习惯法，即使一本书的著作权已经到期，出版商仍然有权禁止此书出版。经过一系列的冲突和斗争，英国上议院于 1774 年否决了永久性著作权的合法性。从此，法律对创意作品的控制第一次被取消了，英国的公共领域也因此诞生。"上议院决定意味着图书经销商再也不能够左右英国文化的生长和发展方向。英国文化从此获得了'自由'。这并不代表著作权不再受到尊重，因为作品出版之后有限的一段时间内，图书经销商仍然持有控制出版的其他排他性权利。这也并不代表'盗窃'之风可以盛行，因为即使著作权过期，你还是要从别人那里购买它。'自由'意味着文化和它的生长不再受一小部分出版商团体的控制。和自由市场一样，自由文化市场可以根据消费者和生产者的选择来确定自己的发展轨迹。"①著作权法的诞生旨在反对出版业中的垄断，把有价值的书所能产生的财富扩散到社会各个角落。所以，著作权法本身具有反垄断的性质，它不仅仅是保护出版商利益。但在后来的演变中，著作权的限制时间和范围都被放大了。以美国为例，1790 年的著作权法规定其有效时限为 14 年，初始期限到期后，著作权人可以续期一次，这意味着不再需要著作权保护的作品将会迅速流入公共领域，只有具有商业价值的作品才继续处于著作权保护之下。此后 11 次延长时限，最长期限是 95 年。与此相应，1790 年的著作权法仅限于"地图、图表和书

---

① 〔美〕劳伦斯·莱斯格：《免费文化——创意产业的未来》，王师译，北京：中信出版社 2009 年版，第 70 页。

籍”,现在则涉及所有具有实体形式的创意作品。不但是“出版”作品的排他性权利,也包括控制拷贝作品行为的排他性权利以及“衍生权利”如翻译、改编、演绎等一系列专有权利。限制时间和限制范围之外,还存在一个媒体的集中与整合的趋势,它弱化了异议者的生存空间,使得一小部分人有权决定其他人所能获得的信息。

莱斯格认为,文化有商业文化与非商业文化之分,前者指的是那些在生产后被销售,或者为了销售而生产的文化,也即文化产业。此外的其他部分属于非商业文化。美国的传统并不倾向于对非商业文化进行管制,法律专注的只是商业性的创造,它授予创造者对其作品的排他性权利,如此创造者才能在市场上出售这种权利,创造的积极性因此得到保护。商业文化与非商业文化也可以称之为“自由文化”与“受控文化”,但在互联网的作用下,这两种文化之间的分野已被消除,在历史上维持自由文化与许可文化(文化许可才能被使用)使用者之间平衡的技术已经失灵。1790 年的著作权法如表 3 所示:

**表 3**

| | 出　版 | 改　编 |
|---|---|---|
| 商　业 | © | 自由 |
| 非商业 | 自由 | 自由 |

但在经过一系列演变后,数字化时代的著作权则显示为如表 4 所示:

**表 4**

| | 出　版 | 改　编 |
|---|---|---|
| 商　业 | © | © |
| 非商业 | © | © |

由此变迁不难发现:“以前,大部分创造力不受管制,但是现在著作权法的范围已经扩展到了所有领域,延伸到了创造力的方方面面——从非商业文化到商

业文化，从复制作品到改编作品。最初，这些规则只是为了约束出版商的行为，现在它却把所有人都囊括其中。”①莱斯格的论证是在2004年出版的《免费文化》一书中完成的。书名“Free Culture”有“免费文化”与“自由文化”两意，莱斯格更重“自由”之义，所以准确地说，该书应译为“自由文化”。什么是“自由文化”？“自由文化”与版权制度有何关系？在序言中，莱斯格开章明义：

> 美国拥有“自由文化”的悠久传统。这种自由和“免费啤酒”并不一样。它所指的是“自由言论”、“自由市场”、“自由意志”、“自由选举”中的自由。自由文化支持和保护创造革新，通过赋予创造者知识产权而直接履行自己的使命。不过，通过对知识产权权利范围的限制，自由文化也间接地保证了后来的创造者能够借鉴前人文化和摆脱前人控制的自由。自由文化之中并不是没有财产，这就好像自由市场并不意味着其中所有的东西都是免费供应一样。自由文化的反面是“许可文化”，创造者只有在获得了之前权威或创造者的许可之后才能进行自己的创造。②

“自由文化”是美国乃至西方的传统，“许可文化”就是版权制度下的文化。“自由文化”与“许可文化”相对。文化“自由”是什么意思？自由意味着可以广泛使用前人或他人的成果。这不但是美国自由文化的特性，也是人类文化的共通规律：“世界各地的创造者们总是在借鉴他人的成果——有过去的，也有现在产生的。这些创造者都有不经原创造者许可和不可补偿的成分。一个社会，无论自由与否，都不曾要求人们为每一次文化内容的使用支付费用，也不曾要求迪士尼的创作必须得到许可。相反，每一个社会都为文化的自由使用留下了一定的空间。问题的关键因此并不在于文化是否自由，所有的文化都具有一定程度的自由性。更加深刻的一点是：这种文化有多么自由？有多少文化可以被自由

① 〔美〕劳伦斯·莱斯格：《免费文化——创意产业的未来》，王师译，北京：中信出版社2009年版，第139页。

② 同上书，序言X。

借鉴和使用？有多少人可以享有这种权利？它是不是只限于党派成员？王室成员？纽约证交所的十大巨头？又或者它可以广泛地传播？无论艺术家是否和大都会博物馆有关联，无论音乐家的肤色是白是黑，无论制片人是否有自己的工作室——他们都能自由地汲取想要的东西并进行再创造吗？”[①]这段论述表明，莱斯格的文化自由，不是艺术家是否受到政治压迫、物质利益或审查制度的约束和控制的问题，而是艺术家是否可以自由地借鉴和使用所有的文化资源。比如，美国文化产业“迪士尼式的创意”，根本就是一种汲取前人文化成果并加以改进的表达形式和创造才能。1928 年，迪士尼可以随意改编借鉴的文化内容还比较新鲜，因为当时的著作权年限一般为三十年左右，而且只有一小部分的作品在此保护之列。著作权到期后，作品随即进入公共领域，对它的使用和借鉴不再需要获得许可，因此不需要律师。在美国历史的大部分时间里，公共领域一直在人们的视野中。从 1790 年到 1978 年，平均著作权年限从未超过 32 年，这意味着大部分文化在 1.5 代人的时间后就可以被任意使用了。在自由的文化中，从他人那里获得有价值的东西这一行为是自由的，这种自由也是有益的。“照此计算，今天的迪士尼可以不经许可而使用的是 20 世纪 60 年代到 70 年代的创意作品。但是事实上，今天的公共领域恐怕只能包括大萧条以前的文化内容了。”[②]美国文化曾经很自由，但这种自由现在已经变得越来越小了。重提“自由文化”，不是反抗暴政、批判资本，而是为了重新讨论版权制度的合理性。

这一矛盾因技术创新而加剧。柯达相机和胶片的兴起，使得普通民众可以享用前所未有的便捷方式表现自我。这不只是因为发明家的才智，也因为这项技术的法律生长环境。在摄影业早期，有人质疑：当专业或业余摄影者随心所欲地捕捉画面时，他是否也应该事先取得许可呢？当时的法庭给予了否定的回答。事情很清楚：当摄影师在拍摄一个人或一栋建筑时，他确实从他们那里“复

① 〔美〕劳伦斯·莱斯格：《免费文化——创意产业的未来》，王师译，北京：中信出版社 2009 年版，第 13—14 页。

② 同上书，第 10 页。

制或翻印”了一些“有价值”的东西。他之所以没有受到追究，在于公民至少有权捕捉那些在公共视野中的影像。如果“许可”成为摄影业的发展规则的话，那么我们就很难预见摄影业如何发展和繁荣了。这个事例说明，技术的发展需要合适的法律制度。但当我们发明了一种取代柯达魔力的技术的同时，我们也发展了一个遏制这种技术的法律体系。以“盗版”为例。传统的盗版有两种。一种是文化上普遍的“盗版”现象。根据他对好莱坞电影、唱片、广播电台、有线电视的考察，莱斯格有一个大胆的判断：“如果‘盗版’意味着不经允许而擅自使用他人的作品，如果‘有价值便有权利’的信条正确无误，那么整个人类的文明史就是一部盗版的历史。今天，电影、唱片、广播、有线电视等这些‘大媒体’的每一个重要组成部分都脱胎于所谓的‘盗版’。”[①]另一种盗版，是出于商业目的，未经他人授权就擅自使用他人的作品的“商业盗版”，无论有什么理由，商业盗版都是错误的，是法律应当禁止的。互联网技术兴起后，出现了第三种“盗版”，这就是 p2p 共享技术，使用这一技术的人可以分为四类：

(1) 用网络共享方式取代了自己原本进行的购买和消费。

(2) 通过共享方式来试听音乐，之后他可能去市场购买 CD。

(3) 有些音乐虽受著作权保护，但市场上已经没有或很难买到，有人通过网络共享的方式找到了它们。

(4) 通过网络共享的方式下载那些不受著作权保护的作品，或著作权人明确表示同意他人使用的作品。

其中，第四种是合法的，第二种虽不合法但对商家有一定好处，第三种虽不合法但对社会是有好处的(更多地接触音乐)，因此，共享是否有害取决于第一种共享方式的危害程度。莱斯格认为，虽然网上下载可能给唱片公司带来一定损失，但如果网上的“试听”为公司带来的销售收益可以超出这部分损失，那么从整

① 〔美〕劳伦斯·莱斯格：《免费文化——创意产业的未来》，王师译，北京：中信出版社 2009 年版，第 35 页。

体上说，网络共享对音乐公司实际上是有益的。有关CD销售量的数据表明，事实也大抵如此。整体上说，文件共享所造成的大部分“盗版”都是极其合法而有益的。虽然在保持其益处的同时，还需要将它带给作者们的侵害最小化，但更重要的问题是，这种与之相关均无害的技术被告上了法庭，当p2p文件共享平台Napster辩护说它已经发明了一项技术，能够识别99.4％有侵权嫌疑的内容并锁定它们的流通时，法庭告知Napster的法律顾问：Napster应该把侵权率降为零。莱斯格就此指出：“如果99.4％的识别率仍不够好的话，那么这场斗争所针对的就不是侵权问题，而是共享技术本身。我们都无法保证录像机、复印机、手枪使用可以100％的合法。同样，我们也无法这样保证p2p共享技术的应用。不允许任何失误的存在也就意味不允许这项技术的存在。法庭裁决意味着，只是为了保证p2p技术不会侵犯任何著作权，我们就要牺牲p2p技术为整个社会所带来的好处，甚至是完全舍弃它所提供的那些合法和有益的功能。”[①]比如2003年，美国伦斯勒理工学院(Rensselaer Polytechnic Institute)信息技术专业的学生杰西·乔丹(Jesse Jordan)，为其学院网络设置搜索引擎，搜索出的目录包括学生们放在自己网站上的图片、笔记和资料的拷贝、学生自拍的电影片段、学生手册等。这个目录也包括1/4的音乐文件，不过乔丹并没有引导大家把音乐文件放进公共文件夹里，他的实验与任何商业性活动无关。但2003年4月3日，“美国唱片产业协会”向他提起诉讼，认定他是一个盗版者，违反了著作权法，要求他至少支付1 500万美元。乔丹的遭遇有普遍意义。互联网诞生以后，面对技术革命带来的不利影响，内容产业集体游说政府并寻求保护，它们发起了一场打击“盗版”、保护“产权”的斗争。

这就出现了这样一个局面：“数字化革命可能带来的一个重要的影响便是：继亚历山大图书馆之后，还是第一次，人们可以去设想建造一个档案库，把所有

① 〔美〕劳伦斯·莱斯格：《免费文化——创意产业的未来》，王师译，北京：中信出版社2009年版，第53页。

公开创作和发行的文化内容聚集起来。新技术使得收集所有已出版图书的设想变为可能，并且随着技术的进步，对于那些不断变化的影音内容来说，这种构想也不再难以企及。”[①]一个永远都可以得到自己需要的知识文化内容的世界正在到来，但著作权保护法阻碍着这一世界的来临。更重要的，互联网技术对既有商业和艺人们构成了威胁，但各行各业和技术专家们运用技术保护自身不受网络侵害的办法有很多，日益高明的科技手段使得违法行为的识别和追踪易如反掌，成为内容产业集团运用法律直接规范互联网技术的帮手。也就是说，技术既挑战，也维护现行的法律。当技术维护现行的法律时，著作权法就成为对创作的束缚、对创新的制约。1990 年，美国制片人埃尔斯(John Else)执导一部关于歌剧演员的纪录片，原来的设计场景中，有一个电视机正在播放动画片《辛普森一家》(*The Simpsons*)。为了这 4.5 秒钟的动画片，拥有版权的福克斯(Fox)公司提出 1 万美元的使用许可费。因为这开支超过了原来的预算，埃尔斯只好换下了这个镜头。如果说这种法律体制造成创造力的缺失和艺术家的噤声，或许过激。但有一点是清楚的，这种处罚性的管制体系或许可能保护某些产业和某些作者，却会对所有的产业和创作者造成伤害。1993 年，达威公司(Starwave)的阿尔本(Alex Alben)计划制作一部回顾某位演员所有作品的音像产品，用了一年时间、花费了大量资金来解决这名演员所有作品的著作权，包括电影片段中出现的其他演员。这就是说，Napster 技术意味着你可以轻易做出许多此前想都想不出的事情，但要想合法就很困难，很多创意因为版权问题的烦琐规则而胎死腹中。著作权保护期限在产业巨头把持下，通过政府和法律的力量，被多次延长数年；合理使用在实践中因法律设定界限的模糊不清而举步维艰；著作权带来的文化创作管制使得有益借鉴所付出的金钱、时间、经历、法律等成本越来越高昂，“改编”成为少数有钱有权者的“特权”，而内容产业的集中化趋势进一步限制甚至剥

---

① 〔美〕劳伦斯·莱斯格：《免费文化——创意产业的未来》，王师译，北京：中信出版社 2009 年版，第 90 页。

夺了创作者和公众的自由。与此同时，互联网越来越使得文化内容的自由获取成为现实，但著作权保护法律期限的一再延长、管制范围和效力的不断扩张，使得对著作权的过度保护成为了实现文化自由的最大障碍。

这里实际上有两个层次的问题。第一，从自由主义立场来看，如果为了某一特殊利益集团的要求，如果因为某项技术削弱了某种商业模式，政府就要横加干预，这是不合情理的。一个自由的社会和市场必然依托于自由的企业和贸易。政府在其中的作用不是保护或限制某种行业，也不是保护赢家免受损失。如果政府经常这样做，人类就不会有进步。第二，政府支持集团维护著作的行为，将损害文化的自由发展。

> “获取与共享”是文化中固有的传统。部分上讲，数字化“获取与共享”技术是这个传统的扩展，但它同时也是一种新生事物。它是柯达技术的延续，同时又超越了柯达一类技术的界限。因为共享的简易性和普遍性，“获取与共享”的数字技术使得创造力可以通过极其分散的方式传播。如果应用于民主，广大民众就可以使用这项技术表达观点、批评时政，为我们的文化发展贡献力量。
>
> 不过有一点，“合法性”是上面所有事情发展的先决条件。然而以美国当前的法律管理体制体系来看，这不可能发生了。我们现在先不谈文件共享。想想网上那些你最喜欢的精彩至极的网站；它们有的为那些早已被人遗忘的电视剧提供剧情简介，有的给用户提供20世纪60年代以来的动画片列表，有的将图像和声音搭配在一起做成片段来批判政客和企业，有的则把报纸上关于科学和文化等冷门话题的文章收集在一起。大量的创意作品遍布整个网站。但是根据现行的法律规定，这些作品都是不合法的。[①]

面对这一深刻的矛盾，一方面是著作权卫士，另一方面是互联网卫士，他

① 〔美〕劳伦斯·莱斯格：《免费文化——创意产业的未来》，王师译，北京：中信出版社2009年版，第152页。

们中间进行着一场斗争。前者信仰最大化的著作权，认为应该“保护所有的权利”；后者排斥著作权，认为“根本就不该保护任何权利”。前者坚持认为，无论你要通过什么方式使用作品，事先都应该征得许可；后者则认为，不管得到许可没有，你都可以按照意愿随意使用这些内容。他们的主要观点可以这样来对比：

著作权卫士：“著作权是一种绝对的财产权”，应给予其绝对化的保护。此论的核心在于：创造性的作品具有价值，未经许可擅自获取他人利益的行为即是盗版的一种形式，是错误的。当高效传播的网络技术带来大量内容共享时，这种“盗取作者本身的利益”的担心被强化，因而引发著作权卫士们利用法律和技术更新来捍卫“盗版”侵犯的“财产”权利。实际上，早在1998年数字之争之前，一些版权所有者（主要代表大电影制片商、唱片公司、软件开发商和出版商）就要求美国代表对国际版权法协商修改，添加关于数字产品的一些规定。他们确实这样做了，所以当代表们回到美国时，催促国会根据《伯尼尔公约》的授权修改《版权法》。首先改动的是规定任何非法使用数字版权受技术保护措施（TPM）保护的作品的人，都要承担民事责任和侵权罪名。这一对《版权法》进行修改、追究一切“非法使用”行为的法律诉求，其理论支撑无疑正是著作权是一种绝对的财产权。而法律的惩罚毫无疑问成为制止侵权的重要手段，这在互联网共享中体现得尤为明显，著作权卫士完全反对免费的互联网资源共享，对音乐的“非法下载”问题上，主张侵权必究，不惜对数量众多的个体“侵权者”展开索赔，并认为高额罚款是保护音乐版权的有效手段，与此同时，美国的法律在实践中对这一主张给予了赞同和支持。

互联网卫士：有价值未必有权利。知识产权是一种致力于发展创造力价值的手段，著作权不是绝对的财产权，应支持公共领域发展，维护合理使用。价值产生权利、尊重著作权人合理的权利诉求是正确的，但不能把“有价值便有权利”和著作权是一种绝对的“财产权”此类观点绝对化。当法律在“著作权卫士”的把持下得以修改后，“反对者却表示，如此修改法律会严重破坏几十年来版权的平衡。如果禁止他人看到这些作品，那么人们就无法独立地进行批评、学术研究以及教学活动了。人们争论说，所有对作品的公正使用都应该算作是合法的"[①]。互联网卫士的最大理由，是目前这种过度的和绝对的著作权保护会对文化自由形成束缚甚至伤害，这一点已被越来越多的人意识到，这一结论也正在被越来越多的人接受，尤其是在互联网的冲击下，传统著作权体系与文化自由的矛盾愈发凸显。因此出现了"抛弃版权"(Copyleft)的激进之论。

荷兰学者斯密尔斯(Joost Smiers)、斯海恩德尔(Marieke van Schijndel)就以此为书名反对版权保护制度。综合其论，可以归纳为这样几个方面。① 一个基本的理由是，文化生产可以脱离版权保护而发展。艺术作品大量借鉴古人，广大的公共领域为艺术家提供了素材，作品是从艺术家和群众创作、展示和交流的内容中逐步发展起来的，将整个作品的控制权和所有权给予某位艺术家是不合理的。事实上，个人占有艺术作品的现象，在多数文化中鲜有发生或并非主流。如果除了所有者专享独占，无人再有权改动或使用这件作品，那么这就意味着，交换意见根本不存在，言论自由或多或少地受到限制，沟通交流变成单向的由一方控制。绝对所有权的观点既不能成立，所谓原创性所赋予的作品的"精神权利"也不能成立。艺术家看到自己的作品受到不公正的对待，如别人改动自己的作品时，可以请法院裁定，同时艺术家有权大幅度修改别人作品，但应该声明这是基于原作的全新作品。所以这类问题根本不需要版权体系来处理。为版权辩护的理由之一是版权能给艺术家带来收入，但对很多艺术家来说，收入在很大程度上与版权无关，企业保护版权其实是为了保护投资。有关调查显示，90%的艺术家只得到各类版权收入的10%，而10%的人得到了剩余的90%收入。另外，经济全球化给知识产权所有者带来巨大的海外市场，但又难以在其他国家保护自己的权益。《与贸易相关的知识产权协定》为此提供了解决机制，使大多数权益成为富国企业的财产，而穷国却因无法免费获得所需原料(如知识)而难以发展。② 公平竞争的市场能够脱离版权

① 〔美〕卢茨厄(Arnold P. Lutzker)：《创意产业中的知识产权——数字时代的版权和商标》，王娟译，北京：人民邮电出版社2009年版，第80页。

保护而存在。所谓公平竞争的市场，是这样一种市场模式：所有权应该高度分散而非高度集中；大多数艺术家能够获得平等的机会；受众可以不受限制地进行广泛的选择；保留广阔的公共空间，不被他人占为己有。而现实情况是，无论是版权所有者控制作品的使用权，还是一小撮跨国集团掌握着电影、音乐、图书、设计、视觉艺术、话剧和音乐剧的制作、发行、推广和销售，都是不受欢迎的垄断模式。版权保护确实保护了卖座大片、畅销书和文化明星的投资，却扭曲了文化市场，将更为丰富的文化产品挤出公众的视野；控制着版权的大型文化企业掌握着文化产品的生产、发行、推广和销售，进而垄断文化市场。其后果是，对于绝大多数文化企业家来说，通往市场、受众和赚钱机会的大门只有一道缝隙，而对于少数不断合并的文化产业巨头来说，这道门却是敞开的。从民主和公平竞争的角度看，这种市场控制决不能容忍。一个更加规范的市场应当是，对于市场或他人的市场行为，任何一方无法单独进行实质控制或给予任何实质性影响，任何一方都不能不顾公众利益而行事，市场必须允许多方参加。为此，在废除版权的同时，也必须确保在制造、发行和销售环节上不存在任何形式的垄断性力量。这不但会创造一个公平竞争的市场环境，让更多的艺术产品进入公众生活，让更多的艺术家过上体面的生活，而且也会成为复兴公共领域的一个重要动力。③ 作为一个差强人意的方案，是用“知识共享”(Creative Commmons)来代替版权保护。知识共享的理念是，B 可以在不受版权限制的情况下使用 A 的作品，同时，B 不能将 A 的作品据为私有。这一方案的问题在于，它没有就艺术家、制作商和发行商如何赚取合理的收入给出任何建议，也未从根本上挑战版权制度，在很大程度上，知识共享还只是一厢情愿的事。所以根本的解决，还是废除版权保护制度。当然，两位作者都是政治上的左翼，他们意识到版权与市场体制密切相关：“除非将市场条件一并解决，否则废除版权的设想或行动将毫无意义。”[①]显然，解决市场体制的若干问题是一个长期的目标，因此，

① 〔荷〕约斯特・斯密尔斯、玛丽克・范・斯海恩德尔：《抛弃版权：文化产业的未来》，刘金海译，北京：人民出版社 2010 年版，第 88 页。

抛弃版权也并不是一场现实的斗争而是一种理想。

“著作权斗争”是“大象”与“蚂蚁”的斗争。著作权卫士们一方面代表着文化内容产业的巨头,它们规模庞大、组织系统且财势兼备,并在近年来呈集中化趋势,几乎掌握着文化创意产业的命运。而且这些巨头拥有影响政府和法律的力量,在议会和法院中拥有举足轻重的影响力。另一方面也有基于对创造性和文化创新的关切。比如米拉格罗斯·德尔科拉尔(Milagros del Corral)等人认为:“今天,若没有维护创造者和文化产业利益的明确承诺,对创造力的支持便无从谈起,而文化和经济的发展的真正动力正是创造力。目前抵御文化标准化最有效的补救方法是创新、生产尽可能多的各种文化产品,使之在全世界流通,从而保证包括信息高速路在内的所有交流媒介有多元文化产品的供应。”①著作权卫士们的逻辑简单有力,法律实践实际上也基本支持这一逻辑,着力维护现存著作权体系的权威。而站在为文化自由而对抗现行体制的这一方的,是人数众多却又零星、分散、力量相对弱小的个人、团体和组织,如争取网络免费共享的网民们、共享软件的开发者们、渴望免费素材资源的创作者们,以及部分法律工作者。即使在创作者内部,也是有着巨大鸿沟的,与巨头和行业“巨星”们相比,大部分创作者同样是这场斗争中的“蚂蚁”。与产业巨头“大象”们相比,“蚂蚁”一方很难对决策者和法律产生影响,在内容巨头们说了算的境况下,普通民众和创作者想要获得使用和传播的许可,是极其困难的,哪怕这种使用本身属“合理使用”范畴,但在实践中仍有着巨大的法律风险,近年来公共领域的萎缩和合理使用的减少,也就不难理解了。而为这种许可管制所付出的资金、时间、精力等成本代价,也往往让大多数民众以及普通创作者难以承受。而一旦“蚂蚁”的行为突破界限,造成“侵权”,得到的惩罚、所要付出的法律代价,也将是巨大的。美国唱片产业协会对一“摆弄”共享软件的大学生展开高达1 500万美元的荒唐的天价索

---

① 〔多米尼加〕米拉格罗斯·德尔科拉尔等:《在信息社会通过版权实现文化和经济的发展》,宋宇虹译,联合国教科文组织编:《世界文化报告——文化创新与市场》,北京大学出版社2000年版,第174页。

赔案，正是这场“大象”与“蚂蚁”之战的形象写照。

但是，“大象”与“蚂蚁”之战并不意味“蚂蚁”只能以失败而告终。“抛弃”现存著作权体系的构想当然不大可能实现，但某些微调是可能的，著作权无限扩张的趋势也很难继续下去。两个极端之间，莱斯格取一种中间立场。基本上，他是现行著作权法的反对者。美国的传统是将知识产权视为一种手段，它在为创造性社会的繁荣打下根基的同时，致力于创造力价值的发展。著作权卫士们由于过度关注对手段的保护而忽略了价值本身，严厉追究一切“侵权”行为，导致这种本末倒置的原因便是上面提到的法律对“再版”和“再创造行为”不加区分的管制，而著作权管辖范围的扩张，使得对“再创造行为”的限制和扼杀进一步加深。不过，他也认为，自由文化并不排除财产的存在，它也并不否定艺人收取报酬的权利。如果没有财产，或者创造者们无法收到报酬，那么它就是无政府主义而不是自由。所以，网络不应该成为“偷盗”他人作品的工具，但是法律也不应当成为作者（或者更确切地说，发行商）获取报酬的一种方式。法律因此必须改变，这一改变应该在法律保护和创新发明所带来的公共利益之间找到一个平衡点。“现在问题的关键不仅在于‘著作权是否是一种财产’。著作权当然是一种‘财产’，它当然应该和其他财产一样受到国家保护。然而纵观历史，著作权所有权（和其他所有权一样）的设计正是为了鼓励作者创作的同时保证公众能够获取创意作品。它的目的在于平衡这两种同等重要的需求，但这种平衡常常会因新技术的出现而受到破坏。……现在，著作权是一种失去了平衡的财产权利，它已经不具备它曾经具有或试图具有的平衡性，并朝着更加极端的方向发展。当创作必须经过许可，而创造力的发展也必须与律师过招的时候，在这个世界中进行创作和改编的机会已经大大降低了。”①

怎么找出这个平衡点？这就需要在现有著作权法框架下，尊重著作权，但只

① 〔美〕劳伦斯·莱斯格：《免费文化——创意产业的未来》，王师译，北京：中信出版社2009年版，第140—141页。

是“保护一部分权利”，确保创作者任意使用自己需要的内容，为文化的自由生产、传播和发展创造自由的空间。这是一种有限保护，实质是放松管制，减少许可，其具体建议是：

更多的程序性规定：在现有的著作权体系下，不管你是否遵守程序规定，无须登记你就可以自动获得著作权，于是没有目录、没有供大家查询的档案系统、没有获得授权的简易办法。因此，现在要做的是重建一个程序体系，重要的有三项：作品标识、著作权登记、著作权续展。程序的要旨是使一切事情都明朗化，获得授权就简易得多。

缩短保护期：设定保护期有四个原则：很短、简明、可以续展、具有可预期性。莱斯格的建议是著作权保护 75 年，第五年续展一次。

自由使用和合理使用：衍生权不应当是理所当然的权利，著作人的衍生权利在时间上必须更短，在范围上必须缩小。

解放音乐：音乐共享文件是推动互联网增长的强大力量，它驱动了人们对网络的需求，也可能助长了管制的兴起。根据前述音乐共享文件“盗版”的四种类型，莱斯格提出：保证第四种共享行为的权利；可以免费使用第三种非商业性的共享内容，在缴纳了法定额度的费用之后，可以使用第三种商业性的共享内容；根据共享行为对艺人的实际受伤害程度来确定第一类共享行为需要支付的税额和补偿金。

解雇律师：律师越来越像是客户的代言人。除非有证据表明文化需要管制，否则律师们就不要插手这件事。

这些建议可以在很大程度上限制著作权的无限扩张，提升文化的自由发展，也具有较强的可行性。当然，其中也存在着困难。著作权的无限扩张很大一部分原因来自法律相关界定的模糊性，如“盗版”和“合理使用”等概念，现有法律没有对其作明确的分类和界定，由此而产生的模糊性时常导致著作权方受到保护，“使用”者们一不小心就会踏入“侵权”的“雷区”。在使用许可实践中，具体的一次借鉴或使用行为需不需获得著作权方的许可、如何获得许可、为获得使用许可使用方该付出多少额度的补偿，这些在法律上往往是模糊不定的，于是才会产生为几秒钟《辛普森一家》动画片镜头的使用索取1万美元的案例。发展文化的“公共领域”，维护“合理使用”，是著作权保护“中间道路”的重要目的之一，因此，作者在书中为消除“盗版”和“合理使用”等界定的模糊性作出了诸多尝试。但“有限”的保护，什么是具体的“限”？实践中又该如何确定这个“度”？这种模糊性的存在，主要原因是文化创意产品的特殊性所决定的。一般来说，我们可以比较明确地对某项物质产品进行价值评估继而制定其市场价格，而精神产品则不同，特殊的非物质存在形态、价值的不确定性、可进行多次售卖等特点，使得著作权成为一种特殊的而非绝对的“财产权”，消除模糊性、明确界定的困难，这也当然会影响“中间道路”的实现。

国家—政府在文化审查、补贴和版权方面的态度、立法与实践，与其政治体制、经济制度、文化制度密切相关。正是在这三个方面，文化纠结在权力、金钱和价值的种种冲突之中。在可以看得见的时期内，西方国家都不会放弃文化审查、补贴和版权，但是一切都在变化，公民文化权利的落实要求审查的松动与改革，最终必然会提出是否应当“取消审查”的议题；文化产业的强劲发展需要艺术的广泛参与，艺术有可能借助非艺术的产业出现自力发展的前景；“著作权斗争”将会因传播技术的创新和文化自由的进一步实现而日益接近“抛弃版权”论的构思。总之，只要政府的行为以公民利益为依归，只要经济与文化产业的利益集团不再或不能固执自己的私利，那么文化上的“获取与共享”的局面是有可能成为现实的。当然，这只是极而言之，在可以看得见的时间内，文化管理仍会沿着传统而逐步演化，而相关的论争也不会停止。

# 什么是加速？ 什么在加速？
## ——从马克思到 Nick Land 的加速主义批判

| 姜宇辉（华东师范大学人文社会科学学院）

**摘要：**

加速是资本主义大工业兴起以来的一个典型现象。而晚近以来，加速越来越从一种革命、进步的因素转化为、蜕变为一种狂热而失控的宿命般力量。对此进行深刻反思就理当成为哲学及文化研究的一个重要主题。罗萨对加速社会的研究卓有成效，但他对时间性这个要点的解释仍然极不充分。由此就有必要以时间性为核心线索回溯加速主义的理论脉络。在马克思那里，剩余时间转化为剩余劳动时间是理解加速的核心要点，但他仍然对主体对自由时间的掌控充满希望。但到了德勒兹与加塔利，以及随后的 Nick Land 那里，劳动时间已经全然被机器时间吞噬，进而展现出生死纠葛的颠扑不破的循环。或许沉积与感染这两种形态可以为突破这个致命的时间循环提供两个出口。

**关键词：**加速；劳动时间；机器时间；绝对解域；清零

**Abstract**: Acceleration is a typical phenomenon since the rise of capitalism. In recent years, it has increasingly transformed from a revolutionary and progressive factor into a fanatical and out of control fatalistic force. It should be an important subject of philosophy and cultural study. Rosa's work on accelerating society has been fruitful, but his explanation of the temporality remains inadequate. Therefore, it is necessary to take temporality as the core clue to trace the theoretical evolvement of accelerationism. For Marx, the transformation of surplus time into surplus labor time is central to understanding acceleration, but he remains hopeful about the subject's mastery of free time. But for Deleuze and Guattari, and later Nick Land, labor time has been completely consumed by machine time, in a perpetual cycle that shows the interplay of life and death. Perhaps "residue" and "contagion" could provide two exits out of this deadly time cycle.

**Keywords**: acceleration, labor time, machine time, absolute deterritorialization, Count Zero

Let's return to the zero.

— Lyotard, *Libindinal Economy*[①]

2014年3月8日，马航客机MH370在从吉隆坡飞往北京的途中失联。历经四年的艰苦卓绝的搜救和调查工作，马来西亚当局于2018年7月30日向世人公布了最终调查报告。关于失联或失事的真实原因，结论只有一个：我们不知道。这果然是我们这个无限、全面加速的世界的残酷但又真切的写照。进入晚期现代之后，当初那种对于加速的混合着憧憬、焦虑乃至恐惧的五味杂陈的体验已然日趋淡化，如今我们对于速度似乎唯余一种“明显”的体验，那就是无动于衷，无知无感。速度越来越脱离了真实的生活和体验，进而抽象化、“纯化”为数字和曲线。如果说这个独立自主、兀自前驱、全然失控的矢量还能激发出怎样强烈而鲜明的体验的话，那至多亦只能是茫然失措。茫然而非恐惧，因为恐惧总是有着或明或暗的对象和起因，但茫然则截然相反，它指向的唯有终极的虚无和暗黑的深渊。

乘飞机旅行正是此种茫然与漠然的最生动写照。一方面，‘当人们最终乘上飞机的时候，生活中和地球表面的地形上的空间就完全消失了；对于他们来说，空间就只是一个抽象的、空洞的距离，是用飞机所持续的时间来衡量的”[②]。机舱就像是一个完全悬置的近乎中性的空间，窗外的真实世界越来越简化为布景，最终抽象化

---

① 转引自 *Fanged Noumena*, p.328。

② 〔德〕罗萨：《加速：现代社会中时间结构的改变》，董璐译，北京：北京大学出版社2015年版，第119页。

为你眼前那个小小屏幕上的地图与航线。除了屏幕上移动的那个飞机的图标之外，所有的一切都是静止的。加速，如今只是全球定位系统中的不同坐标间的移动速率。正如MH370的驾驶员与地面的最后一次例行通话，只是简单地交换了方位坐标，甚至还平静地互道晚安。

然而，我们能感同身受地体会到另一种强烈的情感，那就是MH370机上的乘客在飞机失控、失事的前一刻所体验到的巨大而无可遏制的汹涌情动(affect)。这当然是恐惧，因为死亡和毁灭就近在眼前、迫在眉睫；但它似乎又是一种终极的茫然，因为那一刻你就像是被抛于暴风骤雨的汪洋之中的舟子(斯多亚，皮浪)，在迎面撞上死亡和毁灭之际，却反而激发出最为痛彻而冷静的反省和沉思。这是一种茫然，因为你仍旧无法明察世界和生命的真相；但这又是一种沉思，因为至少在那一刻你真切感受到了压迫在你的肉身与心灵之上的速度的力量，同时真切地领悟到你在这个加速世界中的(哪怕是转瞬即逝的)"位置"。是的，若说今天还有对加速的最强烈鲜明的体验和反思的话，那正是被压缩至生死之间的那个弥留但又终极清醒的"瞬间"。① 这也是今天的加速体验之所以不同以往的最关键之处。在经典之作《加速：现代社会中时间结构的改变》中，罗萨明确区分了现代社会加速的三个基本"引擎"：技术、文化和社会(见该书图8.1)，进而非常正确地强调了三者之间的相对独立性以及彼此推进的"循环"形态。就"生活节奏"的加速这个方面而言，它并非全然被技术的加速所限定和引导，相反，它最终来自生活时间与世界时间之间的那种无可化解的张力：**"因为要尽可能多地实现可能性，尽可能快地不断穿过一个个阶段、片段或事件，因此加速毫无疑问是使世界时间和生活时间相互接近的最有前途的、唯一的策略了。"**②这里，生活时间正

① 从这个意义上来说，哈维用"时间-空间-压缩"来形容今天的加速图景显然还不够充分，因为被加速的时间所压缩的并非仅仅是真实的空间的深度和距离，而更是我们对于加速的情感体验和反思位置。

② 〔德〕罗萨：《加速：现代社会中时间结构的改变》，董璐译，北京：北京大学出版社2015年版，第216页，原文的楷体字。

是生生不息的充满强度体验的节奏，而世界时间（体现于关于历史和时代的宏大叙事①）在我们这个时代尤其展现出一种末世和终结的意味（人类纪），正是在这个张力之中②，现代早期和晚期对于加速的体验展现出截然不同的差异：早期的体验明显偏向于生命时间，美好的生活就是更多、“更快”、更丰富的生活，以此来“克服死亡的绝对界限”③；而进入晚期资本主义时代，当生命本身越来越成为捕获装置的效应和傀儡，当生命的强度越来越成为欲望-机器的流变节奏，对加速的最真切体验则更强烈鲜明地展现于生与死的弥留之际，并尤其趋向于一种思的最高强度。简言之，加速已经越来越不再是日常生活中的寻常体验，而更是变成了“阈限之思”的最极致的形态。

这也正是我们今天理解“加速主义（accelerationism）”的一个基本出发点。加速主义绝非是技术决定论的晚近变体，因为在其中同样体现出技术加速和生命加速之间的难以化解的张力。正因如此，它对速度的那种狂热（hyperstition）和迷执全然不能等同于20世纪初的未来主义或杜威当时就已经旗帜鲜明地批判过的“The Mania for Motion and Speed”。正相反，今天的加速主义更是在生与死、创造与毁灭、有限与无限之间所展现的极致的体验与反思。当然，这只是本文论述的起点，我们最终希望能经由网络社会及世界时间等基本主题来尝试一种对加速主义的批判性超越。

---

① 四种时间的区分，参见〔德〕罗萨：《加速：现代社会中时间结构的改变》，董璐译，北京：北京大学出版社2015年版，第16页。

② 这个张力亦可表述为：“**它一方面作为通往真正生活的道理和保证进步的途径，而另一方面又是无限的深渊和吞噬一切的漩涡。**”（〔德〕罗萨：《加速：现代社会中时间结构的改变》，董璐译，北京：北京大学出版社2015年版，第44页，原文的楷体字）

③ 转引自〔德〕罗萨：《加速：现代社会中时间结构的改变》，董璐译，北京：北京大学出版社2015年版，第218页。同样，“**现代加速的幸福应许，是一种（不言而喻的）观念，它认为‘生活步调’的加速，是我们在面对有限与死亡的问题时，所作出的**（亦即是现代性的）**回答。**”（〔德〕罗萨：《新异化的诞生：社会加速批判理论大纲》，郑作彧译，上海：上海人民出版社2018年版，第37页，原文的黑体字）

## 一、什么是加速？什么在加速？

加速，在我们身处的生活和世界中早已是常见而普遍的现象。如果我们反思就可以试图从这个看似司空见惯的现象入手。确实，早已有众多有识之士明确将加速作为现代性的本质（“现代性就是时间的加速”[①]），但当我们环顾四周，却发现未必如此。这个世界真的在加速吗？这个世界上所有的一切都正在被卷入一个巨大的、不可逆的加速的进程吗？或许不尽然。确实，目力所及之处很多东西都在加速：从好的方面说，电子产品、旅行运输、流行时尚、艺术潮流乃至生活模式的方方面面几乎都在加速；但也有不好的方面，比如传染病在加速、自然灾难在加速，甚至连恐怖袭击的频次也在明显加速。这些都是不争的事实。但反过来说，其实“减速”乃至“停滞”的现象也并不在少数。比如人类的平均寿命并没有加速，却反而不断在延长；某些季节可能在加速（比如春秋），但四季的时间，年复一年的节奏也并没有明显的加速；同样，大规模的战争、全球的总体政治格局这些性命攸关的方面也几乎是很长时间以来都保持近乎停滞的状态，由此才会有“历史的终结”这样的论调。比较至此，可能读者已经多少隐约感觉到一个值得注意的现象，就是当这个世界的局部在不断（日趋疯狂的）加速之际，这个世界的整体反倒是越来越趋于减缓和凝滞。这个“加速和停滞之间的辩证关系”确实是罗萨书中的一个核心主题，本文也将在后半部分进行集中回应。在一开始，还是让我们基于上述的现象描述集中回应两个最基本的问题：**到底什么是加速？加速的到底是什么？**

对加速这个现象的最直接简明的理解正是物理学上的：“$a=v/t$”[②]。简单

① 彼得·康拉德语，转引自〔德〕罗萨：《加速：现代社会中时间结构的改变》，董璐译，北京：北京大学出版社2015年版，第19页。

② 〔德〕罗萨：《加速：现代社会中时间结构的改变》，董璐译，北京：北京大学出版社2015年版，第77页。

来说，加速首先体现于“速率”的明显增加，也就是速度“越来越快”的趋势。但且不说这个定义是否太过抽象和片面，更严重的问题反倒在于，若仅基于这个数学的标准，那么社会和生活方面的加速就变成无法理解的“悖论”①。这亦是罗萨在其对加速的广泛深入研究中所触及的最深刻的要点：“科技加速在逻辑上应该是会**增加**自由时间的，亦即应该会让生活步调**变慢**，消除或至少减轻时间的匮乏。”②但为何在现代生活之中，每个人还是整天忙忙碌碌，甚至是越来越忙，难得清闲呢？换言之，到底应该如何解释“我们没有时间，哪怕我们赢得了时间的富足”③这个显见的悖论呢？一个最直接可行的解释当然是：虽然我们的时间变多了，但我们要做的事情却也变多了，甚至变得更多、越来越多。所以，要想思索这个时代的加速现象，正确的起点正是将“变快”与“变多”这两个方面结合在一起。由此，罗萨提出了他自己对加速的修正界定：“加速可以定义为时间单位内的数量增加”④，或更准确地说“每时间单位（例如，以天、星期或年为单位）行为事件的增加”⑤。

明确了定义，接下来势必就要揭示变快和变多这两个方面的关系：到底是变快导致了变多，还是反过来变多刺激了变快？在两者背后是有一个统一的动力（技术），还是分别有着不同的契机？但罗萨的阐释虽然简明，却颇有含混不清之处。首先，他极为敏锐地指出，加速并非是一个单一而同质的运动趋势，而是体现为技术、社会和生活这三个密切相关但却相对独立的方面。这亦是我们反思加速主义的一个极为关键的起点。对加速主义的最常见的误解就是将其简化

① “我们对于速度知道得如此之少！……是否 $v=\Delta s/\Delta t$ 这个公式可以表示一切”（维希留，转引自〔德〕罗萨：《加速：现代社会中时间结构的改变》，董璐译，北京：北京大学出版社 2015 年版，第 29 页）

② 〔德〕罗萨：《新异化的诞生：社会加速批判理论大纲》，郑作彧译，上海：上海人民出版社 2018 年版，第 26 页。

③ 〔德〕罗萨：《加速：现代社会中时间结构的改变》，董璐译，北京：北京大学出版社 2015 年版，第 7 页。原文的楷体字。

④ 同上书，第 79 页。原文的楷体字。

⑤ 同上书，第 96 页。

为技术决定论的晚近的，甚至是最为极端的一种变体。但这显然低估了乃至全然遮蔽了加速主义作为一种激进思潮的深刻的思想能量。而只有将加速主义首先置于不同的加速维度的难以化解的张力[乃至“矛盾”（马克思主义的意义上）]之中，方能真正敞开及充分释放此种能量。

就此而言，罗萨的阐释之中所暴露的困境恰好可以作为引线，来推进下文的论证。这个困境主要体现在两个方面。首先，技术加速和生活节奏加速之间的关系最为直接，因为我们最为常见的印象或体验就是，之所以生活如此忙碌、完全停不下来，那全是科技惹的祸。没有电脑以前，好像就没有那么多工作要做；没有微信以前，好像也没有那么多的交际和应酬。而且，整个世界都在加速的最为直接鲜明的体现，也往往就是以目不暇接的速度在更新换代的电子产品。但罗萨鲜明驳斥了这个成见，他指出在不同的加速维度之间“并没有直接的逻辑联系和因果关系”[①]。就此而言，生活节奏的加快全然不能还原为、归结为技术的飞速发展，因为“通讯数量的增多是通过技术成为可能的，但并不是技术所迫使的。因而，可以感知的增长迫力并不出于技术自身，而是产生自通过技术而成为可能的现在的萎缩”[②]。那么，如何对生活节奏的加速的相对独立的根源进行恰当解释呢？罗萨既然不想接受技术决定论的解释，那就只能从别处另觅蹊径。然而，仔细考察他对此种根源的解释（尤其集中于第六章），那种在“客观”和“主观”之间的张力始终难以化解：“尤其在晚期现代社会中，生活的节奏不仅是通过（主动的、可以客观测量的）行为事件的数量，而且也是通过（被动的、主观的）体验事件的数量的增加而加速的。”[③]那么，这两个方面的关系如何，到底何者更为关键？可以想见，重点肯定不会在客观这一个方面，因为无论怎样强调生活节奏加速的相对独立性，但一旦将其视作客观的、可以测量的“行为事件”，那

---

① 〔德〕罗萨：《加速：现代社会中时间结构的改变》，董璐译，北京：北京大学出版社 2015 年版，第 85 页。

② 同上书，第 82 页，注解(11)。原文的楷体字。

③ 同上书，第 146 页。

就很难摆脱技术所施加的决定性的影响。或许正因为如此,罗萨最终还是偏向于主观这一极,将此种加速从本质上理解为主观的体验,它鲜明体现于一种出于时间匮乏而引发的焦虑和紧张("现在的萎缩"),但背后的根源却并非是技术,而恰恰是四种时间之间的错综复杂的关联,并往往要借助叙事的力量(麦金泰尔,阿伦特)方可得到(暂时性的)缓解。然而,将生活节奏的加速仅仅归于主观体验的方面,这又是一种何等孱弱的解释。无论你如何强调此种加速的相对立的地位,但作为主观体验,它的那种衍生性的、附随性的消极"被动"的地位仍然是昭然若揭的。正是"因为"技术在加速,世界在加速,"所以"我才不断体验到那种持续的、挥之不去的压迫、焦虑乃至错乱的时间体验。这看起来与本段开始时试图驳斥的流俗成见并无二致。那么,又如何疗治此种"**精神上的无能**"、此种晚期现代的"典型性的病态"[①],进而从克服"自我的异化",从被动的"体验(Erlebnisse)"转向主动而积极的"经验(Erfahrungen)"(本雅明)[②]? 罗萨给出的种种备选项——叙事(麦金泰尔)、模仿(阿多尔诺)、共鸣(泰勒)——似乎都缺乏足够的论证力量。正是在这个意义上,我们发现晚近加速主义对外在于资本循环的"思辨空间(space of speculation)"的回归与建构[③]、进而试图重新唤醒德国古典哲学中所深思的理性与自由之间的关系[④],都显然是更具有启示性的方向。

罗萨的加速理论的第二个症结似乎就更为明显。不妨结合他的总结性图表(见其著作中图 7-1)来澄清这一个要点。这个图表有两个主要问题。第一个就是它以箭头指向的方式明确给出了三种加速之间的"因果联系",而这和他对三者之间相对独立性的强调显然是自相矛盾的。就此,罗萨补充说,三种加速之间

① 〔德〕罗萨:《加速:现代社会中时间结构的改变》,董璐译,北京:北京大学出版社 2015 年版,第 292、293 页。

② 〔德〕罗萨:《新异化的诞生:社会加速批判理论大纲》,郑作彧译,上海:上海人民出版社 2018 年版,第 138—139 页。

③ # *Accelerate* # : *The Accelerationist Reader*, p.46.

④ 同上书,p.45。

没有“因果”的联系，但却有“实证的相互关联”[1]。但这里的“实证”除了强调客观描述的立场之外，无非只是要突出三者之间的因果作用是“相互”而复杂的（“相互影响、互为条件”[2]），而并非是单向而线性的。那又为何在这个图表中给出如此鲜明的、“线性”的指向呢？这样看来，这个图表至多只是个“图式（schema）”，它以此种互相指涉、自我封闭的形式仅仅意在突出晚期现代性之加速的两个根本的特征：自我循环和总体凝滞。自我循环是加速的具体形态和过程，它强调不同的加速领域和维度之间在相对独立的前提之下不断形成着错综复杂、“交互作用”的网络（这个图式显然比罗萨的三角形更为确切而生动）。而总体凝滞则指向的是这个自我循环、“自我推动”、“自治独立”[3]的加速网络的终极的、宏观的、总体的旨归，那就是减速乃至停滞。罗萨在第三章第3节中详细列举了“停滞的五种类型”，大致可以从自然／文化、主动／被动、微观／宏观等角度来理解。但他最终触及的根本问题更值得关注：“**通过制度性的停止和框架条件的保留、保证所实现的加速**，是现代的加速历史的基本原则和成功定理。”[4]而这就需要对罗萨的三角形图式进行根本性的修正，如图1所示。

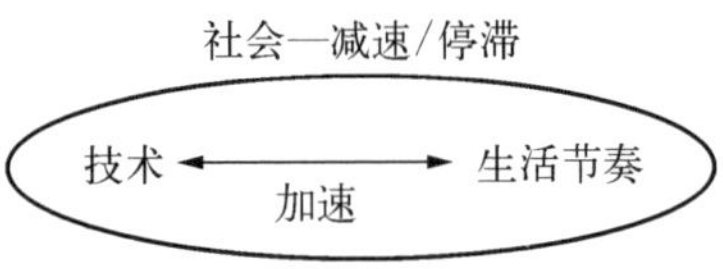


**图1**

因为社会根本不是加速的一个维度或领域，而恰恰是所有加速所内在的、所趋向的“总体”。但“内在”和“趋向”这两个说法又有微妙的差异。“内在”是罗萨的用意，即强调不同的加速运动皆需要以“制度”和“结构”上的总体停滞和静止为前提，一句话，所有的微观的、局部的加速都要在整体“静止”的框架之内才

---

① 〔德〕罗萨：《加速：现代社会中时间结构的改变》，董璐译，北京：北京大学出版社2015年版，第85页。

② 同上书，第115页。

③ 同上书，第185、186页。

④ 同上书，第105页。

能真正实现和进行。但我们则更倾向于"趋向"这个说法,因为它强调的并非是明确而主动的制度保障或行政策略,而更是突出这样一个自发的趋势:即无数微观、局部的加速,最终必然会趋向一个无限熵增的总体停滞的"终结"或"末世"(斯蒂格勒,人类纪)①。而对于技术-生活加速与社会减速、微观局部加速与整体停滞之间的明显矛盾和张力,其实罗萨自己也有明确的意识:"加速力量已经发展到那些影响着和推着它发展的制度性的结构已经无法跟上其步伐的程度了,并且正向另外一种情况过渡:现代性本身将成为加速的阻碍和制动力量。"②但到底在这里进行突破性加速的是什么,是技术还是生活?到底种种不同的加速如何得以突破制度性停滞?这些突破制度停滞的加速最终会导向无限熵增的人类纪吗?对这些问题,罗萨都没有给出任何实质性的回应。还是晚近加速主义在这些方面给出了相当明确的回应:他们试图以新的"技术平台"的建构为加速的核心契机,以此来从根本上颠覆日益停滞、封闭、循环的晚期资本主义的"价值系统"③。

## 二、加速主义的真正思想前提:马克思的"机器论片段"

我们看到,新加速主义的这两大核心启示(思辨空间,技术平台)实际上都明确源自最早的源头,那正是马克思的《机器论片段》[《1857—1858 年经济学手稿》(下简称《大纲》)资本章第二篇(10)]。确实,"加速主义"这个词或许跟马克思并没有直接的联系,但加速主义作为一种思想流派,几乎自始至终都回响着

① "各个变化、转型、转变的阶段彼此之间令人感觉像无头苍蝇般随机、断裂。这样一来,人们会感觉到事物虽然改变了,但是并没有'朝向任何地方'发展。"(〔德〕罗萨:《新异化的诞生:社会加速批判理论大纲》,郑作彧译,上海:上海人民出版社 2018 年版,第 54 页)

② 〔德〕罗萨:《加速:现代社会中时间结构的改变》,董璐译,北京:北京大学出版社 2015 年版,第 110 页。制度从极速器到"制动器"的转化,可集中参见表 9-1(第 245 页)。

③ # *Accelerate* # : *The Accelerationist Reader*, p.44.

《大纲》中这个闻名段落的各种共鸣。① 那就让我们先回归马克思的文本，大致点出其中与加速相关的两条基本线索。实际上，它们已经在很大程度上超越了上节最后提及的罗萨的加速理论的两大困境。

首先，在《大纲》之中，马克思对资本的加速运动的生动明确的描述几乎比比皆是。比如他将资本的流通形容为"*perpetuum mobile*"②，再比如"Capital by itsnature drives beyond every spatial barrier"③这样大家耳熟能详的说法，等等。当然，这些充其量只是现象上的描述，更关键的要点仍在于从时间机制的角度对资本主义的加速运动给出阐释。这一点显然亦是《大纲》中的最基本主线。确实，马克思的几乎所有重要阐释都是围绕时间这个主题展开的："按照马克思的说法，**最终所有的经济都变成了时间经济**。"④在罗萨看来，马克思至少有两个基本论述与他对加速社会的界定是完全吻合的。首先是对加速的定义："**生产率**的提高，也就是直接体现为**每个时间单位所生产出来的数量的增加**，可以直接定义为加速。"⑤只不过，在罗萨那里相当模糊的"变快"与"变多"之间的关系，在马克思这里则有一个极为明确的基于时间机制的解释。《大纲》中主要涉及四种时间（劳动的时间，生产的时间，流通的时间，周转的时间）的加速，彼此之间亦多有交叠，但最基本最核心的加速当然还是在劳动时间这个本原之处。一句话，对资本的加速运动来说，一切的起点都在于最大限度地缩减必要劳动时间。马克思认为，"生产率"明确体现于"**剩余劳动时间和必要劳动时间的关系**"⑥。

进而，《大纲》可以对罗萨的"加速循环"机制给出一个相当不同、但却更为深

---

① 在《加速主义读本》中，第一篇就是马克思的机器论片段，而在编者的导言中，最终仍然以回归到马克思的方式来作结。

② Simon Choat, *Marx's* Grundrisse, Bloomsbury, p.133.

③ *Marx's* Grundrisse, p.135.

④ 〔德〕罗萨：《加速：现代社会中时间结构的改变》，董璐译，北京：北京大学出版社 2015 年版，第 192 页。

⑤ 同上书，第 192 页。

⑥ 《马克思恩格斯全集》（第 46 卷下），北京：人民出版社 1998 年版，第 223 页。原文的黑体字。

刻的解释。在罗萨那里，变快和变多之间并不存在明确的因果关系，变快并不必然导致变多，因而变多的原因还需要从别处去寻找。由此也就引发了种种理论上的疑难与困惑。但马克思则基于其时间经济学的原理明确指出，**变快必然导致变多**，这就是资本主义社会加速的最根本规律。首先，压缩必要劳动时间的一个直接结果就是剩余的“非劳动的(not-labour)”“自由支配的时间”的相应明显的增加。既然如此，那为什么现代社会中还会普遍弥漫着“时间匮乏”的焦虑感呢？那无非是因为，即便在大量增加的自由、闲暇的时间之中，我们仍然有着回不完的邮件、看不完的电影、打不完的电话。一句话，闲暇时间的增长与行为数量的激增是完全不成比例的，时间仍然是远远不够用，甚至越来越不够用。罗萨将生活节奏加速的根源归结于主观体验，也即四种时间的内在张力。但对于马克思来说，生活的加速只有一个根源，只需要一个解释，那仍然是必要劳动时间的缩减。那是因为，看似剩余劳动时间的减少带来的是“自由时间”[①]的增加，但这只是一个幻象，因为真正获得自由时间的只是整个社会中的极少数人，相反，绝大多数劳动者所增加的不是自由的可支配的时间，而恰恰是用来进一步生产剩余价值的“剩余劳动时间”：“资本的不变趋势一方面**创造可以自由支配的时间，另一方面是把这些可以自由支配的时间变成剩余劳动**。”[②]正因为如此，生活节奏不断加速是一个必然的趋势，那是因为不断加速地榨取剩余价值正是资本的本性，而这就要求它不断将“剩余时间”转化为“剩余劳动时间”。这才是资本主义社会的加速循环的真正法则，就是将“劳动的一切力量都转化为资本的力量”[③]，使得“个人的全部时间都成为劳动时间”[④]。

而伴随着资本运动的不断加速，这个转化过程尤其体现出两个重要趋势，一

① 《马克思恩格斯全集》(第46卷下)，北京：人民出版社1998年版，第225—226页。

② 同上书，第221页。

③ 同上书，第213页。

④ 同上书，第222页。

是劳动资料转化为“**自动的机器体系**”①；二是“生产过程从简单的劳动过程向科学过程的转化”②。而多少令人诧异的是，对于这两个关键的加速机制，罗萨在书中提及马克思的段落之中竟然全无涉及。但它们却是正确深刻理解加速主义的源流和发展的最基本起点。

机器体系之所以重要，首先“不是为了弥补劳动力的不足，而是为了把现有的大量劳动力压缩到必要的限度”③。但机器并非仅仅只是满足了资本加速的这个最基本前提，而更是以自身的方式全面改变了劳动与生产的最基本关系。自动机器体系之所以不同于以往的劳动资料，并非仅在于它越来越复杂而庞大，而更在于它“是由自动机，由一种自行运转的动力推动的”④。而这就全然颠倒了工人与生产资料之间的主体关系。以往，工人是主体，他“把工具当作器官，通过自己的技能和活动赋予它以灵魂”⑤。但现在，机器体系才是真正的主体，此种主体性尤其体现为三个方面。首先，它是“活的”，是一个有着自身的灵魂和生命的有机体，它“消费煤炭、机油等等（辅助材料），就像工人消费事物一样”⑥。其次，它是“自律的”，“这个体系的统一不是存在于活的工人中，而是存在于活的（能动的）机器体系中”⑦。第三，它是“有智能的”，而这并非仅仅体现于它将“有智力”“有意识的”工人纳入自身作为“器官”和“肢体”⑧，而更体现为这样一个前所未有的趋势，即以一种智能的方式来组织自身的生产过程，进而将工人的“活劳动”不断转化为由科学知识所主导的“物化劳动”⑨：“资本的趋势是赋予生

① 《马克思恩格斯全集》（第46卷下），北京：人民出版社1998年版，第207页。
② 同上书，第212页。
③ 同上书，第215页。
④ 同上书，第208页。
⑤ 同上书，第208页。
⑥ 同上书，第208页。
⑦ 同上书，第209页。
⑧ 同上书，第208页。
⑨ 同上书，第208页。

产以科学的性质”①,进而“一切科学都被用来为资本服务”②。

正是这些划时代的论述为罗萨百思不得其解的加速难题提供了明确回答。首先,在技术加速和生活节奏加速之间、进而生活节奏加速的客观与主观机制之间的含混关联,如今则得到了极为明确的界定。根据《大纲》的论述,生活节奏之所以加速,那正是因为资本加速追逐剩余价值的本性使然,正是这种本性使得它必然要采取机器和物化的“社会智慧一般”③的形式来最大限度地压缩必要劳动时间。正因为如此,马克思才明确断言:“**机器体系**表现为固定资本的最恰当形式,而固定资本……则表现为**资本一般的最恰当的形式**。”④读到此处,我们终于领会为何机器论片段能够成为加速主义的原初纲领,那正是因为在其中已然极为鲜明地提出了**加速的时间机制与具有普遍智能的机器体系之间的内在联结**。

但如果机器体系与资本运动如此珠联璧合,乃至整个资本主义社会的加速日益趋向封闭的循环,那么我们似乎就确乎接近了历史的完美终结。但这当然不可能是马克思的原意。相反,他在机器论片段中对资本主义内在矛盾的表述无疑鲜明指向了“解体”和“解放”之途。首先,马克思明确指出,“决不能从机器体系是固定资本的使用价值的最恰当形式这一点得出结论说,从属于资本的社会关系这样一种情况,是采用机器体系的最恰当和最完善的社会关系”⑤。简言之,即便说机器体系是维系资本加速循环的完美形式,但反之却不然,因为资本主义的生产关系恰恰不可能是机器体系的充分形式,它恰恰要伴随着后者自身的加速运动而土崩瓦解。⑥ 一句话,资本的加速循环绝非完美,而是有着内在的无可克服的矛盾,因为对于它来说最完美的加速形式也最终导致了它自身的解

① 《马克思恩格斯全集》(第46卷下),北京:人民出版社1998年版,第211页。

② 同上书,第217页。

③ 同上书,第210页。

④ 同上书,第210页。原文的黑体字。

⑤ 同上书,第212页。

⑥ “资本主义生产的真正障碍就是资本本身”(转引自〔意〕奈格里:《〈大纲〉:超越马克思的马克思》,张梧等译,北京:北京师范大学出版社2011年版,第154页)

体和消亡："于是，资本就违背自己的意志，成了为社会可以自由支配的时间创造条件的工具。"[①]正是在这里，明确敞开了趋向共产主义社会的解放希望。

但也正是在这里，出现了马克思与加速主义者的最深刻分歧。尽管两者皆认同以科技为主导的生产力的加速运动是解放的终极动力，但对于解放的目的，两者的旨归可就大相径庭了。对于马克思，解放的最终目的是作为劳动者的主体，是主体最大限度地掌控自由时间；但对于加速主义，解放既非源自主体、亦非为了主体，而自始至终都是机器的自我解放，是机器不断释放自身的潜能来突破种种社会关系的束缚和桎梏的加速运动。看起来加速主义只是将马克思所谓的异化劳动推向了一个荒谬的极致，但其实在这里没有任何异化之处[②]，因为机器的加速意志才是唯一的本真，而种种对于自由主体的迷执反倒是"异化"的形态。

奈格里在《〈大纲〉：超越马克思的马克思》这篇经典文本中对"新主体性"的重构堪称是此种迷执的极致形态。首先，他的基本前提仍然是劳动与资本的对立和对抗，但他坚持认为，正是在此种对抗的最剧烈的极端形态中得以敞开主体性的新希望："这条主体性路径处于资本关系之中，它不是在想象中去改变，但它知道怎样做，它不断加深分裂，以破坏这一关系。"[③]然而，他为此种希望所给出的两个基本论证却显然缺乏足够的力量。首先，他的第一重论证基于从个体到集体的辩证转化："它【资本】在个体上从工人们那里一个一个赢得越多，必要劳动力从集体中获益也就越大，并且通过吸收资本打算完全为自己牟利而决定的

---

① 《马克思恩格斯全集》(第46卷下)，北京：人民出版社1998年版，第221页。也正是在这个意义上，马克思就既非是一个"技术决定论者"(*Marx's* Grundrisse, p.165)，更非"客观主义者和经济学者"(〔意〕奈格里：《〈大纲〉：超越马克思的马克思》，张梧等译，北京：北京师范大学出版社2011年版，第176页)。

② "The Marxist concept of alienation collapses because there is nothingleft to alienate — capital itself is *jouissance*." (*The Persistence of the Negative*, p.6)

③ 〔意〕奈格里：《〈大纲〉：超越马克思的马克思》，张梧等译，北京：北京师范大学出版社2011年版，第191页。

巨大集体力量，他们又重新参与分配。"[①]他由此从《大纲》中的"社会个体（social individual）"这个概念[②]引申出他自己关于"社会工人（socialized worker）"以及"大众工人（mass worker）"的解放纲领。但无论马克思原文中对这个概念的解释怎样充满歧义和含混，奈格里随后对它的发展和引申看起来却都显得南辕北辙。

首先，在《大纲》的文本中，"社会个体""general intellect"与"social brain"这三个重要说法即便说不能完全等同[③]，但至少有着极为紧密的关联。"社会个体"出现的重要语境是"the social individual which appears as the great foundation-stone of production and of wealth."[④]关联先后语境，这个概念至少有三重基本含义。首先是生产的主体从个体劳动者转化为社会性的集群。第二，这样一种转化从根本上是通过社会技术在生产过程中的普遍运用而实现的。第三，社会个体这个概念尤其体现出"real subsumption"这个主题的极致形态，即并非仅仅是物质性的生产劳动，而是社会生活的方方面面都"subsumed under the total process of the machinery itself"[⑤]。如此看来，奈格里对社会工人和诸众潜能的种种借题发挥确实忠实于前两点，但却从根本上偏离了最后一点。他所强调的"非物质性劳动"确实是晚期资本主义社会全面转向"信息资本（information capital）"[⑥]的一个重要趋势，但他由此就认为经由"general intellect"的培训机制[⑦]和大众传媒的沟通渠道就可以塑造出一个"独立自主"的、甚至得以挣脱资本掌控的"诸众"[⑧]，这只能说他是一

① 〔意〕奈格里：《〈大纲〉：超越马克思的马克思》，张梧等译，北京：北京师范大学出版社2011年版，第185页。

② *Deleuze*, *Marx and Politics*, p.85.

③ "Marx uses general intellect and the social individual largely interchangeably."（*Deleuze*, *Marx and Politics*, p.84）

④ *Deleuze*, *Marx and Politics*, p.82.

⑤ 同上书，p.81。

⑥ 同上书，p.80。

⑦ "Production is inseparablefrom the education of the work force, starting with the 'work' ofthe smallest children."（*Soft Subversions*, pp.241—242）

⑧ 转引自 *Deleuze*, *Marx and Politics*, p.89。

厢情愿地阐释而已，完全不能从《大纲》的文本中得到依据。

正是在这里，奈格里明显偏离了马克思的原始文本，从外部引入了“潜能”“诸众”这些他从德勒兹（与加塔利）以及斯宾诺莎那里发展而来的概念。首先，“作为一种行动，一种潜能（potenza）。这种潜能就是主体性，它不可减少”①。其次，这种行动和解放的潜能尤其体现为诸众身上那种不可彻底还原和捕获的差异性的强度：“社会个体是多元的（multilaterality）。最强的差异是通向共产主义的最高途径。……它是一切同质化的消解。”②然而，一方面，这当然早已不再是马克思所构想的共产主义的解放道路。另一方面，在捕获一切、“吞噬”③一切的加速的欲望机器面前，这样一种诸众的“潜能”何以能够从单纯的“想象”转化为积极的行动？奈格里在随后的一系列著作（从《帝国》到《诸众》）中似乎都从未给出过令人信服的解说。④

即便如此，奈格里与马克思在主体解放这个终极立场上却仍然是颇为一致的，只不过马克思认为只有彻底改变资本主义的社会关系、迈向共产主义的崭新形态，才能实现真正的解放。而对于奈格里，则试图在资本主义的社会关系内部释放出种种潜能。

由此，作为与奈格里及意大利的 *operaismo* 运动有着密切关系的加速主义思潮，就体现出与前者之间的重要异同。从共同性上来看，加速主义和奈格里皆明确放弃了资本主义之外的超越性的解放根源⑤，都试图从资本主义社会关系的

---

① 〔意〕奈格里：《〈大纲〉：超越马克思的马克思》，张梧等译，北京：北京师范大学出版社 2011 年版，第 171 页。

② 同上书，第 191 页。

③ “带着粗暴情欲同工人相对立的是资本对劳动的占有，是‘好像害了相思病’似的吞噬活劳动的资本。”（《马克思恩格斯全集》（第 46 卷下），北京：人民出版社 1998 年版，第 217 页）

④ 他晚近以来诉诸艺术的拯救力量，也显然不过是一种“审美宗教（The Sensuous Religion）”的变体而已（Toscano 语，见 *The Persistence of the Negative*，p.131）。

⑤ “the desire to preserve a point of resistance to capitalism ... as *transcendent* to capitalism”（*The Persistence of the Negative*，pp.8—9），我们看到，马克思的“异化”概念也仍然是这样一种超越性的立场。

内部来释放出种种生成和流变的潜能（"*immanent reversal*"[①]）。但两者的差异性同样明显，因为加速主义明确放弃了马克思到奈格里都孜孜以求的主体性的立场。既然"Capitalism seizes individuals from the inside"[②]"It is by means of machinicenslavement that it settles in the heart of individuals"[③]，那么所有的加速主义也就顺理成章地将解放的潜能彻底置于机器的意志之中，而全然放弃了主体解放的希望——无论这个主体是自我决断的意志性主体，还是情感共振的诸众式主体。

## 三、加速主义的初始动力：从劳动时间到机器时间

奈格里的诸众理论的看似无法克服的困难，或许也正是加速主义彻底放弃了主体性的道路、转向机器自身的独立自主自律的意志的一个根本原因。

在加速主义的早期阶段之中，机器的强力意志得到了无与伦比的彰显。比如，在 Samuel Butler 的《机器书》(*The Book of the Machines*)这部近乎天启之作中，机器不仅如《大纲》中带着忧虑描述过的那般成为了一个自主而自律的有机体——甚至也如有机体那般拥有了繁衍和生殖的机能[④]；更为令人忧惧的是，机器更是演化出了"意识"的能力。这就从根本上超越了《大纲》的语境。马克思至多只是把自动的机器体系形容为具有强大的生命力和"普遍智能"的巨兽，但他从未认为这头巨兽可以如人类一般具有自我意识。但 Butler 正是基于这个大胆的假设将机器的加速进化抛向一个充满着狂喜与恐惧、希望与绝望的未来："What I fear is the extraordinary rapidity with which they are becoming something

---

① *The Persistence of the Negative*, p.6.

② *Soft Subversions*, p.262.

③ 同上书，p.263。

④ ＃ *Accelerate*＃: *The Accelerationist Reader*, p.79.

very different to what they areat present."[①]尤为令人恐惧和绝望的是，具有意识能力的机器不仅满足于将活劳动转化为物化劳动，而更是侵入到人类的最内在灵魂，将人类本身就化作机器："Man's very soul is due to the machines; it is a machine-made thing."[②]若果真如此，罗萨所意欲唤醒的主观体验、奈格里所试图激活的诸种潜能则都无从谈起。人类不仅如《大纲》中所描述那般寄生于、附属于机器体系，而更是从身体到灵魂全然彻底地纳入其中，化作"机器中的幽灵"。Butler在一百多年前发出的这句警语实在令人寝食难安、如鲠在喉："It is the machines which act upon man and make him man."[③]

在此种近乎时空的剧烈加速面前，仍然还是有一些零星的抵抗之声发出，但都显得尤为孱弱。比如Veblen就指出，既然"business enterprise and the machine process are the two prime movers in modern culture"[④]，那么是否有可能以经济系统来调节乃至遏制疯狂加速的机器意志呢？然而他的这个构想甚至在《大纲》中就得到了明确的否定：无论资本主义的加速循环怎样强大而牢不可破，但它仍然要在生产力的加速发展面前自我解体。由此，日后更为明确倒向加速主义立场的Jacques Camatte更是彻底放弃了节制加速和重塑主体性的希望。他对《大纲》的阐释虽然扭曲而偏激，但却无疑是有史以来对加速主义立场的最鲜明的理论概括。首先，他的矛头所向与马克思极为一致，都是试图以技术的加速来对抗乃至瓦解日益"停滞/僵化(state of stagnation)"[⑤]的资本主义生产关系，但他由此给出的"解释"和"解药"却与《大纲》南辕北辙。他自己也清楚认识到了这个差异。在马克思那里，革命性的生产力的发展最终是"来自"人类，

① ＃ *Accelerate* ＃ : *The Accelerationist Reader*, p.72.

② 同上书，p.75。

③ 同上书，p.80。

④ 同上书，p.103。Firestone试图以"审美/感性模式(Aesthetic Mode)"来节制技术加速的做法亦是相似的进路：＃ *Accelerate* ＃ : *The Accelerationist Reader*, p.129.

⑤ 同上书，p.133。

“为人类”服务的[①];但经由他的断章取义[②],生产力最终变成了一个“与无产阶级无关”的纯粹的资本运动:“生产力不是为人,而是为资本而存在的。”[③]恰如他的文章标题,生产力的加速发展带来的不是人类的解放和主体的重生,而恰恰是人类的“没落(Decline)”与机器的解放:“资本已然逃离了人类和自然的藩篱;人类已然被驯服:这就是他们的堕落(decadence)。”[④]在如此彻底绝望的图景面前,Camatte自己设想的解放途径(所谓“外部力量”“整体颠覆”云云)显得如此苍白无力。

然而,Camatte或许并不能说是全然曲解了马克思的原意。他只是将《大纲》所明显蕴含着的机器意志推向极致,进而明确放弃了马克思那种导向共产主义社会的解放希望而已。在他看来,加速才是唯一可行的解放之路。由此得以回归德勒兹和加塔利(下简称D&G)的文本,他们的论述堪称是对加速主义的最为深刻全面的理论奠基。不同于Butler和Camatte式的思辨狂想,D&G对马克思的文本进行了极为细致而精微的重释。D&G与奈格里的千丝万缕,或明或暗的关联[⑤],这里无暇展开,不妨直接聚焦于在《资本主义与精神分裂》两卷本中最为明晰的加速主义的趋势。

从起点上看,D&G与早期加速主义对机器意志的极端强调是颇为近似的,因为在他们的论述之中,不仅主体的问题不再重要(转化成了“subjection”和“enslavement”这两种从属形态[⑥]),甚至连生产力/生产关系的分立也被彻底转

① #*Accelerate*#: *The Accelerationist Reader*, p.136.奈格里也同样如此理解:“The clash between productiveforces and capitalist relations of production, ... isalways linked to events, to relationships of forces, to the creative capacityof historical subjects.”(转引自*The Persistence of the Negative*, p.3)

② 当然,此种解释也不能完全说是别出心裁,因为确实有一大批学者倾向于从“客观主义和经济学”的角度来解释马克思。甚至如萨特所说的那般,在马克思的政治经济学中有一个“人学的空场”。Camatte亦无非只是将此种偏见带向极致而已。

③ # *Accelerate*#: *The Accelerationist Reader*, pp.140—141.

④ 同上书,p.145。

⑤ 可参见*Deleuze*, *Marx and Politics*, p.102上的总结。

⑥ *Deleuze*, *Marx and Politics*, p.95.

化为“machinic *processes*”[①]。他们由此将“define social formations by *machinic processes* and not by modes of production (these on the contrary depend on theprocesses)”[②]。一句话，对资本主义社会的分析，如今只需要将其化作从宏观到微观(从克分子到分子)、遍布不同层次和领域的机器运作。说到底，机器运作无非趋向于“解域”和“再结域”这两个互逆又互补的形态，由此分别趋向于“*a World-Wide Integrated Capitalism*”与“*traditional segmentary capitalism*”这两极。[③] 这不啻是对《大纲》中的“real subsumption”这个重要主题的极端推进，因为对“经济资本”的分析都要首先置于遍布社会场域(*socius*)的流与权力的微观、动态的关系和格局(“la machine sociale”)。[④] 由此加塔利进一步修正了马克思的剩余价值理论。已经看到，马克思对剩余价值的解释直接触及了资本主义社会的加速循环的最基本时间机制，也即最大限度压缩必要劳动时间。但加塔利指出，对劳动价值的衡量并非仅具有“劳动时间”这个“量”的方面，因为它还具有另外一个“质的因素(a qualitative factor)”[⑤]。正是这后一个方面涉及比时间量的算计更为广阔开放的“machinic nexus in constant mutation”[⑥](“machinic phylum”)。正是在这里发生了马克思与加塔利之间的最关键差异：对于马克

---

① “Through this capitalistic network, it generates training and sociability, to such a point that it wouldbe quite arbitrary to break down the conglomerate of ‘collectivearrangements’ into autonomous spheres of material production, socius, and modes of semiotization and subjectivation” (*Soft Subversions*, p.258)

② ATP，转引自 *Deleuze, Marx and Politics*, p.91。

③ *Soft Subversions*, p.250. 从这篇短小但却凝练的短文入手，正是因为其中包含着对于马克思的剩余价值理论的最直接回应。

④ 同上书，pp.244—245。资本“is a power operation before being a profit operation”(*Soft Subversions*, p.252)。

⑤ 同上书，p.245。“资本主义的运作更少依赖于一种劳动的量，而更多地依赖于一种复杂的质化的程式……资本达到了其‘绝对的’速度——这种速度是基于机器的构件，而不再是劳动的人类组分。”(德勒兹、加塔利：《千高原》，姜宇辉译，上海：上海书店出版社2010年版，第709—710页)

⑥ 同上书，p.267。

思,“劳动时间——单纯的劳动量——……被资本确立为唯一的决定要素”①;而对于加塔利则正相反,“这个时间因素实际上只是剥削的众多参量(parameters)中的一个”②。进而,马克思在这里洞察到资本主义的根本矛盾,即“它竭力把劳动时间缩减到最低限度,另一方面又使劳动时间成为财富的唯一尺度和源泉”③。也即,资本一方面“唤起社会结合和社会交往的一切力量”④,但却同时又竭力试图将所有这些力量限定、还原为劳动时间这唯一的量的尺度。而对于加塔利,资本主义社会的矛盾并非聚焦于这单一的形式,而更是弥散为各种各样的去中心化的、不可总体化的“权力游戏(power game)”⑤,因为劳动力和资本各自就已然囊括了“各种来源各异的解码和解域的过程”⑥,两者之间是“不可公度的”“不对等的(disparité)”⑦“差异性关系”⑧。既然如此,那么解放之关键就并非是人可自由支配的时间,而恰恰是不断释放出解域之潜能的“机器时间(*machinic time*)”⑨。

也正是在机器时间这个要点上,D&G为之后的加速主义奠定了最为直接的起点和最为深刻的理论依据。由此,加速的机制不再是变快与变多之间的辩证关系,也不再是必要劳动时间和剩余劳动时间之间的比例关系,而从根本上转化为欲望-机器的“productive arrangement”⑩。加塔利对马克思的加速主义颠覆得

① 《马克思恩格斯全集》(第31卷),北京:人民出版社1998年版,第94页。
② *Soft Subversions*, p.247.
③ 《马克思恩格斯全集》(第31卷),北京:人民出版社1998年版,第101页。
④ 同上。
⑤ *Soft Subversions*, p.248.
⑥ *L'Anti-œdipe*, p.270.
⑦ 同上书,p.286。
⑧ 同上书,p.288。
⑨ *Soft Subversions*, p.249.
⑩ 同上。“Machines in the factory seemto be working all by themselves, but in fact it is the whole of societythat is adjacent to them.”(*Soft Subversions*, p.254)

如此彻底，他甚至将剩余劳动和剩余价值也都全然归属于机器。[①] 那么，当时间从活劳动转向机器的内在运作之时，它的根本形态又发生了怎样变化呢？这就要求我们更为深入地探索《资本主义与精神分裂》这两卷本的重要细节。在《反-俄狄浦斯》中，D&G 首先就是从时间性的角度比照了封建社会的"专制机器"和"资本主义机器"的重要差异：前者是"共时的"，而后者是"历时的"，"les capitalistes surgissent tour à tour dans une série qui fonde une sorte de créativité de l'histoire… temps schizoïd de la nouvelle coupure créative."[②]此种历时的运动，首先体现于马克思所鲜明描绘的价值的"自行增殖"的运动："价值不断地从一种形式转化为另一种形式，在这个运动中永不消失，这样就转化为一个自动的主体。"[③]但这种时间并非单纯是量的增加或次序的线性演进，而更体现出一种"filiatif"的特征[④]，也即它更为接近生命体的那种不断自我展开、自我延续的"质变"。资本的这样一种连续流变没有外部的界限，而只有不断被超越、化解和转化的"内在边界（limite interne）"[⑤]。正是在这个意义上，资本主义的加速时间是"精神分裂"的。也正是因为资本主义本身没有外部界限，它就足以作为人类社会的历史发展的最终边界和终极形态。[⑥] 资本主义这部庞大而遍在的"欲望-社会-技术性机器"[⑦]最终将作为差异而多元的力量卷携入自身的运作之中（"qui organise tous les flux décodés"[⑧]），将解域-再结域（或"解码-公理化"[⑨]）的流变带向无穷尽的境地。

---

① *Soft Subversions*, p.250. "剩余价值变为机器性的，而范围则扩张到整个社会。"（德勒兹、加塔利：《千高原》，姜宇辉译，上海：上海书店出版社 2010 年版，第 661 页）

② *L'Anti-œdipe*, p.268.

③ 《资本论》（第 1 卷），北京：人民出版社 2004 年版，第 179—180 页。

④ *L'Anti-œdipe*, p.273.

⑤ 同上书，p.277。

⑥ 同上。

⑦ 同上书，p.269。

⑧ 同上书，p.281。

⑨ 同上书，p.296。

## 四、加速主义时间的终极形态：Nick Land 的“时间回环(circuitries)”

然而，若将上述《反-俄狄浦斯》的论证推向极致，倒也可以说资本主义机器的加速运动还是存在着一个“外部”的终极界限，那正是绝对的、彻底的解域，这就是极致的精神分裂：“精神分裂就是资本主义自身的外部界限。”①换言之，除了“filiatif”的生生不息的流变时间之外，还存在着另外一种终极的精神分裂的时间。但这种时间是否就是罗萨意义上的总体停滞、抑或斯蒂格勒意义上的“熵世纪”？或许不尽然。D&G 意义上的绝对解域-解码，首要的意思当然是指向作为生产和创造的终极本原的内在性平面，因此，它既不能等同于制度层面上的宏观调控，亦不能还原为无限熵增所导致的无所创生的窒息窒闷。然而，D&G 在第 3 章第 10 节尾声处的一小段话却隐含着别一种危机四伏的意义：“*à la faveurde l'immanence et du décodage*，l'anti-production s'est répanduea travers toute la production. au lieu de rester localiséedans le système，dégageant un fantastique instinct de mortqui imprègne et écrase maintenant le désir.”②这就暗示着，绝对的解域也可能彻底走向生产的反面，它渗透进生产-欲望的每一个细节，弥散于社会机器的整个领域，但却最终构成了对于生命和欲望的否定。就此而言，精神分裂的时间也完全可能呈现为此种终极的“死亡”时间。D&G 随后的一句话就更深刻地启示出这样一层含义：“Et qu'est-ce quecette mort qui monte toujours du dedans. mais qui doitarriver du dehors — et qui，dans le cas du capitalisme，monte avec d'autant plus de puissance qu'on ne voit pas encore bienquel est ce dehors qui va la faire arriver?”③一方面，绝对解域从根本上源自资本主义机器的“内部”，作为对所有结域、再结域、相对解域的彻底瓦解和超越，它无疑是加速运动的最极致

---

① *L'Anti-œdipe*，p.296.

② 同上书，p.316。

③ 同上。

的体现；但另一方面，它又具有一种极为鲜明的“外部”的指向，因为作为精神分裂的终极形态，它也同时标示出看似不可遏制的资本主义机器的“外部界限”。看起来，此种内与外的纠结关系体现为一种“镜像”，因为一个本来源自内部的力量却被投射为外部的边界。但镜像这样一个预设着分离和距离关系的意象远非确切。更为准确的概括似乎理应是“循环”或“回路”，因为绝对解域既是创生的终极本原，“同时”又是毁灭的终极力量。或者说，当它将欲望和生产推向无可遏制的极致之际，也就“同时”走向了对于自身的终极否定。

正是在这里，D&G 启示出了加速主义的最为关键的时间机制：**不再是必要劳动时间的缩减，也不再是生生不息的流变，而更是生死之间的回环。**

作为死亡和毁灭的绝对解域在《千高原》中得到了更为明确的界定：与积极的（“positive”）、肯定的（“affirmatif”）绝对解域形成截然对照，“absolu limitatif”的绝对解域“使某种‘包容性的’、总体化的事物成为绝对者，此种事物对大地进行超编码，并由此将逃逸线接合（conjugaison）起来，以便中止它们，毁灭它们，而不是将它们连接（connecxion）起来进行创造”[①]。在第 9 座高原的结尾之处，D&G 已然明确指出了此种深刻蕴含于解域和逃逸运动中的此种“absolu limitatif”的巨大危险：“转向毁灭、完全而彻底的毁灭、毁灭的激情。”[②]他们重点援引的例证就是法西斯主义，因为在那里战争机器失去了其游牧和创造的潜能，转而与国家直接结合在一起，将战争作为唯一的、终极的目的，而最终所带来的恰恰是自我毁灭。[③] 而此种自我毁灭在今天则呈现出另外一种极端的形态，那就是资本主义机器所释放出来的种种加速解域之流最终被“接合”在一起，滑向“全球化”这部自我毁灭的法西斯式庞大机器。对于这样一种看似不可逆转的噩运，从利奥塔到鲍德里亚，似乎早已有淋漓尽致的描述、鞭辟入里的批判。但加速主义却远远不止于此。如果说在 D&G 那里，不断将解域维系在积极、肯定的“绝

① 德勒兹、加塔利：《千高原》，姜宇辉译，上海：上海书店出版社 2010 年版，第 733 页。

② 同上书，第 322 页。

③ 关于自我毁灭在《千高原》中的三处重要引文，参见 *Fanged Noumena*，p.281。

对"状态是他们心目中的加速的第一要义[①];那么在加速主义者们那里则正相反,他们将绝对解域的那种负面的、自我毁灭的加速运动带向了不可思议的极致。

而对此种生死纠葛的加速的时间回环的描述,当然来自真正意义上的第一位加速主义者,Nick Land。正如文集 *Fanged Noumena* 的编者导言中所明示的,Land 与 D&G 的最关键分歧点就在于对"死亡作为绝对解域的 zero-degree"[②]的截然相悖的理解。他明确指出,作为死亡的绝对解域并非是"desire *for* death",而更接近于弗洛伊德意义上的"death-drive"[③]:"Death is not desired, there is only death that desires."[④]简言之,它并非如 D&G 所忧惧的那般必然滑向法西斯式的总体性的、自我毁灭的战争机器,而更是展现出一种积极的本原性的能量,由此它甚至要远比 D&G 所谓的欲望-生产更能够作为资本主义加速机制的"productive matrix"和"generative principles"[⑤]。再进一步概括,对于 D&G,积极的绝对解域最终展现为生生不息的"连接"和流变;而对于 Land 则正相反,"the inorganic *dissolution* and the return to the broiling labyrinth of materiality"[⑥]才是更为本原的"生产性"力量:"The death drive is not a desire for death, but rather ahydraulic tendency to the dissipation of intensities. In itsprimary dynamics it is utterly alien to everything human."[⑦]

由此,Land 明确奠定了加速主义的两大基本原则。首先是将物化的"一般智力"彻底转化为"去人化(dehumanized)"的技术空间:"technics is increasingly

---

① "不是要从这个过程中抽身而出,而恰恰是要走得更远,'加速这个过程(accélérer le procès)'。"(*L'Anti-œdipe*, p.288)

② *Fanged Noumena*, p.28.

③ 同上书,p.29。

④ 《反俄狄浦斯》英译本,p.329。

⑤ *Fanged Noumena*, p.29.

⑥ 同上书,p.30。

⑦ 同上书,p.283。

thinking about itself ... a becoming inhuman of cognition ... where human culture will be dissolved."[①]在他的心目中，赛博空间正是其典型形态。赛博空间并非是和现实空间平行的另外一个人造的、"虚拟"的世界，正相反，它本身就是不断"对现实进行内在性重制(immanent reprogrammings of the real)"[②]的遍在而蔓生的庞大社会机器。其次，则是将晚期资本主义的加速机制明确界定为作为"cyberpositive circuitry"："A cybernegative circuit is a loop in time, whereas cyberpositive circuitry loops time 'itself', integrating the actualand the virtual in a semi-closed collapse upon the future."[③]显然，"cybernegative(负向控制)"的回路更倾向于经典控制论的反馈机制，它揭示的是在一个相对稳定的时间秩序"之中"，系统经由与外部环境的开放性交互作用不断对自身进行调整。在这里，系统的内与外的边界是相对明晰的，而时间的那种从过去向未来的演进指向也是明确的。但"cyberpositive(正向控制)"的回路则显然并非如此。首先，它无意维系系统与环境之间的平衡，而是试图进行一种彻底的操作，即不断令整个系统清零、重新开始("to restore the world to zero, **always**"[④])。由此，它也绝非是仅在一个演进的时间秩序中制造平衡性的循环，而更是试图从根本上对时间本身进行折叠："塌陷于未来之中"，那正是因为未来总是提前到来，并对所有既定的一切施行绝对解域的操作("which is to say that in time/ the later/ is what precedes/ both the too soon/ and the sooner"[⑤])。也正是由此，Land 对 D&G 那里尚且含混不清的绝对解域的"内"与"外"的关系给出了明确的界定。一方面，绝对解域确实是资本主义社会机器的终极的外部边界，但这个边界所指向的并非是制度的调控(罗萨)、法西斯的战争机器(D&G)、无限熵增的人类纪(斯蒂格勒)，而更是

---

① *Fanged Noumena*, p.293.

② 同上书，p.296。

③ 同上书，p.317。

④ 阿尔托语，转引自 *Fanged Noumena*, p.316。

⑤ 同上。

敞开着一个彻底失控的加速而去的机器世界(“a terminal nonspace”①)。另一方面,正是这样一个彻底源自外部的力量“同时”在社会机器的“内部”制造出绝对解域的运作,只不过,这个运作的最终效应并非是在D&G的意义上的“连接”与“生产”,而恰恰是在死亡冲动的意义上的不断“解体”和“清零”:“The matrix, body without organs, or abstract matteris a planetary-scale artificial death — Synthanatos — the terminal productive outcome of human history as amachinic process, ... functioning within a circuitthatmachines duration itself.”②

## 五、余论:残骸抑或病毒?挣脱加速之宿命的两种可能

Land的此种向着未来“塌陷”的时间回环是极端而彻底的,但也是终极绝望的。确实,面对一个加速而去的时空未来,谈论它的加速或减速、生存或死亡究竟有何意义?当下的哲学所要做的,或许并非是将已然焦虑深重的思想进一步抛入无底深渊,而更应直面这个陌异未来进而为当下的人类提供一个反思和判断的位置。

由此也就可以理解,为何由Land所阐发的如此颠覆性的时间性机制却在后来的加速主义阵营中全无回应和发展。在Alex Williams&Nick Srnicek的《加速主义政治宣言》中,他们虽然开篇就强调要对“加速到来”的“灾异”和“灭绝”进行积极的回应,也明确将马克思和Land作为加速主义的两大理论源头,但他们的解决方式却更接近罗萨式的折中主义立场,而全然失去了前辈大师所启示的锐利而激进的批判锋芒。首先,他们认为Land混淆了速度与加速,进而突出了局部加速和整体性结构停滞之间的明显张力。③ 但这样一个批判显然不得要

---

① *Fanged Noumena*, p.339.

② 同上书,p.326。

③ # *Accelerate* # : *The Accelerationist Reader*, p.352.

领，因为这就等于全然忽视了从马克思经由 D&G 直到 Land 的关于“社会机器”的理论脉络。这样一种误解也就最终使得两位作者将技术与社会视作两个独立但又相关的系统，进而试图以“经济和社会实验”为手段来对看似失控的技术的加速变革进行积极的反馈乃至节制。[①] 但这无论如何也算不上是对加速主义的真正卓有成效的推进。既然如此，我们在本文的最后不妨基于 Land 的基本原则给出三个可能的发展方向。

首先，基于罗萨给出的社会加速的三元模型，无论是 Land 的激进加速主义、抑或 Williams&Srnicek 式的折中加速主义，其实从根本上忽视了主观的时间经验这个维度，但这种忽视几乎是理论上的必然：对于 Land，人类的时间经验完全没有重要性，因为机器的时间和欲望早已占据唯一主导地位；而对于 Williams&Srnicek，时间经验也并非一个关键的问题，因为它或许只是经验和社会变革的一个附随的结果，而并不能成为积极的推动力量。但在我们看来，或许正是在这个主观经验（本雅明的意义上）的本原之处，得以找到对抗加速时间的重要力量。Koselleck、大卫·哈维和罗萨都曾强调指出，“现在的萎缩”是当下社会加速的一个典型征候[②]，那么，我们是否有可能在 Helga Nowotny 的意义上重新探寻一种“拓展当下（the extension of time in the present）”，由此在这个时间间隙之中来对抗加速变革的浪潮，来唤醒对于当下和行动的“责任”[③]？时间经验如此重要，正是因为它是重构主体性的真正希望。马克思所畅想的共产主义社会中人对自由时间的充分支配，或许早已受到来自加速主义的致命批判；然而，人对时间的掌控作为自由和责任的本原，却仍然可以落实于当下，实现于过去与未来、生与死之间的“时间间隙”的拓展之中。“我们需要更多的时间”——是的，

① # *Accelerate* #：*The Accelerationist Reader*，pp.356—357.

② 〔德〕罗萨：《加速：现代社会中时间结构的改变》，董璐译，北京：北京大学出版社 2015 年版，第 92 页。

③ *Time: the Modern and Postmodern Experience*，translated by Neville Plaice，Polity Press，1996，pp.14—15.

但我们已无法等到资本主义土崩瓦解的未来,因为那样一个未来属于机器而非人类,属于幽灵而非肉身。诚如 Nowotny 所言,在今天,"the future can be put into operation — in the present."①只不过,她在全书终章所构想的三种"Uchronias"似乎都缺乏足够的说服力,倒是她在第二章中用来解说拓展之当下的"发明-重复-废物处理(waste disposal)"②这个循环模式足以为批判加速主义提供一个有效视角。确实,从马克思到 Land,几乎所有的加速主义者都忽视了这样一个根本性的事实,那就是技术的加速发展"同时"带来的也是垃圾和废物的加速累积。或许正是这样一个越来越沉重的沉淀于"过去"的物质性领域对绝对解域构成了"绝对"的障碍。机器欲望要进行绝对"清零"的起点其实并非是充满潜能的无器官的身体,而恰恰是永远无法彻底清除的越来越庞大而沉重的、堆积如山的尸体和废料。垃圾,恰恰构成了加速之轻盈矢量所"难以承受"的沉重肉身。或许亦正是这里,我们得以开启拓展当下、对抗加速的真正契机。

超越加速主义的第二个策略其实亦来自德勒兹和加塔利的文本。在《千高原》中,D&G 认为绝对解域隐含着堕入法西斯式的总体性战争机器的危险。但其实在文中他们也暗示了另外一种危险,它并非指向外部的界限,而更是源自根茎式网络的内部,那正是由病毒的感染而扩散所导致的"连接"之崩解。这一关键启示在"导论:根茎"中就清晰浮现,在提示出"俄狄浦斯的重现、直到法西斯主义的凝结"这一系列隐含的危险之后,D&G 随即论及了病毒在构建根茎网络中的关键作用:"进化的图式将不再遵循树形谱系的模式,……相反,它遵循着一种根茎,此种根茎直接在异质性之中运作……我们和自身的病毒一起形成了根茎。"③在这里,病毒所发挥的更多是激发异质性系列和要素之间的交织和传染,进而释放根茎网络的创生性潜能,不断瓦解"树形谱系"的中心、本原、原型和线

① *Time: the Modern and Postmodern Experience*, translated by Neville Plaice, Polity Press, 1996, p.52.

② 同上书,p.71。

③ 德勒兹、加塔利:《千高原》,姜宇辉译,上海:上海书店出版社 2010 年版,第 12 页。

性的演化秩序。然而，这一番论述多少会令人诧异：两位作者似乎过于强调了病毒所起到的积极的创造性的作用？难道病毒更重要的作用不恰恰是阻碍进化、破坏创造、导致解体乃至终止生命？正是在这一点上我们看到了病毒与感染足以抗衡加速机制的一种强大的颠覆性的力量。其实在《加速：现代社会中时间结构的改变》的开篇，罗萨就援引了埃利亚斯在《文明的进程》中的观点，将加速的机制与社会关系网络关联在一起：“‘速度’事实上正是相互关系的链条的数量，而关系链条起到对任何一种社会功能的连接作用。”①既然如此，那么总是运作于微观、以分子形态出现的病毒似乎就恰恰对此种网络社会中极为典型和基本的加速运动构成了最为强大的阻抗。确实，病毒的扩散亦展现出一种触目惊心的速度，但此种加速的解体和瓦解却并不同于 Land 所构想的那种时间回环，因为它的动力并非来自一个机器性的未来，而更是源自当下的网络内部，它从偶然的局部开始，进而形成了可观的规模和量级。同样，病毒的扩散感染的抵抗加速的作用又不同于垃圾和废物的尸骨累累的堆积，而更是蕴含着创生的可能，一种将生命以极端的方式带回原点的清零运作，死而复生。然而，无论是残骸抑或病毒，它们真的能敞开反思的间距、唤醒责任的勇气，还是只会将人类推向更为冷漠和怠惰的物质性的深渊？这些或许正是激发当下之哲思的有力契机。

---

① 转引自〔德〕罗萨：《加速：现代社会中时间结构的改变》，董璐译，北京：北京大学出版社 2015 年版，第 10 页。原文的斜体字。“网络社会是速度型社会的*极致*。”（Robert Hassan, *Empires of Speed: Time and the Acceleration of Politics and Society*, Leiden & Boston: Brill, 2009, p.67，原文的斜体字）

# 风险文化与文化风险

| 钱　伟（华东政法大学传播学院）

**摘要：**

现代性是一种风险文化，而文化概念的模糊性遮蔽了处于其中的文化风险。本文借助于人类学与卢曼的社会系统理论对文化风险的构成与意义进行初步阐释，指出文化风险不是指风险文化（社会）中文化本身的风险，而是指各种社会因素（社会子系统）由于文化的中间作用而产生的不确定性结果，包括共时性文化风险与历时性文化风险。此外，文化风险还指对此不确定性结果的再观察（二阶观察）。

**关键词：**风险；风险文化；文化风险

**Abstract**: Modernity is a risk culture, but the cultural risks are obscured by the vagueness of the concept of culture. This paper makes a preliminary interpretation of the composition and significance of cultural risk by means of anthropology and Luhmann's social systems theory. It points out that cultural risk refers not to the risk of culture itself in risk culture (society), but to the uncertainties produced by various social factors (social subsystem) due to the intermediate role of culture, including synchronic cultural risks and diachronic cultural risks. In addition, cultural risk also refers to the re-observation of this uncertainty (second-order observation).

**Keywords**: risk, risk culture, cultural risks

文化始终处在变动之中。即使在其核心分裂与转变之时，文化也在永恒的潮起潮落中生成与再生产自身。

——Ohnuki—Tierney

从古至今，人类始终面临着严峻的生存问题，从地震、洪水到瘟疫、战争，无穷无尽的苦难布满大地。但直到中世纪才开始出现“风险”概念，又在近一个世纪备受关注。[①] “风险”显然已成为现代性的重要特征之一。各种社会因素（系统）无不关乎风险，文化自然也不例外。但由于文化概念本身的模糊性遮蔽了其中的文化风险。本文期望借助于人类学与卢曼的社会系统理论对文化风险的构成与意义进行初步阐释。

## 一、风险文化与风险

自乌尔里希·贝克于1986年提出“风险社会”概念以来[②]，虽引发诸多争议，但至少凸显了一个事实：“风险”已成为（后）现代社会关注的焦点之一。

对“风险”的关注既反映了现实层面上人类处境的脆弱：环境问题、大规模杀伤性武器、人口问题、能源问题、安全问题等等，也反映了个体化背景下人类的焦虑。前者认为风险问题是一个客观实在，并能以技术性手段加以克服；后者则把风险问题视为社会建

① 狄波拉·勒普顿：《风险》，雷云飞译，南京：南京大学出版社2016年版，第4—11页。

② 乌尔里希·贝克：《风险社会》，何博闻译，南京：译林出版社2004年版。德语版出版于1986年，英文版出版于1992年。

构，是特殊社会历史文化的产物。乌尔里希·贝克和安东尼·吉登斯实际上都在两者之间徘徊。贝克就认为“风险同时是‘真实的’并是由社会认知和解释所构成的”①，而安东尼·吉登斯用“风险文化”（risk culture）来概括现代社会的特征②，指出“风险文化”既是现代性的表现与结果，也是在现代性过程中生成的。斯科特·拉什则用“风险文化”概念来描述人类对风险社会的自省与反思，同时又将其作为一种我们即将进入的社会形式，“这种社会形式的一个典型特征就是风险文化”，而我们这个时代正处于从风险社会向风险文化的过渡。③

风险的前提是可预见性，并由此与不确定性（uncertanty）相区别。奈特对此的区别就立基于此。④ 但到20世纪末，这一差别逐渐消失。风险和不确定性的所指趋于同一。就如雷迪所言：“现代人通过发明‘风险’一词已经消除了真正的非决定性或者‘不确定性’。他们已经学着通过可计算（calculability）的神话把一个彻底的非确定性的宇宙改造成一个可管理的宇宙。”⑤

风险论述中可管理、可控制的对象是未来。卢曼便认为“如今，风险概念在关于未来的思想中已经占主导地位”，“现代社会是以‘决断的风险’这个形式体

---

① 乌尔里希·贝克：《世界风险社会》，吴英姿、孙淑敏译，南京：南京大学出版社2004年版，第184页。

② 安东尼·吉登斯：《现代性与自我认同》，赵旭东、王铭铭、方文译，北京：三联书店1998年版，第4页。

③ 斯科特·拉什：《风险社会与风险文化》，王武龙编译，载《马克思主义与现实》2002年第4期，第52—63页；另参见Scott Lash, “Risk Culture”, in Barbara Adam, Ulrich Beck, Joostvan Loon ed. *The Risk Society and Beyond*, London: Sage Publications, 2000, pp.47—62. 拉什对“风险文化”的论述明显带有较多理想色彩。在比较贝克与吉登斯的风险社会概念时，拉什指出：“他们将风险界定在一个由制度性的结构所支撑着的风险社会中。这个风险社会是规范有序的，而且还呈现出一种垂直结构，有一定的等级秩序，是以自私自利的个人主义为基础的。与风险社会相反，风险文化是混乱无序的，呈现出一种横向的水平分布的无结构状态，并且是以关注社会公共事务为基础的。”

④ 弗兰克·奈特：《风险、不确定性和利润》，郭武军、刘亮译，北京：华夏出版社2011年版。

⑤ Sanjay G. Reddy, Claims to Expert Knowledge and the Subversion of Democracy: the Triumph of Risk over Uncertainty. In *Economy and Society*, 25(2), 1996, 236；转引自狄波拉·勒普顿：《风险》，雷云飞译，南京：南京大学出版社2016年版，第5页。

验着未来”。[①] 而风险概念受到越来越多的重视，主要是因为社会的未来对决策的依赖性增加了。“当人们基于决定中的不可知之未来来观察一个决定时，这个决定就表现为风险。”[②]对未来的决策（决断）依赖于归因。20世纪后半叶以来，随着系统论、复杂科学的兴起，我们逐渐摆脱了单一原因（monocausual）的绝对主义范式，而以综合多元因果来解释。但就像卢曼在分析生态系统时所说的，“我们今日面临着一种复杂性，它是无法以归因到决断的做法而加以掌握的。虽然我们知道或者至少可以推想，对于技术及其产品之使用所做出的决断会改变生态上重要的生存条件，并且可能因此出现严重的危害。但是，我们几乎无法将这样一个问题归因到个别的决断上，因为，诸多因素之间最为复杂的因果链以及诸趋势的长期性并不允许这样的归因”[③]。

在卢曼的系统理论中，风险是社会分化的结果。以其分析生态沟通为例，启蒙运动与宗教改革之后已不可能允许人们再以禁忌化与仪式化的方式来克服环境问题了，而必须透过系统的分化。“全社会系统主要的分化形式已经从家户及家族的层级形式转变到分化中诸功能系统的形式。这意指：社会最重要的次系统在今天只取向于一个各自拥有的、对自己来说是特定的，而且只对自己才具有优先性的功能。这一个形式原则解释了现代社会中巨幅的成效增加与复杂性增加：它同时也解释了整合的问题，亦即不止在社会的诸次系统间，而且在全社会系统与其环境的关系上，都不具有足够的共振能力。”[④]正是由于全社会系统的分化，构出了一个文化的空间，并在此空间的作用下产生复杂的相互间影响，形成文化风险。

---

① Niklas Luhmann, *Risk: A Sociological Theory*, New York: de Gruyter, 1993, pp.4—7；尼克拉斯·鲁曼：《对现代的观察》，鲁贵显译，台北：左岸文化2005年版，第150页。

② Georg Kneer、Armin Nassehi：《卢曼社会系统理论导引》，鲁贵显译，巨流图书公司2000年版，第236页。

③ 尼克拉斯·鲁曼：《对现代的观察》，鲁贵显译，台北：左岸文化2005年版，第154页。

④ 尼克拉斯·鲁曼：《生态沟通：现代社会能应付生态危害吗？》，汤志杰、鲁贵显译，台北：桂冠图书股份有限公司2001年版，第58页。

## 二、文化风险与文化构成

风险社会中的文化当然也处于风险之中，因而有了所谓的文化风险。但文化风险不是指风险社会中文化本身的风险，而是指各种社会因素（社会子系统）由于文化的中间作用而产生的不确定性结果，包括共时性文化风险与历时性文化风险。此外，文化风险还指对此不确定性结果观察之观察（二阶观察）。

文化本身无所谓风险。这一论断和“文化风险”形成了悖论。无所谓风险是指文化没有实质性本体，它被其他社会因素（子系统）建构并需要由其他社会因素（子系统）来呈现。

人类学在反思自身发展时已认识到早先把文化视为一个稳定的、本质化的实体所带来的问题。[①] 这样一种认识首先来源于区分：文明／原始、西方／非西方、文字／非文字、历史／神话、hot／cold。这种区分以共时性为前提，并把文化绑定到一个特定的空间单位。由此发展出来的文化模型就是一个稳定的、本质化的实体，除了选择性地接纳外部力量来进行自我生产，几乎不发生变化。这一模型放置到世界历史中的结果就是，“非西方”的历史只有在西方的影响下才开始。这就是所谓“结构与事件的历史”（the “structure and event” history），某个文化的稳定结构被某一事件所撼动。这些事件一般来说等同于西方殖民主义和资本主义的入侵。萨林斯（Marshall Sahlins）描述的夏威夷人的历史就是如此。[②] 这一历史／文化模型包含了两个假设：① 结构具有时间与本体上的优先性；② 历史动力只有来自外部事件。中国的近代史论述就是这一历史／文化模型的产物：

① Emiko Ohnuki-Tierney, Historicization of the culture concept, in *History and Anthropology*, 12: 3 (2001), 213—254.

② 马歇尔·萨林斯：《“土著”如何思考：以库克船长为例》，张宏明译，上海：上海人民出版社 2003 年版。

中国数千年来的文化传统被西方资本主义打破。[①]

正因为如此,“历史学家与人类学家不再把社会或文化看作是轮廓清晰的实体,也不认为它们是一些社会文化孤岛”,“与社会相反,文化从来没有被限定”,[②]它是各种力量交互作用的结果。以葛林布莱所述自文艺复兴时期开启的对美与愉悦的追求为例:

> 在上古时代以后的文化里,最能反映卢克莱修对美与愉悦的执着,并且认为这样的执着是正当且值得坚持的人性追求,就是文艺复兴。这股追求不仅限于艺术层面,它也形塑了宫廷的服饰与礼仪;圣餐仪式的语言;日常用品的设计与装饰。这股追求表现在达·芬奇的科学与科技探索,伽利略明晰的天文学对话,培根充满野心的研究计划,胡克的神学。[③]

这段话其实应该倒过来讲:正是宫廷服饰与礼仪、圣餐仪式语言、日常用品设计与装饰、科学探索、艺术、政治研究等各种领域中发生的变化与出现的新的追求,勾勒出了一种以“文艺复兴”来命名的文化整体。这就是说,文化是在政治、经济、科学技术、礼仪、法律、艺术等各种系统的关系中被形塑的。换言之,文化并没有实质(substances),文化本身需要通过各个系统来呈现(被赋予形式),文化和各系统间表现为一种函数关系。[④] 可以用由12条边构成的立方体来说明,如下图:

这个立方体其实是由12条边构成的空间,并不真正存在一个立方体实体。如果把各条边($L_1$, $L_2$, $L_3$……)视为各种社会因素或社会子系统(政治、经济、

---

① 朱维铮:《重读近代史》,中西书局2010年版。

② 大贯惠美子:《作为自我的稻米:日本人穿越时间的身份认同》,石峰译,杭州:浙江大学出版社2015年版,第8页。

③ 〔美〕葛林布莱:《大转向:物性论与一段扭转文明的历史》,黄煜文译,台北:猫头鹰出版社2014年版,第21页。

④ 参见Dirk Baecker, Systems, Network, and Culture, in *Soziale Systeme* 15 (2009), Heft 2, S. 271—287。

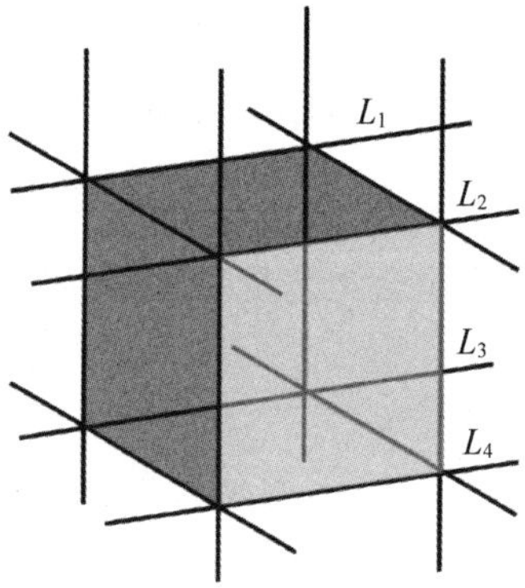


**图 1**

科学技术、礼仪、法律、艺术等)，那么这个被形塑出来的立方体就可以被视为文化($C$)。其关系可以表达为：

$$C=F(L_1,\ L_2,\ L_3\cdots\cdots L_n)$$

假设立方体体积保持不变，任何一条边的改变都会导致其他边的变化。立方体在此的作用就是各变量间的传导作用。但由于其间的传导机制不明确(也就是说文化仍然是一个黑匣子)，当 $L_1$ 改变时，我们并不能判断 $L_2$ 或 $L_3$ 或其中任何一条、几条还是所有将发生变化，发生怎样的改变。更为复杂的是，当边发生变化时，立方体的体积也将随之变化，并将其本身的变化也纳入由边线变化引起的反应之中。这两种情况就分别涉及共时性与历时性的文化风险。

## 三、共时性与历时性文化风险

共时性文化风险是指，当文化维持相对稳定状态(即假设 $C$ 值固定)时，某一个(或数个)社会子系统($L$)的改变，由于文化的中间作用而产生的不确定性结果。

Sally Falk Moore 在非洲的观察可以作为此处的脚注：

在乞力马扎罗山脚，当见到一个披着毛毯，或者裸体的拿着矛的马赛人(Maasai)走在坦桑尼亚丛林回家的路上时，就会注意到他有一个柯达胶卷做成的耳环。这个耳环显示他不完全是一个祖先文化的继承人。他的胶卷耳环连杆是纽约罗切斯特生产的塑料挤压而成的，他的红毛毯来自欧洲，他的刀是由谢菲尔德钢厂制造的。他脖子上皮带悬挂的是一个小的装坦桑尼亚纸钱的羽毛容器，这些钱是他在政府管理的市场卖牛所得。他的牛的价格随着世界通货膨胀而起伏。汽车和游客行走在附近的公路上。国际经济影响到了世界每一个地方。[①]

市场的全球拓展导致各种产品出现在这位马赛人身上。但这里描述的结果已经远远超出了经济系统的领域。比如柯达胶卷并没有用在它本该使用或被设定的领域,反而通过当地文化(审美)的传递,以一个饰品的形式出现。斯科特(James C. Scott)在分析实践知识与科学解释关系的时候,也举了一个有趣的例子。在拖拉机发明之后,农民和机械师对其进行了富有想象力的改变,“提供了发明者从未想到的用途”[②]。可见物品进入的并不是一个空无一物的空间,而是一个由地方的实践知识、人际网络、风俗习惯、宗教传统等构成的复杂网络,在此网络中物品被重新定义。也正因为如此,人类学学者提出要重视“人观”的研究。[③] 总而言之,我们根本无从控制,甚至完全想象某一事物/事件在另一系统中引发的结果。如果说风险体现在对未来的控制上,那么文化风险所造成的这种不确定性的居间作用放大了未来的不可控。但从另一方面来看,恰恰是这种不确定性作用,使文化在一个社会与社会发展过程中起到了重要的刺激作用,使社会充满了活力。

历时性文化风险的存在是因为保持相对稳定性的文化同时仍然在发生变化。由于各社会子系统随时间发生变化,导致社会再结构,而社会在再结构的过程中同时重新形塑文化,被再创造的文化也将由各系统加以表达。在此过程中文化中间作用产生的不确定性结果也就被放大了。

---

① Sally Falk Moore, *Social Facts and Fabrications: "Customary" Law on Kilimanjaro, 1880 -1980*, Cambridge Unibersity Press 1986, pp.4—5;转引自大贯惠美子:《作为自我的稻米:日本人穿越时间的身份认同》,石峰译,杭州:浙江大学出版社 2015 年版,第 163 页。

② 詹姆斯·C.斯科特:《国家的视角》,王晓毅译,北京:社会科学文献出版社 2011 年版,第 415 页。

③ 参见黄应贵:《人观、意义与社会》,载《广西民族学院学报(哲学社会科学版)》第 24 卷第 1 期(2002.1);黄应贵:《物的认识与创新:以东埔社布农人的新作物为例》,载黄应贵主编:《物与物质文化》,台北“中央研究院民族学研究所”2004 年版,第 379—448 页。

这种复杂性一方面表现在意图/行动/结果之间的不明确。大贯惠美子在反思日本近代以来几代知识分子努力引进西方自由民主思想却导致军国主义的结果中，看到了这种历史悖论。“历史能动者在他们行动之时是难以被理解的。明治初期历史能动者所造成的变迁的影响要到20世纪20年代以后才能看清。这个发现使我们认识到，如果要理解历史能动者的作用，在特定历史时期他们的行为透露给我们的信息量是很少的。我们必须依据‘穿越时间的文化/社会’来思考，或‘历史地思考’。”①

复杂性的另一方面体现在社会再结构的过程中。就像肖凤霞建议用“结构过程”来取代“结构”：

> 我们一直以来往往不必要地把“结构”和“变迁”这两个概念截然二分。实际上，我们要明白“个人”在分析研究中所发挥的“作用”，要了解的不是“结构”（structure），而是“结构过程”（structuring）。个人通过他们有目的的行动，织造了关系和意义（结构）的网络，这网络又进一步帮助或限制他们做出某些行动；这是一个永无止境的过程。②

这样一种“辩证的结构过程”就是承认“每个结构都蕴含着事物发展的过程，而每个过程都包含结构和人的能动性”。③

黄应贵以“区域再结构与文化再创造”的命题来表达社会各系统与文化间的复杂关系。人、物、知识、资金的快速流动导致日常生活各领域（包括政治、经济、宗教、亲属、教育休闲文化、医疗卫生保健等）活动范围的扩大，最终导致当地人世界观与社会生活节奏及社会秩序的改变，并以新的地方社会面貌（如地方行政体系的组织系统）展现。④ 文化的改变是由人/物互动的变化所决定的，如

① 大贯惠美子：《神风特攻队、樱花与民族主义：日本历史上美学的军国主义化》，石峰译，北京：商务印书馆2016年版，第349页。

② 肖凤霞：《廿载华南研究之旅》，载《清华社会学评论》2001年第1期。

③ 肖凤霞：《反思历史人类学》，载《历史人类学学刊》第7卷第2期（2009.10），第105—137页。

④ 黄应贵：《人类学的视野》，群学出版有限公司2006年版，第194—238页。

黄应贵在田野调查中所发现的,布农人从一开始种植小米,日占时期被迫改种稻米,再到后来番茄与茶叶的种植生产中,在特定时空下人/物沟通系统的改变,导致原有信仰系统中的 dehanin(天)被赋予了基督教上帝的"普世主义"性质,"而人观也已加上资本主义经济与现代国家之意识形态的个人主义色彩"①。

大贯惠美子建议用"传统的再造"(refashioning of tradition)来替代引起诸多歧义的"传统的发明"(invention of tradition)和"物化"(reification),以描述具有将一个完全发明的传统说成由来已久的共同机制的历史过程,借助历史化(historicizing)来推进"自然化"(naturalization)概念,以"解释历史的'断裂'如何被民众理解为'连续'"。② 她通过象征美学探索日本极权主义的发展,说明文化如何"在变动中"(in motion)变化,甚至在中心破裂时维持再生产并进行自我转化。总之,表现为持续的波动。

从大贯惠美子对全球/地方的反思可以看到社会各种因素如何通过共时性与历时性产生复杂的相互影响。她怀疑学术圈内外流行的对"全球与地方"关系的一个基本假设。如同"混杂"(hybridity)概念,"全球与地方"两分法是一个伪命题,因为该假设认为存在过未受外来影响的"纯文化",但事实上这种文化从未出现过。③ 就像她所说的,"每一种文化都是外部/全球与地方持续互动的产物——两者相互建构。每一次相遇都要对外来因素进行再解释,随后又再塑了地方。全球与地方的互动是所有文化的必要前提,这是具有国际主义世界观的历史能动者创造历史的所在"④。这种相互作用是一个过程,在此过程中,地方通过历史性主体的行动作用于外部力量(这种外部力量也在此过程中发生了改

① 黄应贵:《物的认识与创新:以东埔社布农人的新作物为例》,载黄应贵主编:《物与物质文化》,台北:"中央研究院民族学研究所"2004 年版,第 440 页。

② 大贯惠美子:《神风特攻队、樱花与民族主义:日本历史上美学的军国主义化》,石峰译,北京:商务印书馆 2016 年版,第 26 页。自然化概念主要说明"文化任意性"(cultural arbitrariness)如何被民众作为"自然"来接受,另参同书第 299 页。

③ 同上书,第 10 页。

④ 同上书,第 348 页。

变），同时地方本身也因全球化因素而经历变化。所以，每一种文化都是发生在外部/全球与地方之间的一系列连续的相互影响的产物。每一种合然（conjuncture）都需要对外部因素重新阐释，然后再改变地方。①

## 四、作为二阶观察的文化风险

卢曼认为有两种基本观察方式：一阶观察（first order observation）与二阶观察。这里的"观察"不是一般日常语言中的概念。卢曼在 George Spence Brown 的"作出一个区别"的基础上，将观察界定为"借由一个区别所进行的标示"。②区别与标示是构成观察的两个要素：选出一个区别；标示出其中的一面。对观察的观察就是二阶观察。二阶观察会改变我们在一阶观察层次上单一脉络的世界，看到在一阶观察中被排除的第三种可能性。

从这个意义上来说文化风险还是一种二阶观察。风险是全社会系统的自我论题化（Selbstthematisierung）。成为风险论述（Diskurs）论题的，并不是"未被期待到的事物或不幸的事物真的发生"这件事，而是"将这类危害看成是人类行动的直接后果"这件事。③ 对"文化风险"这一论题来说，重要的也不是"什么"（一阶观察），而是"为何"（二阶观察）。也就是说，我们的重点不再是去分析、判断哪些行动是带有风险的，而是这些行动如何被观察。④

所以，作为二阶观察的文化风险是对文化风险论题（一阶观察）中区别与标示的观察。卢曼曾建议以风险/危险（Risiko/Gefahr）这个区别来取代风险/安

---

① Emiko Ohnuki-Tierney, Historicization of the culture concept, in *History and Anthropology*, 12: 3 (2001), 213—254.

② Georg Kneer、Armin Nassehi：《卢曼社会系统理论导引》，鲁贵显译，台北：巨流图书公司 2000 年版，第 120 页。

③ Niklas Luhmann, *Risk: A Sociological Theory*, New York: de Gruyter, 1993, pp.1—2.

④ Georg Kneer、Armin Nassehi：《卢曼社会系统理论导引》，鲁贵显译，台北：巨流图书公司 2000 年版，第 229 页。

全。在风险/安全中,风险问题实际上从两个方面被遮蔽了。一个是时间面向上"始终未知的未来",一个是社会面向上"决定者"的问题。未来不可知瓦解了第一个问题,每一个决定者都在制造风险又瓦解了另一个。因为无法规定风险的内容,所以"安全"只是一个依附性概念。而当我们以风险/危险这个区别来观察时,就将二阶观察的重点放在"谁如何地观察危害及关于危害的期望"。

文化风险论述背后仍然是因果逻辑,将危害回溯到错误的决定。风险/危险的区别就在于,前者将负面后果归于自己的决断,而后者将负面后果归于他者。[①] 二阶观察可以使我们摆脱这样的简单逻辑,就像评论者所说的,"彻底的功能分析意味着放弃对因果的追寻,现在重要的只是确定在特定的问题及其解决之间存在着哪些替代可能性"[②]。而卢曼也早就告诫过我们,风险问题是无法用在法律与经济的复杂系统中发展而来的制度与方法来解决的。[③]

## 五、结语

文化风险概念的提出并不是让我们去控制文化。就像上文指出的,文化风险概念的悖论就在于首先需要承认文化本身不存在风险,所以文化也无法被控制。就像马林诺夫斯基在纪念弗雷泽时说过的:"文化作为一种生活方式,作为一个民族追求、品味和兴趣的类型,不能被指定、控制和立法;它应该被赋予发展为与外界影响交汇的最佳条件,同时又能在充分自主的条件下保持其自身的平

① Niklas Luhmann, *Risk: A Sociological Theory*, New York: de Gruyter, 1993, pp.30—31; Georg Kneer、Armin Nassehi:《卢曼社会系统理论导引》,鲁贵显译,台北:巨流图书公司2000年版,第226—227页。

② 顾忠华、汤志杰:《社会学如何启蒙:评介卢曼的理论发展》,载黄瑞祺主编:《当代欧洲社会理论》,杭州:浙江大学出版社2008年版,第11页。此外,作为二阶观察的文化风险还将迫使我们提出社会是如何建构出文化风险、如何建构出确定性等问题,这些问题将另文处理;参见鲁贵显:《基因技术的风险与管制:社会学系统理论的观点》,载《生物科技与法律研究通讯》第8期(2001.10)。

③ Niklas Luhmann, *Risk: A Sociological Theory*, New York: de Gruyter, 1993, pp.107—108.

衡和发展。”①

由于系统间的复杂关系，我们不可能指认出文化与诸系统间的具体函数关系。但这并不是说文化风险概念就毫无意义。它提醒我们关注在快速变化的社会中由于文化的中间作用导致的不确定性结果，更让我们去关注文化风险议题出现的脉络，去探究是谁在观察、作出了什么区别、谁对未来的期望、被认定的责任者又是谁等一系列问题。

① 马林诺夫斯基：《科学的文化理论》，黄建波译，北京：中央民族大学出版社1999年版，第181页。

# 政策实践

# 冷战中的美国电影政策

| 傅晓敏（上海交通大学媒体与传播学院）

**摘要：**

本文基于对好莱坞电影的观察，总结了冷战时期美国电影政策主要涉及的三方面政策内容：电影意识形态监控政策，具体表现为黑名单政策；电影内容管理政策，即为电影审查制和分级制；电影产业结构政策，主要是与电影产业发展密切相关的经济政策等间接政策。在梳理每部分政策背景、明确每项政策内容的基础上，文章结合好莱坞电影的发展表现，对各项政策的实施效果进行了分析，并评价和总结了冷战时期美国电影政策的教训和经验，以供我国电影产业借鉴和思考。

**关键词：** 美国电影；好莱坞；冷战；电影政策

**Abstract**: Based on the observation of Hollywood films, this paper summarizes the three aspects of American film policies during the Cold War: film ideological monitoring policy, which is embodied in the blacklist policy; film content management policy, namely film censorship and classification system; the structural policies of film industry, namely indirect policies such as economic policies which are closely related to the development of film industry. On the basis of sorting out the policy background of each part and clarifying the content of each policy, this paper analyzes the implementation effect of various policies combined with the development of Hollywood films, and evaluates and summarizes the lessons and experiences of American film policies during the Cold War, so as to provide reference for China's film industry.

**Keywords**: American films, Hollywood, Cold War, film policy

2018年,我国电影市场以609.8亿元的票房总成绩完美收官。自2000年初我国启动新一轮电影体制改革以来,在不到二十年的时间里,中国电影已经迎来了最好的历史时期。不过,尽管近几年国产电影票房节节攀高,但在2018年中国电影票房排行榜中,好莱坞电影依旧表现抢眼,在前十位占据四席。相反,高居国内票房前列的国产影片却鲜有在国际市场上大放异彩的。翻看好莱坞的发展史不难发现,其发展历程并非一帆风顺。20世纪三四十年代,好莱坞曾度过一个黄金时期,如此的盛况却因冷战的爆发就此终结。冷战开始后没多久,好莱坞走上下坡路,在20世纪50年代进入了历史最惨期。为挽救急剧衰落的局势,好莱坞从20世纪60年代起作了一系列的调整和变革,在70年代渐有起色,于80年代后终于再次重回巅峰,在全球开展新一轮美国电影的文化扩张。

不同于广播、报刊等纯粹的信息传播媒介,电影的审美与娱乐功能让其在宣传美国文化价值观方面卓有成效,特别是在两次世界大战和冷战期间,电影更是发挥了不可替代的作用。在美苏争霸的全球格局下,好莱坞电影势必受到美国政府的干预以及国家政策的影响。尽管美国从未设有相关政府部门直接管理电影产业,但这并不意味着美国政府不会使用政策手段对电影进行干预。事实上,早在两次世界大战期间,美国政府便与电影业建立了稳定的长期合作。本文拟对冷战时期美国电影政策作一初步研究,主要内容是把冷战时期美国电影政策分为三类:意识形态监控政策,具体表现为黑名单政策;电影内容管理政策,即为电影审查制和分级制;电影产业结构政策,主要是与电影产业发展密切相关的经济政策等间接政策。在梳理每部分政策背景、明确每项政策内容的基础上,本文结合好莱坞的发展表现对各项政策的实施效果进行了分析和评论，并总结了美国电影政策的经验和教训。

## 一、高压式监控：黑名单政策

20世纪的美苏冷战是国际关系史中最为重要的一段历史。区别于传统热战在军事上的交锋，冷战的特点在于以意识形态为核心内容进行文化斗争。最早提出“文化冷战”概念的英国学者弗朗西斯·斯托纳·桑德斯（Frances Stonor Saunders）认为，冷战“具有一个庞大的文化武器库，所藏的武器是刊物、图书、会议、研讨会、美术展览、音乐会、授奖等等”。这些文化武器便是美苏双方进行意识形态较量的工具。自一战时期美国总统威尔逊（Thomas Woodrow Wilson）注意到了电影的意识形态宣传价值后，政府便开始与好莱坞建立合作关系。两次世界大战期间，好莱坞与美国政府都保持着互利共赢的合作：好莱坞尽力配合美国正义的战争宣传；政府则动用一切政治和经济手段为好莱坞电影的出口提供便利。冷战开始后，美国政府延续了战时利用电影进行意识形态宣传的策略，但这一次与好莱坞的合作并不愉快。政府在国内反共势力的煽动下以强权之力调查好莱坞工作人员和监控好莱坞电影，最终逼迫美国电影协会出台了针对电影意识形态监控的黑名单政策。托尼·肖总结了冷战时期好莱坞电影意识形态在不同阶段的特点：1947—1953年，强硬的反共宣传；1953—1962年，对共产主义的负面宣传缓和；1962—1980年，质疑和反思美国的冷战政策；1980—1986年，新右派（New Right）宣传；1986—1990年，呼吁和平。不难看出，20世纪60年代之前的好莱坞电影传达着强烈的反苏反共性，而60年代之后这样的特点渐趋减弱。对此，在此聚焦冷战前期（1947—1960年间[①]）美国电影的意识形态监控政策，梳理和分析政策制定的背景、内容以及执行效果。

---

① 选择1960年作为截止时间，是因为在1960年好莱坞电影业的黑名单政策正式终止，好莱坞至此摆脱了反共势力的压迫，回归正常的发展路径。

### （一）黑名单政策的出台背景

二战结束之际，斯大林（Joseph Stalin）认识到苏联缺乏经济实力和核武器装备与实力雄厚的美国争夺战后利益，便企图“利用文化作为政治攻心战工具”来制敌。1945年，美国情报官员格雷戈里·贝特森（Gregory Bateson）发现了苏联的意图。他在向战略情报局局长多诺万（Donovan）提交的一份报告中这样定义冷战：“冷战就是心理战，就是用‘和平方式’屈敌，也就是用宣传的武器来瓦解敌方的立场。”此后，美国开始将文化作为一种战略手段纳入国家安全体系，开展宣传战、心理战、文化外交等多重活动应对苏联的文化攻势。1946年8月，参议院议员威廉·富布莱特（James William Fulbright）的提案《79－584号公共法修正案》（Fulbright Act of 1946）经杜鲁门总统签署正式成为法律，首次以立法形式保障了美国在国际上的文化活动和教育交流。1948年1月，美国国会通过了《史密斯-蒙特法案》（Smith-Mundt Act），对美国的文化冷战宣传作了更加周密的部署。该法案的第501条明确要求国务院利用出版物、无线电广播、电影和其他信息媒介传播美国文化。之后，在杜鲁门总统的授意下，美国国家安全委员会于1950年陆续出台了一系列重要文件，部署美国的宣传战和心理战。继杜鲁门政府后，艾森豪威尔（Dwight David Eisenhower）在1953年8月成立了美国新闻署（United States Information Agency，USIA），以“团结自由世界，用非战争的形式减少共产主义的威胁”。该署先后陆续出台了一系列的文化计划，包括真理运动（Campaign of Truth）[①]、佩德罗计划

① 1950年4月20日，杜鲁门在美国报纸编辑协会发表了正式启动“真理运动”的演说，以对付共产主义极权主义的宣传。杜鲁门在演讲中多次强调要“向数以百万不知情和被误导的人提供真相”“让全世界了解真实的美国，而不是苏联描绘的美国”“连同自由世界各国人民一起在这场持续的运动中追求自由理想，对抗苏联奴役的宣传”“必须在这场伟大的真理运动中让全世界听到我们的声音”，猛烈抨击共产主义“虚伪”的宣传，呼吁报社和媒体人加入传播美国正面形象的宣传运动。资料来源：Address on Foreign Policy at a Luncheon of the American Society of Newspaper Editors[Z]. 1950－04－20。

(Project Pedro)①、特洛伊计划(Project TROY)②等，以文化传播、教育交流和新闻宣传等方式在全球发起文化攻势。

在美国政府周密部署的文化冷战战略中，电影是一项重要的宣传武器。对比图书、展览和文化教育等慢媒介，作为快媒介的电影在宣传上更能起立竿见影之效。美国电影导演兼制片人达利尔·柴纳克(Daryl Chanak)曾把好莱坞电影称为“铁盒里的大使”：“这些圆盒子里装有卷得很紧的一卷卷印着美国电影制作者的思想、想象和创作才能的走遍世界的影片。……美国影片是对共产主义最有效的摧毁力量。”冷战开始后，美国政府便利用马歇尔计划打开了战败国和急需经济援助的西欧各国电影市场。大量的好莱坞影片涌入外国市场，打着宣传民主的幌子对他国人民进行思想再教育，因而这场宣传攻势也被戏称为“意识形态领域的全球马歇尔计划”。

促成电影业黑名单政策出台的另一个原因是在1947年至1960年间，美国兴起了第二次“红色恐慌”(Red Scare)。自1948年起发生的一系列事件——捷克斯洛伐克二月事件、柏林危机、苏联核爆炸成功、中华人民共和国成立、朝鲜战争爆发等，都让美国政府越来越担心共产主义势力在美国国内的渗透。为了反对共产主义的“间谍活动”，美国立法和行政部门联合一致开展对共产党的调查和镇压，一时间国内的反共活动愈演愈烈。好莱坞在此期间也未能幸免，被迫卷入了这股反共浪潮。

① 佩德罗计划是美国新闻署在20世纪50年代秘密资助的一个项目，目的是在墨西哥制作亲美的新闻宣传片，起到宣传美国形象的作用。资料来源：〔美〕沃尔特·费伯尔. 美国、俄国和冷战：1945—2006[M]. 牛可，等译，北京：世界图书出版公司，2011：154。

② 1950年10月，美国国务院联合了国内顶尖的21位学者成立专项研究组，制订计划以突破苏联对美国之音(Voice of America)的干扰，该计划的代号为“特洛伊计划”。报告最终于1951年2月递交至美国国务院，随后在杜鲁门总统的指令下成立了心理战略委员会(Psychological Strategy Board)，负责美国全球心理战的开展。资料来源：A A. Needell “Truth Is Our Weapon”: Project TROY, Political Warfare, and Government-Academic Relations in the National Security State[J]. Diplomatic History，1993，17(3)。

其中,在冷战时期调查美国共产主义活动最活跃的组织便是成立于1938年的众议院非美活动调查委员会(House Un-American Activities Committee, HUAC)。1947年3月、5月和10月,HUAC三次召开针对好莱坞的听证会,其中10月的听证会对好莱坞产生了巨大的破坏性影响。这次听证会就好莱坞的激进分子和带有颠覆性内容的电影进行了全面的调查。尽管HUAC对好莱坞的亲共指控缺少事实证据,但听证会引起了广泛关注,好莱坞不可避免地背上了与红色势力合作的嫌疑。一时间,社会各团体组织抗议声不断,部分民间组织甚至开始抵制好莱坞电影。出于经济利益的考虑,好莱坞电影公司开始屈服,重新思考针对内部共产主义者的政策。

HUAC频繁召开听证会的举动强烈地释放了美国政府企图将好莱坞纳入冷战体系的信号,与此同时美国联邦调查局(FBI)也加强了对好莱坞的监控。1942年8月,FBI启动了一项长达16年的针对好莱坞的全方位大规模调查,该调查的代号为"共产主义对美国电影行业的渗透情况"(Communist Infiltration-Motion Picture Industry, COMPIC)。FBI对好莱坞的监控范围包括电影相关人员的身份及关系、电影剧本、电影内容、电影拍摄过程等几乎所有环节。冷战开始后,FBI苦于收集的情报无法直接证明好莱坞共产党的间谍活动,决定将情报秘密提供给HUAC利用,以实现对好莱坞的监控。这体现了FBI对好莱坞共产主义意识形态监控策略的转变:开始联合HUAC开展监控工作。此外,FBI还组织内部调查员分析电影内容,最后总结了共产主义者在电影制作中掩盖其共产主义宣传目的的三种常用手段:"一、美国的价值观和传统在电影中被玷污或者被认为是邪恶的;二、反美国传统价值观的行为或者支持共产主义价值观的行为在电影中被美化;三、表面漫不经心地指向一些现存的事件,但实质是用来贬低美国的政治传统或者促进共产党的政策宣传。"1947年9月,FBI决定升级对好莱坞电影的监控,要求调查员不仅需要监控已经拍摄完的影片,同时还要监控那些正在制作的影片。

最后,杜鲁门和艾森豪威尔总统均以颁发行政命令的方式支持反共主义。

自1947年3月21日杜鲁门总统签署了调查公务员忠诚度的第9835号行政命令后，对联邦政府工作人员的忠诚度调查一直延续到了艾森豪威尔时期。1953年4月27日，艾森豪威尔总统发布了第10450号行政命令。该命令撤销了杜鲁门总统的第9835号行政命令，将忠诚度调查的范围拓宽至联邦政府所有部门和机构的所有人员，并将解雇的标准从“安全威胁”(Security risk)更改至“不忠诚”(Disloyalty)。[①] 1954年8月24日，艾森豪威尔正式签署了《共产党控制法》(Communist Control Act)，该法案旨在打击共产主义在工会的传播，剥夺了共产党员的许多合法权利。

美国行政部门与立法部门就共产主义意识形态的一致抵制态度和敌对行动助长了美国国内的反共浪潮，它们逼迫好莱坞必须在意识形态问题上站队：如果不明确撇清与共产主义的关系，那么就会被扣上“亲共”的帽子；倘若一旦站队，则有悖于好莱坞向来奉行的自由主义传统。最终，好莱坞的自由主义者不堪反共势力的胁迫[②]，而电影公司迫于票房的压力[③]，决定向反共势力低头。

---

① 杜鲁门总统的第9835号行政命令仅适用于国务院与部分军事机构，但艾森豪威尔的第10450号行政命令将忠诚度调查扩展至联邦政府的所有雇员，尤其是武装部队的军人。任何受招募的雇员都必须签署一份声明，证明本人与被国家认为的颠覆性组织没有联系。资料来源：Executive Order 10450 — Security requirements for Government employment[Z]. 1953-04-27。

② 自由主义者面临的胁迫源自两个方面：一是在HUAC听证会上不友好证人极不配合的表现让自由主义者感到担忧，害怕美国民众将他们与共产主义联系起来，进行联合抵制；二是反共势力以失业为由威胁自由主义者屈服。资料来源：I'm No Communist[N]. Photoplay，1948(05)：53。

③ 好莱坞当时委托了盖洛普公司对HUAC听证会进行民意测试。结果显示，HUAC针对好莱坞的听证会受到80%的国民关注度，其中40%以上的人对此持续关注，37%的民众支持HUAC对好莱坞的调查，36%的人表示反对，27%的人中立。尽管只有10%的人认为好莱坞存在大量的共产主义者，但有61%的民众认为好莱坞雇用了一批共产主义者。最后盖洛普认为，尽管HUAC听证会不会在短期内对好莱坞电影票房产生直接影响，但好莱坞必须采取规避措施以避免未来社会上可能出现的对好莱坞电影的大规模抵制。资料来源：Sbardellati J. J. Edgar Hoover Goes to the Movies：The FBI and the Origins of Hollywood's Cold War [M]. Cornell University Press，2012：140-141。

### （二）黑名单政策的内容

1947年10月听证会结束后，面对官方反共势力咄咄逼人的指控和攻击，好莱坞选择妥协，正式被纳入冷战的宣传体系中。同年12月3日，美国电影协会正式发布了由好莱坞各大电影公司签署的《华德福声明》（Waldorf Statement），标志着好莱坞第一份黑名单的出台。《华德福声明》明确表达了好莱坞的反共立场，强烈谴责了“好莱坞十君子”①，提出“这十位不友好证人将立即被解雇或者停职。除非其被宣判无罪，或洗清藐视国会的罪名，或公开声明自己不是共产主义者，否则他们将永远不得被重新雇用”。同时，这份声明也表示“好莱坞不会再雇用任何共产主义者或是反美主义者”以及“好莱坞的银幕上将不会再出现任何具有颠覆性或反美的元素”。此后，凡是被HUAC调查或是被指证后拒绝在听证会提供证词的电影从业者，就会被列入黑名单。

### （三）黑名单政策的执行效果

政策科学理论中政策目标指的是“政策规划者希望通过政策实施所达到的效果”。黑名单政策是美国电影协会在反共利益集团压迫下被迫出台的意识形态监控政策。好莱坞历来不喜被外界干扰，因此，行业组织往往会通过自我建立管理制度的方式来规避外部审查。黑名单政策的出台逻辑也是如此，好莱坞本希望借助该政策规避反共势力的介入，却事与愿违，遭到了国会的进一步攻击，给产业带来了近乎致命的伤害。在黑名单政策出台后，好莱坞开始全面配合政府的要求：既配合HUAC听证会的召开，同时还摄制了一系列反共电影，加强冷战意识形态宣传。

20世纪50年代初，麦卡锡主义甚嚣尘上，美国国内的反共氛围再次高涨，这让HUAC继1947年后在1951年再次启动了针对好莱坞的听证会。然而这

① 好莱坞十君子，即好莱坞不友好证人十人组。这十位好莱坞的编剧和导演在1947年11月25日因拒绝向HUAC提供证词，以蔑视国会而被传讯。后《华德福声明》发布，这十人均被好莱坞解雇。

一次，好莱坞各方——包括电影公司的主管、行业协会和工会组织的负责人以及好莱坞内部的自由主义者和进步人士等都表现出积极配合的态度。美国电影协会向国会承诺对援引第五修正案的证人采用《华德福声明》的规定，并且赞赏了HUAC的种种行为，还认为HUAC可以清除政府、学校、报纸行业、广播电视行业以及国防企业中的共产党人。绝大部分证人在听证会上指证了他人，一些不友好证人也开始转变成为友好证人为自己洗脱罪名，"好莱坞十君子"的爱德华·德米特里克(Edward Dmytryk)就在1951年的听证会上指证了电影导演协会的7人和电影编剧协会的数人为共产党员。在好莱坞的全力配合下，据统计，50年代至少有300余人进入了黑名单，这帮助HUAC大力清扫了电影业的红色势力。

好莱坞配合HUAC的另一个表现，便是摄制反共影片。在摄制过程中，好莱坞与FBI和国防部展开了密切的合作。FBI曾制定过"三角电影战略"(Triangular-shaped Film Strategy)：首先，FBI开展对好莱坞的全面监控，以隐秘的方式确认好莱坞内部的共产党人和好莱坞摄制的共产主义宣传影片；其次，借助HUAC的力量压迫好莱坞创建黑名单；最后，FBI协助好莱坞拍摄电影，让好莱坞在银幕上将FBI塑造成美国人民保护者的形象。该战略一直执行到50年代末期。据统计，FBI在1945年至1959年间，至少为好莱坞的8部影片提供了在剧本材料、剪辑技巧以及影片制作上的意见和帮助，甚至还让其特工出演好莱坞电影。另外，美国军事部门也与好莱坞形成了体系化的合作，海陆空三军都在好莱坞设有专门的办公室协调配合拍摄事务。① 据不完全统计，从1949年到1969年，有至少226部好莱坞影片接受过美国国防部的协助。军方为好莱坞提

① 美国海陆空三军在好莱坞洛杉矶的大本营内均设有专门的办事处，分别是陆军公共事务部(Army Chief of Public Affairs)；海军陆战队公共事务部(Marine Corps Public Affairs)；空军电影电视联络处(US Air Force Motion Picture and Television Liaison Office)；海岸防卫队电影电视办公室(US Coast Guard Motion Picture and Television Office)。资料来源：肖华锋等．冷战时期美国文化扩张与渗透[M]．北京：中国社会科学出版社，2016：191。

供的拍摄协助包括以下三种形式:“第一,剧组可以拍摄并使用美军的军事基地、武器装备;第二,军方可以派遣军事顾问为剧组提供现场技术指导;第三,军方人员可以出任群众演员。”尽管美国军方无法完全把控好莱坞电影的意识形态内容,但依旧能以提供装备、人员和资金的支持在很大程度上保证美军在银幕中的正面形象。据统计,在 1948 年到 1953 年间,好莱坞制作了 70 余部明确的反共电影,占这一时期影片总量的 5%。这期间代表性的反共影片包括 20 世纪福克斯公司拍摄的《铁幕》(*The Iron Curtain*, 1948)、《外交信使》(*Diplomatic Courier*, 1952);华纳兄弟公司出品的《我嫁给了一个共产党人》(*I Married a Communist*, 1949)、《FBI 的间谍》(*I Was a Communist for the FBI*, 1951)、《檀岛歼谍记》(*Big Jim McLain*, 1952);派拉蒙公司的《我的儿子约翰》(My Son John, 1952)、《原子城》(The Atomic City, 1952);米高梅公司拍摄的纪录片《欺诈者》(*The Hoaxers*, 1952);共和国电影公司(Republic Pictures)出品的《红色威胁》(*The Red Menace*, 1949)等。在冷战高峰期,反共因素几乎出现在了所有好莱坞传统的类型片中。这些反共电影在美国国内营造了带有臆想症式的冷战氛围,在意识形态上引导美国民众仇视共产主义和苏联、认可和支持政府的冷战政策,起到了一定的政治宣传效果。同时,反共电影往往还会将共产主义颠覆性活动和异己力量(黑人、同性恋等)联系起来,起到顺带打压异己力量的效果。

尽管黑名单政策如美国反共势力所愿达成了政治宣传的目的,却对整个好莱坞电影工业造成了巨大的破坏。

首先,好莱坞在冷战初期为迎合政府而拍摄的绝大部分纯粹意识形态性的反共影片经济效益低、票房成绩堪忧,许多电影甚至都未能收回成本。这些纯粹意识形态的反共影片大多基于传统的故事框架,将原先二战影片中的反法西斯故事改写成反共产主义剧本,经粗制滥造便投入市场。这些影片在情节安排上渗透着冷战的议程设置,意识形态色彩过于浓厚,无法吸引观众。例如,1949 年 10 月 8 日由华纳兄弟公司出品的电影《我嫁给了一个共产党人》在洛杉矶和旧金山同时发行,但两地票房均表现平淡。不到一星期,该片就被暂停在全美放映。1950 年 1 月 16 日，这部电影更名为《十三号码头的女人》(*Woman On Pier 13*)再次上映。同年 6 月，电影在纽约和洛杉矶再次发行，但票房仍然不理想，最终以亏损 65 万美元黯然收场。美国《综艺》杂志曾在 1958 年 10 月的专版上评价冷战初期的反共影片："没有一部涉及共产主义或者苏联主题的影片能够获得票房成功，关于共产主义的故事即使在美国也难以有吸引力"。总体来看，除了个别影片能在票房上取得成功①，大部分的反共影片都未能获得观众的青睐，经济效益远低于同期上映的其他影片。

其次，黑名单政策的出现严重迫害了好莱坞内部的进步人士。凡是进入黑名单的人，就会遭到解雇，陷入众叛亲离的苦境。黑名单中的大多数人都永久地失去了工作和创作机会，甚至饱受联邦调查局的监控之苦，时刻担心失去人身自由。许多进入名单的进步人士最终不堪精神重压，彻底崩溃。例如，Joseph Edward Bromberg 因不堪 HUAC 的盘问死于心脏病；Mady Christians 被侮蔑参与共产党组织而失业，后于 1951 年 10 月因过度紧张死于大脑出血；Canada Lee 被列入黑名单后便失业，年仅 45 岁便悲惨死去；Philip Loeb 则因失业问题于 1955 年在一家旅馆自杀。这些电影从业者的悲惨经历都揭示了黑名单政策对好莱坞个人的迫害，是冷战时期美国对好莱坞进行意识形态压迫付出的沉痛代价。

最后，这一时期内除反共影片以外的其他进步电影都失去了拍摄支持，尤其是社会问题电影(Social Problem Film)屡屡遭受打击。二战结束后，好莱坞关注社会现实问题，拍摄了一系列具有反思意义的社会问题电影。这类社会问题电影重在揭露战后美国繁荣盛景下隐藏的社会矛盾，影片涉及的主题包括归国老

---

① 例如，被誉为"第一部冷战电影"的《铁幕》在上映之后，收获了 200 万美元的国内(包括美国和加拿大)总票房，位列 1948 年好莱坞电影票房排行榜的第 64 位，比起其他影片(例如《外交信使》140 万美元、《FBI 的间谍》130 万美元)的惨淡票房，算是取得了不错的成绩。还有 FBI 与好莱坞密切合作的影片《灯塔疑云》，其制作总成本为 60 万美元，却收获了 130 万美元的国内票房，在 1952 年票房排行榜中位列第 88 位。资料来源：Top Grossers of 1948[N]. Variety，1949－01－05(46). Top Grossers of 1952[N/OL]. Variety，1952－01－07(61)。

兵问题、劳工问题、种族问题、政治问题(左翼和右翼的斗争、政治腐败等)、少数群体问题(犹太人、黑人等)以及个体问题(酗酒、精神疾病等)。但是,这类影片在20世纪50年代初遭到了以HUAC为首的保守势力的打压,沦为政治牺牲品。据统计,1947年好莱坞的社会问题电影在总量中占比达28%,而到1954年,这个比例竟下降到9.2%。HUAC曾明确表达过对好莱坞影片的担忧和恐惧就是源于该时期社会问题电影对社会矛盾的大胆揭露,这种对国家多角度的刻画不利于美国的冷战宣传,因此,委员会的目标之一便是要消除此类影片产生的威胁。

直到1960年黑名单废止前,好莱坞始终笼罩在恐怖的反共氛围中。这一时期,美国政府为了实现冷战胜利不惜一切代价利用好莱坞为政治服务,进步人士和进步作品屡遭打压,沦为这场意识形态斗争的牺牲品,甚至连家庭和个体的文化价值观念也被要求配合国家主流的宣传话语。好莱坞深知这场意识形态监控对整个电影产业的破坏,在1954年麦卡锡失势前后开始反抗反共势力的压迫,以制作科幻题材和青少年犯罪题材电影对冷战提出质疑。20世纪60年代之后,反共势力退出好莱坞,好莱坞开始回归到正常的发展轨道。

## 二、电影内容管理:从审查制到分级制

### (一)电影审查制的由来

作为一门公共艺术形式,电影自诞生之初便受到官方政府、宗教团体、各类社会组织乃至个人对其内容的控制,因此,电影审查制是伴随着电影的诞生而出现的。美国电影审查制度的历史几乎与好莱坞电影工业的历史一样悠久。它包括两种不同性质的审查体系:一是指州和市级政府各自出台的审查法律;二是好莱坞创建的自我审查体系。自1907年11月芝加哥市颁发了全美第一部地方性电影审查法律以禁止淫秽和不道德的影片上映后,1911年7月宾夕法尼亚州又成立了电影审查委员会,随后各州、市陆续出台了电影审查法令和建立了电影

审查机构。到1920年代中期，美国共有8个州和200余个市建立了官方的电影审查委员会。1915年，联邦最高法院在“互助电影公司诉俄亥俄州”(Mutual Film Corp. v. Industrial Comm'n of Ohio)一案中，认定电影“仅仅是对事件、思想和情感的发表和再现；电影业只是一种纯粹而简单的商业，不应该被看作是国家新闻出版或者民意机构的一部分，所以不能享有宪法第一修正案的保护”。最高法院的此次宣判为地方审查法律的出台和审查机构的建立提供了合法性，也让好莱坞备感来自官方电影审查的威胁。

为了应对来自州和市的电影审查，好莱坞决定建立自己的审查体系。1922年3月，主要的好莱坞电影公司联合成立了美国制片人和发行人协会(MPPDA，1945年更名为美国电影协会，MPAA)，聘请威尔·海斯(Will Hays)担任协会主席。海斯上台后，为实现好莱坞电影的自律审查作出许多尝试。1924年，他推出了The Formula的措施，要求各制片厂向海斯办公室提交计划制作的影片故事纲要，由海斯办公室决定素材是否允许上映。1927年，海斯又推出了Don't and Be Carefuls措施，明确了影片为通过官方审查而要避免出现的内容。然而这两项措施最终都收效甚微。最后，1930年11月，海斯在天主教道德联盟(Catholic Legion of Decency)的帮助下出台了《制片规约》(Production Code，又称《海斯法典》)作为好莱坞电影公司拍摄影片的指导原则。

《制片规约》的出台有着两方面的原因：一是为了平息公众对电影业的谴责，特别是平息来自天主教教会对好莱坞的不满；二是为了避开各州和市的审查委员会对电影的审查。有学者认为好莱坞各电影公司和制片厂肯接受《制片规约》苛刻的管制完全是出于经济因素的考量。在《制片规约》颁布的最初四年，好莱坞制片人和海斯办公室都没有认真执行该规约，因此遭到了天主教教会的强烈抗议。为了平息天主教教会的谴责，海斯办公室不得不雇用天主教徒约瑟夫·布林(Joseph Breen)掌管“制片规约委员会”(Production Code Administration, PCA)，来专门监督《制片规约》的执行情况。总之，从1934年起，《制片规约》开始了在好莱坞长达三十余年的管理。

相比此前的自律措施,《制片规约》是执行有效的。这部规约对电影内容的表现提出了近乎苛刻的详细要求,规定了 3 项基本要求和 12 项禁止内容,对犯罪、性爱、粗俗、淫秽、舞蹈、亵渎、服装、宗教、民族情感、电影片名和其他反感的主题有着明确的规定。加之天主教教会势力的干涉,以自由著称的好莱坞开始受制于这部严苛的规约。海斯出台《制片规约》的本意是借行业自我审查避开联邦政府的监督。然而自二战起,美国政府便有计划地干预着好莱坞。冷战初期,反共势力的全面介入使《制片规约》的效力明显减弱,对影片政治内容和意识形态的控制权被大部分转移到国会和行政机关手中。随着冷战的推进和战后美国大众文化的发展,审查制度不再适应新的战后环境,变革已是大势所趋。20 世纪 50 年代反共势力消退后,"好莱坞一些热情勇敢的导演和演员,在个人主义思潮和个性想法的引导下,敢于尝试一些新的题材,为打破审查制度审查的标准的限制做出了努力"。1955 年,导演奥托·普雷明格以涉及毒品主题的影片《金臂人》(*The Man with the Golden Arm*)挑战《制片规约》,最后联艺公司以无规约许可的方式提前发行该影片,绕开了《制片规约》委员会的审查。这让委员会不得不在 1956 年重新评估《制片规约》各项规定的合理性。随着《制片规约》面临越来越多的质疑声,美国电影审查制度在 20 世纪 50 年代末开始走向终结。

### (二)审查制向分级制演变的背景

美国电影在 20 世纪 60 年代摆脱了审查制,这既是电影业顺应 60 年代社会进步思潮的表现,也是多重因素共同作用的结果。

首先,20 世纪 50 年代联邦法院对电影性质的认识发生了根本变化,这直接敲响了美国电影审查制度的丧钟,推动了审查制向分级制的演变。1915 年,联邦最高法院判定电影仅为商业行为,这在当时为政府审查电影提供了法律基础。之后,随着电视等新媒介的出现以及联邦法院对宪法第一修正案认识的加深,法官们开始重新思考电影的性质并开始质疑之前的判决结果。1952 年,联邦最高法院在"约瑟夫·博斯汀诉威尔逊"(Joseph Burstyn v. Wilson)一案中判定纽约州教育委员会以“渎神”(sacrilegious)为由禁映电影《奇迹》(*Miracle*)的行为违宪，正式宣判电影受宪法第一修正案保护，享有言论和新闻出版的自由。尽管负责该案的克拉克大法官又指出“该判决并不意味着电影享有完全的自由，宪法并不完全保护任何类型电影在任何地点和任何时间的放映”，但其终究是确认了电影属于言论自由和新闻出版自由的范畴，使电影受宪法第一修正案的保护。作为一项基本权益，电影的自由表达不再受到限制。自此，各州和市的电影审查机构失去了存在的法理基础，纷纷解体。制片规约委员会也不得不放宽对电影内容的限制，严苛的审核要求开始松动，一些明显违规的内容也破例获得了通过。

第二，1948 年派拉蒙宣判打破了好莱坞的垂直垄断，改变了原有的工业组织形式。20 世纪 20—50 年代，好莱坞曾形成过一种稳定的制片厂制度(the studio system)。几家主要的电影公司垂直整合了电影的制片-发行-放映环节，实现对好莱坞的垄断。1948 年，美国联邦最高法院认定派拉蒙等八家好莱坞制片厂违反了政府的《反垄断法》(又称《竞争法》，Competition Law)，要求这些公司必须放弃拥有的电影院线。这就意味着制片厂们失去了对首轮影院的控制，电影制播分离的情况让制片厂们不再有权力去监管放映的影片是否遵循《制片规约》。再者，大制片厂制度的瓦解促成了美国独立制片的兴起。那些由独立制片商制作的影片可以不受好莱坞审查制度的管控直接投入影院发行，也让《制片规约》的效力大大减弱。据不完全统计，1934 年至 1948 年间在美国上映的所有电影中，经制片规约委员会盖章批准的占了 95%；而在 1948 年到 1966 年间，这个比例仅为 59%。

第三，自 20 世纪 50 年代起，电视开始取代电影成为美国家庭娱乐休闲的主要方式，电影市场不再盛况如前。1946 年，好莱坞收获了最丰厚的利润，观众人数创历史之最。之后，好莱坞便走上了下坡路。1953 年，观众人数下滑到 1946 年的一半；到了 1962 年，观众人数更是跌至 1946 年的 1/4。为了赢回观众，好莱坞曾推出一系列技术变革与电视比拼，拿出了彩色电影、宽银幕电影、立体电影和汽车影院等新技术来吸引观众，但仍无法挽回观众。好莱坞的最后一招，就是创作新题材的影片。这类影片可能会触犯《制片规约》的禁令,但其放映效果必须超过家庭放映,这样才能吸引观众。同时,电视的普及也让好莱坞电影的观众开始分化。在电视进入普通家庭取代电影成为主要的“家庭式的休闲”后,好莱坞的观众调查发现电影观众出现了向几个年龄段集聚的现象,“真正买票看电影的观众是由更年轻的人所组成的……电影是依赖于 10 岁到 19 岁的孩子们而生存的”。好莱坞由此意识到电影需要更明确地针对某个年龄段。这种对电影观众分化的认识也是促成分级制形成的原因之一。

第四,20 世纪 60 年代美国社会运动的冲击也影响着电影业的制度变革。在这最革命的 10 年里,美国社会开始反思和质疑政府的冷战政策。1960 年,学生非暴力协调委员会发动了黑人民权运动,长久以来被压迫的黑人开始积极争取与白人同等的权利。在黑人运动的影响下,各社会团体开始有组织地集合起来,美国社会运动风起云涌。其中,受黑人运动鼓舞最大的就是美国妇女解放运动。黑人斗争让美国的女权运动再次活跃起来,美国迎来了第二次妇女解放运动。与此同时,60 年代中后期,当美国深陷越战泥潭无法自拔时,以青年学生、妇女和宗教界人士为代表的抗议群体在国内掀起了声势浩大的反战和平运动。女性的平权意识促使她们积极参与反战运动,而妇女的反战运动又将第二次妇女解放运动推向高潮。在这三场主要的社会运动之下,美国社会还陆续出现了由同性恋群体、残障人士、环境保护主义者等组织的各式各样的社会运动。加之肯尼迪总统遇刺、马丁・路德・金遇刺、学生暴动等一系列动荡事件的发生,都极大地扰乱着美国社会的正常秩序,冲击着美国人民传统的价值信仰。社会运动的影响也波及好莱坞。好莱坞在社会思潮剧变的背景下,开始抵制保守的《制片规约》。

总体来看,审查制的消亡是时势使然。除上述主要的四个原因外,战后宗教力量的式微也让原本在审查制中扮演强硬角色的天主教教会的实际作用削弱。还有同时期法国新浪潮电影的兴起和欧洲现代主义电影的快速发展,这些新式影片的先进性都让受到《制片规约》严格管控的好莱坞电影不免相形见绌。传统的审查制度已经无法应对电影的新运动和社会的新思潮，变革势在必行。

### （三）电影分级制的建立

1966年，杰克·瓦伦蒂(Jack Valenti)就任美国电影协会新一任主席。同年，由华纳公司发行的影片《谁害怕弗吉尼亚·伍尔夫》(*Who's Afraid of Virginia Woolf*)上映。杰克·瓦伦蒂跟华纳公司总裁杰克·华纳仅将影片中的违禁词语“性交”(screw)删去，保留了其他不合规的词语，同时规定这部电影只向年满18周岁的观众开放。于是，《谁害怕弗吉尼亚·伍尔夫》成了第一部被标识为“推荐给成人观众(SMA)”的影片。此举宣告了《制片规约》的彻底失效，也表明了好莱坞电影人开始接受电影应针对性地面向不同年龄段观众的思路，体现了分级制度的理念。

1968年11月，杰克·瓦伦蒂提出了按照年龄标准对电影进行分级的主张。该主张得到了全国电影组织协会(National Association of Theatres Organizations, NATO)、美国电影进口和发行委员会(International Film Importer & Distributors of America)以及其他电影制作团体和个人的同意，美国电影分级制度就此正式建立，取代了长达30年之久的《制片规约》，成为好莱坞新的行业自律制度。事实上，同年4月22日，纽约联邦法院和达拉斯联邦法院的两场判决为电影分级制的确立奠定了法律基础。在前一案“金斯伯格诉纽约州案”(Ginsberg v. New York)中，纽约联邦法院支持州的立场，判定禁止向未成年人出售对成年人而言不属于淫秽范畴的出版物，该判决严格区分了成年人和未成年人之间的权利界限。后达拉斯一案中(Interstate Circuit, Inc. v. City of Dallas)，联邦最高法院裁决达拉斯市对上映电影的分类标准过于模糊因此无效，但这样的判定结果实际上是肯定了电影分级制的合法性，只不过该制度需要进一步完善，使之更具可行性。为避免大规模的官方审查给好莱坞带来破坏，在达拉斯案宣判后的6个月里，美国电影协会便带头制定和出台了电影分级制度。

1968年颁布的分级制度共分为四级：G级(General Audiences)：所有年龄

均可观看的大众级;M级(Mature Audiences):建议成年观众观看(成年人和法定成年的年轻人);R级(Restricted):必须由家长或成年人陪伴,16岁以上观众才能允许观看;X级(No One Under 17 Admitted):16岁以下不允许观看。可以看到,最早的分级制度仍有《制片规约》的影子。电影分级委员会把出现关于性、暴力、犯罪和亵渎相关内容的影片都划归到X级。这就很容易让人将X级电影与色情电影联系起来。同时,分级制度中明确规定,“任何电影制片协会之外的发行商,如果不将他们的电影送往电影分级委员会评级,将自动被认为属X级”。也就是说,发行商要么自行将影片标为X级,要么就将电影送往分级委员会评级。在实际操作中,X级的划分也充满争议。例如,曾获奥斯卡最佳影片的电影《午夜牛郎》(*Midnight Cowboy*, 1969)因涉及同性恋、卖淫和裸露元素最早被定级为X级。因为X级的影片不允许被宣传,所以《午夜牛郎》流失了许多潜在的观众。

早期分级制度在具体操作中弊端频出,屡次遭到电影从业者的诟病,分级委员会对此进行了多番调整。具体来看,四级分级制度实行初期,M级通常会被误认为比R级更严格,于是1969年美国电影协会以GP级(适合所有观众,但建议家长加以指导)取代M级,一年以后又以PG级(建议家长陪伴指导)取代GP级。1984年7月,PG级再次被划分成为PG和PG-13两级,PG-13级指的是比PG级更严格但不够R级水平的影片。1990年9月,美国电影协会最终用NC-17级代替此前争议颇多的X级。1996年,NC-17级的年龄界限提高至18周岁。自此建立的五级制度(G级、PG级、PG-13级、R级、NC-17级)沿用至今。

### (四)分级制度的实施效果

电影分级制是电影审查制的一种进步表现。从本质上看,不管是《制片规约》还是分级制,它们都是好莱坞电影业的一项行业自律制度,其相似之处在于都是用某种价值标准评判电影内容。两者的区别之处是电影审查制度可以在影片放映前或者制作期间对影片内容提出删减或者禁播的要求,而分级制度则是建立在“电影享有美国宪法第一修正案保护”的基础之上，因此，分级委员会无法对电影内容作出删减要求，只能就不同影片的观众群作出区分。分级制的制定目的是为了革新落后的《制片规约》，同时延续由行业自行把握电影内容管理的权限。作为一项更先进的电影内容管理制度，分级制有效地规避了政府对电影业的介入，也平息了来自宗教团体和其他保守势力的抗议之声。它既体现了对电影自由表达的尊重，又保护了未成年人免受负面影像的侵袭。就具体的实施情况看，分级制度主要产生了以下效果。

一方面，分级制的确立促成了“好莱坞文艺复兴”①。由于分级制度不能对影片的内容提出删减要求，这意味着影片因审查制度而无法问世的情况大大减少，电影制作者不需要再看着审查委员会的眼色拍摄合规的影片，而是能够大胆地挑战新的表现形式。在审查制度被取代后，新兴的电影制作者们在前所未有的自由氛围下创作更加前卫的影片，表达性、暴力、犯罪和宗教等在审查时代被禁止的内容。以《制片规约》废除后出现的黑人电影为例，这一时期的黑人电影大胆地塑造了英雄式的黑人形象，他们公然批判白人的种族歧视，认同犹太文化，选择以暴制暴。这类影片不忌讳以暴力和色情镜头真实地展现黑人群体的生活和价值观念，而这样的主题和内容在以前是绝对不可能被允许上映的。据统计，1970—1972 年间，为黑人制作的电影超过 50 部，其中代表性的影片有奥西·戴维斯（Ossie Davis）导演的《棉花闯进哈雷姆》（*Cotton Comes to Harlem*，1970）、马文·范·皮伯斯（Melvin Van Peebles）执导的《斯特维拜克之歌》（*Sweet Sweetback's Baadasssss Song*，1971）和戈登·帕克斯（Gordon Parks）导演的《黑街神探》（*Shaft*，1971）等。

另一方面，分级制培育了适于成人电影制作的气候，一些在性方面尺度较大的影片获得了发行的合法性，引起了成人电影市场短暂的繁荣。尤其是在 20 世纪 70 年代，随着美国社会性解放运动的推进，银幕上表现“性”这一内容的画面

① “好莱坞文艺复兴”发生在 1967—1976 年，这一时期又被称为“新好莱坞时期”。

急剧增加。部分成人电影意外地取得了不错的票房成绩。最典型的例子便是1972年的《深喉》(*Deep Throat*)和1973年的《琼斯小姐的罪恶》(*The Devil in Miss Jones*),分别获得了当年美国国内年度票房的第七名和第十一名。有别于大制作的"重磅炸弹影片"(blockbuster),成人电影的票房丰收反映了早期电影市场的不稳定性。它表明了针对特定年龄段的影片同样具有不菲的市场潜力,进一步启发了好莱坞电影公司去探索和制作迎合不同阶层口味的影片。

此外,分级制度短期的直接影响还在于让独立发行商获得了更多与美国国内放映市场接触的机会。到1970年,独立发行商的影片已经占据了30%的市场份额。事实上,在20世纪60年代末、70年代初好莱坞曾陷入严重的财政危机。在经济衰败的大趋势下,好莱坞能够在20世纪70年代中后期以一批轰动之作的问世重新崛起,这离不开分级制对艺术创作的促进。分级制良好地配合了好莱坞在20世纪60年代后期进行的产业结构调整,帮助好莱坞找到商业和艺术的平衡点,为之后的经济复苏提供了重要的文化支持。

## 三、产业结构重塑:制片公司的重组

冷战期间,好莱坞主要经历了两次大规模的产业结构重组。这两次调整分别发生在20世纪60年代末和80年代中期。经过两次大规模的结构调整,好莱坞开始走向多元化经营和媒介集团化,形成更具竞争力的企业形态。

### (一)制片公司重组的背景

#### 1. 第一次结构重组的发生及背景

好莱坞的第一次结构重组发生在20世纪60年代末。1966—1969年间,好莱坞出现了一股企业重组的狂潮,大部分的电影公司或是合并,或是被一些大型集团收购。产权结构重组的好处在于好莱坞电影公司能够掌握更多资本拓宽业务。正如派拉蒙、华纳兄弟、联艺和环球一样,当它们成为大型集团的一部分后,便获得了更多的市场份额和更稳定的资金来源。意图收购好莱坞电影公司的大型集团多是看中了好莱坞具有潜在价值的制片业务、片库和地产等。例如，1966 年收购了派拉蒙的海湾-西方公司(Gulf and Western)原是一家汽车零部件生产商，后将业务拓展至金融服务、服装、家居、食品、房地产以及娱乐行业等。联艺公司则在 1967 年被贯穿美国公司(Transamerica Corporation)收购，这原本是一家提供保险和金融服务的公司。杰克·华纳则通过多次售卖公司试图寻找稳定的倚靠资本。他在 1966 年将公司卖给了七艺制片公司(Seven Arts Productions)。三年之后，华纳兄弟重回市场，又被杰克·华纳再次卖给了肯尼国家公司(Kinney National Company)。同时，这样的重组浪潮首度催生了大型媒介集团的诞生。最早的例子便是美国音乐公司(MCA)。该公司始创于 1924 年，最早只涉足音乐业务，在 1945 年进入好莱坞后开始从事演员代理业务。20 世纪 50 年代跨入电视业后，美国音乐公司很快发展成了电影和电视两个行业内最大的“一揽子服务”[①]包装商。美国音乐公司在 1958 年获得了派拉蒙的片库，在 1959 年收购了财务状况不佳的环球电影公司，并在 1962 年完成了大型集团公司的合并。美国音乐公司成为后派拉蒙时代大公司的范例：通过横向业务的整合建立集成的传媒集团。有别于好莱坞传统的纵向联合形式，这种横向整合的策略使得企业能够集中某一环节的市场权力，加强对市场的控制。

具体来看，好莱坞 20 世纪 60 年代末的重组主要受到了来自法律和行业两大领域转型的影响。

首先，在法律方面，1948 年派拉蒙判决打破了好莱坞的垂直垄断，大制片制

① 派拉蒙判决的生效促成了好莱坞合同制度(包括明星制度)的废除。这时经纪人的角色越发重要——充当连接大制片公司或独立制片商与电影创作人员的桥梁，为雇主联系合适的工作、搞定繁杂的谈判和协议。“一揽子服务”指的是在经纪行业中，经纪人“把一个以小说、戏剧或剧本形式出现的项目加以综合考虑，再为这个项目找到特定的导演和影星，然后想方设法把这个包括上述内容的一揽子计划一次性卖掉”的能力。一个经纪人如果能够承担一揽子服务，说明他/她已经成为电影业关键的中间人，能够起到推动影片拍摄的作用。资料来源：〔英〕大卫·普特南. 不宣而战——好莱坞 vs.全世界[M]. 北京：中国电影出版社，2001：262。

度终结。在20世纪三四十年代制片厂制度鼎盛时期，五大电影公司联合三小电影公司[①]垂直整合了好莱坞电影的制片、发行和放映，控制了92个大城市中70%首轮影院，生产了全美90%和全球60%的影片，攫取了全美影片租金总数的95%，掌握着好莱坞的绝对垄断权。“五大”对制片、发行和放映三个环节进行完全整合，实现了所有高预算A级影片的联合经营；而“三小”则通过支付固定费用进入“五大”建立的垂直系统。“三小”虽然没有电影院，但也都拥有完整的制作和发行体系，主要以制作低预算、低质量的B级影片来填补双行排片表的下半部分。

好莱坞巨头如此的垄断行为，一直以来都遭到放映商和独立制片商的指控，可是由于大制片公司的游说，尤其是好莱坞电影工业在美国工业体系中的特殊地位，导致司法部迟迟未能就好莱坞垄断一事作出定论。终于在1948年5月，最高法院判定派拉蒙等八家好莱坞电影公司构成非法垄断集团，要求这些电影制片厂至少放弃电影制作三环节的一个部分。电影制片厂最终选择放弃利润最低的影院。如此一来，放映被迫与制片和发行分离，标志着经典好莱坞时期的大制片厂制度走向终结。八大电影公司失去了对电影院线的控制，意味着制片厂无法把握每部影片的上映影院和上映时间，影片的盈利情况也无法得到保证。判决生效后，好莱坞各大制片厂丧失了它们的首轮影院，开始将经营重点转移到风险较小的发行环节，以增加发行收入来弥补放映收入的缺失。而另一边，独立制片商也快速发展起来。此处的独立制片商指的是独立于好莱坞八大电影公司的制片公司，它们虽然无法与大制片公司直接抗衡，却始终是美国电影产业坚实的补充力量。1948年以后，好莱坞大电影公司与独立制片商的关系从对立走向合作：大电影公司转嫁制片风险，通过向独立制片商提供资金支持、拍摄场地和发行保障，让独立制片商承担起风险更高的剧本培植

① 这里指的八家电影公司，俗称“五大三小”。“五大”分别是派拉蒙（Paramount）、华纳兄弟（Warner Bros.）、米高梅（MGM）、20世纪福克斯（Twentieth Century FOX）和雷电华（RKO），“三小”则是哥伦比亚（Columbia）、环球（Universal）和联艺（United Artists）。

和影片拍摄工作。

其次，在行业方面，促成好莱坞重组的决定性因素是20世纪五六十年代电影市场的衰退。在1946年迎来观影人数之最后，好莱坞开始一蹶不振。战后出现的反好莱坞政治气候，让好莱坞陷入四面楚歌的危机。好莱坞一边与美国司法部就垄断问题进行斗争，一边应付着来自非美活动调查委员会的调查。在政府的双重打击下，好莱坞更是疲于应付来自社会结构调整的挑战。战后，美国经济的繁荣促成了郊区迁移热和婴儿潮。1945年至1964年间的生育高峰让更多的美国人不再去电影院看电影，而是选择待在家里看电视或者听广播。人口从城市向郊区的转移也让电影市场的消费分流至其他消费品市场。加上战后不久外国工业的元气恢复，欧洲市场制定的电影进口税限制了好莱坞电影的进入，好莱坞在海外的收入下滑。1948年之前，好莱坞大电影制片厂的影片年产量高达400余部，而到1960年其产量仅有150部，80%的美国影片都是在好莱坞以外生产的。与此同时，这些大公司合起来的利润也从1.21亿美元暴跌了74%，仅达到3 200万美元。这样的数据显示了战后好莱坞日益衰落的境况。

2. 第二次产业整合的背景

经过20世纪60年代末的结构调整，好莱坞呈现了新的行业面貌。例如，电影公司将业务重点转移至发行领域，发行环节逐渐成为整个产业链中的核心；好莱坞主要电影公司开始跨界涉足其他行业；独立制片人和经纪人的角色越来越重要等。这样的新格局让好莱坞在70年代迎来了票房收入的回升。进入80年代后，好莱坞的利润空间从70年代的15%降至5%～6%，盈利情况再次不容乐观。如此背景下，好莱坞掀起了第二次并购浪潮。实际上，这一时期发生在好莱坞的并购是美国经济体系内大范围兼并浪潮的一部分，它使得好莱坞主要电影公司的核心组成部分被并入到大型媒体企业中。

这次调整的主要驱动力来自新技术的挑战。20世纪70年代，电影公司又出现了一个实力强劲的竞争对手——录像带。自1975年索尼公司发明了家用录像机后，录像机用不到10年的时间就实现了80%的市场渗透，比电视的普及速度更快。最开始，电影公司对录像带充满敌意，因为它的出现打乱了传统的发行系统，攫取了电影公司部分的发行利润。迪士尼和环球曾在1976年以一纸诉状将索尼公司告上法庭，声称索尼生产的设备侵犯了节目的版权，要求索尼对其购买者所犯的任何侵权行为承担责任。这场官司经过多轮博弈，美国最高法院最终在1984年认定用户录制节目属于合理使用(fair use)，索尼公司无须承担责任。这样的判决结果让电影公司转变思路，意识到录像制品作为新发行渠道的巨大商业价值。于是，好莱坞电影公司决定控制录像带的发行权，以确保这一渠道的利润份额。

同一时期，电影的老对手——电视通过有线收费的形式获得了巨大的订户。据统计，1980年录影带和电视渠道(包括付费有线电视、海外电视市场、美国电视网等)的收入已经达到好莱坞总收入的1/3。而到1986年，大制片公司从录影带市场获得的收入已经超过了影院发行收入。为了有效控制家庭录像带、有线和无线电视网络、卫星电视等更加有利可图的辅助发行渠道，好莱坞电影公司自20世纪80年代中期开启了新一轮与电视公司合并的热潮，这股狂潮一直持续到90年代。例如，1985年新闻集团兼并了20世纪福克斯及其子公司、1989年索尼公司收购了哥伦比亚电影公司、1990年时代公司与华纳传播公司合并成立时代华纳公司等。

再有，电影制作成本的提高让好莱坞收益下滑，电影产业不得不考虑整合结构以占领更大的市场。在经典好莱坞时期，平均每部电影的生产成本为50万美元，1952年上升到100万美元左右，1961年为150万美元。到了1980年，这一数字上升到近1 000万美元，另外还有700万美元要用作市场营销和宣传。电影生产成本的上升主要出于四方面的原因。一是高预算的“事件电影”[①]更有可

① “事件电影”指的是能造成轰动效应的影片，包括制片成本、场面和宣传阵势都极大，就像发生过了重要的事件一样。

能获得高票房的商业逻辑被广泛认可。二是经纪人权利的过度膨胀,他们要求的明星出演费越来越高。三是制片公司经常借助外部途径获取影片拍摄资金,而这些投资人往往要求在制片公司获得利润前就拿到收益。四是发行商用于电影广告的预算持续上升。由此一来,尽管大企业的总收入在不断增长,但利润空间被不断压缩。

### (二)好莱坞产业结构调整的政策支持

#### 1. 第一次重组的政策支持

与好莱坞20世纪60年代末产业结构调整最直接相关的政策支持便是源自税收制度的优惠。事实上,每当好莱坞陷入财政困难时,美国政府总能及时伸出援手帮助好莱坞化解危机。在60年代后期经济不景气时,好莱坞电影公司的收益更是一落千丈,此时电影业获得了尼克松总统的支持,让政府在税收方面帮了好莱坞一把。1962年的《税收法》(Revenue Act)规定了投资者的投资税收抵免(investment tax credit),凡是美国公司在境内对任何设备和机械的投资都能获得7%的减税。尽管这一规定在1969年被废除,但1971年投资税收抵免再次被引入《税收法》,并将税收抵免的范畴扩展到电影电视领域。这一保护性措施延续至1976年,直接刺激了电影业投资的增加。

另外一项重要的税制变更发生在1969年,《税收法》规定个人对电影的投资能够百分之百免税。如此诱人的条件同样吸引了不少投资者携款而来。政府的税收政策恰是雪中送炭,大量的避税资金和为争取税收减免的资金保证了好莱坞能正常生产影片,为好莱坞改善60年代末的经济困境提供了不少帮助。

此外,政府对商业电视频道的管制政策也无心插柳为电影业提供了产业融合的机会。面对电视市场的强势崛起,联邦政府通讯委员会在1970年出台了名为《财务利益和辛迪加规定》(Financial Interest and Syndication Rules)的法案,以规范三大电视网(美国广播公司、哥伦比亚广播公司和全国广播公司)的节目购买方式，禁止它们播放下属制作机构的节目，防止电视行业出现垄断现象。这个法案类似于1948年的派拉蒙判决，它旨在打击电视业的垄断力量，却意外为好莱坞电影公司所用以拓宽电视网的发行平台。这也是促成20世纪80年代电影和电视公司合并的原因之一。

2. 第二次产业整合的政策支持

20世纪80年代企业合并浪潮的顺利开展得到了经济和文化方面的政策支持。

经济政策上，里根政府的新自由主义经济政策为产业整合提供了自由宽松的环境。里根主张的新自由主义经济政策内容包括全面降低个人所得税和企业所得税，同时放宽政府对企业的管制、撤销许多管理企业的法令法规。对好莱坞而言，里根政府的减税政策促进了电影产业的资金流动，为电影业的投资发展提供良好的市场环境。政府放松了对企业的管制，一些并购案甚至得到了政府的全力支持。自由放任的经济政策还解禁了1948年派拉蒙判决对电影公司的限制，几家大电影公司在80年代后又重新获得了对影院的控制权。例如，哥伦比亚电影公司在1981年购买了 Walter Reade 院线81%的股份，在1985年又收购了该院线。派拉蒙、华纳和环球也相继购入了其他院线的股份。据统计，20世纪80年代中后期，全美22 000张银幕中超过3 500张为好莱坞大电影公司控制，这个比率基本与1938年的水平持平。然而这期间制片公司重新控制影院不再是为了恢复垂直一体化的产业结构，而是为了配合其横向整合的多元化需求。因此，里根政府的经济方针为80年代好莱坞电影公司的结构调整营造了更加自由的经济气候，鼓励了大型传媒集团的出现。

文化政策上，美国自冷战初期制定的文化冷战战略始终延续，为好莱坞的扩张提供了文化支持。虽然苏联一直以来都是美国"和平演变"的主要目标，但美国政府的文化冷战战略实质是一种全球文化战略，其根本目标是要将美国文化的影响力扩张至全世界，实现美国的全球霸权。研究美国外交的学者威廉·阿普尔曼·威廉姆斯认为，美国大战略的目标始终是"要创造一个'门户开放'的世界，这个‘门户开放’的世界由国家构成，它们不仅对美国的自由价值和制度开放，而且还拥护美国的自由价值和制度，同时允许美国的经济渗透”。为了达成这一战略，美国政府在战后一直致力于构建由其主导的国际经济体系，并利用各种传媒手段在全球范围内传播美国的民主和自由思想。冷战开始后，当“文化安全被全面提升到国家安全战略的层面”时，美国开始凭借强大的政治和经济实力，在国际谈判桌上为本国的文化产品出口据理力争。电影在美国文化扩张战略中一直充当着极其重要的角色，美国政府更是不遗余力地为好莱坞电影的全球传播铺平道路。政府的后盾支持在很大程度上让好莱坞无须担心他国市场构成的威胁，帮助好莱坞集中精力汇集全球资金、人才和技术，开拓和占领更大的海外市场。

### （三）好莱坞产业结构重组的政策效果

两次结构调整的直接效果便是让好莱坞走出了战后急剧衰落的形势，实现了战后好莱坞由衰至兴的转变。20 世纪 50 年代是好莱坞前所未有的低迷时期。60 年代末的第一次产业结构调整，虽部分地改善了好莱坞的经营状况，但短时间大量资本的进入让美国电影业出现了影片产量过剩和资金使用过度的情况，引发了 70 年代初好莱坞的财政危机。70 年代财政状况的动荡又和上文提到的“好莱坞文艺复兴”相互作用。总体来看，经过两次调整，好莱坞的经营形式实现了从单一化向多元化、从本土化向全球化的转变。

一方面，好莱坞通过全面的整合——包括横向整合、纵向整合以及混合整合，实现了经营模式多元化的转变。

横向整合指的是产业链上同一环节的若干企业进行合并重组。20 世纪 80 年代好莱坞在制片、发行和放映三个环节上都有横向整合的动作。在制片环节，战后兴起的独立制片商在 80 年代之后因制片资金的限制，或是破产，或是被大公司收购。在发行环节，主要电影公司陆续收购了一些小的电影公司，还以强强联合的形式加强了对发行权的控制。例如，米高梅在 1981 年收购了联艺，迪士尼公司在 1983 年成立了试金石电影公司，哥伦比亚在 1983 年联合

HBO 和 CBS 成立了 TriStar 电影公司。这些电影公司以联合的形式，加强了制片和发行的能力，集中了市场权力。在放映环节，一些大的院线，如卡麦克、联艺院线、AMC 娱乐公司和喜满客等开始并购郊区和小城镇的小电影院以扩大市场规模。表 1 列出了全美最大的影院放映商卡麦克在 1982—1991 年间的银幕收购情况。

**表 1　1982—1991 年间卡麦克收购的银幕**

| 年　份 | 收 购 的 银 幕 |
|---|---|
| 1982 | 收购马丁电影院的 265 块银幕 |
| 1983 | 收购独立影像电影院的 85 块银幕 |
| 1986 | 收购 Essantee 电影院的 209 块银幕 |
| 1989 | 收购统一电影院的 116 块银幕 |
| 1990 | 收购联合艺术家和普力特电影院的 137 块银幕 |
| 1991 | 收购 AMC 电影院的 45 块银幕 |

纵向整合是指合并产业链的上、中、下游，这也是大制片厂时期的主要策略。由于 20 世纪 80 年代里根政府取消了派拉蒙判决对电影公司的限制，影院与制片商或发行商的垂直整合又风行起来，一些制片公司重新掌握了对影院的控制权。表 2 列出了 80 年代重新投资电影院线的电影公司。

**表 2　20 世纪 80 年代投资电影院线的电影公司**

| 年　份 | 院　线 | 收购母公司 |
|---|---|---|
| 1986 | Commonwealth | The Cannon Group |
| 1986 | Famous Players | Paramount |
| 1986 | Cineplex-Odeon | MCA(控股 49.7%) |
| 1987 | Cinemerica (Mann) | Warner Communications & Paramount |
| 1987 | Loews | TriStar/Columbia |
| 1988 | USA Cinemas | TriStar/Columbia |

最后，混合整合则是一种跨行业的产业融合策略。不少电影公司融入了业务范围更广的母公司，其经营领域可扩展到广播、音乐、电视、出版以及其他的诸如零售和保险等其他行业。迪士尼公司便是把混合整合战略的精髓发挥到极致的典型代表，它将电影制作的高风险分散到广播电视、主题乐园、周边产品、酒店等其他业务中，降低因周期性票房失利带来的损失。

经过三个层次的整合后，好莱坞主要电影公司的规模有了空前的扩展，它们变成了大型的媒介集团，经营模式也由单一化走向多元化。图1和图2分别代表了20世纪90年代前后电影产业结构的变化。由图可见，好莱坞的经营业务得到了显著的丰富和扩展。在传统的经营体系中，电影票房是最主要的收入来源，在80年代之前，影院票房收入仍占好莱坞电影市场总收入的60%左右；而在产业结构整合后，好莱坞的经营模式和收入渐趋多元，影院收入的占比下降到20%～30%左右。

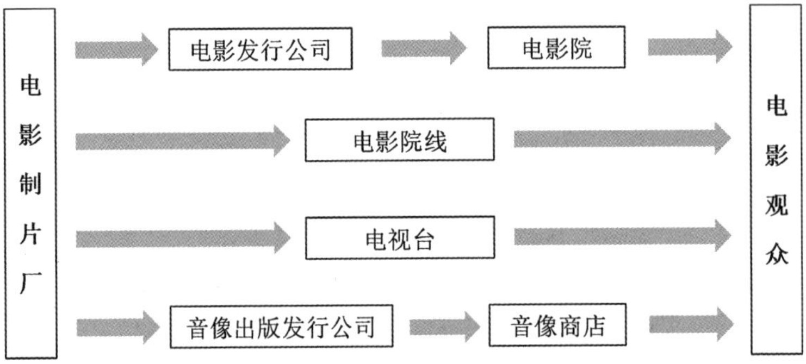


**图1　20世纪90年代前好莱坞电影产业体系结构图**

另一方面，好莱坞在20世纪80年代之后愈发凸显国际化的特点。尽管早在一战时，好莱坞就有在海外设立专门的办事机构，用来处理海外发行事务，但早期的好莱坞不能称得上是完全的国际化，因为好莱坞的生产方式仍然是本土化的，只是它的分配方式具有国际性的特征。二战以后，美国以经济援助的形式打开了战败国和西欧国家的电影市场。为了保护本国的电影工业，欧洲各国在经济稍有复苏后相继出台了外汇管制和财政补贴等政策。这些优惠的政

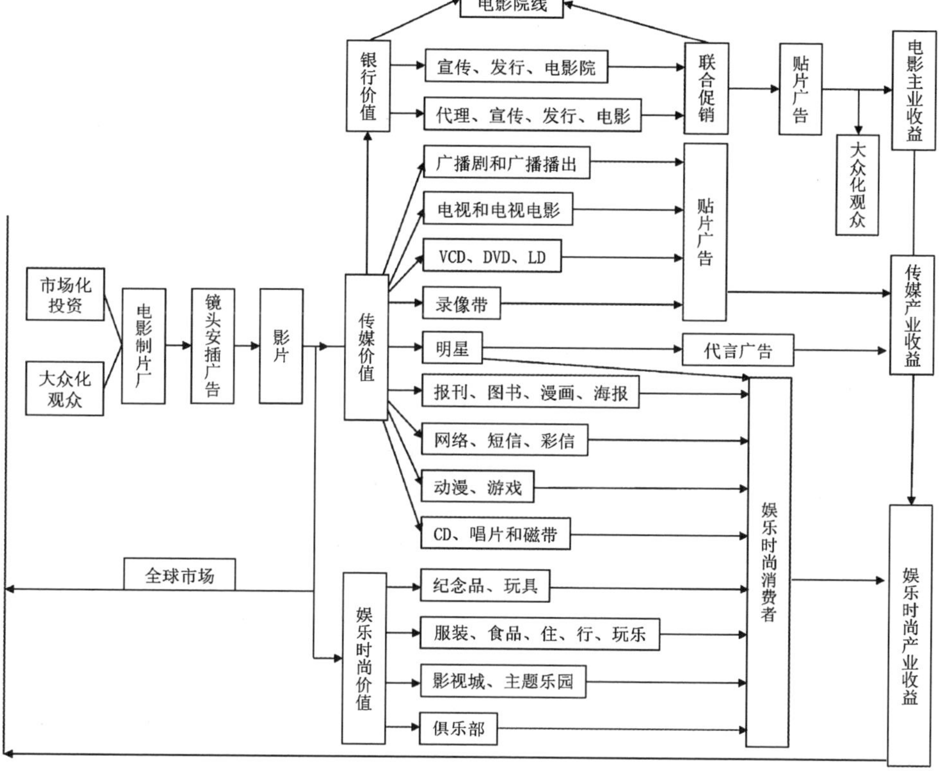


**图 2　20 世纪 90 年代后好莱坞电影产业体系结构图**

策随后吸引了好莱坞电影公司前往欧洲拍片。这种现象也被称作“逃跑生产”(runaway production),在 20 世纪 60 年代风行起来。1949 年,外逃的片量只有 19 部,而 20 年后,该数字是 183 部,其中大多数都是在欧洲拍摄。1950 年至 1973 年间,在好莱坞制作的影片仅有 60%是在美国本土拍摄的。1977 年至 1993 年,美国直接投资于海外制作的数量,增加了五倍。1984 年,在好莱坞 318 部主要剧情片中有 151 部是外逃拍片的作品。20 世纪 60 年代起一次又一次的重组浪潮,让好莱坞融入了资金雄厚和业务多样的跨国媒介集团,这为好莱坞提供了来路更加多元的资金、创作人才和市场资源,也打开了更大的海外市场。

## 四、美国电影政策分析

### （一）冷战时期美国电影政策的话语结构分析

吉姆·麦圭根在新自由主义全球化的背景下，以反身性和批判性的视角重新审视了西欧国家文化政策的变迁，并区分了三种话语结构：国家话语、市场话语和市民/交流话语。麦圭根认为每一种政策话语“有其特定目的，又有若干变异体，共同决定着动因和主体、生产者、消费者、市民和中介在文化领域的话语空间里所处的地位”。这个分析框架同样适用于冷战时期美国电影政策的分析。总体来看，在冷战时期美国电影政策的话语结构表现出国家话语短暂强化、市场话语持续主导和市民话语积极参与的特点。

首先，国家话语短暂强化。国家话语源自国家干预的理念，这个理念要求“现代国家应该号召全社会、调控经济、培育得体的自我”。因此，政府有责任鼓励和支持文化艺术活动的开展，对文化事业进行补贴。这一话语的代表体现就是受凯恩斯主义影响建立的福利国家。作为实施“提供便利型”①文化政策的代表国家，美国一直以来遵循着“不提供直接的艺术资助，也不指定法规管理文化艺术活动，不承担规定文化价值、引导文化潮流的职责”的原则。因此，行业协会和工会组织的力量相对而言是非常强大的。就电影业来说，以美国电影协会为代表的各行业协会一直以来都以自主管理的方式尽可能规避着政府的介入。然而，政府的干预看似极少，实际上却无处不在。一般情况下，政府和好莱坞都能在界限范围内开展良好的合作，双方和谐相处、互利共赢。但在冷战初期，政府在反共势力影响下一度强化了对电影意识形态的管制，各项政策话语都强烈传

---

① 哈瑞·希尔曼·查特兰德和克莱尔·麦考吉考察了二战后欧美各国政府的文化政策，将其总结为四种模式：提供便利型（代表是美国）、庇护人型（代表是英国）、建筑师型（代表是法国和荷兰）和工程师型（代表是冷战时期的东欧国家）。资料来源：郭灵凤. 欧盟文化政策与文化治理[J]. 欧洲研究，2007(02)。

递着反共信号，企图利用好莱坞电影作为意识形态再生产的工具，服务冷战政策。这些政策包括涉及文化冷战的行政命令、总统的书面或口头声明和指示、法律规章、行动计划和策略等。这时期，以FBI和国防部为代表的政府机构在政策指导下尤其加强了对电影生产的监控力度，再加上HUAC对好莱坞开展迫害式的调查，这些举动都充分表明了国家干预电影业的决心。冷战时期的反共影片完全沦为政治宣传的工具，其艺术性和经济性都未得到认可，严重干扰了好莱坞正常的产业生态。1960年黑名单政策废止后，政府力量回归正常。FBI和国防部对电影意识形态内容的干涉虽然延续了下来，但之后干涉的力度和强度已不可同冷战初期相比。

其次，市场话语持续主导。市场话语源于新自由主义理论，它强调市场的自主调控，反对政府公共力量的干涉，是一种完全基于经济因素考量的话语。也就是说，在市场话语主导下，文化政策更偏重于追求文化产业的经济价值，其文化艺术性则在市场的竞争中被忽视。对好莱坞而言，有别于民族电影，其最大的特点在于它的商业性。好莱坞电影自始至终都是一门生意，因此，电影的经济效益是首要考虑。在20世纪30年代，好莱坞构建了制片厂制度，以垂直整合产业链的形式追求利润的最大化，并以明星制吸引全球观众来扩大电影的海外市场。这些都是基于市场导向摸索出来的经营策略。尽管二战后反诉讼案的一纸宣判瓦解了制片厂制度，但这并没有阻碍好莱坞在新的市场环境下继续探索和更新它的发展模式。具体来看，在派拉蒙判决生效后，好莱坞出现的主要变化可概括为："50至60年代出现的独立制片制度，70年代后期形成的'巨片主义'，80年代发展起来的数字特技，以及90年代盛行一时的保守主义美学。"再有，当1953年海外票房首次超过国内票房时，好莱坞意识到了国际市场的重要性，便开始针对性地制作尽可能吸引外国观众的影片。好莱坞通过境外制片、雇佣外国创作人员、合拍电影等多种形式加强影片的国际化。这种趋势在20世纪80年代后进一步加强。里根政府主张的新自由主义经济政策放松了政府对企业的管制，最大限度地激发了市场的活力。一轮又一轮的兼并浪潮将好莱坞融入了规模巨大的跨国媒介集团中，增强了好莱坞对国际市场的控制。

最后，市民话语积极参与。市民话语源自公共领域和市民社会，关注交流和文化的民主化。公共领域是“理性-批判性辩论的政治空间”，知识分子在公共领域内对政治议题的争论和交流是民主的表征。市民社会则是“自由和团结的社会空间”，它介于国家和市场之间，追求的是非营利的目标。作为国家话语和市场话语的对立面，市民话语是“制衡国家权力的一种手段，同时又为市场关系的发展创造条件”。美国是一个移民大国，种族问题一直以来都是美国社会争论的焦点议题。20世纪60年代初肯尼迪总统上台后，他呼吁新激进主义，要求美国人不要问“你的国家能为你做什么”，而是“你能为你的国家做什么”，这愈发鼓舞了民众参与社会生活和推动社会变革的热情，导致美国社会在20世纪六七十年代出现极度混乱的场面。一时间，美国黑人掀起了反对种族歧视、追求平等权利的民权运动，妇女开展了要求争取两性同工同酬的解放运动，年轻人因质疑国家的意识形态表现出强烈的反战情绪。民权运动、女权运动、反战运动如火如荼地进行着，既影响了国家在政治经济领域作出改革，也推动了文化领域对社会问题进行反思。这反映到电影行业便是20世纪60年代“好莱坞文艺复兴”的开展。社会进步思潮对保守的《制片规约》发起挑战，最终分级制取代了审查制，创作者得以自由表达影片内容，观众能够根据级别自主选择电影。这样的演变结果离不开社会革命性运动的推波助澜，也是市民积极参与的结果。

### （二）对冷战时期美国电影政策的观察

在上文分析冷战期间关于美国电影业三方面政策的制定和执行时，笔者注意到以下三个值得思考的问题，在此进行讨论。

首先，冷战初期好莱坞电影的宣传作用并没有反共势力预期的那么好。从HUAC的听证会可以看出美国的反共势力特别重视反共电影这一宣传手段，不过事与愿违，这些电影的票房成绩普遍不理想。对此，有的观点认为反共电影票房不佳是因为这类电影投资少、制作粗糙。但是，诸如《我的儿子约翰》这类高预算、大制作的反共影片也未能获得理想的票房成绩。另有观点认为观众对反共影片的兴趣受到了反共势力的影响。不过,事实上,在美国反共势力极盛的20世纪50年代初期,反共电影的票房仍然不乐观。由此看来,当时美国的反共势力过度夸大了好莱坞的作用,以为电影能够产生控制性的效果只是他们一厢情愿的看法。而这种完全出于政治性目的对电影的利用,忽略了电影的艺术表达,也忽视了观众的需求,所以宣传效果并不如预期。然而,反共电影的失利并不意味着好莱坞在冷战期间没有发挥积极的作用。尽管目前无法估计文化因素对美国战胜苏联究竟起了多大帮助,但学界已普遍认可好莱坞电影在美国打赢文化冷战中发挥的作用。相比冷战初期赤裸裸的反共意识形态展现,冷战中后期的好莱坞电影将冷战元素融进包括歌舞片、西部片、喜剧片、科幻片、纪录片、惊悚片等在内的几乎所有类型片里,这些影片有着更高的艺术质量,有意识或无意识地传达着美国官方的冷战思维,比纯粹意识形态的反共电影起到了更好的效果。

其次,电影审查制虽然限制了影像的表达,但对影片内容合理的规范依然能够引导电影业的发展。以好莱坞的经验为例,审查制确实压制了电影的自由表达和创作,但即使受《制片规约》严格的管制,好莱坞电影业依旧在有限的表达空间内创造了一个黄金时代,也正是由于电影工业的兴盛促成了后来审查制向分级制的制度变革。这说明,分级制能够推动电影业生产力的解放,但它也只是助推电影业持续发展的原因之一,并不是实现电影业繁荣的根本原因;而审查制虽有重重弊端,但适度的管理和规范仍是有助于产业发展的。因此,在我国电影产业实行分级制之前,政策制定者可以思考如何改良现行的审查体制,最大效度地协调好影片的社会效益和经济效益,实现审查制度下产业发展的最优化。因为我国电影一经上映,就等于向所有年龄段的观众开放,如何在保护未成年人利益的同时又不扼杀影片的自由创作,是我国电影业管理者亟待解决的问题。

最后,20世纪80年代以来滚雪球式的兼并浪潮让好莱坞电影公司再次托拉斯化,这印证了规模经济是电影产业高度成熟的必然形式。电影企业的联合和集中由一定的技术原因促成,同时受到来自经济方面和社会方面的风险影响。

早期影片生产的工业化特点让好莱坞出现了寡头垄断的局面,而战后新技术的出现和普及让好莱坞再次走向联合,以跨媒介、融合各项技术手段的形式外延电影的价值链。美国电影协会曾解释说,“与人们普遍认为电影制作总会赚钱的观点不同,在美国国内放映的电影,平均只有1/10能够收回成本。事实上,有四成的电影根本无法收回制作成本。……世界上没有其他任何一个国家会冒这样大的风险,在电影制作、融资和发行上投入如此大数目的资金”。由此可见电影生产的高风险性和不确定性,因而走向规模经济也是发展形势下电影产业的必然选择。

### (三)美国电影政策的经验总结

在好莱坞电影工业的发展历史中,冷战这四十余年无疑是一个调整和升级的阶段。从巅峰的黄金时代跌入发展谷底,好莱坞接连经历了意识形态监控、社会人口结构和居民生活方式变动、电视机和录像带竞争等一系列挑战后,在20世纪80年代终于迎来了新自由主义经济政策的红利,再度实现堪比经典好莱坞时期的盛况。对此,笔者根据战后美国电影观众人数的相关数据,绘制了图3以反映美国电影业在冷战期间的曲折历程。以好莱坞为代表的美国电影工业在冷战初期由兴而衰,在冷战中后期又由衰而兴,这离不开电影政策的引导。对此,笔者总结了以下三点经验。

首先,电影政策的制定要遵循政策科学原理,应在政策问题确认的基础上,再针对性地制定政策方针。冷战的经验告诉我们,黑名单政策是美国电影协会在政府打压下的妥协之举,其“本身”①就不是以繁荣和发展好莱坞电影为目的的,而是让政府利用电影做宣传工具的意图合法化,这样的政策势必大挫好莱坞

---

① 文化研究学者雷蒙德·威廉斯曾将文化政策分为政策“本身”和政策展示两部分,并确认了五种国家/文化关系的意义,其中政策“本身”包括三重意义:公共经费资助艺术的政策、媒介调控政策和文化身份的协商构建政策。而作为展示的文化政策则包含国家形象放大的政策和经济还原主义的政策两种意义,这两种政策的物质意义要高于其象征意义。资料来源:〔英〕吉姆·麦圭根.重新思考文化政策[M].何道宽,译,北京:中国人民大学出版社,2010:80—85。

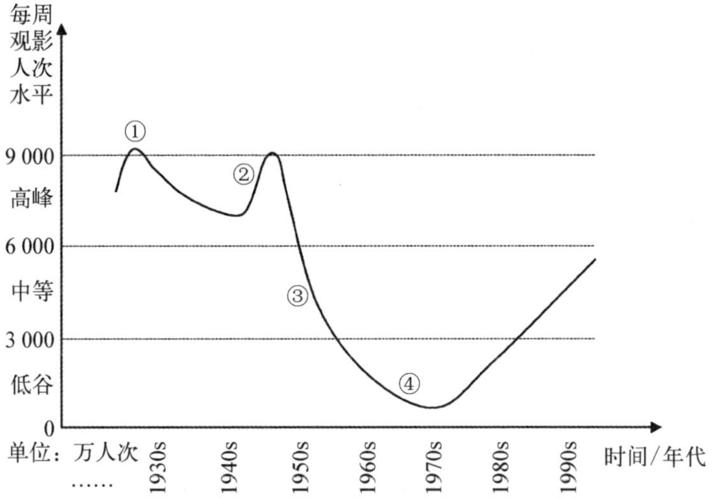


① 1929 年,美国每周观看电影的观众数达到最高值,平均为 9 500 万人次。
② 二战期间,电影观众数降至每周 8 500 万人次,战后 1945—1948 年又回升至每周 9 000 万人次。
③ 1948 年之后观影人数急剧下降,1950 年下滑至每周 6 000 万人次,1953 年跌至 4 600 万人次。
④ 20 世纪 60—70 年代为最差时期,每周观众数量下降到 2 000 万人次以下。

**图 3　美国电影工业冷战期间的曲折变化**①

元气。而派拉蒙法案的颁布,虽然在短期内干扰了产业生态,但其根本目的是为了保护电影行业的自由竞争环境,因此是联邦政府对整个电影产业的一次有效干预。再有分级制的建立,它也是由美国电影协会推动出台的,其实质着眼于好莱坞的利益、避开政府的干涉,因此在后期执行中在相当程度上保证了电影产业的合理发展。从本质上看,好莱坞电影在冷战期间的衰退是因为当时的运行模式已经无法适应电影生存环境的变化,这时便需要政策这只"有形的手"进行合理引导。可以看到,如果政策不在认清政策问题的基础上有的放矢,便会事倍功

① 笔者在此以美国每周电影观众的人数这一数据表现好莱坞的战后情况变化,是因为相关数据相对齐全。资料来源:〔美〕巴里·利特曼. 大电影产业[M]. 尹鸿,等译,北京:清华大学出版社,2005:228。

半甚至起到负面效果。

其次，电影政策在执行过程中具有动态性和阶段性的特点，政策执行者需要在一定的文化政策原则下，根据实际情况对政策方案做适时的调整。以美国电影的内容管理政策为例，不管是审查制还是分级制，其本质都是为了实现美国电影业的行业自律。尽管在《制片规约》的管制下，好莱坞曾创作出许多佳片，但审查制度已然无法适应电影业的新变化，因此，美国电影协会不得不对此重新进行思考。实际上，在分级制正式取代《制片规约》前，制片规约委员会已经对《制片规约》的内容进行了若干次调整，一些严苛的要求开始松动，但最终仍无法阻止落后制度的淘汰。分级制在一开始被引入后，也经历过一个不可避免的混乱时期。不同等级的界限曾屡次遭到诟病，沿用至今的五级制度在实施过程中经历了五次调整才逐步确立下来。因此，如果电影政策在执行过程中出现了政策规划和制定期间未曾考虑到的新情况和新问题，就要因时因地制宜，作灵活和适时的政策修正，以确保政策目标顺利实现。

最后，从政策制定主体看，美国政府和电影行业协会分工较为明确，合作总体良好。在美国，电影政策的制定者可以是联邦政府，也可以是行业协会、工会组织乃至私有公司。一般情况下，与电影产业直接相关的对内政策都是由行业组织制定颁布的，例如审查制和分级制；而美国政府则集中力量支持电影产业对外政策的制定，当然也会在特殊时期通过一些间接政策，例如经济政策等向电影产业施加影响。总体来看，政府和行业协会互利共赢的合作也是促成美国电影工业如此发达的原因之一。诸如美国电影协会（MPAA）、全国电影组织协会（NATO）、美国演员工会（SAG）等行业协会直接参与和产业利益休戚相关的政策决定，因为他们更了解行业发展状况，所以制定的政策更加具体微观、更有可能对症下药。对比之下，美国政府则更关注在国际上为好莱坞电影据理力争，例如在国际条约谈判上尽力保护美国电影工业，包括北美自由贸易协定、关贸总协定和世贸组织等，为好莱坞电影的出口提供便利。官方和民间就电影发展达成共识，这在任何时期都是互利共赢的明智之举。冷战期间，正是政府对好莱坞电影的出口支持保障了好莱坞的海外收入，而政府也借好莱坞电影的宣传之力最终打赢了文化冷战。

### （四）中国电影政策的展望

2017 年 3 月《中华人民共和国电影产业促进法》(以下简称《电影产业促进法》)的正式施行对我国电影产业的发展有着里程碑式的意义。《电影产业促进法》的出台首次填补了我国关于电影领域的法律空白，完善了电影政策体系的架构，使我国电影的产业化之路"有法可依"。在该法实施的两年多时间里，国产电影的创作质量显著提升，电影票房屡创新高，诸如《红海行动》《我不是药神》《流浪地球》等一批优秀的国产电影表现抢眼，兼具思想性、文艺性和观赏性。中国电影市场持续扩大，"观影人数继续以每年 15%的速度增长，而世界其他地区的年均增速仅为 1%至 4%"，已经成为世界第二大电影市场。然而，继中美贸易战打响之后，特朗普政府的持续禁令加剧了中美两国的紧张关系，电影贸易也受到影响。在美国政府筑起高墙之时，两国电影业的合作势必受到干扰，未来中国电影产业将如何调整国际战略，都要根据局势作适时判断。通过对冷战时期美国电影政策的系统性研究，我们也可窥探美国是如何利用电影这一文化武器对抗苏联的，从中总结对我国电影政策和产业发展的启示。

首先，在制定电影政策前，要正确认识和衡量电影的多元属性。电影作为文化商品和大众媒体，兼具经济价值和文化价值，还有极高的社会价值。因此，如何权衡好电影的经济价值、文化价值和社会价值，优先追求哪一项价值，是政策制定者需要首先考虑的问题。因为任何政策都有一定的导向性，所以在现实情况中，很难同时实现三种价值。以美国为例，好莱坞一直以来都把电影当作一门生意，更看重电影的经济价值，因此致力于产业化电影生产，发展世界上最发达的电影工业。另一边，冷战时期美国的宿敌——苏联，则视电影为最重要的艺术。"广播、电视、杂志、报纸，一般被描述为大众媒体；而电影是大众艺术，是'苏联的电影艺术'。"苏联电影追求极高的艺术价值，难以实现商业化。尽管冷战期间，苏联的观影规模不亚于好莱坞的巅峰时期，在1965年到1985年间苏联每年的观影人次都超过40亿次，也就是人均一年会看15部以上的电影，但电影票的价格极低，电影业的维持都是靠政府的资助和补贴。我国社会主义制度的优越性表现在对电影社会效益的注重。《电影产业促进法》明确规定："从事电影活动，应当坚持为人民服务、为社会主义服务，坚持社会效益优先，实现社会效益与经济效益相统一。"尽管政策明文规定了社会效益的优先性，但在利益驱动下，电影市场仍会出现偏重经济效益、忽视社会效益及文化效益的现象。同时，有些影片的意识形态色彩过于浓厚，也是不可取的。所以，电影的多元价值不应当被割裂或者对立开来，如何平衡电影的三项价值、优先发展哪项价值，是我国电影政策制定者需要思考的问题。

其次，我国政府应转变职能，对内适当将权力下放给电影行业协会和工会组织，对外在国际文化贸易谈判上为我国文化商品出口争取利益。参考美国政府与民间的合作模式，美国政府对内文化政策放松管制，电影行业组织和工会享有充分的权力自我规范行业秩序；对外为电影出口提供强力支持，克服全球市场对好莱坞电影出口的抵制，解决贸易壁垒问题等，帮助美国电影拓宽海外市场。现阶段，我国文化产业市场体系才初步构建起来，政府对电影产业的对内管制较为严格，行业协会和工会组织的力量相对薄弱，有些甚至形同虚设。对外方面，国产电影的巨额贸易逆差也是一个不争的事实。在中美贸易战的背景下，中国电影的国际出口需要政府提供更坚定的支持。因此，政府要在国际文化贸易规则的制定上更加积极主动，要充分激活行业组织的自我管理能力，以此实现政府与电影行业协会之间的良性互补。

最后，我国电影产业也要顺应媒介融合的趋势，通过跨行业整合集中电影资源。好莱坞在20世纪50年代曾因电视的兴起而萧条，如此的衰败情况直到与电视业合作后才转变。20世纪80年代，当再次面对录像带的挑战时，好莱坞同样选择了联盟。正是这种跨行业的整合改变了好莱坞传统的产业结构，让电影公司成为一个大型媒介集团的一部分，获得了更多的市场份额和资金来源，保证了好莱坞长期立足于自由竞争市场。直至今日，好莱坞大型电影公司的并购仍在继续，例如，北京时间 2019 年 3 月 20 日迪士尼正式收购了 21 世纪福克斯，形成一家体量更大的娱乐公司。我国也应该进一步完善市场经济体系、规范金融货币市场，以更健全的经济政策带动文化产业的发展。根据实际情况，适当允许不同媒介和产业之间的整合，适当放开资本市场，这有利于提高电影资源的利用率，也有利于在全球化背景和技术革新时代更好地参与国际市场的竞争。

## 参考文献


[ 1 ]〔英〕弗朗西斯·斯托纳·桑德斯.文化冷战与中央情报局[M].曹大鹏，译，北京：国际文化出版公司，2002：2，13，13.

[ 2 ] Shaw T, Youngblood D J. Cinematic Cold War: The American and Soviet struggle for hearts and minds [M]. Lawrence: University Press of Kansas, 2010: 18—19, 21, 21.

[ 3 ] United States Congress. Public Law 80 - 402[Z]. 1948 - 01 - 27.

[ 4 ] NSC files, lot 63 D 351, NSC 5430. Report to the National Security Council[Z]. 1954 - 06 - 30.

[ 5 ] 柳静.西方对外战略策略资料(第 1 辑)[M].北京：当代中国出版社，1992：16.

[ 6 ] Asks Rule on Jobs For Communists; Johnston, Defending Movies, Calls on Industry to Act as Government Deliberates[N]. New York Times, 1947 - 11 - 20(18).

[ 7 ] 张秀见.美国二战前后的意识形态控制及其启示——以联邦调查局对好莱坞的监控为例[J].江西社会科学，2015，35(02).

[ 8 ] United States Congress. Public Law 83 - 637 [Z]. 1954 - 08 - 24.

[ 9 ] The SIMPP President Presents the Waldorf Agreement to the Independents[Z]. 1947 - 12 - 01.

[10] 张金马.政策科学导论[M].北京：中国人民大学出版社，1992：165.

[11] 张秀见.冷战反共阴霾下的好莱坞研究(1945—1960)[D].西安：陕西师范大学博士论文，2015：66，68，62.

[12] Navasky V S. Naming Names: With a New Afterword by the Author[M]. New York: Hill and Wang, 2003: 346.

[13] Shaw T. Hollywood's Cold War [M]. Edinburgh: Edinburgh University Press, 2007: 53.

[14] 肖华锋，等.冷战时期美国文化扩张与渗透[M].北京：中国社会科学出版社，2016：191.

[15] Theme Red, Ditto Box Office[N]. Variety, 1958 - 10 - 29(5).

[16] 张秀见.冷战初期好莱坞黑名单的运作及影响[J].东北师大学报(哲学社会科学版),2016(05).

[17] Roffman P, Purdy J. The Hollywood social problem film: Madness, despair, and politics from the depression to the fifties[M]. Indiana: Indiana Univ Press, 1981: 296.

[18] Heins M. Sex, sin, and blasphemy: A guide to America's censorship wars[M]. New York: New Press, 1993: 39, 41.

[19] Black G D. Hollywood Censored: The Production Code Administration and the Hollywood Film Industry, 1930 - 1940[J]. Film History, 1989.

[20] JUSTIA US Supreme Court. Mutual Film Corp. v. Industrial Comm'n of Ohio, 236 U.S. 230 (1915)[EB/OL]. https://supreme.justia.com/cases/federal/us/236/230/.

[21] Black G D. Hollywood censored: Morality codes, Catholics, and the movies[M]. Carmbridge: Cambridge University Press, 1996: 33.

[22] Vaughn S. Morality and Entertainment: The Origins of the Motion Picture Production Code[J]. The Journal of American History, 1990, 77(1).

[23] The Motion Picture Production Code[Z]. 1930 - 03 - 31.

[24]郑涵.国际电影审查与分级制度[M].上海：上海交通大学出版社,2014：21,23.

[25] Simmons J. Challenging the production code: The Man with the Golden Arm[J]. Journal of Popular Film and Television,2005,33(1).

[26] JUSTIA US Supreme Court. Joseph Burstyn, Inc. v. Wilson, 343 U.S. 495 (1952)[EB/OL]. https://supreme.justia.com/cases/federal/us/343/495/.

[27] 孙绍谊.从审查到分类(续完)——读解美国电影分级制度[J].世界电影,2005(04).

[28]〔澳〕理查德·麦特白.好莱坞电影——1891 年以来的美国电影工业发展史[M].吴菁,等译,北京：华夏出版社,2005：145—147,153—154,586,587,164,163,111,173,176—177,180,175,180—181.

[29] JUSTIA US Supreme Court. Ginsberg v. New York, 390 U. S. 629 (1968)[EB/OL]. http://sup reme.justia.com/cases/federal/us/390/629/.

[30] JUSTIA US Supreme Court. Interstate Circuit, Inc. v. City of Dallas, 390 U.S. 676 (1968)[EB/OL]. https://supreme.justia.com/cases/federal/us/390/676/.

[31]〔美〕约翰·贝尔顿.美国电影美国文化[M].第 2 版.米静,等译,上海：上海人民出版社,2010：333.

[32]〔加拿大〕马修·弗雷泽.软实力：美国电影、流行乐、电视和快餐的全球统治[M].刘满贵,等译,北京：新华出版社,2006：47.

[33]〔美〕托马斯·沙兹.旧好莱坞·新好莱坞：仪式、艺术与工业[M].周传基,周欢,译,北京：北京大学出版社,2013：195,220—221.

[34] Casetext. Sony Corp. v. Universal City Studios, Inc.[EB/OL]. https://casetext.com/case/sony-corporation-of-america-v-universal-city-studios-inc.

[35]〔美〕克里斯托弗·莱恩.和平的幻想：1940 年以来的美国大战略[M].孙建中,译,

上海：上海人民出版社，2009：43.
[36] 胡惠林.论文化冷战与大国文化战略博弈[J].毛泽东邓小平理论研究，2007(03).
[37]〔美〕巴里·利特曼.大电影产业[M].尹鸿，等译，北京：清华大学出版社，2005：107，102.
[38] 何建平.好莱坞电影机制研究[M].上海：上海三联书店，2006：180，181.
[39] Toby Miller, Nitin Govil, John Mcmurria and Richard Maxwell. 全球好莱坞[M].冯建三，译，台北：巨流图书公司，2003：90.
[40]〔英〕吉姆·麦圭根.重新思考文化政策[M].何道宽，译，北京：中国人民大学出版社，2010：46—47，48，67，67，70.
[41] 郭灵凤.欧盟文化政策与文化治理[J].欧洲研究，2007(02).
[42] 晨夕."做电影首先是做生意"——谈 90 年代好莱坞电影和市场的关系[J].世界电影，1999(02).
[43]〔美〕珍妮特·瓦斯科.浮华的盛宴：好莱坞电影产业揭秘[M].毕香玲，迟志娟，译，北京：中信出版社，2006：3.
[44] 胡惠林.文化政策学[M].第 2 版.北京：清华大学出版社，2015：117.
[45] 马特·唐纳利.好莱坞金主、发行商都因"疯狂的"对华贸易紧张而焦虑.环球时报，2019-06-11(6).
[46]〔美〕克里斯汀·罗思-艾.莫斯科的黄金时代：苏联建立的传媒帝国如何在文化冷战中落败[M].蓝胤淇，陈霞，译，北京：商务印书馆，2016：28.
[47] 陆南泉，张础，陈义初，等.苏联国民经济发展七十年[M].北京：机械工业出版社，1988：623.
[48] 全国人民代表大会常务委员会.中华人民共和国电影产业促进法[Z].2016-11-07.

# 中美科幻电影不同价值观的比较分析

| 杜竞草（上海交通大学媒体与传播学院）

**摘要：**

《流浪地球》体现出中国人宏大的故土情结、“和合”审美、乐观入世的性格特征以及中国当代文化的价值焦虑。《疯狂的外星人》蕴含创作者在等级歧视的现实社会中追求平等权利的意识。《2012》文本中神的救赎与人类自救的矛盾、《保罗》借基督信仰讽刺其迷信教义的悖逆，表现出美国基督教文化信仰的根深蒂固，以及当代美国精英对科学理性的捍卫。美国科幻电影多处致敬经典，展现出好莱坞科幻电影工业体系的成熟性与美式经典科幻电影文本的示范性。两国科幻电影都观照全球化浪潮所引起的身份政治、身份归属和新部落主义崛起的讨论，以及对人类社会固有的阶层差距下个体生存压力与精神压抑的反思，将科幻电影中灾难特效的奇观性作为人类认知把控并释放精神压力与焦虑的途径。

**关键词：**中美科幻电影文本；征候式解读；文化价值观比较；高质量发展

**Abstract**: The movie titled "The Wandering Earth" reflects Chinese people's love of homeland, "harmony" aesthetics, optimistic character, and the value anxiety of Chinese contemporary culture. "Crazy aliens" contains the creator's consciousness of pursuing equal rights in a hierarchical society. The contradiction between divine and human salvation in the text of "2012", and the satire of Christian superstition in "Paul" show the deep-rooted belief of American Christian culture, as well as the defense of scientific rationality by contemporary American elites. American science fiction films pay tribute to the classics in many places, showing the maturity of Hollywood science fiction film industry system and lasting influence of American classic science fiction film texts. Science fiction films in both countries witness identity politics, identification caused by globalization and the rise of the much-debated new tribalism. Both reveal the pressure of individual survival and mental depression inherent in human societies subject to class differences. And both treat the wonders of disaster scenes in science fiction film as the human cognitive control and release of mental stress and anxiety.

**Keywords**: Chinese and American science fiction film text, symptomatic interpretation, comparison of cultural values, high quality development

科幻电影发展水平不仅彰显一个国家、一个民族的科幻文学整体创作水平和文化综合实力，还往往受经济、科技乃至军事实力的加持和带动。科幻电影工业体系的构建是文学创作、经济、文化、科技实力综合作用的结果。中国科幻作家刘慈欣说，“科幻文学是一个国家发展的风向标”①。科幻意味着对未来的想象，以及对历史发展最终可能性的想象，而这种想象必须基于合理的科学逻辑。我们对于科幻文学的认同，不仅在于文学性的想象力层面，更重要的是在于对科幻，尤其是“硬”科幻所具有的科学逻辑的认同。而科学逻辑的探索和想象，又建立在强大的经济基础与科技实力之上。所以，科幻电影的发达，不仅仅是一个国家科幻文学艺术繁荣的体现，还是公众科学与文化素养的彰显和国家经济、科技实力的表征。在当今我国经济实力不断提升、科学技术不断进步、国际地位日益提高的态势下，科幻电影的发展显得尤为重要，它是彰显国家电影文化软实力、建设社会主义文化强国的重要名片。目前，具有成熟电影工业体系和高度发达的电影拍摄技术的美国好莱坞科幻电影引领全球科幻影片风向。作为科幻电影高地，好莱坞拥有数量丰厚的科幻文学作品和先进的拍摄技术、数字制作技术和财力资源，也在全球范围内拥有大量受众。而中国科幻电影起步较晚，缺乏优质的科幻文学 IP 资源，科幻影片数量较少，存量和增量严重不足，直到 2019 年春节期间，两部科幻电影《流浪地球》和《疯狂外星人》风靡国内外市场，才开启了“中国科幻电影元

---

① 申卉，何瑞琪. 刘慈欣：科幻文学是一个国家发展的风向标[EB/OL]. http://www.ce.cn/culture/gd/201504/13/t20150413_5091526.shtml. 2015-04-13.

年”。总之,美国科幻电影成熟的创作和工业制作体系是国产科幻电影值得学习借鉴的标杆。

日本技术专家森谷正规曾指出,“每一个国家的科技创新都是该国文化的产物,总是反映了该国的文化特点”①。这让我们考虑和重视科幻电影表征背后所折射的民族文化内涵。科幻文艺包容性很强,其涉及题材广泛,且往往具有哲学思辨性。创作者将对未知的想象和思索通过声光电影和人物模型投射在大屏幕上,也间接地展现了他/她的意识形态以及产生这些意识形态的文化环境,成为展示民族文化的窗口。科幻电影归根到底还是一种文化产品,是文化意义上的艺术创作,文化逻辑才是支撑起一部影片的骨架,如果立意和内涵非常单薄,影片的质量就会大打折扣。中美两国科幻电影的文本表征背后体现了科幻影片创作者什么样的理念或意识?在两国科幻影片题材、内容及其表达形态差异背后,反映了各自什么样的文化与哲学内涵?科幻电影作品对于科幻基础薄弱的中国受众来说应当被如何认知与理解?如何从文化层面上促进中国科幻电影的高质量发展?是值得探讨的问题。

本文从国产科幻电影现状出发,拟对近年来中美两国具有引领全球市场品质且题材接近的科幻电影文本进行征候式阅读,寻找影片表征背后的无意识悖逆与缺失,探究影片对科学技术的哲学与美学思考和电影所要表达的价值理念和文化内涵。在中美科幻电影文化价值内涵分析的基础上,加强受众对科幻电影更加深度的认识与理解,并为促进中国科幻电影高质量发展提出相应的对策建议。

## 一、中美科幻电影文本的征候式解读

科幻电影在电影类型学上比较难定义,通俗地说,科幻电影是以建立在科学上的幻想性情景或假设为背景而展开叙事的电影。科幻文艺家赫伯特·W.弗

① 〔日〕森谷正规. 日本的技术[M]. 徐鸣等,译,上海:上海翻译出版公司,1985:48—50.

兰克(Herbert W. Frank)认为,“科幻电影所描写的是发生在一个虚构的,但原则上是可能产生的模式世界中的戏剧性故事”①。科幻电影在主题上关乎技术、科学、灾难、未来主义或“他者”形象等领域;在表征上常常以可能的未来世界作为故事背景,用太空船、机器人或其他超越时代的科技装备和技术等事物当作标志性元素;从电影工业的视角看,科幻电影关注特效和奇观呈现。经典的科幻电影往往关注政治、文化或社会议题,它所引发的哲学思考,不断延伸着人们有关世界和个体的理解和想象。科幻电影在中国起步较晚,由于我国电影制作在工业化和高科技方面的不足,“伪科幻”作品较多,往往只是虚构而缺乏科学性或仅仅只在元素构件上涉及科幻,但科幻电影制作的梦想一直扎根在中国电影人心中。2019年被称作中国科幻电影的“元年”,不仅在年初就上映了符合好莱坞工业标准的科幻大片,许多筹备了多年的科幻电影作品也将陆续推出。为重点解读国内现有科幻电影的深层文化内涵,本文将科幻电影的讨论范围限定在末日灾变和外星人文明接触的主题上。

英国学者凯斯·约翰斯顿(Keith M Johnston)在《科幻电影导论》一书中总结了安妮特·库恩(Annette Kuhn)对科幻电影的学术研究成果,提出解读科幻电影的五种方式——反映论、意识形态、压抑说、观看者论和文本互文。其中,意识形态、压抑说、观看者论与文本互文这四种解读方式均着重关注电影文本表征之下的深层在内涵,探索影片“展示了什么、浓缩了什么或者删除了什么”②,与征候式解读有着密切的联系,因此,下文在发掘科幻影片的征候上将依托于这四个解读方向展开。

### （一）意识形态论

阿尔都塞(Louis Pierre Althusser)指出,意识形态是统摄一个人的精神或一

① 蔡卫,游飞.美国电影研究[M].北京:中国广播电视出版社,2004:64.

② 〔英〕凯斯·M.约翰斯顿.科幻电影导论[M].夏彤,译,北京:世界图书出版公司,2016:38.

个社会团体的一种观念和再现的体系①。一个社会通过这套体系来理解自己的结构和过程,理解它跟物质世界的关系。这些观念通常以社会制度或国家机器呈现,如宗教、教育、家庭和大众传媒等等,它们往往是一套以“常识”面目出现的对世界的假定②,受不同的历史时期、地域和具体情况而有所变化。它们作为结构加之于绝大多数人③,渗透到日常生活中,几乎无人觉察也无人质疑。就阿尔都塞的意识形态理论看来,意识形态是“问题式”的一个方面,它与历史、社会和文化系统联系得更加紧密。意识形态角度的电影文本批评穿过文本表层,深入探究支撑科幻电影文本的内在结构。

1. 乡土情结的内在悖论

2019年春节期间上映的影片《流浪地球》被称作中国首部“硬”科幻电影作品,在中国科幻电影史上具有里程碑的意义。根据刘慈欣同名小说改编,这部电影将背景设定在末世时代,太阳急剧膨胀将要吞噬整个太阳系,人类为了自救提出“流浪地球”的计划,在地球表面建造上万座发动机,用2 500年的时间将地球推出太阳系并前往另一个栖息之所。《流浪地球》是中国首部真正意义上的科幻电影,其背后支撑着的意识形态和价值观念值得探讨。影片最让人印象深刻的是“带着地球去流浪”这一具有科幻美感的设定。末日来临时,人们选择和家园共存亡,而不是寻找新居所或是制造诺亚方舟避灾。主流媒体及主创人员都强调,这一设想实际上体现了中国人特殊的土地眷恋情结和对家园的坚守,是中国核心价值理念的所在。然而细究故事逻辑会发现,影片中的“乡土情结”存在内在的悖论。阿尔都塞的“问题式”中包含了假设、动机、潜在的观念等诸多因素,“带着地球去流浪”是导演为整部影片所作的假设,所有人都接受了“流浪”的生

① 张一兵.问题式、症候阅读与意识形态:关于阿尔都塞的一种文本学解读[M].北京:中央编译出版社,2003:146.

② 〔英〕凯斯·M.约翰斯顿.科幻电影导论[M].夏彤,译,北京:世界图书出版公司:34.

③ 张一兵.问题式、症候阅读与意识形态:关于阿尔都塞的一种文本学解读[M].北京:中央编译出版社,2003:150.

活状态，并已经习惯于地下城暗无天日的生活，以及地面上庞大而工业气息满满的发动机和极寒气候。那么所谓的故土情结从何说起呢？人们之所以怀乡，不仅仅因为乡土是我们出生的地方，更重要的是在于乡土承载着成长的记忆，是情感的纽带。这是土地眷恋的情感逻辑前提。因此，乡土情结中的土地不是单纯的客观实体或空洞的符号，它包括了地理意义上的存在，也包括承载着人们成长的回忆与感情的社会关系、风土人情、自然景观和建筑风物，等等。在《流浪地球》中，2 500 年的流浪之旅将会更新 100 代人，在这漫长时间中，人们会逐渐淡忘“太阳时代”，忘了历史。与此同时，地球上的山川风貌、房屋建筑甚至自然气候都可能会改头换面。当记忆消失，情感纽带断裂，人们生存环境与生活方式也都已经改变的情况下，“乡土”还是否存在，故土情结还能否成立？眷恋土地是否能解释为什么要“带着地球去流浪”？该电影文本的征候就在此处显现出来。

按照原著小说的叙述，老师用装了海藻和死鱼、珊瑚的鱼缸告诉学生，即使鱼缸里有完整的生态系统，在大自然里也会死亡，因为它太小了。冰冷、功利的科学实证更能将流浪地球计划的初衷解释清楚，而这样的解答却让观众在情感上难以接受。电影需要观看者与其产生共情和理解。唤起人们的情绪更能让广大观众投入和认可影片的叙事与表达。因此，小说中冷酷而理性的部分被导演删减，转而用一种更能获得同情的“故土情怀”包装地球流浪之旅。而这样的方式之所以能够被观众认可，事实上反过来印证了人们眷恋故土家园的一种无意识。随着现代化、城市化的进程不断加快，故乡早已面目全非，人口频繁且大规模地流动也意味着“家园”在不断变化。无人的故乡老家、高楼林立的城市新家、陌生人社会的文明已被人们所逐渐习惯，尽管如此，但怀乡与城镇现代化之间的矛盾仍然存在且深入人心，故乡仍然是现代人缓解焦虑、保留童真的一片净地。根据荣格的“原型理论”，“原型就是人类长期的心理积淀中未被直接感知到的集体无意识的呈现”①，文学理论批评家弗莱（Northrop Frye）也提到，“原型是一种

① 朱立元. 当代西方文艺理论[M]. 上海：华东师范大学出版社，2005：168.

集体仪式”,而这种仪式又是“对作为整体的人类行为的模仿”①。两人都指出了“原型”是群体性的普遍而共性的经验凝结,从而形成了“集体无意识”。对故乡的留恋,从原型批评的角度看源于人类的文化恋母情结,是一种深刻的具有再造功能的“文化记忆”②。这是《流浪地球》中乡土情结的内在意识驱动。需要指出的是,这种眷恋是笼统而宏观的,人们认同的是寄寓在文化记忆的家园载体而不必在乎构成家园的细节和具象内容。乡土情结的强调还反映出现代文明中人们的精神焦虑。在当代社会中,财富一直是人们追求的目标,消费主义甚嚣尘上,人们的生活方式较曾经有了极大的变化,正如影片中的姥爷韩子昂所说的:“那时候人们不关心太阳,只关心一种叫作钱的东西”,反映了生活在城市中的人们的信仰普遍缺失。因此,《流浪地球》在家园情怀上的刻意强调,实则暗含导演、编剧对远离“现代文明”、回归本真的理想以及对守候家园的呼唤。

此外,“带着地球去流浪”这一设定即便偏离了科学逻辑,但却获得了人们的情感认同,其本身还蕴含着中华传统文化积淀下的集体无意识——2 500 年的流浪展现出“时间跨度上的史诗感”,属于有着悠久历史的中华民族特有的时间体验,这不仅仅是眷恋家园故土这么简单,而是“中国人眷恋蕴含五千年悠久历史文化的华夏大地”这一内在意识形态的体现。另一方面,从美学角度来看,乡土情结给予了文艺创作的灵感源泉,对土地的坚守与眷恋能够构成国人特殊的本真的审美范式。中华传统的“天人合一”观念在天、地、人三者和谐统一的审美诉求中得到展示。拖着长长尾巴在宇宙间缓慢行进的地球给观众以保全家园的温馨之感和具有历史积淀性的科幻新奇感与美感。

2.“迎难而上”精神与现实理性的矛盾

在《流浪地球》中,我们还能从人们的救援行动中看到“知其不可为而为之”

---

① 叶舒宪. 神话:原型批评[M]. 西安:陕西师范大学出版社,1987:151.

② 李继凯.民间原型的再造——对沈从文《边城》的原型批评尝试[J].中国现代文学研究丛刊,1995(4):150.

的传统韧性精神与理性逻辑之间的矛盾。由于木星引力的破坏，有 5 000 个发动机需要重启，联合政府为此派出 41 万人去运送 7 万个火石以进行饱和式营救。这种不顾成本且收效甚微的行为是不符合理性逻辑的。再有，点燃大气木星的计划其实早被以色列科学家提出过，因为根据测算不可能获得成功因此被放弃；但主人公一行人仍然孤注一掷要进行尝试，并调动了广大的救援力量共同完成这一项不可能完成的任务。如果不是刘培强的牺牲，这一行动仍然会失败。还包括该影片及原小说设定的透支地球资源进行一场历时两千多年而又无法保证成功的流浪之行，仅仅在经过木星时就已经面临毁灭危机了，之后的旅途中还会有多少可怕的变数都不得而知。至此，我们在电影文本的几个关键情节上都发现，文本中的人物行为与理性思维的矛盾，这是《流浪地球》在意识形态上的又一征候。从中我们看到了中国古代神话“夸父逐日”“愚公移山”“精卫填海”的影子，夸父族的一个首领立志要把太阳摘下而不停地奔跑，愚公宁可世代移山也不愿搬家，精卫鸟每天衔树枝和石子试图填满广阔的大海。这些都是不可能实现的目标，但主角都近乎执拗地践行，透露出一种悲壮之感。值得一提的是，影片中的矛盾在电影的创作过程、在中国的现实社会中也同样存在着。导演郭帆说，“运送火石的做法有点类似汶川地震时我国部队的救援方式：几十万人的部队全部投入，还有几十万的志愿者跟进，完全不计成本”①。说到拍摄电影的幕后故事，《流浪地球》能够被完成本身，也呈现了这一“非常中国”的精神力量。面对尚未实现工业化、标准化的中国电影制作体系，很多人认为我国拍不了真正的科幻大片。但郭帆团队硬是迎难而上，在有限预算下，仍然保持一种精益求精的工匠精神，群策群力编制电影世界观中的 100 年历史，勾画 3 000 张概念设计图、8 000 张分镜头；自愿牺牲自己的个体利益，亲自做道具，甚至自己出演，历时三年，每天只睡几个小时，最终实现了超极限的拍摄质量，开启了中国科幻电影

① 包磊. 五大原因导致《流浪地球》大热——“中国式拯救地球”激发全球式“走出焦虑”再想象[EB/OL].2019 - 02 - 11. https://web.shobserver.com/wx/detail.do? id=132370.

的大门。可见,这种“几乎不可能的目标”与“不知疲倦地践行”之间的矛盾已然是中国人精神世界中意志坚强、行胜于言、不屈不挠、勇于实践的集体意识。

这种迎难而上、艰苦奋斗的精神并不是科学幻想,而是隐藏在中国人精神价值中的内在品质。除了历史传承的原因外,在末世时代建立“创世神话”的做法,还源于导演内心对“希望”的无条件信任。美国作家埃里克·霍弗(Eric Hoffer)说过:“害怕未来会让人紧抓住现在不放,信仰未来让人热衷改变现状。”①不同于西方总是担忧“人类文明的终结”的悲观主义倾向,这部影片通过人物的语言、地下城的标识语、学校上课的场景等,反复强调生存的希望。希望仿佛变成一种信仰,即使现状再艰难,人们都仍愿意冒险,不计成本和辛劳地改变现状,带着地球逃出危在旦夕的太阳系。

3. 人类自救与神的救赎之间的悖论

好莱坞关于末日救援题材的科幻电影数量众多,除了在叙事和制作上具有成熟的模式之外,这些影片在文化内涵和意识形态的表达上也较为接近。以经典末日灾难片《2012》为例,它十分明显地体现了基督教文明对美国人精神构成的重大影响。从电影主要的文化构成元素来看,无论是“末日预言”还是“救世重生”都体现了基督教文明的价值观念;庇护人类躲过洪水侵袭的“方舟”的设置灵感也是源于圣经故事。具体到电影中的故事细节,比如男主角的儿子名叫“诺亚”,科学家阿德里安的父亲乘坐的邮轮名叫“创世纪号”,都是直接取自《圣经》;在灾难即将来临之时,意大利总统坚守在教堂中带领信徒一起祈祷等待神迹降临,美国总统将自己关在教堂中进行祷告和忏悔,是基督信仰的突出刻画。然而,美式科幻电影必须是基于科学的,没有人造物的运用,人类将毫无防护。意大利人集中祈祷,却仍然难逃与教堂一起毁灭的结局,美国总统的忏悔也没有改变最后同无所依靠的民众被浪潮吞噬的悲剧。尽管影片最终,地球内部力量

① 〔美〕埃里克·霍弗. 狂热分子:码头工人哲学家的沉思录[M]. 梁永安,译,桂林:广西师范大学出版社,2008:23.

莫名其妙地稳定下来，滔天巨浪后人类文明重新开始，仿佛是神的力量相助，但实质上让人类生存下来的仍然是在耗费庞大人力物力建造的诺亚方舟工程。人类的存活到底是依靠自身的抗争还是神的救赎？祷告起不到任何作用，为什么电影文本仍要强调宗教的力量？影片没有给出明确的答案，而这两种相对立的方式同时在影片文本中发生作用并被强调，是相悖逆的。《2012》的一大征候便出现在人类自救与神的救赎之间的矛盾。之所以会形成悖论，是因为这部影片过度地强调了基督教的精神信仰，即使它并没有构成实际的救助效果，电影中也没有看出任何对它的怀疑和谴责。可见，基督教文化完全渗透进了制作团队和观众的无意识层面。在灾难降临时，基督教信仰是支撑人们的心灵力量。提及基督教在美国的历史地位，首先，美国的建国就与基督教密切相关。几个世纪前，一批为了躲避英国国教迫害的清教徒远涉重洋来到北美，他们以《圣经》为唯一信仰和最高行为准则，在当地传播基督教文化。时至今日，基督教文明一直占有主流社会地位，近七成以上的美国人都信仰它。美国的宗教自由是其“经济自由和政治自由的基石”[①]。值得注意的是，尽管美国社会的主体文化是基督教所构建的，但其电影文本中所呈现的却是天主教的特性。前者主张“因信称义”，后者强调宗教仪式，即“因行为称义”。究其原因，是因为美国的包容和开放性文化吸引了大量外来移民，而“天主教徒”是外来移民的身份表征。随着新教内部出现意识分化，主要为中产阶级的天主教移民群体不断扩大，并逐渐有实力掌握文化话语权。天主教的影响力越来越大，也成为美国流行文化的规则制定者。

当今美国盛行的主流价值观，包括个人主义、自由、平等、人权、英雄主义以及个人奋斗精神等等，都与基督教信仰有着密切关系。基督教信条中的“合理或理性”“禁欲”“终生”和“天职观”等通过世代演化和发展，塑造了美国人共同信仰的某些价值观念，如注重以数据分析为基础的科学研究方法，强调个人的自我

---

① 〔美〕尼克松．超越和平[M].范建民，等译，北京：世界知识出版社，1995：59.

奋斗与个性张扬,喜欢运用逻辑严谨、条理明晰的分析方法和自然科学等等。[①]因此,在《2012》文本中,美国人运用数据和科学观测手段,意识到地球的灾难,并用理性途径保全一部分人类的自救行为,也是受其宗教信仰的精神支配。而在灾害来临时的祈祷、忏悔,以及毁灭性大灾难发生的几个月后"0001 年 1 月 27 日"人类文明的重新计时所反映出的"周期性"文明观,则可以从天主教信奉三位一体的"天主"、遵循教会传统以及神化圣经故事的价值观念中找到依据。综上所述,人类自救与神的救赎之间的悖论事实上是美国清教与天主教在不同文化层面上的反映,这一"矛盾"的根源在于基督教在美国文化精神中占据了重要地位。

4. 借讨论基督教义反对宗教迷信

但是基督教信仰也并非是一直被推崇的对象。外星人题材电影作为科幻喜剧的主要类别,时常会以解构或调侃的方式挑战传统或广泛流行的观念以引起人们的反思。比如 2011 年的影片《保罗》。它讲述两个英国科幻迷在美国进行科幻之旅时偶遇被科研人员追杀的外星人保罗,并在护送他回自己星球的过程中与其建立友谊的故事。《保罗》在情节上设置了很多与经典外星人电影大相径庭的反转设定。诸如穿着大裤衩、夹着人字拖,讲着一口流利的美式英语且满嘴脏话的保罗颠覆了人们心中对外星人的固有想象;外星人被囚禁在科研基地并不是为了做研究,而是为外星题材电影和流行文化提供策划的荒诞桥段等等。但搞笑之余需要关注的是,影片大胆地用科学理性质疑和反思了基督教,这是前所未有的。在护送保罗逃亡途中,一行人遇到了女主角露丝,一位狂热的基督教信徒。她身穿"耶稣枪毙达尔文"的 T 恤,认为保罗是魔鬼的化身。双方为了人类起源、上帝存在与否和原罪等问题争执了起来,男主角以"我只相信在复杂的物理和化学反应基础上的生物秩序"与露丝的原教旨主义抗衡,保罗也用超能力

① 李佑明,徐建纲. 美国文化中的宗教因素[EB/OL]. 2009-10-07. http://www.pacilution.com/ShowArticle.asp?ArticleID=2072.

把自己对宇宙与生命的认知传递给露丝，让她接受外星生命的存在，接受进化论的科学性。就这样，露丝从宗教迷信中走了出来，接受了科学与现实，她本来失明的左眼重新恢复了视力，隐喻她重见科学的光明；在言行上不再受到拘束反映出基督戒律对人性的压抑。她感恩保罗，认为保罗解放了自己。影片导演在基督信仰和科学理性中摇摆不定，但最终还是坚定地捍卫了科学精神。他在对这一情节的处理上非常地微妙，尽管他意图指出基督教教义中愚昧落后的部分，但戏谑宗教信仰对于美国主流观众来说还是难以接受的。因此，影片并未直接攻击基督教，而是借助两名极端宗教分子夸张的行为，穿着具有攻击性的文化衫、面对科学论据无可辩驳时跪下唱圣歌试图保持虔诚、在居室内随处摆放着圣经等等，来暗指原教旨基督教对人的控制和异化。借助基督教来反对宗教迷信，表面认同基督文化实则过度夸大其影响来引发人们对基督信仰全民化的反思，这看似是矛盾，实则是导演的巧思。

### （二）压抑说

压抑说是运用精神分析理论，强化或进一步发展意识形态分析的维度。该方法常常使用弗洛伊德（Sigmund Freud）、荣格（Carl Gustav Jung）和拉康（Jacques Lacan）的精神分析方法以及克利斯蒂安·麦茨（Christian Metz）在《想象的能指》中的电影精神分析学理论，探究影片中诸如原始场景、性冲动以及俄狄浦斯情结等话题，或影片结构与无意识欲望之间的关系等等。弗洛伊德精神分析的理论在文化分析上得到了较广泛的应用，文本可以称作是从未出现在梦中的一种梦，它是作家们通过编造故事、设立人物等想象性的方式做的一类梦。抑或说，可以通过详细解读文本，挖掘作者的潜意识，并找到一种更广义的认知来理解场面调度的一切元素是如何影响到意义的生成的。

科幻电影中的隐喻和解构是体现创作者无意识欲望的一个维度，在麦茨的理论著作《想象的能指》中，他将符号学的“隐喻”“换喻”与精神分析中梦境的“移情”“凝缩”联系在一起。在当代日趋多元的社会文化背景下，外星文明题材的科幻影片往往具有更多的隐喻价值。导演常常以戏谑讽刺的方式来重现这一“异质文明”，传达出当代人的焦虑和社会问题。2019年的另一部国产科幻电影《疯狂的外星人》就是很好的例证。作为导演宁浩“疯狂三部曲”的最终篇，这部电影提取了刘慈欣原著小说《乡村教师》中表现文化冲突的部分，以外星人作为元素呈现了一部黑色喜剧。拥有银河系最先进文明的外星球计划与地球建交，而外星人代表奇卡却因为一系列意外落入了生活潦倒的耍猴人耿浩和朋友大飞手中。两人误把奇卡当作刚果猴，认为有利可图，于是将它像猴子一样训练；而另一边自诩地球人类代表的C国人也在寻找外星人。两方人马和企图返回家园的外星人共同上演了啼笑皆非的戏码。影片表面上在讲述一个外星人落入地球却被当作猴耍的荒诞故事，而内在始终贯穿着一套森严的等级秩序。电影中的外星人号称来自银河系最先进的文明，以居高临下的姿态来和地球建交；在地球上，自以为是人类文明中最先进的C国占领核心资源，掌握最大的话语权；而主人公耿浩和大飞则是处在社会底层的小人物，生活在中国西南部的一个即将被拆迁的“世界公园”里，贫困潦倒。从外星空间、C国到世界公园，自上而下形成了星际文明间、人类社会间的歧视链。这实际上隐喻了现实人类社会中由经济和社会地位而划分成的上层权力者、中层富裕者和底层穷人阶级差别，而且这一差别越来越固化，个体几乎无法逾越。而在影片中，导演可以驰骋想象力让这样的等级社会得到颠覆。由于C国代表安德鲁斯上校的虚荣心，外星人意外坠入了复制着各国地标性建筑的游乐园，被耍猴人耿浩救起。三个本不可能接触到的阶级被联系在了一起。最高文明阶层的外星闯入者被正在为生计发愁的无知耍猴人意外剥夺超能力而被当作猴子进行训练，无所依靠的外星人一下子从最高阶层坠落，变成底层人物的“徒弟”，任其摆布，只能趁人不注意时悄悄发射求救信号。另一边，C国动用所有军事力量追溯外星人的信号，却因为“世界公园”这一存在的特殊性不断扑空，而之后C国特工甚至口含耿浩排泄出来的基因球和猴子假扮的外星人举行建交仪式。人类最高阶级被歧视链的最末端耍得团团转。主流歧视链之外，驯兽师和动物的格差关系也被颠覆。耿浩自己的马戏猴欢欢在戴上能量环后获得了超能力，拿起铁棒好似齐天大圣孙悟空，而之前大摇大摆的驯兽师此刻反过来变成了“唯猴是从”的被驯化者。各层间差距悬殊的等级秩序被解构和倒置，构成了影片最大的冲突。

通过对剧情梗概的分析，这部影片的征候体现在了看似牢不可破的等级制度被导演对等级关系的戏谑甚至恶俗的嘲弄所解构并颠覆。尽管秩序最终重新恢复，但外星文明对地球文明的鄙视，C国人的自以为是，耍猴人对猴的驯服等等，在过程中都被阴差阳错地颠覆了，也构成了影片最大的笑料。与美国跨星际文明题材电影不同的是，导演宁浩并没有把目光聚焦在文明之间的对话上，而是用荒诞主义的态度表达出他对阶层歧视的不满。宁浩在解释影片时说道：“阶层的存在是客观的，但因为阶层的差异而产生的歧视是有问题的……而我在整部电影当中批判的就是自以为是，歧视他人。”[①]从宁浩的构想以及影片的细节来看，这种反对等级歧视的意旨一定程度上传达出了导演对身份政治的认同和对尊重的呼唤。《疯狂的外星人》的现实语境是全球背景下的“身份政治和新部落主义崛起”，如福山（Francis Fukuyama）所说，全球化引发的社会、经济变化使得社会更加的多元，“民主社会正断裂为按照日益狭窄的身份划分的碎片”[②]，曾经只承认少数精英权利的社会逐渐转向承认人人生而平等的社会。然而，政治法律上的平等并没有带来经济或社会地位上的平等。影片中，歧视链底端耿浩和大飞是典型的中国市井小人物，耍猴艺人和烟酒贩子属于受到经济压迫和社会漠视的边缘职业，但他们需要获得尊重。西方古典哲学家们认为，“对尊严的渴望”是人类行为的驱动之一，中国传统儒家学说中也有“富贵不能淫，贫贱不能移，威武不能曲”的对维护尊严、保持独立人格的信条。这是人类的内在精神需求。在今天，这一需求体现在边缘群体渴望获得社会文化主观上的尊重。中上

① 张卫，宁浩.《疯狂的外星人》导演宁浩访谈：创造中国电影的独特色彩[EB/OL]. 2019-02-20. http://cinephilia.net/70557/.

② 〔美〕弗朗西斯·福山，苏子滢，译.反对身份政治：新部落主义与民主的危机[J/OL]. https://www.thepaper.cn/newsDetail_forward_23973492018-08-31.

层阶级需要摒除歧视和高高在上的心理，正视社会各个群体的生存与发展。

### （三）观看者论

观看者论主要研究科幻电影受众的心理。它主要运用电影的精神分析理论在欲望流层面上探讨影片观众。在这一分析维度上，“我们不再把观众看成一个人或者说一个有血有肉的个体，而是看成一个人为构建的，被电影机器生产和激活的产物”①。克里斯蒂安·麦茨从早期的文本符号学研究转移到分析电影符号与观众之间的关系，并得出结论说，“观众获得足够的理解电影的能力不仅来源于他们一段时间内对电影惯例的接触，还因为他们能在自己的观影经验中辨认出已知的结构”。“电影的精神分析寻找观影经验与心理现象的相似之处，尤其是对快感的分析，并将这一比较融入意识形态理论中去，以解释我们对自身的体验是如何成为电影的主体的。”②

电影《2012》是好莱坞奇观缔造者罗兰·艾默里奇(Roland Emmerich)导演的雄心之作。这部158分钟的电影中共有1 300多处特效处理，以逼真而细致的灾难性大场面闻名。伴随着宽银幕、电脑动画和3D技术的更新发展，奇观场面被越来越立体地制造出来，而影片创作者和观众似乎都不约而同地将逼真而壮观的末日场面作为衡量科幻灾难影片质量的尺度，特效奇观甚至已经成为美国大片的标配。为什么人们热衷于科幻灾难影片中的奇观呢？除了感官刺激之外，人们对奇观的迷恋是否有更深层次的动因呢？《2012》中密集的好莱坞特效作为帮助我们挖掘观众与导演意志的征候切口，可以用精神分析的相关方法进行解读。

最早将科幻文艺予以严肃性批评的美国评论家苏珊·桑塔格(Susan Sontag)曾写道：“科幻电影不是关于科学的，而是关于灾难的，此乃艺术最古老

---

① 〔澳〕理查德·麦特白.好莱坞电影——1891年依赖的美国电影工业发展史[M].吴菁，刘辉，等译.北京：华夏出版社，2005：495.

② 同上。

的主题之一。科幻电影关切的是毁灭的美学，是在毁灭的创造和混乱的制造中发现的独特的美。"[①]《2012》电影中的特效技术水平先进，视觉上极度逼近真实，将人类在面对自然时的无力感和脆弱感极致地呈现出来：洛杉矶的崩塌陷落，埃菲尔铁塔被拦腰撞断，华盛顿被滔天巨浪淹没，罗马大教堂轰然倒塌……技术特效是科幻电影必不可少的要素，而科幻灾难片更是视效奇观的集中场所，奇观往往作为场面调度出现，并具有自我指涉性，它本身就存在于影片叙事结构之内。导演艾默里奇这样解释自己对灾难电影的理解："我们最大的恐惧和虚无感，不是来自面对自然的不可知，也不全是关于对地震海啸的想象。事实上，对我们产生威胁的是那种面对人类内心邪恶与黑暗的恐惧，以及我们面对人类社会异化、政治国家失控所产生的荒诞感。有时，我们毫无理性恣意妄为地对自然界的毁灭也是恐惧感的来源。"他认为，"科幻灾难电影是释放根源性恐惧的良药，在电影中将观众恐惧的东西尽可能真实地展示出来，能够给人警示的作用。"[②]他"用电影的方式告诉现在生活安定的人们，他们即将面对什么样的灾难，这是非常有必要的"[③]。《2012》的意旨之一也在于此，通过呈现金门大桥的倒塌、白宫被海浪侵袭的灾难场景，提醒人们环境破坏、全球变暖问题愈演愈烈的现实；通过展现宏伟的方舟在被各国政要保密的情况下偷偷被建造的景观，警示政府职责的缺失。

此外，灾难奇观在给人"居安思危"的警醒时，也试图将崇高平淡化，让人们产生一种"认知上的把控感"，使我们心理上难以承受的东西正常化。麦茨认为，在观看电影时，"观众"的主体位置是由电影机器所构建的，"观众的空置空间服从于电影，而当观众认同观看行为和呈现奇观的电影机器的时候，这一空置空间就变得具有'生产性'"。这种结构意识形态使得电影"重新保护了我们的自

① 〔美〕苏珊·桑塔格. 反对阐释[M]. 程巍，译，上海：上海译文出版社，2003：248.

② 〔奥〕西格蒙德·弗洛伊德. 弗洛伊德后期著作选[M]. 林尘，张唤民，等译，上海：上海译文出版社，2005。

③ 外滩画报. 艾默里奇：我不是预言家[J]. 外滩画报，2009：12.

我”，同时在这一过程中“神化了自身的身份”。① 当人们已经见识过非常逼真的末日场景后，其起初的震惊和臆想的恐惧就会转化为平静和适应。2001 年美国遭遇了“9·11”事件，纽约的地标建筑被恐怖分子破坏，举国陷入恐慌的状态。而早在 1996 年艾默里奇的电影《独立日》中，纽约就被作为外星人的攻击对象而被摧毁，提前给人们打了“预防针”。《2012》中的宏大灾难场面，使得观众在这些超越日常生活的刺激场景中得到视觉冲击、产生快感的同时，又站在“看客”角度上以超脱的心理接受这些目前不可能发生的灾难，也许不光是自然灾难，还包括社会激变下代际、人际、集体乃至民族、国家之间可能会出现的人为灾难。

让人们热衷于视效奇观的第三层原因，是为了通过幻想和视觉刺激，让观众从单调而克制的现实生活中解脱出来。苏珊·桑塔格针对“灾难的想象”指出：“我们生活在同样令人畏惧的两个目标的持续不断威胁下：一是永无止境的平庸，一是不可思议的恐怖。”②科幻电影提供的惊心动魄的特效奇观帮助观众释放了一部分精神压力。“这种大灾难幻象的诱惑力在于，它使人们从通常的义务中摆脱出来”“这些影片提供了道德上极端的简单化”，电影场景的虚构性让人们能够在道德层面接受这些骇人的幻象，并从中“发泄残酷的或至少是不道德的情感”③。电影《2012》中，汽车、房屋在地震中爆炸坍塌，自由女神像、埃菲尔铁塔等为人类所骄傲的地标建筑被摧毁，让人们发泄毁坏的冲动和攻击欲望。这一点可以以弗洛伊德精神分析理论中的“死本能”来解释，即“它源于人类返回生命前非生命的稳定、不再有焦虑和抑郁状态的力量”④。当看到“精神失常”的电台主播理查在为世界毁灭而癫狂、最终埋葬在火山岩浆中时，男主角前妻的新男友

---

① 〔澳〕理查德·麦特白.好莱坞电影——1891 年依赖的美国电影工业发展史[M].吴菁，刘辉，等译.北京：华夏出版社，2005：496.

② 〔美〕苏珊·桑塔格.反对阐释[M].程巍，译，上海：上海译文出版社，2003：262.

③ 〔美〕苏珊·桑塔格.反对阐释[M].程巍，译，上海：上海译文出版社，2003：251.

④ 〔奥〕西格蒙德·弗洛伊德.弗洛伊德后期著作选[M].林尘，张唤民，等译，上海：上海译文出版社，2005：39.

在帮助大家逃生时被方舟的齿轮碾压时，自私蛮横的俄国富商为了自己的儿子能上方舟坠入海里时，观众从中得到刺激和满足，既是对于典型异质角色道德上的冷漠和敌视，也是毁灭本能将对象转移到他人身上的结果。

### （四）文本互文

文本互文理论强调某部电影都必然跟其他电影相关，或跟其他的文本相关。它探索科幻电影是怎样使用一系列的类型文本（如电影、电视、书籍、电子游戏等）来创造或强化意义的表达，并介入到有关艺术、商业、政治和文化的更广泛的话语体系中的。文本互文已经成为现代类型理论的关键领域。科幻类型影片在现代商业大片的制作和运营系统中占有压倒性的地位，它在诞生之初就是一种“拼装混合物”，从其他媒介、电影以及更大的文化议题中借用了大量元素。因此，一部科幻电影中自然会出现许多文本的相互指涉。然而，除了出于特殊的目的，电影中对一些经典元素和桥段的互文往往具有无意识性，这些经典片段时常会融入人们的记忆而变成影片制作者意识形态的一部分。分析一部影片，它指涉的文本既是它的征候，也是它的“问题式”。

1.“反好莱坞”意识与“好莱坞”叙事模式的冲突

美国成熟的电影工业体系已经帮助富有商业价值的科幻片占据好莱坞电影工业的主导地位，高产且大规模地向世界各地发行，即使是从拼贴中诞生的这一电影类型也逐渐形成一套特有的“好莱坞”模式并辐射全球。可以说，当今世界各国制作的科幻大片多少都带有好莱坞的印记。力图打开中国科幻电影新局面的《流浪地球》虽然从头至尾都是“中国制造”，但该影片仍带有好莱坞色彩。影片确实在多个方面刻意强调了中国特色、中国文化符号而回避好莱坞元素，比如，地下城的景观：赛博朋克风格的北京地下城里是年味十足的舞狮表演、居委会给大家送的饺子以及作为休闲娱乐的麻将；地面上，冰雪封住的是上海的地标性建筑，而空间站和发动机的工业场景又是具有很强的苏联风格，这些中国特有的奇观让人眼前一亮。与此同时，空间站中出现的航天员基本上是俄国人和法国人,在最后的救援过程中也难见美国人的身影,这样的设置回避了“美国”元素的介入,暗含反好莱坞科幻电影的意图。但这部明面上充满了中国元素的影片真的建立了“中国式科幻”吗?

美国电影评论家苏珊·桑塔格在其《对灾难的想象》一文中列举出了20世纪五六十年代科幻电影中几种重复出现的叙事特征,并概括出了灾难性科幻电影标准故事情节的五个阶段:① 某物之来临;② 许多目睹此物造成巨大破坏的目击者证实了末日到来;③ 科学家与军方举行联合会议,宣布国家处于紧急状态;④ 来犯者制造了更多的残暴行为;⑤ 进一步召开会议,议题是“肯定存在某种东西可以拯救大家”。整个过程中,主人公都在为寻找到这种东西而工作。全部希望所系的最终策略被制定出来;终极武器被架装就位。倒计数。魔鬼或入侵者终于被挫败了。人们互道祝贺。[①]

这是典型的好莱坞科幻大片叙事套路,在该标准故事情节提出的50年后仍然适用。配以奇观性的场景调度和特效辅助,这样的情节安排引人入胜又持续创造冲突,创造了观众喜闻乐见的观影节奏,在诸多高成本科幻大片中屡次出现。《流浪地球》无意识地遵循了这个标准故事情节套路。太阳急剧老化,不断膨胀是第一阶段;它造成了物种灭绝、气象灾害和城市沦陷,预示着大灾难的来临;灾难与每个人息息相关,各国政府表现出前所未有的团结,他们建立联合政府,决定要举全人类之力把地球推离太阳系,这是第三个阶段;在故事发生的中间时间段中,流浪计划陷入了一个巨大困境——本想用作助推工具的木星由于引力过强即将导致地木相撞,地球上过半的发动机停止了运转。在这里,木星成为整部电影中唯一的反面形象,即苏珊·桑塔格提到的“魔鬼或入侵者”。为了避免撞击毁灭地球,联合政府协调各方,在全球展开紧急恢复发动机工作的救援任务。救援过程是影片展开的主要内容,跟主人公有关的生死抉择、情感线索以及人性冲突都在这一部分发生,灾难的残酷性和奇观性也被展现得更为具体。

① 〔美〕苏珊·桑塔格.反对阐释[M].程巍,译,上海:上海译文出版社,2003:249.

主角一行人经历了一系列艰险挑战运送火石，却得知现有力量仍不足以将地球推离木星，地球仍将毁灭。在几乎所有人都放弃的情况下，男主角刘启想到可以点燃木星大气，以制造足够的冲击波推开地球这一策略并为此行动，在韩朵朵感动人类的演讲感召下以及其父刘培强牺牲自己引爆空间站，从而点燃木星大气的帮助下，地球被成功推离木星。这一点燃的举措是终极武器，而刘培强在牺牲时对儿子“一二三，抬头”的煽情台词，自然成为终极武器发射的倒计时设置。最终“魔鬼”（木星）被挫败，存活下来的人类相互庆祝，实现了大团圆的理想结局。从电影的情节安排来看，尽管《流浪地球》在细节和顺序上有所差异，但仍然没有脱离苏珊·桑塔格所概括出的美国科幻大片的标准叙事套路，传达的无非是亲情、希望、人类团结一致共御灾难等的理想的“普世价值”观念。除故事情节外，电影在关键人物的设置上也颇具好莱坞特色，比如违抗上级指令一意孤行，最后为家人和人类事业牺牲自己的航天英雄刘培强；从倔强冲动的单纯少年成长为英勇有担当的人类救星，并与家人和解回归亲情的刘启；阅历丰富并循循善诱引导后辈的智慧长者韩子昂；还有以一番肺腑之言感化人心、重新唤起救援力量的纯真女孩韩朵朵，等等。这些重要人物角色有脸谱化倾向，而这些“脸谱”正是好莱坞科幻和英雄主义类型电影中的基本配置，我们能够在很多经典好莱坞大片中找到相似的人物设定和桥段。比如在《全球风暴》中，男主角为了重启中毒失控的气候卫星以避免其撞向地球，让别人逃离后独自留在操控室内与卫星一起毁灭，与刘培强的选择如出一辙；《复仇者联盟》系列中的雷神、蜘蛛侠等，也都与刘启一样，在生离死别的困境中，从少年迅速成长为英雄；主角演讲更是好莱坞的常用手段，好莱坞电影《环太平洋》和《2012》本文中，将军和美国总统都在千钧一发之时发表了一通呼唤人们坚守信念的演讲以鼓舞人心，从而直接或间接地扭转了局势。好莱坞影片程式化的套路已经被人们所熟知，因此，《流浪地球》中的人物设置、言语及其行为几乎都在观众的意料之中。尽管《流浪地球》是在技术、特效和元素上都是原汁原味的中国制造，但它看不见的叙事内核和人物设置仍然是好莱坞式的，可以说，这部影片只是将中国元素嵌套进了好莱坞框架内，是“反好莱坞的好莱坞电影”。

在中国，科幻电影作为一种舶来的文化产品，不可避免地刻印着美国科幻电影的某些痕迹，这种文本互文有一定的现实必然性。但是，只有赋予科幻电影中国式的文化内核才能使其真正成为文化意义上的国产科幻作品。虽然导演在主观意图上想要实践出有别于“好莱坞叙事”的中国科幻电影，但在讲述故事的过程中却又不由自主地运用了已经较为成熟的好莱坞叙事套路。打着“中国科幻”旗号的《流浪地球》实际上是一部好莱坞式电影，这是《流浪地球》的另一征候，体现出影片在探寻“中国性”过程中存在的内在矛盾。事实上，导演、编剧乃至观众对“什么是中国特色”“是什么构成了中国文化内核”是不明晰的，当代中国人的文化价值焦虑被暴露出来。

2. 民间文化的无意识指涉与致敬科幻经典

相较于《流浪地球》在“什么是中国科幻”问题中遇到的困惑，与之同期上映的国产科幻片《疯狂的外星人》用戏谑的口吻，以独特的民间文化作为切入点，呈现了极富本土文化特色的科幻作品。影片尽管没有蕴含强烈的中国意识形态和价值观念，却在故事细节和情节逻辑上有意无意地指涉了中国的民间文化。首先主要人物耿浩的耍猴人职业就颇具中国地方特色，他和好友大飞的生活区域是非常市井杂乱的中国中部小城市，世界公园里山寨版的世界地标建筑也是中国改革开放后展现人们对异国风光向往的真实写照。另外，影片中多次出现《西游记》中的元素——耍猴人耿浩喜欢带着猴子欢欢表演西游记的经典桥段；在电影的高潮部分中，外星人戴上能量头环仿佛变成戴着紧箍咒的孙悟空，展现了“金猴奋起千钧棒”的大闹天宫场面。作为中国本土科幻题材影片，外星文明也最终被本土文化所吞食。当外星人奇卡想要杀死大飞时，大飞竟然把它泡在了酒里；而最终制服拥有超凡力量的外星人的方法原来是白酒，酒局文化化解了外星人与市井小人物的紧张关系，甚至让奇卡在烂醉如泥时还能说出“都在酒里”这样市井而地道的世俗话语。还有在耿浩被逼迫向C国人交出奇卡的时候，他采取了“狸猫换太子”的中国民间传说中的方法，以猴代替外星人交差，展现了独特的思维逻辑。凡此种种均是导演对中国民间和地方文化的互涉，体现中国人的思考习惯和文化逻辑。这是一种对西方电影文化的调侃，隐约地体现出导演、编剧的民族情绪，即始终立足国民文化语境，用中国人的精神逻辑去演绎剧情，讲述中国独特的市井科幻故事，既反映了宁浩戏谑荒诞的艺术审美态度，也表现了他的民族文化自信和文化认同。

科幻片《保罗》是美国近期的外星人题材影片，讲述了两个科幻迷和外星人之间的故事，影片充满着对各种科幻经典电影的致敬。该片文本指涉好莱坞自 20 世纪 30 年代以来的多种题材科幻电影，它们通过场景模仿、符号融通、元素再现等方式体现出来。比如，影片中保罗给一部科幻片做顾问，而他联系的导演正是大名鼎鼎的史蒂芬·斯皮尔伯格(Steven Spielberg)，他在之后拍摄了经典外星人电影《E.T》；影片开头两位科幻宅男在沙漠里游玩拍照的场景，以及片尾保罗乘着飞船消失的景象重新演绎了《星际迷航》中的经典桥段，而保罗与人类告别的地方也还原了《第三类接触》中的小山场景；影片中最后出场的反派角色演员正是《异形》中奋勇狙杀外星异形怪物的女主角西格妮·韦弗，她为了追杀保罗而来，暗指这一"外星人天敌"形象的深入人心。还有很多细节元素，包括音乐、人名、经典台词等，穿插在影片文本中，让科幻影迷感到兴奋的同时，也展现了好莱坞类型片作为"拼装混合物"的魅力。好莱坞科幻片自成一套体系，它数量庞大、题材多元的影片构成了丰富的数据库资源，为之后的同类型电影提供了坚实的内容和技术基础，在改编和重组的过程中带来新的活力。而这种致敬式的拍摄技巧又能够提醒当下观众回顾美国科幻电影的黄金历史，将经典的科幻电影文本内容不断拿出来供一代代观众品味，体现出好莱坞科幻工业体系的成熟和强烈的自觉性。

## 二、中美科幻电影的文化价值比较分析

在找到各自文本征候的基础上，接下来可以从文化传统、文化性格、思维方式、文化禀赋、当代精神、时代焦虑几个角度梳理中美主流科幻电影文本折射出

的社会文化价值观念异同。

中华文化历史悠久，源远流长。上下五千年的历史绵延了一以贯之的独特文化，即使经历了社会变迁、疆域变动和局势动荡也不曾间断。其中，土地是中华文化生发的立足之本，农耕经济长期以来都是中国经济的主流，在此基础上发展起来的文化与土地有着不可分割的联系。另外，先秦时期的哲学思想深刻影响了中国人的精神构成，作为一套主流和标志性儒家文化价值体系，它们已经融入了国人的血液中，形成集体无意识。悠久的历史、长期以来的农耕经济生活方式以及以儒家思想为代表的先秦哲学共同形成了中国独特的文化传统。古老的小农经济生产方式，决定了人们十分重视“家”这一基本的生产单位和社会细胞，再外延推至家国的深厚情感。比如，儒家的思想道德观念多是围绕着家庭伦理和家国情怀议题进行的，在个人修养上以“修身、齐家、治国、平天下”为标准，在家国观念上主张“天下之本在国，国之本在家”，等等。中国历史之所以绵延至今，与其强大的开放包容性有关，这与传统文化中的“和合”观念密不可分，“和”是和谐、和平，“合”指融合、合作。这一思想传统构成了中国人平和大气的性格与和谐统一的审美习惯和生活方式。以上这些文化传统在《流浪地球》的背景设定中清晰地体现出来，无论是跨度 2 500 年的史诗感还是带着地球同进退的悲壮与浪漫，均体现了中国特殊的历史文化积淀与家园情怀。需要指出的是，这一历史文化传统和家园情怀是形而上的，在中国国土上发生过无数次动荡与变迁，而国人仍然热爱着自己的土地与家园，实际上说明了我们的眷恋故土家园是宏大和符号化的，家园是基于土地的集体想象。另一方面，中国的传统文化还构建了中华民族积极乐观的性格。其中以远古神话和儒家、道家思想为主要代表。古代神话中的夸父追日、精卫填海、愚公移山等神奇故事，儒家思想中“仁者不忧”“发愤忘食，乐以忘忧”展现出积极进取、入世达观的坚韧思想，道家的“至乐无乐”表现的是顺应自然、安贫乐道的“佛系”心态。因此，在科幻文艺作品中，作者们呈现出一种乐观主义的态度，面对灾难忧患和世界末日的到来，人们积极地寻求解决办法，用自己的艰苦努力去改变那些看似不可能的现状。

美国的历史文化发展历程较短，主要文化渊源都来自于欧洲文化尤其是基督教文化。从好莱坞科幻影片文本分析中，我们可以深切体会到其中的神秘主义倾向和悲观主义情绪，这与基督教的上帝信仰世界观和西方近代以来的悲观情绪有很大的关系。基督教把“原罪”归为主要教义之一，认为人天生就是有罪的。圣人耶稣来到人间，被钉在十字架上以为人们赎罪，从而使人们得到上帝的救赎。基督教的内容倾向于挖掘人世间恶的一面，反思人性的罪恶，并将原罪作为一些不能解释的神秘现象和灾难发生的理由，将精神寄托在神的救赎身上。而救赎又体现出悲哀而肃穆的力量。受这一价值观念的影响，西方人对未来的态度往往是悲观的，时常产生“末日”“衰落”的想象，同时对于未知事物又具有神秘主义想象，将精神寄托于超自然力量。比如，《2012》文本中的玛雅预言以及人们在灾难面前向神祈祷、听天由命的状态。但基督教文化的内涵远不止于此，由于教派的多样，其宣扬的思想观念也有所差异，并且随着时代与社会的发展，基督教教义和具体内容也发生了变化。美国社会以强调个体主观能动性的清教作为主流教派，由其派生出的理性务实、个人主义、自由平等的价值观念也成了具有代表性的美国国民精神，西方的民主和启蒙传统更进一步铸成了这种性格的养成。即使科幻影片中出现了大量不可控制的力量，但真正拯救人类的还是人类自己。

在思维方式上，中国文化受到儒家入世思想的影响，长期以来主张务实精神和功利主义，但在认识论上有所缺失；加之深厚的历史积淀与政治制度带来的庄严性，家国情怀和集体主义精神带来的集体意识，在这种文化环境中，文艺创作往往具有现实主义倾向，探讨的主题更多是感时忧国、社会发展过程中的种种问题，而较少考虑个体存在或生命哲学等基本问题，对于未来的畅想也相对保守，科幻影片中呈现出来的更多是对社会现实与日常生活的反思而缺乏人性的关照。儒家经世致用思想和实用主义的性格在某种程度上多少阻碍了国人对真正的科学精神与科学气质的关注和践行。再者，由于国人乐观的文化性格和经世主义的倾向，人们对科技的态度往往是正向和积极的，认为科学与现代化带来了进步，技术也是解决问题的最佳途径。但这种思维模式可能限制了科幻作品的科学性和反思深度。

反观美国科幻电影，从其百余年的发展历史来看，它充分展现了美国科幻文化积累丰富的特质和批判传统。牟宗三曾总结道："西方文化的重点，其所关心的是'自然'或'外在的对象'，这是领导线索。"①西方人观察世界的传统促进了他们对物质、真理、世界起源、人的存在和人性进行了许多思考，也间接地推动了西方工业革命发展和快速进入现代化。好莱坞科幻影片讨论的主题丰富多样，从科技与人性的抉择到反乌托邦隐喻，从人类主体性的界定到对虚拟与现实边界模糊的思考，科幻电影文本讨论多个领域的话题，在科学基础上反思当下，在假设中尝试解决引起人们焦虑的问题。西方的批判性文化传统与现代化的发展历程，促进他们较早地培养起了反科学主义、反现代的思维方式，他们拥有质疑否定的传统和反思批判的精神。

在思想文化的探索空间更加宽广之后，好莱坞科幻电影的文化议题极为丰富，从古典神话到社会现实议题无所不包。就具体符号和元素来说，当今美国科幻电影文本充满了互文内容，而这些内容几乎都是来自之前经典的科幻电影的积累。比如，在太空探索类影片里，基本都能见到对《2001 太空漫游》的致敬和借鉴，外星题材影片总有《E. T.》《异形》的影子等等，以旧科幻电影的经验积累启迪和打开新科幻电影之门。当前，美国已然形成了成熟的科幻电影类型片工业体系，科幻题材电影层出不穷，他们的文化禀赋来自各种各样的社会议题以及之前的科幻经典积累，甚至已经成长为一个自觉的独立文化体系。相对而言，中华文化历史悠久，博大精深，文化资源禀赋丰厚，中国电影人习惯于从中华传统文化资源中寻找智慧和灵感。除了正统的历史故事外，民间文化和社会生活也是传统文化资源中不能忽视的力量，它构成了国人的世俗生活与日常行为方式。比如，各具特色的地域文化、少数民族文化，以及神话传说、诗词小说、歌舞戏

① 牟宗三. 中西哲学之会通十四讲[M]. 长春：吉林出版集团有限责任公司，2010：13.

剧，等等。科幻电影作为商业化类型电影，为了迎合国内更多层次和更多数量的观众，需要从大众文化中取材，以贴近人们的实际生活。比如，《流浪地球》中地下城的风貌，《疯狂的外星人》中对《西游记》以及酒桌文化、东北喜剧等文化元素的借用，等等。总体而言，中国科幻电影文化目前借鉴引用较多，还没有形成类型片的文化自觉性。

此外，科幻电影能够折射出当代社会的无奈和焦虑。对于国产科幻片来说，什么是“中国科幻”？什么是“中国文化内核”？这是困扰电影创作者与观众的共同困惑。从《流浪地球》文本来看，某种程度上也反映出了当代中国的文化价值焦虑。中国有漫长而绵延的历史，传统文化、现代文化与中国特色社会主义文化交织共存。工业化、城市化和现代化的进程加快，切断了缓慢悠长的中华传统文化发展步伐，在短短时间内迅速将中国从一个农业文明国家转变成了工业门类齐全、自成体系的工业化现代国家，当下又与全球化浪潮一起卷入了现代社会与后现代社会并存的新社会景观。20 世纪 90 年代以来，自由主义的个体至上价值观已经根深蒂固，而中国传统文化、革命文化中的集体主义价值观依然强劲。今天，我们已经很难直接把以先秦哲学为代表的传统文化作为“中国性”的标识特色，因为它已不完全适用于当今的中国社会实际；现代化某种程度上就是西方化，全球化背景下，以美国为主的西方文化占据强势地位，其强大又成熟的文化工业体系触及世界各个角落，让我们很难从其深刻影响中完全独立出来。在这种传统文化与革命文化、现代文化交织，以及中国文化与世界文化融合度加深且西方文化占据主导权的文化背景中，人们的文化身份和文化价值的焦虑感就产生了，在文艺作品中，尤其是在关乎民族工业与文化科技融合的科幻电影中明显地暴露出来。当代中国的文化标志和最核心的文化内涵很难被清晰地定义。中国当代的精神焦虑还体现在信仰的普遍缺失上。尽管儒家文化与伦理道德和当今的政治、文化、社会意识形态共同构筑了国人的精神性格，然而，当代中国社会已经融入全球化洪流中。正如阿瑟·赫尔曼所说：“现代人总有一种失去家园、漂泊无依的感觉，他们内心充满恐惧，彼此间相互疏离。”[①]人与人之间的距离越来越远、社会浮躁而功利、消费主义甚嚣尘上，人们很难找到身份的、群体的、文化的归属感和精神寄托。这是一种时代病症，在缺乏国民性信仰的中国社会暴露得更加明显。而《流浪地球》蕴含着对家园故土和传统文化精神的呼唤，某种程度上也是对人们普遍的文化精神信仰的呼唤。

美国科幻影片数量庞大，讨论话题范围较广，同时也在多种层面反映出社会的普遍焦虑。就本文涉及的几个好莱坞科幻电影文本而言，灾难科幻片蕴含着人们对灾难与恐惧源的不确定性和对社会的不信任感。影片文本中对于自然环境破坏、全球变暖、自然灾难等生态问题的警示，对政府职能与责任感缺失的怀疑，以及对恐怖主义势力威胁社会和谐的担忧等等，展现了风险社会中美国民众的不安全感。外星人科幻电影文本则展现了宗教精神与科学理性的矛盾，一方面，基督教信仰被社会大部分成员所认同，如果在影片中直接贬损人们对宗教信仰的沉迷，将会遭到观众的普遍反对；另一方面，科学才是能合理解释人与自然关系和物质世界存在的东西，影片文本需要宣扬科学精神的必要性。因此，科幻电影文本在处理宗教和科学的关系时需要非常谨慎，既能引导人们相信科学，又不能破坏他们的宗教信仰价值，所以科幻片中常常出现“以反科学主义的面目引起矛盾或灾难，但最终又表达出鲜明的宗教意识和神秘主义遐想”[②]这样的悖论。事实上，科学与宗教正是西方文化辩证统一的两个方面，但若某一方面走向极端，就很容易引发社会矛盾和动荡。

随着全球化趋势的进一步加强，当代中美两国遇到的问题也具有一定的普遍性，比如多元文化背景下身份政治的崛起，阶层日益固化下的个体生存压力，以及固化的社会机制、人情淡漠下的精神压抑，等等。这些当代人的精神焦虑在

---

① 〔美〕阿瑟·赫尔曼．文明衰落论：西方文化悲观主义的形成与演变[M]．张爱平，等译，上海：上海人民出版社，2007：5.

② 陈旭光，等.《星际穿越》与科幻电影：类型、叙事与文化精神[J]．创作与评论，2015(16)：112—128.

两国的科幻电影文本中都有所反映。

根据上文所述，中美科幻电影文本所蕴含的文化价值内涵差异，具体可参见表1：

表1　中美科幻电影文本所蕴含的文化价值内涵差异比较

<table>
<tr><th>国别<br>维度</th><th>中　国</th><th>美　国</th></tr>
<tr><td>文化传统</td><td>重视家庭与故土、讲求和合思维，具有抽象的集体性故土情结</td><td>奉行西方基督教信仰，具有神秘主义倾向</td></tr>
<tr><td>文化性格</td><td>积极入世、直面现实的达观与坚韧不屈的精神品质</td><td>悲观主义情绪和末世焦虑，自由平等、个人主义价值观念</td></tr>
<tr><td>思维方式</td><td>更务实和功利地思考社会现实和日常生活，正面理解现代化</td><td>关心人与自然外物的关系，体察人性和个体精神，反思科技和现代化</td></tr>
<tr><td>文化禀赋</td><td>传统文化、神话传说、民间习俗等</td><td>广泛的社会议题、经典影片符号元素的积累和运用</td></tr>
<tr><td rowspan="2">当代焦虑</td><td>中国文化的价值焦虑</td><td>对未知的不确定性与对社会不信任感、宗教精神与科学理性的矛盾</td></tr>
<tr><td colspan="2">对身份政治和新部落主义崛起的探讨，对阶层固化下人的生存压力与精神压抑的反思</td></tr>
</table>

## 三、提升中国科幻电影高质量发展的主要路径

根据中美两国科幻电影文本中呈现的文化价值内涵分析，笔者发现，国内科幻电影文本存在着文化核心内涵把握不准确、对人性情感与个体存在缺少关注、没有形成科幻类型电影文化自觉、缺乏反思科技和反思现代化的反思批判精神等问题。这些问题导致现有的国产科幻电影思想上欠缺深度，较难引起观众的情感共鸣。即使技术特效上已经达到了炫目逼真的国际水准，但在文化内涵价值方面仍有待加强。“科幻电影”到底是什么，“中国性”如何体现，这是我国科

幻电影文本制作和表达需要面对的问题。美国科幻电影文本主题多样,反映地球末日危机、星球历险、外星文明接触、人类和文明的命运等科幻意识和科学探险精神,其背后蕴含了在高度发达的经济和科技基础上具有当代性的社会话题视野和深度,以及与其相匹配的工业化和高科技的电影制作力量[①],我们应当从好莱坞科幻电影工业的发展轨迹和先进经验中进一步借鉴,在交流互鉴和学习中促进中国科幻电影高质量发展。

首先,应当把握中华文化的核心要素,并且丰富科幻电影的文化内涵。

科幻影片中都存在虚构的元素和符号,而想象的视野背后则是"依赖于一个民族的文化特质和价值观的养成"[②]。中国电影人要制作具有自己文化特色的科幻影片,就需要对中华文化的基本特质、文化内核和精神追求有清晰的把握。中国有特殊的文化脉络和历史境遇,而当今的文艺和电影创作者仅仅将目光停留在文化表征(如符号、元素、物象等)层面,把象征中国特色的标志性文化元素、符号直接搬运,而忽视了这些元素、符号与电影文本本身的内在逻辑,元素符号还没有自洽地融入叙事的情节画面中去。根据前文的分析,中华传统文化造就国人积极达观、忧患韧性的性格和大气不拘细节的精神气质,儒家入世思想带给我们经世致用、知行合一、用实践改变生活等观念,而政治信仰构建了当今中国社会主流的意识形态和价值观念。这些价值理念、思维模式和生活方式已然造就了我们独特的行为逻辑和处事方式,这种意识形态和价值理念也意味着面对同样的问题和困境时,中国故事会有不同的走向和结局。针对目前国内科幻电影文化内涵有待进一步丰富的现状,首先电影生产者和社会民众应当充分认识科幻电影的意义和功能,培养科幻类型片文化自觉。学者李九如指出,"科幻电影表征了一个问题,即我们人类怎么理解自身,如何去理解人类共同体"[③]。科幻电影在为人

---

① 李一鸣.《流浪地球》:中国科幻大片的类型化奠基[J]. 电影艺术,2019(02):53—55.

② 同上。

③ 陈旭光,等.《星际穿越》与科幻电影:类型、叙事与文化精神[J]. 创作与评论,2015(16):112—128.

们提供畅想未来世界和提供抵御风险灾难的技术可能性时，更重要的是它对当下社会现实和人类精神世界的观察、认知与反思、批判功能，以及对人类存在或未来命运的探索与发现。科幻电影以幻想和科学技术为根本，但必须以科学逻辑作为前提支撑，它的创作并非是自由的，而应具有文化内涵和哲学思辨性。科学与哲学、文化在某种意义上是相通的，它们都在追求事物的起源、本质、真理、未来等的终极答案，科学的探索是通过与真实世界发生交互作用而寻求答案，而哲学或宗教、文化是内化在每个人类内心的精神信仰和价值取向，在抽象层面上对事物的意义和存在的态势、合理性和未来发展的探索。因此，思想深度、文化内涵与科学想象是科幻电影的内在要求。同时，科幻电影又与现实世界密不可分，它反思和指涉的对象是当下的社会现实，比如，环境问题、文明冲突、技术与人性的矛盾，等等。各种社会、文化和科技议题都可以成为科幻文艺创作的资源。将科幻电影与其他类型电影区分开来，了解其目的、功用、议题、对象等，并赋予其哲学思辨、文化内涵和技术逻辑，是形成自觉的科幻电影认知的基本要求。

美国科幻电影从题材内容到表达形式都较为丰富，多元的主题反映了其深刻的社会洞察力和思想价值内涵。从 20 世纪 30 年代开始，好莱坞就已开始生产科幻类型电影，到了 20 世纪 50 年代则大规模地增长，约翰 · 贝尔顿(John Belton)指出，“从 20 世纪 50 年代到现在，科幻故事影片起着文化忧虑晴雨表的功能，提出了许多战后美国社会面临的大问题”①。比如对美苏冷战以及原子弹爆炸的担忧，对共产主义威胁的焦虑。到了 20 世纪 70 年代，美国科幻电影风格在以《星球大战》系列和《第三类接触》为代表的重视魔法和神秘主义而弱化科学理智中迈向新的阶段，许多充满了幻想性、高科技和多元议题的科幻类型电影诸如科幻喜剧、科幻爱情片以及科幻冒险类等等，相继涌现。而到了今天，美国科

① 〔美〕约翰 · 贝尔顿. 美国电影 · 美国文化[M]. 第 2 版. 米静，等译. 上海：上海人民出版社，2010：263.

幻电影更倾向于探讨人类存在意义的后人类主题。在涌现的上百部科幻电影佳作中，创作者们讨论了科技探索、文化焦虑、对异质文化的不安、对未来的预测、对人性的思考等问题，不断地推陈出新，关注当下社会所暴露出的症状，以预言家的姿态站在社会前沿领域进行反思。“尽管影片表面上充满了对未来或外星世界的瑰丽想象，但其本质仍然是对人类存在或未来命运的探索；从根本上说，它是哲学甚至是宗教性的。”①相较于美国科幻影片多元的主题和深刻的反思力度，中国科幻电影议题和文化内涵显得较为单薄，这与中国进入电影工业化时代较晚、科幻电影创作刚刚起步有关，缺少科幻的制作基础与思想文化积淀。《流浪地球》是为了打造“国产硬核”科幻而艰难打磨出的科幻电影杰作，其制作的国家民族意义更深刻，它所获得的一众好评多半出于观众的民族自豪感。持批评态度的影评指出，该电影中存在多处科学常识错误和老套的剧情、演员尴尬的演技等等，从艺术尺度来衡量并不算成功。而《疯狂的外星人》则更像是“蹭”科幻概念而创作的喜剧电影，并没有发挥出科幻电影文本的反思批判价值。

好莱坞科幻电影几乎已经把科幻故事和主题探索穷尽，面对这一局面，丰富文化内涵和创新科学想象观念，才是我国科幻影片更具国际、国内竞争力的重要途径。国产科幻电影不仅要从中华文化源泉中寻求文化智慧，还应当关注时代精神与社会现实，科幻文艺创作者应当有一种超前的意识，主动挖掘不平凡的科学技术题材，关注人们熟视无睹却长期被忽视的问题；特别是随着人工智能和5G技术加持下的当代数字技术的发展，一些新科技、新问题、新情况为科幻电影的发展插上了新的翅膀。平行宇宙、外星人入侵、时间旅行、虚拟现实等等，都是技术发展到今天人们产生的假想，带给人类无限的想象力。通过这些奇观性内容切口，我们是否可以在对现代文明抱有浪漫想象的同时，产生一些对现代化的质疑与反思？对高科技加持下人的异化、人际关系的转变、社会生活范式的变革进行反思，乃至上升到对人性的终极拷问呢？科幻电影给创作者提供了一个可

---

① 李一鸣.《流浪地球》：中国科幻大片的类型化奠基[J]. 电影艺术，2019(02)：53—55.

以发挥想象并进行语言、符号、技术表达和思考的平台，它应当包容多元文化内涵。尽管中美两国在历史传统、文化禀赋、价值观念、思维方式、生活方式等方面都存在很大的差异，但是差异不代表差距，同样在面临世界灾难、身份危机、对未知的恐惧时，我们能否从东方文化中寻找到精神资源以解救自身？此外，还应当注重科幻电影文本的艺术性。评价科幻电影艺术性的重要指标是在科学逻辑基础上展开合理想象，这种想象虽然会有所限制，但也可以创新出多种美感。我们在文学领域、艺术领域、非科幻电影领域都不乏既充满深刻内涵又具有审美价值的作品，这完全可以迁移到科幻电影创作中，只是要增加一些科学幻想的因素和成分。

其次，要坚守科幻电影文化价值，树立国人对科幻文艺的客观、全面认知。

刘慈欣曾说，"现在，科幻文学有一种无意识或有意识的'去灵魂化'，这就是我所说的科幻所面临的更大威胁，它从根本上动摇科幻存在的基础……当我们把目光从星空收回，投向怨男信女们可怜巴巴的小心灵时，科幻离死就不远了"①。此话意指科幻作品在IP化、商业化的过程中，逐渐失去了对科幻本源的探索，而更热衷于"向好莱坞大片进发的技术史诗"②，这事实上是我国科幻电影发展到目前阶段，创作者和观众一种共同的危险倾向。这与中国人的民族情绪和大众科学素养缺乏有关。科幻电影与一个国家的产业发展水平、经济实力和技术实力密切相关，它关乎科技与资本，也承载着国民的民族文化自信。我国近年来对科幻电影的支持和推崇，一方面，来自经济技术水平以及电影产业发展相对成熟，可以进行高概念、高成本电影的拍摄，尝试进一步拓展电影工业；另一方面，在于想获得西方国家的认可与认同，成为我国文化贸易输出产品。中华文化传统中的家国情怀以及近现代历史进程中受压迫与剥削的悲惨状况，形成了国人较为隐秘而强烈的民族主义情绪，这在与推行电影文化霸权的美国进行比较

① 伍勤. 为什么说《流浪地球》不能标志着中国科幻元年的到来？[EB/OL]. https://www.thepaper.cn/newsDetail_forward_2964457. 2019-02-08.

② 同上。

时，表现得更为明显。《流浪地球》因其技术上的成熟与特效奇观表达达到了科幻电影工业化标准而受到了国人的"现象级"追捧，相对而言，反思性更强的软科幻电影《疯狂的外星人》却没有受到那么大的欢迎，有很大一部分原因是来自"中国人终于有了自己的科幻电影"这一民族情绪和舆论导向的影响。因此，目前国内正在筹备的科幻电影拍摄计划可能仍然更关注硬件上"向好莱坞靠拢"，与爱国情绪捆绑，而弱化了科幻作品真正需要体现的文化内涵和精神价值，以及哲学思考与反思批判，也忽视了科幻电影培育和延展我们的想象力和好奇心的功能。

大众科学文化素养的不足也是导致科幻电影文化价值弱化的原因之一。中国人的思维方式和价值取向倾向于经世致用的实用主义，并且缺乏质疑和批判传统。人们对科学技术进步的态度积极且正面，科学对我们来说不是噩梦，而是推动人类进步、让人们产生民族自豪感的武器。因此，人们很少反思科学技术进步所带来的种种问题，乐观主义的态度致使国人较少思考未来的科学技术危机。面对这种现状，科幻电影创作者具有坚守科幻文艺作品的文化价值、引导人们正确看待科学技术的进步与科幻电影的反思批判性、培养大众科学文化素养的社会责任，不应当盲目追随社会的声音，去拍摄博人眼球、宣扬情绪而缺乏深度的影片，而应以文化立意为核心，以哲学思辨性为目标，进行有价值的科幻电影创作，但同时要兼顾观众的接受美学，在满足观众的审美诉求的同时，培育具有良好科幻素养和品位的观众群体。另外，在年轻一代的教育中，需要注重和加强想象力和好奇心的培养，养成青少年探索未知、思考当下、想象未来的良好思维意识。

## 四、结论

本研究从意识形态、压抑论、观看者论和文本互文四个层面对《流浪地球》《2012》《疯狂的外星人》《保罗》等中美科幻电影制作与文本进行文化意义上的征候式解读，对电影文本中隐含的矛盾之处和创作者无意识动因进行分析。在意识形态层面,《流浪地球》暗含乡土情结的内在悖论,体现出中国人独特的抽象型故土眷恋与“和合”的审美观念以及当代社会人们信仰的普遍缺失;“知其不可为而为之”的坚定意志与理性逻辑的悖逆,体现了中华文化中积极、乐观、入世、坚韧的性格特征。《2012》文本中神的救赎与人类自救的矛盾、《保罗》文本中借基督信仰讽刺其迷信教义的悖逆,表现出美国基督教文化信仰的根深蒂固,以及当代美国精英对科学理性的捍卫。就压抑论而言,《疯狂的外星人》文本中用荒诞嘲讽的态度对等级社会中的歧视链进行隐喻,蕴含了导演、编剧和其他影片生产者追求平等权利的意识,即对现实社会等级歧视的不满和对平等自由权利的追求。在观看者层面,本文通过《2012》文本的分析,强调灾难特效的奇观性是人类认知把控并释放精神压力与焦虑的途径。在文本互文层面,《流浪地球》是一部“反好莱坞”的好莱坞电影,折射出导演的当代文化价值焦虑;《疯狂的外星人》文本中对地方世俗文化和民间故事的指涉,体现了创作者的民族主义倾向和中华传统文化身份认同。而《保罗》则多处致敬经典美式科幻电影,展现出好莱坞科幻电影工业体系的成熟性与美式经典科幻电影文本的示范性。

中美科幻电影文本的文化价值内涵的主要差异有以下几点:在文化传统方面,中国悠久的历史、长期以来的农耕经济方式,以及以儒家思想为代表的先秦哲学共同形成了中国人重视家庭伦理、家国情怀和深深眷恋故土的情结,而这种乡土情结在现当代社会被抽象成为一种集体无意识,故乡作为一种抽象符号存在于历史和物质的载体中。“和合”思想是中华文化的重要文化传统,它构筑了人们“天人合一”的观念和审美范式。另外,中华传统文化还构建了以远古神话和儒家、道家思想为主要代表的积极乐观、坚韧不拔的民族性格。而美国的文化传统主要源于西方启蒙传统以及基督教信仰,其文化具有神秘主义倾向和末世焦虑的悲观主义情绪,而在精神性格上则具有自由、平等、人权、重视个人主义的特征。就思维方式而言,在两千余年儒家经世致用思想的涵养下,中国人更崇尚务实,注重对当下境况和现实社会的考量,积极、乐观、务实、进步的性格特征造就了我们对技术和现代化正向的理解;相比之下,美国文化更关心人与自然万物的关系，倾向于体察人性与个体精神，而二元对立思维、质疑批判精神文化传统和对未知的悲观情绪也让美国科幻电影文本更善于反思和批判。以上这些文化传统和思维方式形成了中美两国文化禀赋的差异，体现在科幻电影文本上，中国科幻电影多取材于中华传统文化资源，包括民间文艺和历史传说，而美国科幻电影文本则讨论更广泛的社会议题，并且常常指涉经典科幻电影的元素、符号。在当代社会与精神焦虑方面，两国科幻电影都观照全球化浪潮所引起的身份政治、身份归属和新部落主义崛起的讨论，以及对人类社会固有的阶层差序下个体生存压力与精神压抑的反思。改革开放以来，中国在短时间内迅速从一个农业文明国家转型为工业化现代国家，当下又卷入了现代社会与后现代社会并存的新时代社会，中华文化传统价值观在变动和迭代更新，因此出现了文化价值焦虑以及精神信仰迷茫的问题。而美国则在后冷战时代背景下，在国内外局势变动、经济金融危机等因素作用下，普遍存在着对未知的不确定性与对社会、政府的不信任感，而作为普遍精神信仰的基督教与现代科学理性之间的矛盾仍然是美国科幻影片中避不开的话题。

最后，本文为提升中国科幻电影高质量发展提出了一些建议，主张对科幻电影进行全面而理论化的认知，并从中国人的文化性格、行为逻辑和当代中国社会议题中寻找智慧。当前，我国科幻电影高质量发展需要在以下方面进一步加强——培养科幻类型电影自觉，把握中国核心文化要素，丰富科幻电影文化内涵，坚守科幻电影文化价值。

# 论虚假票房

| 程　茜（上海交通大学媒体与传播学院）

**摘要：**

我国电影产业在新时期获得了良好的发展机遇，产生了巨大的经济效益。但在发展同时却伴随着票房造假的阴影。厘清票房造假的原因、形式、影响等内容，有助于遏制票房造假行为，提高我国文化产业发展的经济效益和社会效益。票房造假的形成原因主要包括两方面，一是电影产业链各主体为追求虚假营销效果、获取不正当利润等主观动因，二是票房统计体系漏洞及法律监管不完善等引发的"破窗效应"。在我国，主要的票房造假形式包括瞒报票房、虚报票房、偷票房、转移票房、买票房、先买后退等多种，严重破坏了市场公平竞争。美国、法国、日本、韩国等国家的发展经验为我国的票房管理提供了借鉴，如建立科学有效的统计体系，引入独立的第三方监督与服务机构并通过立法提高造假成本等。

**关键词：**虚假票房；电影；文化产业

**Abstract**: China's film industry has obtained a good opportunity to develop in the new period, and has produced huge economic benefits. But the development has been accompanied by the shadow of fake box office. Clarifying the causes, forms and influences of box office fraud will help curb box office fraud and improve the economic and social benefits of China's cultural industry. The causes of box office fraud mainly include two aspects. One is the subjective motivation: the main body of the film industry chain pursue false marketing effects and obtain improper profits; the other is the "broken window theory" caused by the loopholes in the box office statistics system and imperfect legal supervision. In China, the main forms of box office fraud include concealing the box office, falsely reporting higher box office, stealing the box office, transferring the box office, buying the box office, buying back the box office first, etc., all of which seriously undermine the fair competition in the market. The development experience of the United States, France, Japan, South Korea and other countries provides reference for China's box office management, such as the establishment of a scientific and effective statistical system, the introduction of independent third-party supervision and service institutions, and increasing the cost of fraud by legislation.

**Keywords**: fake box office, film industry, cultural industry

电影产业的发展是一个国家文化产业发展的重要组成部分，票房收入及电影相关衍生品的发展创造了巨大的经济效益。2018年，我国全国电影总票房为609.76亿元（约89亿美元），同比增长9.06%，显示出强大的经济潜力。但在繁荣景象背后，问题仍然存在，票房造假便是其中之一。票房造假，既包括虚高票房也包括少报票房的部分，即一切以伪造虚假的票房数字来谋取不正当利益或进行不公平竞争的行为。从2009年影片《阿童木》出品方北京光线影业首次向媒体承认其公开进行虚假票房宣传，电影行业伪造票房的内幕逐渐被揭开。2015年创造票房纪录的《捉妖记》，因其票房数据缺失"一致和准确"性，导致国外权威票房网站Box Office Mojo宣布不再提供中国电影市场票房数据。2016年电影《叶问3》被证实票房造假，发行方被罚停办相关业务一个月，造假票房不予承认。

票房造假现象反映了我国电影产业发展正面临着内忧外患。我国电影行业面临来自好莱坞、日本、韩国等国家优质影片的竞争压力，要想方设法提高影片质量以吸引观众占领市场份额。但当前实际情况却是电影行业囿于票房造假等自毁发展的内部问题中，专业水准、制作技术等都止步不前，劣质影片频出，社会大众对电影行业负面评价居多。要想重新步入发展正道，在当前中国面广量大的电影市场中获得竞争优势，电影行业亟待整治造假问题，肃清风气，重正行业纪律。

同时，由于互联网技术的发展，当今社会信息量激增，逐步迈入大数据时代。为在新时期占领发展的制高点，各国纷纷制定大数据战略，引导数据开放透明，提高数据信息的使用效率。如英国的“数据权”运动、美国的“大数据”战略、日本“面向2020年的ICT综合战略”及欧盟的开放数据战略等。习近平主席也提出要实施国家大数据战略，加快建设数字中国。显然，票房数字造假行为与这一时代潮流相悖。加快建设公开透明、科学有效的票房管理与统计系统迫在眉睫。

## 一、虚假票房形成原因

舞弊三角理论认为，舞弊行为的产生需要具备三个条件，即压力、机会和借口（自我合理化）。通常在舞弊的风险收益大于惩罚成本，并具有物质或精神的压力、监管体制缺陷提供的机会以及能够进行自我说服的借口等条件时，舞弊行为就会发生。票房造假行为的发生即满足这三个要素：既有经营谋利或完成指标的压力，又有统计和监管体系不完善提供的机会，还有“造假已成行业潜规则”的借口。可以主要分为主观动机和客观因素两方面。

### （一）主观动机

由于实施票房造假的主体不同，会有不同的具体动机和原因。因而有必要了解电影行业中主要的利益主体。产业链理论能够较为清晰地反映产业内部结构和各利益主体的关系。目前，我国电影产业链主要包括制片方、发行方、院线方和影院四个直接的利益参与主体。制片方主要负责影片的生产和制作，对最终影片产品拥有所有权，即版权。发行方负责影片的发行与宣传工作，当前我国发行行业的产业集中度较高，大部分影片的发行权掌握在少数几家公司手中。院线方主要负责影片放映的沟通问题，一般每条院线管理着多家影院，从发行商处购买到片源之后，复制给下属影院进行集中放映。影院是电影产业链的最终端，负责将影片放映给观众并回收票房。当前我国实行院线制的发行放映机制，所有影院必须由院线统一集中管理，不允许单独进行放映工作。影院向院线方缴纳租片费用和一定管理费用，院线则主要负责提供片源。

在我国主要的影视公司中，每家公司基本只负责制片、发行或院线三个环节中的一个，被称为“纵向分离式”的结构。① 各方为完成电影产业的所有环节，依靠大量的契约与协议建立合作关系，并主要采用票房分账的模式来进行利润分配。在这一模式中，各方协商一定的分账比例对某部影片的票房进行利益分割，因而各方博弈必不可少。在这种情况下，一旦市场监管措施出现了漏洞，就会被利益追逐者发现并利用，票房造假行为就会产生。

尽管票房造假的最终目的都是追逐经济利益，但不同的造假主体却有着不同的直接目的和造假手段。总体来说，行业内进行造假的主观原因可以分为以下几种：

1. 电影发行方或制片方——炒作宣传，吸引观众，增加排片

发行主要是为影片做宣传，其目的是为了提高影片的知名度从而吸引更多的观众进入影院观看。我国电影行业中的制片方和发行方通常存在两种关系：一是发行方是制片方团队中的一个宣传机构，隶属于制片方；二是发行方独立于制片方，两者都依赖于电影票房来获得利润。在这两种关系中，制片方和发行方都拥有较多的共同利益，在造假事件中的动机也大同小异。由于我国电影行业的收入主要集中在票房收入上，因而票房收入不仅反映了影片在观众中受欢迎的程度，也是制片、发行和院线等各方最主要最直接的收入来源。目前我国的影片评价体系尚不完善，缺乏权威、独立、自主的第三方评价机制，影片拥有越高的票房成绩，观众对此片产生的兴趣越大。为此，发行方会在影片上映期内虚高宣传影片的预售、首日或首周的票房成绩。这样可以在一定程度上影响观众的判断，吸引他们进入影院贡献票房；同时也可以影响影院管理者的判断。当影院发现某部影片预售或首映成绩十分优秀时，会增加该影片的排片甚至是在后期追加排片，给予更多的放映场次。这样使得该影片在同期上映的影片中“脱颖而出”，更具竞争优势。

---

① 吴昌南.中国电影行业“偷票房”效应及监管对策[J].商业研究，2017(12)：23.

2. 院线方及影院——虚假宣传自身放映实力，吸引优质片源和观众，增强议价能力

院线的实力主要体现在所管影院数量、票房回收能力等方面。在票房分账模式下，院线实力越强，在与制片及发行方的协商谈判中更有机会获得较高的分账比例，同时也更容易获得其他业务合作的机会，实现影院运行的良性循环。院线在媒体宣传中虚报所收票房，主要有几点好处：其一能够彰显实力并提升自身的形象；其二能够形成宣传效应，吸引更多观众选择其下属影院进行观影体验；其三能够在与制片和发行方的谈判中占有优势，拥有更多话语权，拿到更好的片源和较高的分账比例；其四能够增加更多的业务活动，制片方和发行方往往会选择知名影院进行首映礼、发布会等营销宣传活动。出于以上原因，院线或影院在媒体的采访中往往会多报所收票房，误导片方和社会大众。

3. 影院——减少上缴税费，获得更多收入

影院由于受到院线管理，通常会参与院线对媒体虚报票房的行为，主要是由于对媒体虚报数字并不需要付出成本反而能达到宣传的目的。但另一方面，部分影院在对国家权威的票房统计机构上报票房数据时，往往会偷漏瞒报票房，使用各种手段使得所报数字远低于实际票房数字，主要是为了降低所缴税费获得更多收益。

在我国，票房收入的分账方式主要为：在获得总票房之后，首先缴纳国家规定的5%的电影事业发展专项基金和3.3%的相关税费，这两部分均由电影院代为缴纳；之后再根据制片方、发行方、院线及影院等各方约定的分账比例进行分配。影院向国家票房统计机构瞒报实际票房，可以少缴纳部分税金；向发行方和制片方瞒报实际票房，可以将部分票房盈利纳入私囊；甚至转移自身分账比例较低的甲影片票房至分账比例较高的乙影片，向甲影片的制片方瞒报票房并从乙处获得更高的收入。人们一般认为内容质量上乘的影片所属片方在分账比例谈判中占有更多主导权，但其实更容易被影院的灰色操作转移票房而降低票房回收水平。

### （二）客观因素

除以上产业链各主体被利益驱使而票房造假的主观动因之外，也存在着使得造假能够成功的客观因素。首先是缺少科学有效的实时票房追踪系统。我国尚处于计算机售票系统的普及阶段，各方统计口径和渠道尚不统一，使得票房统计难以实时和准确。比如，部分老旧影院未安装可供统计票房的计算机售票系统，无法保证其提供数据的真实性甚至未能收到其上报的数据；另外二级市场（主要包括能够在礼堂等空间中放映影片的学校、军队等组织）的租片收入无法进行准确统计，影响了所公布票房收入的准确性。目前中国国内统计票房的机构主要有两家，一个是广电总局电影专项资金办公室，另一个是中国电影发行放映协会。① 两者发布的数据均有一定滞后性，也为造假提供了时间条件。

其次，缺少权威的法律条例和监管机构。新《电影产业促进法》中明确规定了有关票房造假的处罚措施。但在此之前，法律责任并不明确，一定程度上纵容了造假行为的发生和兴起。同时在对票房造假行为的管理上也缺乏权威而严格的行政主体，在票房造假成为行业公开秘密的情况下，被查实并处罚的案例却寥寥无几，不良之风没有得到及时遏止和治理。这导致了"破窗效应"的发生。第一次票房造假行为在我国电影业打破了一扇窗户，没有得到及时的管理与修复，从而使得这种状态不断扩散与恶化，造成如今行业内人尽皆知的造假行为。

### （三）案例分析：《叶问 3》——资本主导的票房造假

《叶问 3》是由香港导演叶伟信指导的一部动作电影，2016 年 3 月 4 日在中国内地上映。《叶问 3》上映首日票房过亿，在当时成为单日票房最高的华语片。但随后，舆论传出《叶问 3》涉嫌票房造假。2016 年 3 月 18 日，全国电影市场专项治理办公室作出决定证实《叶问 3》伪造虚假票房。在造假的手段上，《叶问 3》主要采用了买票房包场的形式。

---

① 范丽珍.电影票房造假的灰色内幕[N].真相调查.

从浅层次来看，《叶问3》伪造票房是为了刷高票房纪录，获得收益。但从深层次来看，其票房造假的动机背后，涉及金融资本的操作。《叶问3》的片方及投资方快鹿集团是国内一家民营企业，旗下拥有多家金融公司，包括贷款、理财、融投资等多个领域。快鹿集团提出了“互联网＋电影＋金融”的电影资本运作模式，试图打造一种“金融托底、互联网先导”的电影产业模式。在《叶问3》事件中，快鹿集团主导伪造票房的真正目的并不在于获得较高的票房收入，而是通过票房的提高来带动股票上涨从而获得金融资本的收益。

在《叶问3》的早期投融资期间，快鹿集团即通过其旗下的金融公司和第三方的互联网众筹平台进行了P2P融资和众筹。① 主要是承诺根据《叶问3》的票房收入给予不同的收益率。同时，《叶问3》也获得了上海市的电影发展专项基金支持，从一开始就降低了影片投资的风险。随后，在影片上映前夕，两家金融公司神开股份和十方控股与片方订立协议，以认购影片的票房收益权为由投入1.6亿进行了保底发行。十方控股以1.1亿元收购了《叶问3》在中国内地55％的票房收益权。此时，无论《叶问3》的最终票房收益为何，片方和投资方实际上已经获得了资金的回收，票房压力也应该降低。但快鹿集团为了股票溢价，获得更多的股票收益，尝试推动票房的提升。票房越高，越有利于神开股份和十方控股两家上市公司，一方面获得较好的票房收益，另一方面则能够显著提升两者在股民心中的公司形象，从而抬高股价。如此，快鹿集团便可以通过股价大涨来获得变现收益。

《叶问3》伪造票房，不仅是为了电影的票房收入，更为了其背后深层次的获利目的。实际上已并不是单纯的行业内部行为，而是在外部资本裹挟下的不正当市场操作。

---

① P2P融资又称点对点网络借款，是一种借助网络平台，将小额资金聚集起来借贷给有资金需求的民间小额借贷方式；众筹是通过互联网平台向广大群众筹集资金的一种方式，一般会承诺给予一定的回报。

## 二、票房造假的形式

我国电影行业票房造假事件频出，造假的形式和操作手段也花样百出。从以影院为主导的偷漏瞒报票房，到院线的虚报票房，再到发行方的买票房等，涉及了行业内的全部主体。在新闻媒体的监督之下，为大众所知晓的造假方式主要有以下几种。

### （一）瞒报票房

瞒报票房主要以影院为主导。纵观我国有记录以来的票房造假历史，作为电影行业最终端的影院是最早开始进行虚假瞒报票房的主体。这是由于影院一般最先掌握实际的票房数据，他们在对数字的处理上拥有较大的自主性。尽管受院线的管理，但影院在对发行公司的票房上报中由于缺乏监督和自觉性，仍然会少报、瞒报。上报票房一般是由电影院将前一天票房登记成表递交给院线，院线再将各影院票房合计上报给发行公司。

此外，在计算机售票系统的管理下，影院会采用双系统报账来瞒报票房。由于目前我国尚处于计算机售票系统普及过程中，管理并不严格，某些影院就会装两个售票系统：一个用来真实地向观众出售电影票获取票房；另一个则专门用来票房造假并凭此向国家缴纳税金和与制片方等进行票房分账。

### （二）虚报票房

正如前文所述，院线方的作用主要是获得制片方的片源，在下属影院中进行排片和放映。为了拿到更好的、更有可能获得高票房的片源，院线需要提高自己的知名度，彰显优秀的经营能力。为此，某些院线在媒体报道中会虚报该院线内的票房收入，以此争得票房收入排名靠前，来吸引制片人、媒体和观众的注意力。在媒体或个人等对影院票房进行询问或调查时，院线要么直接凭空虚报数字，要么凭借管理着多个下属影院，将多条院线数据合并报出。张梦在研究国内虚假票房时指出："目前院线在虚报首映日、首映周、年度、卖断版权影片和二级市场的票房方面尤显突出，除为宣传争第一、争排名吸引关注外，还与完成年度国产影片票房考核指标，争取多放进口、国产分账大片有关。"①

影院一方面受到院线方的压力会配合造假，另一方面也会为了本身知名度而主动虚报票房收入。

### （三）偷票房

偷票房是指将本应参与缴税和分账的票房收入通过一些手段私自纳入影院或院线名下。影院主要是通过手写电影票或直接不给票来偷票房。由于票房统计部门主要统计通过其管控的计算机售票系统终端售出的电影票，手写电影票不会被计入票房。部分影院会借口售票计算机故障或利用群众的无意识，通过向观众发放手写电影票作为其观影凭证，从而躲避票房统计，观众所支付的票价则由影院私有。

这种情况在团体购票中更容易操作。影院以团体人数较多可享受简便流程为由，让团体或包场观众直接进入影厅内观影，而不用进行票务检查，因而也不用对其发放电影票，或者仅给予手写票为凭证。一般团体客户乐于获得这种便利，不会要求一定要获得电影票；而电影院也可以瞒过售票系统和发行方及制片方，将团体票的收入偷入囊中。

此外，院线由于管理着多家电影院，在放映上拥有较大的自主权，这也为其提供了偷票房的便利。发行方决定在某条院线内进行上映时，需将影片的拷贝给到院线。但对拷贝的使用无法做到完全监管，这就给了院线和影院方可趁之机。一般发行方会选择在部分规模较大的影院进行首轮上映，再在一些比较落后的影院进行二轮上映。院线便会在有影期的电影院放映之后或在其放映空隙

① 张梦.中国电影伪票房调查[N].金融时报，2010-11-5(009).

将拷贝拿到旗下没有安排影期的电影院进行放映，甚至是出租给厂矿、学校的电影院进行放映，这些收入都会最终落入院线和影院手中。[①] 同时，院线还可以在放映时间上做手脚。一般发行方会在与院线的合同中约定放映时间，并在上映前几天就将影片拷贝交到院线手中。部分影院就会利用这个空当，私自提前放映影片或将拷贝拿去租映。在发行方未察觉的情况下，院线和影院又可获得这部分收入。

### （四）转移票房

转移票房，即将本应属于甲影片的票房偷偷记在乙影片名下。一般出于三个目的：一是为了完成部分影片规定的播放量。如为获得电影局鼓励多播放国产影片的奖励，将甲影片的票房偷偷记在国产影片乙的名下。二是乙影片的最低票价要低于甲影片的最低票价。一部影片通常会有两个价格：最低票价和影院售价。最低票价也被称为发行价，是由发行方决定的最终与发行方进行结算的最低价格；影院售价即电影院的实际卖价，不能低于最低票价。因而影院在卖出更多的比最低价格更低的影片之后，能获得更多的利润。三是乙影片的影院分账比例要高于甲影片的分账比例。由于每部影片的分账比例都是制片、发行、院线和影院单独协商的，影院在不同影片中拿到的分成比例有高有低，也更倾向于卖出更多的分成比例较高的影片来获得更高的利润。通常情况下，往往甲影片是品质上乘、对观众吸引力较高的影片，其票房实际被转移到乙影片下。

“捆绑”销售是转移票房的一种常用手段。影院向观众推出两部影片的优惠套餐，一般为两部影片连映或可凭一张票根在不同时间段观看两部影片。通常情况下被捆绑的为一部优质影片和一部较差影片。影院有两种方式可推动“捆绑”销售：一是影院只提供两部影片的组合销售，那么被优质影片吸引的观众也只得以组合价同时购买两部影片；另一种情况则是部分观众出于以更低的价钱

① 夏卫国.电影票房营销[M].北京：中国电影出版社，2009：117.

观看两部影片的目的也会选择购买组合套餐。观众主要关心的是组合套餐的总价,而影院则可以在每部影片的单独价格上暗动手脚。如果甲影片为需要完成销售指标的影片或分账比例较高的影片,影院可以将甲影片的票面价格在可操控区间内提到最高。

电影票与其他物品搭配的套餐也被部分影院用于票房转移。影院与制片方、发行方约定的分账收入只包括票房收入,其他收入并不计入其中。同样,影院可以通过向观众卖出组合套餐并将票面价格记为最低来获取部分收益。通常是电影票与零食饮料的组合,部分影院甚至向观看 3D 电影的观众组合出售 3D 眼镜。影院通过提供餐饮服务或其他服务获取收入无可厚非,许多国家的电影院均采用这种模式经营。但若影院故意压低电影票价格,或强制向观众出售电影票套餐,其实损害了行业上游主体的利益,影响了票房回收与分配。

此外,影院还会向部分观众实行会员制度,一般以票价优惠来吸引观众成为会员。影院向会员预售电影票,但不在其电影票上打印电影名称。这样,无论会员选择观看什么电影,影院都可以暗中将其计入可使自身获益最多的影片名下。

还有一种情况则是对于购买团体票数量较大的公司或团体,影院以售出价和票面价差价来谋利。这种情况与前文偷票房的团体操作不同,影院必须提供一定的票务凭证使得团体客户可以在不同场次、不同时间段进行观影。针对一次性购买成百上千张团体票的客户,影院会先给他们自制的票券的凭证,规定其在某段期限内来换取电影票观看电影。此时,影院便可将正规电影票的票面价格尽可能压低,并以这个较低的价格上报给发行方。而票面价格低于团体票售卖价格的部分则成为影院的一部分收入。

### (五)买票房

买票房主要是制片方或发行方为了影片的宣传和带动观影效应而自掏腰包的一种行为,主要集中在电影上映初期的一段时间内。为了制造电影火爆的假象,在各种媒体虚假宣传电影预售、首映日或首映周的高票房纪录,从而吸引观众进入影院为该片贡献票房，并诱导影院给予该片更多的排片，对同期影片造成影响。买通部分媒体进行虚假票房宣传的情况现在仍然存在，但十年前是发行方宣传虚高票房的泛滥期。这一时期中国电影行业的票房统计主要是由国家电影专项资金办公室每周进行权威统计并公布在《中国电影报》上。由于数据公布的滞后性，使得一部分发行方趁机宣传虚假票房试图提升影片在同期的竞争力。近年来买通媒体的行为由于互联网票务平台实时公布销售数据且新媒体监督加强而有所收敛。

除直接买通媒体虚报数字之外，发行方还会通过包场造假。一种是通过放映公益场次并计入票房来提高票房纪录。影片《捉妖记》即被认为是通过大量放映公益场次并将其计入票房收入来提高自己的票房纪录。另一种是与影院订立协议，影院通过安排午夜场次等方式来刷高票房。如影片《叶问 3》就主要采用了买票房包场的形式：在部分影院内购买大量的午夜爆满场次，甚至有上座率高达 108%，被称为“幽灵场”，同时提高该时段票价，尽可能抬高票房；部分影院在夜间同一放映厅连续放映《叶问 3》，但间隔仅 10 分钟；同时在部分场次中自购电影票刷高票房。

票补是近年来互联网票务平台兴起后出现的一种新兴买票房方式。由于互联网技术的发展，我国出现了大量的第三方购票系统，如猫眼、淘票票等平台，线上购票成为电影票售出的主流。这类平台在进入行业初期，往往会采取补贴电影票价的方式吸引观众下载并使用该平台。此后，这种方式被发行方或制片方用于电影的宣传发行。他们向该平台注入一笔资金，补贴到票价之中，让平台以远低于其他影片票价的价格卖给观众。超低的票价使得一部分观众倾向于选择观看该影片。在电影《英雄本色 2018》导演对影片发行方光线传媒使用宣传发行费用明细的追责事件中，光线方面公布的宣传发行费用用于票补的部分即有 1 000 万元人民币。票补造成的非公平竞争一度使得电影行业陷入混乱，出现众多经过补贴后的特低价票，导致没有票补经费的影片陷入劣势之中。后经过政府整治，严禁超低价电影票扰乱市场秩序，这种情况才有所好转。

### （六）先买后退

先买后退是近年来新出现的一种票房造假的形式。制片方或发行方在影片上映前通过自己购买来刷高预售成绩，从而锁定影院排片，再通过退票操作收回部分成本。主要是由2018年4月上映的影片《后来的我们》异常退票事件引起关注。

在我国院线制放映机制下，影院必须归入院线并由院线进行统一管理。在影院的排片上，主要是根据院线与制片和发行方达成的协议，由院线对下属影院进行整体的指导。但影院经理可以根据当地实际情况和观众喜好等进行一定的调整。在互联网业务发展的当下，票务平台上显示的预售票房、想看人数、每日票房等数据对影院的排片提供了参考意义。当某部即将上映的影片在票务平台上显示的预售成绩和想看人数较多时，影院也会对此片进行更多的排片；当影片上映首日或首周票房成绩十分理想时，影院也会实时适量增加排片。

《后来的我们》在票务平台上的预售成绩十分突出，使得影院管理人为其安排多轮排片。但在4月28日上映一天后，即出现晚间大量预售票遭遇退票的情况。据统计，被退票的影院总数接近4 000家，退票数量约38万张，涉及票房约1 300万元，占影片当日总票房2.8亿元的4.6%。大部分是第三方销售平台订单，被恶意刷票订单集中在19.9元等特惠票。① 由于猫眼文化传媒有限公司(简称猫眼)既是遭遇退票的主要票务平台之一，也是该影片的主要发行方，利益牵涉十分复杂，因而被怀疑利用自身平台优势进行退票操作以增加排片。

## 三、虚假票房的影响

票房造假实际上并不是一种孤立的行为，在大多数情况下都存在着各方的

① 票房造假花式翻新、行业顽疾久治不愈，羊城晚报[EB/OL]. http://news.taizhou.com.cn/news/2018-05/06/content_4007733.htm.

利益牵连关系。因而票房造假的影响并不是小众的，也会对行业乃至社会整体产生影响。尽管对造假方来说，能够获得眼前的利益，但其所宣扬的不正当竞争、弄虚作假的不良风气会反而影响其长远利益。

### （一）对造假方的影响

从造假方角度出发，伪造票房对他们带来一定的积极收益。影院通过瞒报、谎报票房，完成了规定指标，少缴纳了税金，获得了额外的受益，利润得到提高。作为发行方或制片方，通过首周的虚高票房宣传，使得影院在排片时给出较多的排片，在同期的影片竞争中占有优势，也使得一部分不明真相的观众走进电影院拉高了票房。

然而一旦造假事件被爆出，即会对影片本身、主创团队、发行公司和影院等价值主体产生永久的负面影响。如电影《叶问 3》被发现造假后，其票房中经过查实的 3 200 万元造价部分不计入统计不予认可，发行方大银幕公司暂停新的发行业务一个月，对参与造假的 73 家影院提出严重警告，并对其所属的 20 家院线在中国电影发行放映协会的官方网站上进行通报批评，对 3 家涉事电商提出严重警告。片方及投资方快鹿集团之后的经营发展也陷入困境。

实际上，造假行为产生的短期收益很难弥补其惩罚成本。这种成本不仅包括行政处罚成本，还包括对自身经营的品牌声誉的损害、同行的排斥等无形成本，企业品牌形象的损毁通常很难再得到恢复，因而很容易陷入经营困境，得不偿失。

### （二）对电影行业的影响

1. 不正当竞争盛行，行业发展效率降低

虚假票房的本质是不正当竞争。尽管对某些群体来说，进行票房造假能得到暂时的眼前利益，但实际上造假的成本和代价越来越高。如发行方或制片方对电影票实行的票补及买通影院的成本，均随着行业风气越来越坏而不断提高。

表面上看,影院似乎是造假成本最低甚至只有获益的一方,但只要其作为行业中的一环,就有可能受到不良风气产生的负面影响。《后来的我们》事件中,发行方涉嫌买预售票又大量退票的行为触动了影院的“奶酪”,使得影院方最先提出抗议。从该事件看来,只要不正当竞争的风气存在,终会影响到价值链上的每一个价值主体。

造假增加了影片的不必要成本,造成了资金的浪费。在行业开始造假之初,部分影片制作方利用盈余的资金进行虚假票房的宣传。随着造假成为行业“潜规则”,许多影片必须从制作预算中单独挪出一部分用作票房造假,从而挤占了影片制作预算,对影片质量也造成了影响。同时,造假影片对未造假影片形成了隐形的竞争门槛,使得它们在排片、宣传等方面均处于劣势,危害了电影行业的整体发展。

同时,票房收入是投资人对电影行业动态进行判断的重要指标,可以反映某部影片或某类影片或某个导演及制作人的票房回收能力。若某部影片伪造过高票房,使得投资人对该类影片或制作团队更加青睐,因而增加对该类影片或该制作团队的投资。但实际上该票房并没有反映实际的观众喜好和市场状况,可能会导致投资失败进而影响整个产业的资金使用。

2. 行业公信力丧失

行业公信力是一个行业对外所表现出来的行业的担当与责任。当前我国电影产业的公信力是缺乏的,直接导致了观众对国产电影的消极对待。人们在进行娱乐活动时,本质上是在追求新鲜刺激、时尚好玩的东西,其忠诚度较低。电影行业的不景气,很可能将观众推向其他更有趣、更好玩的娱乐方式。而一旦被观众抛弃,对整个行业的打击是致命的。20世纪五六十年代,电视剧的出现使得美国好莱坞的电影行业进入了一个短暂却严峻的低潮期。因电视娱乐改变了电影娱乐方式的时间和地点限制,使得一家人可以围坐在一起自由观看电视剧,更具人文情怀。这一教训值得当前电影行业警惕。尤其在当下,电影行业面临着来自流媒体的冲击。美国在线视频网站奈飞公司逐渐布局电影产业,其制作的影片《罗马》获得奥斯卡多项奖项。但其拍摄的影片不会或很少在影院放映，由此产生了看衰影院渠道的观点。这对传统电影产业的生存构成了威胁。在快速变革的时代，行业更应当齐心协力，共渡危机，适应变革发展。

同时，国产影片也面临来自欧美、日韩等地区的影片竞争压力。在国内外影片同期上映阶段，国内观众会跨越语言障碍、文化折扣等因素倾向于选择外国影片。这是由于国内电影的粗制滥造和虚假营销等使观众丧失了对行业的信任，而外国输入的影片具有较高的质量保证。电影发行公司在影片宣发过程中采用的买流量、买话题讨论指数、买预售票房等虚假营销方式使得观众对新媒体宣发缺失信任感，转向信任更保守更传统的营销方式即熟人营销，将使得电影行业的宣发工作进入低效、混乱的状态。

行业公信力丧失也会造成行业内的融资困难。行业外资金在欲进入电影行业之前，会先保持观望态度。造假事件的发生会使得投资人对行业的发展秩序及未来前景抱有担忧，甚至转而投向其他领域。对于高风险且需要大量资金的电影行业，融资不顺畅将使得整个行业的发展陷入困境。

### （三）对社会大众的影响

票房造假使得观众无法获得娱乐消费的回报。观众是使得一部影片从文化商品飞跃成商品的关键因素。不可否认，观众几乎是每一工业流程中最重要的环节。通过票房造假进行宣发的影片使得观众被误导从而走进电影院，但观影后发现影片与预期相差较大，没有获得应有的观看体验和娱乐享受。

造假行为也会对整个社会风气产生不利影响。电影产业由于其行业特殊性，通过互联网等媒介出现在公众视野的频率较高，其行业动向也更容易成为公众关注的目标。票房的造假有可能成为社会中的“破窗”，危害社会的公平与真实。

总体来讲，票房造假对行业的影响是最显著的。它使得行业不正当竞争风气盛行，行业发展效率降低，行业公信力丧失，进而影响了行业竞争力。对行业内的从业人员来讲，应当认识到行业的长远发展才是重中之重，警惕其他行业带来的干扰行为。《叶问3》事件即反映出外部因素对电影行业发展的干扰。其他行业的资本涌入电影市场，主要是为了谋取更高的利润，却罔顾电影行业的整体发展。他们在扰乱电影市场获取利润后，可以迅速脱身转移至其他领域，但电影行业的发展却陷入难以逆转的困境。因而，电影行业面对票房造假行为，应当积极进行抵制和纠正，维护行业的良性发展。

### （四）案例分析：《后来的我们》退票事件

在影片《后来的我们》退票事件中，受影响最大的是影院和院线。影院管理人员在给影院排片后，一旦有观众购买了某场次的票，即使全场只有一位观众，影院也不得取消放映。因而，在确定排片后，上座率越高，影院盈利越多。影院根据预售成绩，为《后来的我们》安排了较多的放映场次。当排片信息公开时，真实观众购买电影票，将放映场次锁定，影院不能取消放映；而虚假电影票则以退票离场。单场观影人次减少，影院盈利减少甚至票房收入无法覆盖放映成本，造成了影院的损失。

《后来的我们》退票事件之所以引起如此大的反应，是因为它对行业里的信任合作关系以及行业公信力的打击是巨大的。猫眼利用自身作为票务平台和发行方的双重身份欺骗同行的行为，将使其丧失平台的公信力以及行业内各方与其继续合作的信心，行业内外对第三方票务平台公布的数据的准确性和信任度均将受到影响。电影业内对垂直整合的进程将充满顾虑，如何防止跨业务公司的权力滥用并对其进行有效监督将是值得重点关注的话题。

电影行业在普通观众心中的公信力的下降，一方面会降低对行业的信任度，网络上铺天盖地的影片宣传无法分辨真假，话题流量、预售票房等都有可能出自造假行为带来的虚假火爆。这将为影片的营销和发行方式提出新的挑战，迫使发行公司找到更有效更值得信任的宣发渠道和方法；另一方面会降低观众对国产影片的好感度。

## 四、票房治理经验借鉴

我国电影产业起步虽早，但经历过不少波折。与其他国家相比，现今行业内发展机制仍有待改善。欧美电影以及以日韩为代表的亚洲电影，产业发展比较成熟，在国际电影业占有重要地位。美国电影业经历完善的发展，成为国际电影业的巨头；法国电影是政府扶持电影业的典型代表；日本和韩国则与中国具有相似文化和地域背景，其良好的发展经验尤其是票房管理经验均值得中国电影产业学习与借鉴。

### （一）美国及其他国家经验借鉴

美国电影工业是世界电影产业当之无愧的领头羊。经过近一个世纪的发展，好莱坞电影产业具备了比较成熟而完备的形态，其模式被众多研究者和行业从事人员学习和借鉴。美国电影历史上也曾出现过票房造假的行为，但经过成熟的发展已经基本不再有此种现象。研究者认为这主要是“因为如今美国大多数电影院都隶属于规模庞大的院线，这些院线都是上市公司，受监管方和投资者严密的监督，信息技术的发展也使得瞒报收入变得更加困难，绝大部分电影院都已采用联网电脑售票系统”。同时，发行商还会委派第三方机构监控这些系统，并在某些时候委托一些公司对售票情况进行抽样调查。[①] 如 TNS 媒介情报集团的影院娱乐服务部就提供这样的服务，他们会按发行商的要求派人秘密到影院清点某场放映的观众人次，之后发行商则可以将这个数据与放映商提供的售票数进行对比，看是否存在瞒报票房的情况。[②]

在票房的监督管理上，好莱坞电影业主要由第三方公司独立进行票房统计

① 尹鸿.世界电影发展报告[M].北京：中国电影出版社，2014：490.

② 同上。

与及时公布工作。目前,好莱坞影业主要由两家公司进行电影票房的统计和发布。除统计数据之外,这些公司不参与电影产业的任何流程,包括制片、发行、院线等工作。1976年成立的娱乐业数据组织(简称EDI)一直是票房数据收集机构,并在随后发展出一套国际票房统计网络以及跨媒体分析系统。兰特拉克(Rentrak)是成立于1988年的录影带租赁公司,后逐渐发展为一个高科技票房统计机构,在北美达到了99%的覆盖率。他们拥有一套可以使电影发行人在某段时间跟踪票房营利的系统,收集方法迅速而便捷,能够在观众购票5秒后跟踪到数据,这就避免了延时发布、数据造假等弊病,数据可靠度高。依托其强大的分析系统,兰特拉克还可以根据时间、地点、院线等不同维度处理数据,从而为客户提供个性化的专业数据。实时报道也是其第一个成功的业务,成为观察每周电影票房领头羊的福克斯工作室行政官的首选。① 相比之下,兰特拉克公司仅为合作公司提供信息,而尼尔森EDI会将部分信息刊登在报纸杂志上。随着电影放映数据在电影行业日渐重要,这些专业的数据统计与分析公司也越来越受到重视。

同时美国也拥有独立自主的第三方影视评价平台。其独立性保证了其权威性与可信赖度。当一部影片上映时,观众在接触发行方铺天盖地的宣传的同时也能够在第三方评价网站上观看专业人士和其他观众的评价,理性地看待影片并进行选择。在这种情况下,过分宣传首周票房以映衬影片质量的行为没那么必要。

好莱坞影业在漫长的发展中形成的多样又成熟的盈利模式也为遏制票房造假行为做出了贡献。最典型的是"扩窗发行",其暗含的经济理论也叫"价格歧视"②,即根据消费者群体的细分对不同的消费者群体收取不同的价格。好莱坞电影在全球输出中,在不同国家和地区以及影院、互联网放映平台等不同渠道制

---

① 保罗·麦克唐纳德,简妮特·瓦斯科.当代好莱坞电影工业[M].范志忠,许涵之,译,杭州:浙江大学出版社,2014:106.

② 刘强,汤茜草.电影产业的扩窗模式变革趋势分析[J].北京电影学院学报,2010:38.

定了差异价格，使得一部影片的利润能够最大化。此外，好莱坞电影通过延伸影片的价值链，使得对票房收入的依赖降低。学者研究得出，“按照电影价值的产生层面，可以将电影产业价值分为三个层次：银幕层面、传媒层面、娱乐时尚层面。在美国，银幕层面的价值占电影产业总价值的20%左右，传媒层面和娱乐时尚层面占电影产业总价值的80%左右。好莱坞电影的票房收入一般低于一部电影总收入的30%，其余70%的收入来源于电影后续产品的收入”①。一部影片的收入方式众多，对票房的依赖程度显著下降，也就降低了票房造假的动机。同时，在利润分享模式上，好莱坞影业逐渐形成了较为固定的分账比例，使得影片利润分配透明公开。这在一定程度上也能够降低票房造假的可能性。

此外，在美国法律严格的监管之下，造假的成本和风险巨大。一旦被证实造假，不但要面临法律法规的惩罚，还会影响个人信用，承担由完善的社会信用体系形成的种种不便和限制。因而，对票房进行造假行为并不是明智之选。

法国电影行业也保持着较高的透明性，主要得益于政府的悉心扶持和严密监控。法国的票房考量主要是按实际观影人数来统计，而不是直接统计影片的电影票销售收入。这一统计方式一定程度上使得在票房上造假变得更加困难，按人头数统计更便捷也更容易得到第三方的监控。另外，资助的透明性使得法国电影的投资模式十分健全而稳定，投资者也都适应了漫长的资金回收周期，同时也有政府的资助基金保障，并不急功近利从而过分追求投资的快速回报。制片方和发行方也面临着较小的风险和压力，大大减少了造假和不公平竞争的动机。同时，影院也会定期得到政府的扶持基金，不会因为经营压力而选择在票房上造假以谋得更多的利润。

日本电影行业有着较高的自律性。一方面是由于票房统计工作主要是由独立性较强的第三方公司负责，在保证科学统计数据的同时，也对行业形成了一定

---

① 吴海清，张建珍．全球电影产业链结构及其对中国电影产业的影响[J]．电影艺术，2011(4)：5—13．

的监督。另一方面则是由于日本的法律对造假行为惩罚较重，一旦发现造假，则面临巨额罚款，规模较小的影视公司甚至会直接被罚至破产。这种严厉的监管措施也促进了行业内的自律与自觉。同时，虚高的票房也需要缴纳相应的较高的税金，使造假成本增高。

韩国电影振兴委员会对韩国电影的发展具有重要意义。在票房数字的管理上，从 2004 年开始，振兴委员会在韩国各个城市推广了票房统计系统，逐步建立了统一的票房信息系统——综合电算网。① 该系统能够对全国的电影院的电影票销售情况进行在线统计与处理，实时反映和统计全国院线的电影票务情况。2006 年，该系统在韩国全国的普及率为 68%；2009 年，实现了 99%的覆盖率，并在首尔地区实现 100%的全覆盖。② 科学的票务统计系统使得电影产业的票房统计资料准确又透明，既避免了票房造假现象的发生，也为电影振兴委员会制定电影产业相关发展政策提供了科学依据。同时，这些数据资料也会实时公布在电影振兴委员会的官方网站上，便于社会各界查询和使用。

### （二）值得借鉴的票房管理经验

1. 建立科学有效的统计体系，引入独立的第三方监督与服务机构

目前各国在计算电影票房上主要有两种方式：直接计算票房收入——为大部分国家所用；计算观影人次——目前主要为法国所用，此前韩国曾用这种方式，2013 年为与国际主流统计口径相合而逐步改为统计票房收入。法国在观影人次的计算上除行业规范外，采取了人力监督的方式保证数据的真实性。其他国家在票房收入的管理上主要是通过实时而准确的票房统计系统实现，同时也会引入第三方权威而专业的平台的监管，使得造假行为无处可发生。

---

① 韩国电影振兴委员会.韩国电影史[M].周健蔚，徐鸢，译.上海：上海译文出版社，2010：371.

② 杜绝电影偷票房，国外有益经验可借[EB/OL]. http://sh.sina.com.cn/news/s/2016-08-31/detail-ifxvixeq0784396.shtml.

2. 通过制定法律提升造假违法成本

法律是裁定违规行为重要甚至是唯一合理的手段。韩国政府为电影行业的发展制定了详细而齐全的法律措施，确保了韩国电影的迅速崛起。日本法律在规范行业纪律方面起了重要的作用，严格的处罚措施使得行业内半自愿半强制性地形成了自律规范。

## 五、如何治理虚假票房

虚假票房的治理并不是也不可能是一蹴而就的，应该做好长期与之作战的准备，这离不开政府的宏观管理、行业内“断舍离”的决心以及社会大众的帮助与监督。

### （一）政府

政府始终在我国社会主义市场经济体制中扮演着监管和调控的重要角色。在任何国家、任何产业出现问题之时，都需要政府出面进行有效的处理。尤其在当前我国电影产业中并没有出现强有力的自我管理组织的情况下，更需要政府的协调与管控。在票房造假监管中，政府可以发挥的作用有：

1. 主导建立完善科学的票房实时追踪系统

票房统计的公开透明离不开科学的计算机统计系统。影院统一安装符合规定的售票系统，是规避票房造假的第一步。政府可以通过行政命令强制规定影院安装。部分偏远地区落后影院以经营状况差等理由逃避，可以从电影专项基金中抽取部分资金帮助其完成改造。

客观而言，我国由于地广人多，情况复杂，在各种管理上本身存在较大的难度。在主流城市市场之外，国家主导建立乡村等偏远地区的电影市场，推动人民文化权利的公平行使。我国电影市场分为三级，其中以乡镇、乡村为主导的二、三级市场难以在短时间内实现规范管理。这是我们在建设过程中必须具备的思想准备。以韩国为例,韩国人口和地域面积仅相当于我国某个省市的规模,在普及票房统计系统中也经历了近5年才实现普及率99%。我国存在34个这样规模的省市区,并存在大量落后的四、五线小城市甚至是乡镇地区,在系统的普及中会遇到更复杂的情况。因而应该保持计划性,有规划地进行长期准备,逐步普及和推广。

2. 完善法律法规体系,提高违法成本

2014年,在频繁爆出电影行业的票房造假行为之后,广电总局出台了《关于加强电影市场管理规范电影票务系统使用的通知》,明确规定:“严禁向观众出售非正规电影票,包括手工票及经手工涂改的或票面必要信息打印不完整的电脑票”且“电脑票上打印的影片片名必须与观众实际观看的影片一致。严禁出现电影票上打印片名与观众实际观看的影片不符的行为。严禁出售、使用无明确影片片名的电影票。”①这一规定虽然对电影票进行了一定规范,但可以看到,仍然没能改善电影票票面价格低于实际售出价格的这一造假手段。

2017年3月,经过多次意见征询并修改完善的《电影产业法》在大众期盼下颁布。其中第五十一条规定:“电影发行企业、电影院等有制造虚假交易、虚报瞒报销售收入等行为,扰乱电影市场秩序的,由县级以上人民政府电影主管部门责令改正,没收违法所得,处五万元以上五十万元以下的罚款;违法所得五十万元以上的,处违法所得一倍以上五倍以下的罚款。情节严重的,责令停业整顿;情节特别严重的,由原发证机关吊销许可证。”②终于从法律层面上对票房造假行为提出禁止与惩罚措施。但是,相对于电影行业高达千万元乃至上亿元的资金往来,50万元封顶的处罚威慑力有限。以2016年的《叶问3》为例,其中片方通过虚假排片的票房即达2 800万元,片方自购票房达3 200万元,金额总量远超

① 中华人民共和国国家新闻出版广电总局.关于加强电影市场管理规范电影票务系统使用的通知[Z].2014-01-24.

② 中华人民共和国全国人民代表大会常务委员会.中华人民共和国电影产业促进法[Z].2016-11-07.

产业促进法中的50万元上限，规制力度有限。为此，建议可进一步借鉴日本法律的高额惩罚以达到震慑作用。

同时，新《电影法》中对监管部门及电影相关产业的工作人员的介绍并不明确，票房出了问题谁来管、谁负责没有清楚明示，这样会出现延迟执法、不执法、发现问题无处报案的现象，非常不利于电影市场的监管。① 同样以《叶问3》为例，金融企业进入电影产业，利用资本绑架了电影，实施了以票房造假为手段的金融资本游戏。但事件发生后，仅有全国电影治理办公室在电影行业内进行处理，并没能管理到金融行业部分。对此种跨行业的融合，仍需建立起相应的管理主体。

另外，在对造假责任的判定上，可以实行双重责任制。即一旦发生造假行为，不仅要追究相关企业和组织的责任，也要明确具体造假主导人的责任。通过责任到个人，能够使得每个电影从业人员更加规范自身并逐步促进整个行业的自觉。

纵观我国的票房造假行为，主要是因为行业内的经营主体在法律及制度监管不严密的情况下，受利益驱动而为。因而，建立起有效的信息公开系统和法律监管体系，能够有效地倒逼行业内的自律与规范，进而逐步减少此类行为。

### （二）电影行业

1. 发挥行业自我管理组织的作用，促进行业规范自觉与社会监督并行

纵观各国的电影产业管理，除政府外，产业内部自觉成立的管理组织也发挥了很大的作用。在好莱坞早期由八大电影公司主导电影行业的时期，即制片厂制度盛行时期，政府想要减轻产业垄断和巨头控制的状况，准备实行一定的措施，而几大制片厂公司立刻联合起来成立行业自我管理组织——美国电影制片和发行公司（MPPDA），并主导制定了著名的《海斯法典》，成为行业自我管理与

① 徐蒙南.论新《电影法》对偷漏瞒报票房的立法措施与监管[J].视听研究，2018：37.

审查的典范，减轻了政府对产业的干预。

我国现有的电影行业组织有中国电影家协会、中国电影导演协会、中国制片人协会、中国电影发行放映协会等，但都不具备成熟的影响力。我国电影行业可以从内部建立起更熟悉产业发展机制的自我管理组织，不仅承担协调与交流的作用，也给予一定的行政权力以进行行业管理与监督，同时也要接受政府、第三方独立研究机构以及社会大众的监督。

2. 深耕技术与内容品质，提升制片、宣发、盈利能力

票房造假对许多发展电影产业的国家来说并不是值得特别关注的问题，但对中国电影业来说，这已严重阻碍了制片质量提高和电影行业的发展。当其他国家的电影业界在思考如何创造更优秀的剧本，如何进一步提升特效水平，如何利用互联网技术进行更有效的宣传时，中国电影界却深陷造假、作弊泥潭，两者的发展差距由此便可以显现。

电影从业人员应当将更多的注意力集中在影片制作水平和质量上，通过优质内容吸引观众获得票房。在宣传与发行环节，遵循营销科学内涵，通过更多市场研究掌握观众的喜好，找到最接近观众、最有效的营销方式。同时，要借鉴西方国家的经验，延长影片的价值链。如通过授权播放、周边产品开放、产业联动等方式创收，而不是仅仅依赖票房收入，唯票房至上，导致不良风气盛行。

### （三）社会

1. 成立第三方票房数据服务机构和电影评价机制

从好莱坞经验来看，纵向垂直一体的产业组织模式并不一定有利于行业的发展。“派拉蒙案”中，美国政府强制要求集制片、发行、放映于一体的派拉蒙等影视巨头拆分自身的院线业务，促进了纵向产业结构的分离。如今经过半个多世纪的发展，好莱坞影业仍然建立了在全球的不败地位。利益的纠缠势必导致各方的博弈，当利益重合时很容易相互纵容和隐瞒。因而，各国专门进行统计票房的公司均为第三方独立机构。我国的相关企业可以发展票房统计与监督的业

务，开辟新的盈利方式，进行新的发展。

2. 建立完善的诚信管理机制，对造假行为零容忍

目前我国社会已经存在一定的诚信机制。政府对拖欠债款不还的"老赖"，实行禁止其购买火车票、飞机票等惩罚措施。线上支付平台支付宝也对用户的征信进行管理，信誉良好的用户可以享受极速退款、免押金使用共享物品等。银行在审核贷款资质时也越来越注重申请人的信用记录。票房造假对建立诚信社会危害巨大，也可以将其纳入社会诚信机制中来。对进行造假的企业或个人，实行记录在案并在相关活动中实行一定限制，对造假行为形成震慑。

3. 发挥社会大众的监督作用

在信息化社会中，民众的监督作用得到了极大的发挥。微博、抖音、微信等社交媒体的出现和流行，增强了社会大众的表达欲和主人翁意识。他们积极在网络上参与曝光和检举不规范的行为，并团结其他人，监督事件的解决。许多影片的偷票房行为起初都是由于购票观众的检举曝光，在网络上得到其他人支持，进而促使有关部门进行调查。实际上，由众多积极民众构成的社交网络正逐渐具备"全景敞视机制"的作用，使得置身其中的人们感受到被监督，因而主动规范自身的行为。大众的监督，将对曝光和处罚进而减少票房造假行为产生重要的意义。

4. 肃清风气，宣传对诚信和敬业精神的尊重

习近平主席倡导的社会主义核心价值观，在个人层面提出爱国、敬业、诚信、友善的精神追求。在需要合作共赢的社会生产中，每一个人都发挥着作用。当社会上一小部分人出现懈怠、投机取巧的风气时，如果没有坚定的信念支持和引导，很容易就扩散开来影响整个社会的风气。当今社会信息传递速度风驰电掣，社会变化日新月异，人们很容易产生急功近利的思想。此时更应该有健康向上的正确价值观的引导，尊重诚信，恪守敬业，将脚踏实地的"工匠精神"带入每一个行业。

# 空间探索

# 论城市文化空间与文化实践的重构

| 张　雯（浙江传媒学院设计艺术学院）

**摘要：**

物质空间承载社会实践，文化空间的文化实践将文化观念具体化，是文化价值得以发挥诸多效益的重要过程。本文基于对文化空间运营者、文化工作者的访谈，以及普通文化消费者消费体验的分析，从文化生产、文化消费和文化管理三个方面来讨论，文化空间的属性和特征如何潜在地影响文化形态的现实路径和未来趋势。本文认为，文化空间为文化生产提供的空间支持提升了文化生产的自主性，为消费对象和消费工具提供了城市文化消费的新体验，推动文化管理按照文化发展的内在逻辑进行转型。

**关键词：** 文化实践；文化生产；文化消费；消费工具；城市空间

**Abstract**: The cultural practices at physical spaces materialize cultural concepts, which is a vital process for cultural value to exert cultural implications. Based on interviews of cultural spaces operators, artists, and consumers, this paper discusses how attributes and characteristics of cultural spaces potentially affect culture development from three aspects of cultural production, cultural consumption and cultural management. This paper makes conclusions that cultural spaces enhance the autonomy of cultural production, provide new experience of urban cultural consumption as consumption objects and consumption tools, and promote more flexible cultural management.

**Keywords**: cultural practice, cultural production, cultural consumption, patterns of consumption, urban space

人类的文化经验通过物质实体而获得。在这里，物质实体可以是中间物(intermediaries)，也可以是转义者(mediators)：前者传送意义而不改变意义；后者“转化、翻译、调序甚至修改意义”(Storey,2015：226)。从空间的社会生产视角来说，空间是影响意义表达的转义者。文化空间的属性和特征潜在地影响文化形态的现实路径和未来趋势。在马克思主义实践观里，文化实践从某种程度上来说是实践以其超越性趋向自由的典范：“文化上的每一个进步，都是迈向自由的一步。”(恩格斯语)

从当代城市文化实践现实状况来看，文化生产、文化消费和文化管理可以视作文化实践的基本领域或者说基本环节。关于后现代体验，费瑟斯通指出很重要的一点在于，区分评论家们所谈论的与群体在具体实践中所获得的。就后者而言，有必要去分析从事符号产品生产的群体，如艺术家，如何在他们自己的实践中使用后现代主义；也有必要分析具体群体的成员，如观众，如何使用那些专门设计的后现代产品及体验的(2000：83)。在此讨论基于对文化空间运营者(上海五家画廊/摄影博物馆)和文化工作者(上海十位摄影师)的访谈，以及普通文化消费者消费体验(在新浪微博上以“上海摄影艺术中心”为关键词抓取条目)的分析。

## 一、城市文化空间改变文化生产情境

文化生产需要物质支持，空间是其中关键资源。后工业化时代的新型文化空间，为正在呈现新面貌的文化生产者提供空间支持。文化发展是一个多条路径平行发展的长期过程，在这过程中，专业力量不断加强，非专业力量的投入也越来越多。伴随产生两种结果：既有彰显艺术家主观观念的文化产品，也有适应大众消费市场而生产的文化产品。在新市场中，按照传统评价标准形成的等级逐步瓦解，专业的文化产品与其他商品一样进入销售环节，一系列进程产生了文化领域的自主性和异质性的发展。

### （一）文化生产者的新形象

文化产业成为当代文化生产的主导方式，文化生产者的群像随之发生根本性转变。这是一个全球性现象。在西方的艺术话语中有诸多称谓来描述该群体，如美国前劳工部部长莱奇（Rober Reich）提出的“符号分析师（symbolic analysts）”、美国媒体业界流行以“雅皮士（Yuppie）”指急速成长的青年一代中的精英、美国经济学者佛罗里达提出的“创意阶层（creative class）”、英国城市文化研究学者斯科特提出的“认知—文化劳动者（cognitive-cultural worker）”，以及英国文化研究学者费瑟斯通提出的“新型文化媒介人（cultural intermediaries）”等等。其中，“新型文化媒介人”和“创意阶层”两个称谓，基于不同理论立场，引起了广泛关注并得到使用。

新型文化媒介人，指从事符号产品生产和服务的工作者（费瑟斯通，2000：66）。这些人早期或被称作广告人、制片人、表演者、流行小说家或咨询顾问，从习性和秉性可以看出，他们采取向生活学习的策略，意识到体验的范围是开放的。费瑟斯通基于社会关系中新中产阶层兴起的意义，从文化艺术和生活方式的文化研究角度，拓展法国社会学者布尔迪厄（Pierre Bourdieu）的“新型知识分子”概念，提出了“新型文化媒介人”概念。新兴中产阶层内部的部分群体，作为新知识分子，推崇艺术的、知识的生活方式，有意识地去发明一种艺术的生活，他们的身体、居所和生活用品，都成为自己人格的延伸，表达自己的个性特征。他们通过生活方式的创造来标新立异，拥有与众不同的位置和表征，这在之前都只是知识分子所独有的。新型文化媒介人促使知识分子的文化产品及知识分子的生活方式，扩散到更加广泛的人群之中，有效地促进了横亘在高雅文化和大众文化之间旧有差异和符号等级的消解。与此同时,这种新的生活方式有助于在新中产阶层内部产生新的受众。事实上,新型文化媒介人在新中产阶层形成、城市中心区域再中产化/缙绅化过程中,也发挥了先驱者的作用。城市中心区域缙绅化分为四步:首先是自由艺术家寻找廉价住房;接着是房地产开发商和投资者接踵而来置业投资;然后是媒体的报道使一个区域变得广为人知,中产阶层对此区域产生兴趣,导致房价上升;最后是自由艺术家、中产阶层专业人士被商业精英排挤出去(哈丁和布劳克兰德,2016:139)。

创意阶层,是一个圈层式概念:核心层成员主要是科技、建筑、设计、教育、艺术、音乐和娱乐等领域的工作者,其经济职能是创造新理念、新技术和新的创意内容;外围层成员包括法律、商业和金融等领域的专业人员,主要负责解决复杂问题,需要作出大量的独立判断;创意阶层的所有成员,不管是艺术家还是工程师,作家还是企业家,都具有创意精神,即重视创造力、个性、差异性和实力(佛罗里达,2010:9)。当代经济正在从由大型企业定义的以企业为中心的体系向以人为推动力的体系转变。从获得酬劳的主要方式来看,创意阶层与劳工阶层或服务阶层的主要区别在于,后者主要通过执行规定来获得酬劳,而前者主要通过创造来获得酬劳。人是创意的根本来源,是新时代至关重要的资源。作为经济学家,佛罗里达提出该概念的目的在于,通过城市政策吸引创新型人才。在他看来,创意阶层的集聚能够使城市充满"科技、才华和宽容(technology, talent, tolerance)",能使城市焕发生机,促进城市经济发展。

文化从业者的职业稳定性发生了明显变化,如今文化生产者作为自由职业者并不少见,而以往多是铁饭碗,这是中外共同的普遍现象。英国媒介理论学者默克罗比(Angela McRobbie)在《创意生活:新文化产业》(2017)中讨论了英国新文化经济中的文化工作者在身份定位、劳动报酬和社会福利等方面的变化。然而,由于缺少大型企业的安全保障,与组织化时代的劳工阶层相比,创意阶层需要承担更多风险,在工作和家庭中也承受更大的精神压力和情感压力。默克罗比认为,英国新兴中产阶级拥抱创意工作的理念,尝试没有福利或者福利大幅削减的工作，这是实验性地再造中产阶层的过程：尽管一方面，工作保障和福利缩减了；另一方面，创意和革新理念发挥了补偿作用，在一定程度上使萎缩的保障、福利和权益模糊不清或不再重要。

中国文化体制改革促进文化工作者的状态发生根本性改变。按照中华人民共和国成立后的文艺体制，中国文学艺术界联合会组织和领导中国艺术家从事艺术创作和学术活动，这个由执政党领导的群众团体，通过各级分支机构决定着艺术家的艺术生涯及与之相应的行政职位、经济收入和社会地位。文化领域从业者称为“文艺工作者”，或根据具体行业称呼，如“美术工作者”。文艺工作者基本是顺从文联或各类专业协会体系的。20 世纪 90 年代前，中国多数艺术家是为国家艺术机构工作，自由职业者少。文化活动基本由国家机构主办，艺术展的参展作品通过文联协会层层选拔。80 年代的经济转轨和政治改革带来了社会转型，部分文艺工作者不再单纯依靠文艺界的旧有工作模式，而是不断探索新的工作方式。中国传统安居乐业的职业观念和体制内艺术家的固定精神状态，在 20 世纪八九十年代面临了强有力的挑战。商品经济中个体经营在短时间内获得的成功让人们意识到，脱离固定的单位体制或许更能体现自我价值。这一时期，一批艺术家脱离原有工作单位，与一批体制外艺术家一起走向社会，希望在社会变迁中寻找新的生存方式和创作可能，“盲流艺术家”或“自由艺术家”越来越多。进入 21 世纪后，随着互联网技术的发展，新媒体业态快速更新，民营文化工作室、文化经纪机构、网络文艺社群等新的文艺组织大量出现，网络作家、自由撰稿人、独立制片人等新的文艺群体日渐活跃。

### （二）提升文化生产的自主性

文化空间为文化创作提供了多元化的空间支持。文化空间有正式的和非正式的，前者如具有配套设施和经费的新兴产业示范基地、剧目排练中心、公立博物馆和大剧院等，后者多为替代性场所，如生活住所、酒吧、咖啡馆等。文化活动的基本特征表现为创作者的多技能要求、创作者对自己作品的关注、产品需求的不确定性等(凯夫斯,2017：vi—xv)。日渐增多的非正式的、灵活的城市文化空间为文化生产者进行社会化生产、个性化创作提供了理想场所,进而提高了文化创作的自主性。文化创作自主性具体表现为创作的非指令性、非营利性和实验性。

在组织化生产的状态中,文艺工作者需要按照协会的政治标准和风格要求完成作品,通过参加各级协会主办的展览,逐步扩大知名度、提升影响力、获得话语权。公立的文化空间多开展主流意识形态的文化活动,进行组织化生产。而海内外各种非官方的文化空间,更多的是非指令性的文化生产,为更广大的自由艺术家和年轻艺术家提供了自主化生产的机会。作为伴生结果,非指令性创作推动了评价标准的多元化。在这些非指令性的创作过程中,文化工作者的自由度越来越高,探索个性化的需求也越来越强烈。体制内的文艺工作者寻找新的出路,某种程度来说具有一定的浪漫色彩。默克罗比指出,新文化经济中的这层浪漫色彩,逐步地在制度层面转化为一种福柯意义上的“设施(dispositif)”,即一套机构化的知识(2017：39)。这是一种自我监管、自我规制的机制,是一种自我技术(a technology of the self),这种冲动或驱动力的功能在于使工作生活与自我实现的理念达成某种程度兼容。这是理解创新创意的一个角度,把创意用于工作,以创意生活来鼓励自我实现,这种投入把文化变成富有生产力的创意理念(默克罗比,2017)。

非指令性生产提供自由的同时,也让自由艺术家自行考虑作品的出路问题。在这种情境中,艺术家的工作不再只是创作作品,还需要考虑如何将作品推向市场。一系列新工作出现并逐步规范,如不仅要思考作品创作,还要关注作品输出,要主动联络批评家、策展人、代理经纪和展演空间运营者等。文化艺术生存的社会化和市场化,意味着文艺工作者经常卷入与市场的暧昧关系中。因此有时候,他们会有意识地采取分离策略,倾向非营利性创作,与市场拉开距离以保持和提高文化创作的自主性。至少在文化艺术创作社会化的初期,多数中国当代艺术家在不同程度上是抵制商业化的,更多的只是希望寻求支持艺术创作的物质条件，可以将临时狭小的非正式空间，变成稳定宽敞且合法注册的创作空间（吕澎，2014）。积极意义上，文化工作者与金融从业者等其他群体共享资源，能够促进文化工作者借助市场力量影响更大范围的文化消费者，提高文化产品的社会知晓度和公共价值。但是，与外部群体的联盟，也可能削弱文化工作者的创作主导权，对文化的自主性构成威胁。

文化空间传递主流价值观的政治属性始终是存在的，特别是公立的文化空间。与此并存的是，越来越多的独立艺术空间为先锋的、实验性的艺术创作提供了场地支持。2008 年全球金融危机，促使高速运作了多年的艺术交易冷静下来，文化生产的相关人群开始反思文化艺术业态，独立艺术空间不断涌现，如家M空间(2007，重庆)、箭厂空间(2008，北京)、上午艺术空间(2008，上海)、没顶空间(2009，上海)、观察社(2009，广州)、扬子江论坛(2011，武汉)、再生空间(2012，天津)、激发研究所(2014，北京)、Arc Space(2015，北京)等。偏僻而低调的场所为新艺术提供实验创作和展示的平台，实验性空间里发生的活动往往显得另类、出乎意料，这正是艺术本性决定的。在充满好奇心的空间使用者心里，这样的艺术正是他们所希望的。正如昆明创库“上河车间”创办人张晓刚和吕澎所说：

> 无须费劲地标榜这是不是一个画廊，也不需要吃力地折腾一个接一个像样的展览，因为这里本来就已经是一个产生思考的温床，制造概念的发动机，发生事件的现场，一个享受过程和观察生活体验变化的舞台。(2015：43)

此外，文化空间的建筑风格及其象征的存在方式，表明艺术场所与艺术观念的关系。纽约现代艺术博物馆的白盒子模式表明，艺术场所对艺术观念的中立态度，给艺术创作以自由发挥的可能。此外，它还打破了艺术空间应该是城市纪念碑的经典形象和传统观念，也改变了艺术空间与城市空间的关系。这种空间融入感而非孤立感，推动了艺术与城市生活的交融而非排斥。

### （三）构成文化生产的完整性

文化空间的存在，为何以及如何影响文化生产的完整性，可以从三个方面来理解：作为文化产品的销售环节、作为文化企业的业务，以及最根本的，作为文化产品价值的生成环境。

以艺术摄影来说，城市文化空间以不同形式深刻地影响了这种文化形态在中国的发生和发展。这是一种看似相互矛盾的关系：数码化是当代摄影影像生产的主导方式，数码化以字节存在并通过网络平台传播，相比其他以有形形态存在的文化产品，似乎是最不需要借助特定地理位置实体空间的文化形态。但是正是这种看似矛盾、实则不然的关系，更能说明文化空间对文化形态的影响，在此讨论基于对摄影相关的文化空间运营者和摄影师的访谈。

文化空间对文化形态产生重要的影响，特别是民营文化空间在新业态的生存和发展的过程中发挥了不可忽略的作用。公立美术馆的立场相对稳健和保守，早期并不接纳当代摄影这种新形式，于是各种替代性空间应运而生，为摄影艺术提供了生存和试错的机会，也催生了体制内和体制外两种平行的文化生态，在评价标准多元化的语境中，两种艺术生态是平等的。美术馆的存在对摄影行业具有积极的作用：对摄影师而言，“当然很希望自己的作品能够进入一流的美术馆，意味着摄影作品得到较高程度的认可”（摄影师F访谈）；从摄影史角度来说，“让摄影艺术能够与其他艺术门类匹敌和竞争”（摄影师F访谈）。越来越多不同规模和不同经营主体的美术馆、画廊、艺术空间的存在，总体上推动了艺术行业的发展，但是也不可避免地滋生了参差不齐作品的出现，导致行业规范的缺失。

文化空间的存在是文化产品销售的重要平台。从产业角度来说，文化空间是文化产品产生经济效益的一个环节。在艺术摄影领域，“实体空间对于作品销售而言，更加直观，特别是对于文化产品生产和交易的机构来说，不仅是讲情怀，还要做生意”（Light Gallery）。经营实体空间的目的不仅在于给摄影师树立业内标杆，还有销售更多作品：

> 摄影作为艺术品存在时，需要有实体的感觉才可以销售。没有多少买家和藏家是关注网络传播后就购买艺术品的，我们还是希望线下做高质量的展览，吸引更多优质高端客户。（现代艺术基地访谈）

文化空间构成文化企业经营项目的完整性。文化企业涉及面广，举例来说，现代传播（HK0072）是一家跨媒体的综合型文化企业，于1993年成立、2009年在香港主板上市，主营业务涉及数字媒体、纸质刊物和艺术空间三大类，涵盖文化、时尚、生活方式、商业和艺术等内容领域。现代传播在上海经营的文化空间位于8号桥创意园区，包括《艺术新闻》《理想家》等艺术和生活方式刊物的办公空间，以及名为“现代艺术基地”的两层楼展览空间。对文化企业而言，展览和杂志的立体传播方式有利于文化品牌的建设，文化空间在这个过程中既可以作为独立运营的产品，也可用于整合其他产品的资源：

> 数字媒体和纸质刊物在进行内容生产时会涉及大量文化产品，特别是摄影作品，自营文化空间对这些原创性摄影作品进行深度挖掘，对传播媒体企业而言是一种新的尝试。（现代艺术基地访谈）

文化空间的存在和运作，影响文化产品的价值生成。文化空间创造了欣赏艺术的环境和氛围，不仅是文化空间的硬件设施，宽敞舒适的环境的确有利于欣赏，更重要的是，文化空间能够使人意识到艺术文化的重要性。文化空间的存在提醒我们注意，文化产品的价值应该与承载的物质空间连接起来。文化产品和服务的价值受到展演环境的影响，或者说，展演空间也是构成文化产品价值的一部分。不同环境所联想的历史价值和象征价值是不同的。巴黎卢浮宫博物馆和洛杉矶盖蒂中心——前者从宫殿转型为现代社会第一个大型公共博物馆，后者是美国的新型博物馆用于展示古典瑰宝，两者同为展示欧洲艺术但差异明显。一般来说，几乎所有陈列在盖蒂中心的现代艺术品都可以移至卢浮宫，而卢浮宫的欧洲艺术品也可以在盖蒂中心展出。但是，这些艺术品相互交换后在不同环境中显而易见地发生了变异：在巴黎看到17世纪法国古典主义绘画奠基人普桑(Nicolas Poussin)的一幅绘画时,或许会自然而然地思量法国以及欧洲的艺术史和艺术收藏历程;而放在洛杉矶,同样一幅画可能令人揣测的是财富增长如何导致欧洲古典艺术大师的画作出现在美国的后现代城市。在盖蒂中心,艺术是古老的,而环境却很新,新的展示空间会给古老的艺术造成新的影响,这需要一种不同的空间阐释。

文化空间是文化产品的产品完整性的一部分。从“独一无二”的角度来说,机械复制技术导致艺术作品光晕的丧失似乎成为摄影作品的原罪。但是从另一个角度来说,如果说复制技术使得文化产品可以脱离其创作和展示环境而存在,那么创作和展示环境正是文化产品完整性的一部分,舞台艺术尤其明显,视觉艺术也不例外。比如,昆曲在舞台上的现场表演和制成光盘后的“脱域”放映,两者的效果存在明显差异,其核心要素正是在于后者脱离了空间氛围。对于多数摄影作品而言,“照片打印出来挂在墙上,才是摄影作品真正可以算是完成的时刻。那么艺术空间的存在,对于摄影这门艺术而言就非常有价值。在电脑上,我们可以称为照片,但不一定是摄影作品”(Light Gallery 访谈)。摄影作品的展示场所影响摄影创作本身,“摄影师需要在摄影时基于展示环境来选择器材和设置参数,甚至在拍摄前的构思也要考虑到展示情境”(摄影师 G 访谈)。简而言之,在文化生产社会化、规模化的当代,艺术作品的独特性及其构成的完整性,可以也应该是包括展示空间在内的环境,这是仪式感的表现,不仅是作品的仪式感,也是空间的仪式感。

## 二、文化空间提供新的文化消费体验

广义的文化消费指有意义的消费实践,特别是在符号饱和的后现代社会。狭义的文化消费指对文化产品和服务的使用。人们进入文化空间,往往是希望能在其中接受某种程度的知识教育、艺术熏陶或优雅休闲,比如参观博物馆希望了解历史风俗,参观美术馆希望获得艺术知识,前往主题乐园希望体验休闲游乐。成为文化消费者，就是试图超越无意义的休闲，并且从其他地方和其他人那里获得丰厚的知识回报。文化空间的经济化和生活化为文化消费者提供了新的消费体验。

### （一）文化消费的动力来源和现实需求

回应人类为何消费的理论很多，其中直接有助于理解现代社会文化消费动力的有三种：异化论（theory of alienation）、社会仿效论（social emulation）和浪漫伦理论（Romantic Ethic）。马克思的异化论认为是异化推动了消费。工作导致异化，人们在工作中无法找到自我，比如无法找到个性和创造力，于是在生产之外的消费中寻找生产中被否定的自我身份，在消费中寻求满足。

社会仿效论由英国历史学者麦肯崔克（Neil McKendrick）等人在《消费社会的诞生》（The Birth of a Consumer Society）中提出。他们认为18世纪的英国发生了一场影响深远的消费革命，社会仿效正是刺激这场革命发生的关键因素。社会仿效的发生得益于三个方面的推动：首先，不同社会阶层的亲近为社会流动、社会竞争和社会仿效提供了前提；其次，由社会竞争引发了具有强制力的时尚，正如齐美尔认为，时尚就是仿效声望显赫的群体；第三，这些微妙的变化发生在当时欧洲最大的城市伦敦，社会距离的缩短和不同阶层之间各种非正式关系的出现，在伦敦对公共空间使用的新方式中变得非常明显，后被称为公共领域（费瑟斯通，2009：37）。社会仿效及其控制刺激人们对生活的追求从舒适转向奢侈，物质财富令人称赞并非因其耐用而是因其时尚，重要的是，这种转变得到了社会认可："在短短几代之间，获得物质财产的经验不再是一般人遥不可及的梦想，他们也有能力拥有，这些东西第一次成为所有人合理的渴望。"（转引自史都瑞，2002：5）

第三种理论解释是英国社会学者坎贝尔（Colin Campbell）提出的浪漫伦理。坎贝尔把现代消费主义精神与浪漫主义联系起来。在他看来，浪漫及其对个人的重新定义，以及如何通过接触各种新颖的体验方式来提升个体，是消费的关键：

> 消费行为根本而言并非指实际上选择、购买或使用产品，而是指产品意象让个人能够进行追求快乐的想象；“真正的”消费其实大多都是这种心灵式享乐主义的结果。(2016：77)

消费主义精神是一个涉及假象、白日梦和幻想的个人主义世界，换句话说，现代享乐主义是一个赋魅的世界，关键在于个人的幻想。

新韦伯主义学者坎贝尔从魅惑力的可能性方面，发展了韦伯认为现代化世界不可能具有魅惑力的思想。坎贝尔在《浪漫伦理与现代消费主义精神》中，并没有反对韦伯关于早期加尔文主义在资本主义诞生过程中扮演中心角色的基本观点，而是指出韦伯没有作出足够长阶段的分析：韦伯分析的新教伦理大约产生于18世纪初期，而自此之后资本主义继续进化并朝着一个与之前完全不同的方向发展，加尔文教变得更加愿意接受情感，也就是说，有魅惑力的元素存在于后期加尔文教。坎贝尔认为，新教伦理可以包含赋魅、梦想和幻想，这导致了现代消费主义精神，这是一种“自我想象的享乐主义”。韦伯看到了现代资本主义精神导致理性化的、祛魅的资本主义；而在坎贝尔看来，现代消费主义却导致浪漫的、赋魅的资本主义。韦伯的资本主义是一个冷酷而高效的世界，而坎贝尔的浪漫资本主义是一个充满幻想的世界。虽然生产在理性资本主义中被赋予核心重要性，但是在浪漫资本主义世界里，生产居于次要地位，消费才是具有核心重要性的。在这个过程中，幻想尤其是消费者的幻想被赋予了高度的重要性。

由此本文认为，文化消费可以理解为出于补偿工作中缺少的自我身份认可而追求精神满足的一系列行为，想象在此过程中不可或缺，并且得到社会仿效心理的推动，特别是当文化消费具有作为文明的、先进的行为模式的社会意涵时，这种推动作用更加明显。文化消费是对文化产品和服务的占有、欣赏、享受或使用，是对符号的转化，在现代消费文化中的文化消费同样需要这种从自我建构的想象经验中获得快乐的能力。对于更为单纯的传统享乐主义来说，想象力并不重要，因为由过往经验就可以得知预期的快乐是什么；然而对现代享乐主义来说，如果某项产品被视为具有未知物质，那追求快乐的人就可以无限想象该产品可以带来什么样的满足(坎贝尔，2016：74)。后者正是现代消费的核心。

中国文化消费的现实情况在改革开放后发生了根本性变化。随着居民物质生活水平不断提高，文化消费快速增长，并呈现个性化、多元化和生活化。《中国文化消费指数(2017)》显示，过去五年，中国文化消费呈现良好的增长态势，文化消费综合指数持续提高，从 2013 年的 73.7%上升到 2017 年的 81.6%。文化消费综合指数包括文化消费环境、文化消费意愿、文化消费能力、文化消费水平和文化消费满意度五个一级指数。2017 年的数据显示，消费环境和消费满意度较 2016 年有所提高，消费水平、消费意愿和消费能力指数略微下降。从消费群体的性别、年龄和受教育水平等人口学特征来看，男性的文化消费综合指数首次超过女性的，尤其是消费意愿，但是女性的消费满意度指数比男性的高；与 2016 年相比，女性的文化消费意愿和消费能力有所下降。26～40 岁的中青年是文化消费的中坚力量，18～25 岁居民的文化消费意愿和消费水平指数最高，66 岁以上居民的文化消费环境和满意度指数最高。不同学历人群的文化消费差异比较明显，其中硕士及以上人群的文化消费明显优于其他学历，差距进一步拉大，尤其是文化消费意愿、能力和水平。

从文化产品和服务的具体类别来看①，中国文化消费者青睐国内文化旅游、电影、游戏和国外动漫，国产电影和游戏的受欢迎程度和往年相比具有较大幅度的提升，国产电影的受欢迎程度在 2016 年首次超过国外电影。消费支出前五位的产品和服务依次是文化娱乐活动、电影、文化旅游、网络文化活动、图书报刊。结合文化消费的意愿支出和实际支出可推测，市场成长空间最大的五类产品和服务是文化娱乐活动、电影、网络文化活动、文化旅游、图书报刊。

---

① 《中国文化消费指数》将文化产品和服务类别分为广播电视、电影、图书报刊、网络文化活动、文化娱乐活动、文艺演出、游戏、文化旅游、动漫、工艺美术品十类。

消费日益成为经济发展重要引擎，作为消费升级重要表现的文化消费，被视作当前经济的新增长点。文化消费的展开涉及文化场所，文化展示空间、文化演艺空间、文化游乐空间等专业化、综合性的城市文化空间，在数量、区域分布和配套设备等多个方面都发生了明显变化。新型文化空间提供新的文化消费体验可以从两个角度来理解：一是文化空间作为消费对象，二是文化空间作为消费工具。

## （二）文化空间作为消费对象

在经济发展和城市竞争的目标驱动下，作为城市地标的文化空间越来越多，文化空间自身成为城市文化的消费对象。也就是说，文化空间不仅用于展示艺术作品，也同时具有作为艺术品的特质。文化空间作为消费对象，即把空间作为符号来消费。

作为符号的建筑，其功能包括初级功能和次级功能。初级功能涉及建筑的实用含义功能，是直接意指；次级功能涉及象征含义的功能，是含蓄意指。文化空间作为消费对象，主要是在次级系统（含蓄意指）发挥作用。参照法国语言学家巴特（Roland Barthes）的多级意指体系，文化空间是整个社会符号体系的一部分，一旦成为消费对象，会与其他物一样纳入符号消费领域，成为符号消费品。

巴特在《今日神话》中拓展了瑞士语言学家索绪尔（Ferdinand de Saussure）所提出的“符号（sign）＝能指（signifier）＋所指（signified）”公式，建立了一个两层（多层）意指系统的符号学模型，以“神话”来指称符号学分析所涉及的“意识形态”这个多义概念。在这里，神话主要在含蓄意指层面发挥作用，是文本或物体所承载或可能承载的、间接的、常常是无意识的含义（斯道雷，2010：5）。符号学在能指和所指这两项之间设定了一种关系，能指、所指和符号之间存在着非常紧密的功能性关联。巴特以玫瑰花为例进行了解释，假设有一束玫瑰花，以它表示激情。在实际情况中，不存在一个能指（玫瑰）和一个所指（激情），只有“被赋予激情的玫瑰”，也就是说，实际情况中无法将能指和所指分开；但是在分析层面上，“被赋予激情的玫瑰”可以分开为能指（玫瑰）和所指（激情），两者结合构成符号（玫瑰），不能将作为能指的玫瑰与作为符号的玫瑰混为一谈：能指是空洞的，符号因其具有意义是充实的（巴特，2016：143）。在语言系统中，能指的量和所指的量一般来说是成正比的、对等的，它几乎没有超出词的范围，也没有超出具体实体。但是在神话系统中是相反的，概念可以扩展到形式的极其广阔的区域，一个所指可以拥有若干个能指，比如可以有一千张图片（能指）来表示现代性（所指），一千座高楼（能指）来表示城市现代化（所指）。神话是一种言说方式，除了口头言辞，还有物件。神话是为了恰到好处地传播而经过精心设计的（同上）。

可以称得上建筑杰作的文化空间数量与日俱增，前往造型奇异的文化空间参观的人们体验建筑物本身的愿望与欣赏其藏品的愿望似乎同样强烈。在全球经济衰退时期，文化空间的建筑魅力似乎成为一服疗伤药剂。一些标新立异的文化空间，从艺术角度来说是否得到认可尚无定论，但是它的确捕捉了各界关注，成为城市自身世界地位的一份说明书。从这个角度来说，毕尔巴鄂古根海姆美术馆有力地说明了象征意义在消费社会中的作用。

作为消费对象的文化空间，实际上是被政治化了的工程，甚至处于一种被强制的冲动之中，似乎新空间要令旧空间黯然失色，这是权力物质化的一种表现。在这种情境之中，文化空间所营造的幻象的意义早已被提前确立。而文化消费者，不过是无意识地接受了这种嵌入的意识形态。文化空间被赋予象征意义并不是新鲜事，只是在消费社会中，空间建筑的符号意义用于捕获消费者的注意力，而不必然与其内文化艺术有所关联。许多文化地标空间努力营造的是它们建筑身份的明确意义，而对于空间实际用途应该超过作为标志的要求并无清楚的认识。

城市空间的建筑景观清楚地表达了神话使人正视的特征。意指作用的目的正在于此：它隐藏在现象的背后，使现象呈现为引人注意的样子，但现象同时又中止了意图的直接表达，为了使意图纯粹，现象就将意图凝结起来。正如巴特意味深长的阐释：

在他们眼中，能指和所指之间的关系是天生的、自然而然的。由于神话的消费者认为神话中意指是根据事实而产生的，因此将神话作为一个事实系统而加以解读。然而他们错了：神话自始至终都是符号系统而已。(2016：162)

巴特的符号学方法虽然有过度诠释之嫌，《神话修辞术》再版时巴特也明确表示，随着文化现象变得更加微妙复杂，初创的符号学分析不能再原模原样分析，但是这种方法提醒我们，消费看似自然而然的文化产品和文化现象时，应当具有怀疑的精神和明辨是非的能力。

**（三）文化空间作为消费工具**

从文化空间为人们提供文化消费体验的功能角度来说，文化空间是一种消费工具。对应马克思生产理论中的"生产工具"概念，瑞泽尔认为，在消费社会中应该将消费资料中的消费品和消费工具区分开来，其中"消费工具"扮演着与"生产工具"相同的角色，消费工具是消费者获取商品和服务的设施或建筑物，是消费过程的中介(2015：8)。当代城市消费工具不仅包括商店超市、百货商场、购物中心、邮轮、赌场、酒店、餐厅，还有体育运动设施、主题乐园、博物馆乃至大学和医院等场所。这些新消费工具往往被人们建造成具有迷人魅力的，有时甚至是神圣的，瑞泽尔称之为"消费圣殿"。

消费工具的理性化有五个基本要素：效率、可计算性、可预测性、可控制性以及理性的不合理性(瑞泽尔，2015：137)。理性的消费工具的物质化，本身就具有与生俱来的魅惑品质。从这个角度来看，文化空间可以说是理性化的消费工具。城市文化空间越来越趋向多功能综合体，不管是对管理者还是消费者而言，这都是一个能够高效完成多种需求的场所。正如古根海姆基金会总监克伦斯(Thomas Krens)所说，他们确实把艺术博物馆界定为"一个具有四种吸引力的主题公园：优秀的建筑、出色的永久收藏、多元的艺术展览，以及购物和用餐的舒适场所”(迈尔斯,2013：100)。重复上演的演艺节目体现了理性化的可计算性。对大量客流的安全管理,则展现了可预测性和可控制性。比如迪士尼世界应对大量游客有序游玩的能力,甚至是处理游客所产生的垃圾的能力,都是一种理性化消费空间的表现。

理性化暗示了传统魅惑的消散,然而从另一个角度来说,魅惑又是重要的。理性化在祛魅的同时,自相矛盾地创造了另一种形态的魅惑。这种魅惑根据时空不同而变化多样,曾经来自巫师或魔法师,如今来自现代机器和先进技术。在瑞泽尔看来,魅惑力是我们日常生活的一部分,它远没有消逝,而且持续存在着。消费的魅惑性,即象征性和想象性,是后现代消费的核心。

魅惑力是当前社会所缺乏的。坎贝尔等新韦伯主义学者、鲍德里亚和瑞泽尔等后现代主义学者,从不同角度指明了当代社会重新赋魅的可能性和重要性。后现代社会理论强调了赋魅的重要性并认为世界具有重新赋魅的可能性。后现代理论提供了分析的三个重要支点。其一,后现代理论倾向将当代世界看作既令人高兴又感到不安的世界。多数活动与消费圣殿的重新赋魅有关,重新赋魅被视作在重构圣殿的活动中令人愉悦的事情,但也可能是存在威胁的事。其二,后现代理论为消费工具控制消费者的观点提供了有意义的矫正。虽然人们被引导进行过多的购买,给人们一种受控制和被剥削的感受;但是事实上,人们并没有被迫这样做,而是渴望以这些方式去购买和消费。甚至有观点尖锐地认为,是消费者要求消费圣殿进行重新赋魅,而消费圣殿的管理者为了持续经营而满足消费者的要求。消费工具之间为了赢得竞争,以争取最大可能满足甚至超出消费者对消费空间赋魅的需求。其三,现代社会理论倾向关注大众媒体及其意图,而后现代社会理论寻求研究的去中心化。在鲍德里亚看来,符号交换的具有魅惑力的世界持续存在,它对经济交换的现代祛魅世界构成了威胁。鲍曼(Zygmunt Bauman)概括了这一重新赋魅过程的核心:

在经历了为给世界祛魅而进行的旷日持久的、严肃的、尽管最终结果不确定的现代斗争之后，后现代主义带来了世界的“重新赋魅”。对人类的自然进化、内驱力和冲动的不信任，以及对预测和理性辩护的抗拒倾向，都已几乎被对非情感和计算理性的不信任所取代。……我们重新学会尊重歧义、研究对人类情感的尊重，以及欣赏没有目的和可计算回报的行为。（转引自瑞泽尔，2015：104）

赋魅和祛魅不易区分。米勒对巴黎乐蓬马歇百货的研究表明，这一个逐渐呈现理性化世界与具有更多传统元素的法国资产阶级文化的融合，多年以后，它渐渐地向理性化、官僚化和组织化方向发展，受到一个走向更高效率的诉求持续推动力。从法国社会学、经济学学者对购物中心的研究可以得知，法国早期百货商店像当代消费圣殿，既具有魅惑力又是祛魅的。或许说，一方不必一定排斥另一方，两者之间是互惠的关系。梦幻将人们吸引进新消费工具，这些梦幻能够被理性化以进一步吸引人们进入。创造景观的方式有多种，最直接的是上演场面铺张华丽的表演。这些铺张华丽的表演和模拟一般是由那些控制着消费工具并希望这些曾经具有魅惑力的场所重新赋魅的意图所创的。通过提供越来越多、越来越大规模的表演和模拟，新消费工具变得越来越引人入胜。

尽管后现代社会依然存在理性元素，但是其特征更多地描述为“情感、感觉、直觉、反射、投机、个人经验、风俗习惯、暴力、形而上学、传统、宇宙学、魔力、神话以及神秘体验”（瑞泽尔，2015：102）。齐美尔于20世纪初提出的“距离情绪”逐渐凋萎，21世纪初似乎表现出一种“负距离情绪”的高涨。高雅文化原本仅供那些熟稔特定美学词汇的精英分子品味赏析，但是后现代主义却松动了那些横在高雅文化与流行文化之间的厚实壁垒，后现代木质上是反层级的、抵制垂直分化的（厄里和拉森，2016：112）。文化实践的日常生活化是城市文化空间的基本推动力。审美活动走出了文化文本和艺术小圈子，亲近大众，与日常生活密不可分。从这个意义上来说，文化空间推动了文化向外流动，即文化与日常生活的交融性：文化生活化、生活文化化。

## 三、文化空间转变城市文化管理理念

城市更新进程中，不同阶段的城市治理模式和理念也有所不同。纵观 20 世纪西方城市治理中对文化艺术的态度，总体来说，五六十年代明确艺术对城市生活的重要性，七八十年代鼓励城市生活中激活文化意识，90 年代以来更加注重城市文化的经济潜力。文化作为一种积极的经济力量，运用于衰退中城市的物质生产和社会再生产。城市企业主义模式中对城市空间的管理策略被运用于文化空间的开发，文化空间所采取的新策略，推动了城市文化管理理念的转变。

### （一）城市治理的企业主义模式

全球化重构了城市发展的社会环境，城市不得不越来越像企业一样思考。二战后西方城市治理普遍采取管理主义模式（managerialism），关注分配国家盈余而非吸引私人投资流，在提供公共服务时主要依靠官僚机构而非私人部门，注重社会福利制度理念而非创造财富和竞争理念（Griffithsg，1998）。在 70 年代的经济衰退中，管理主义模式所依赖的经济基础受到削弱，政府缩减社会支出的压力增大，企业主义（entrepreneurialism）作为新的治理模式应运而生，是全球经济秩序变革的产物。哈维（1989）认为，从根本上来说，“城市治理的任务就是将高度流动和灵活的生产、金融和消费流吸引到本地”。

城市企业主义的内涵解释有三个层面：一是利用经营和运营企业的方式来管理和运营城市，二是以提升城市竞争优势为核心，三是对城市内部各种利益群体进行协调管理。哈维（1989）以巴尔的摩的城市更新为基础，提出了企业主义治理模式的三个核心要点：其一，企业主义内含“公私合作（public-private partnership，PPP）”概念，地方政府尝试吸引外部资金、新的直接投资和就业资源；其二，公私合作的项目在本质上具有投机性，不可避免受到投机行为的风险困扰，也难免无法合理规划和协调发展；其三，企业主义更加关注地方促进经济增长的项目而非改善生活条件的项目。

关于城市企业主义的竞争战略，杰索普（Bob Jessop）和孙（Ngai-Ling Sum）（2000）以香港为研究对象，说明了城市如何运用企业主义策略来提升城市竞争力。他们引入熊彼特（Joseph Schumpeter）的创新理论，提出城市创新的五个领域：一是城市空间在生产、服务、消费和生活等方面的开发利用，如科技园区、智慧城市；二是空间生产的新方法以创造区位优势；三是开辟新市场，通过城市营销或消费区域分布的调整；四是开拓新的人力资源和物力资源以增强竞争优势；五是城市层次体系的重新规划。在对香港的分析中，杰索普和孙区分了"全球地方化（glocalization）"和"全球城市化（glurbanization）"两种策略：前者强调主动抢占异地市场的资源使其为本地的国际化企业服务，香港的表现是将其制造业向中国内地沿海地区转移，利用劳动力优势降低成本；后者强调城市内部的全球化改造以吸引外部资源主动流入，表现为将城市定位为国际区域性金融中心；两类战略的结合，不仅弥补了制造业转移所产生的产业空洞化问题，也推动了商业和金融业等新经济的发展。

治理模式的转型可以理解为伴随经济市场化而发生的政治分权化。改革开放以来的城市发展中，地方政府角色经历了两次较为明显的转变：第一次是转向发展型政府，第二次是转向企业型政府。20 世纪 90 年代中期以前，改革主要采取行政性分权战略，即中央将国有经济大部分控制权逐步转移给地方政府。地方政府在经济发展中表现出积极主动性，发展国有企业的同时大力发展乡镇企业，反映在空间结构上就是出现了大量小城镇。90 年代中期以后，改革采取经济性分权战略，经济增长的推动主体除地方政府外还有来自市场的各类企业。这一时期，地方政府所承担的职能从经营企业转向经营城市（王伟，2008）。中国城市企业主义是全球化和市场化双重影响的产物，表现为城市治理由被动接纳企业集聚向主动制定发展战略、由直接参与企业经营向对外招商引资的转型（王磊等，2012）。城市不仅是经济活动的发生场，还是追求经济利益的主体。

城市企业主义具备灵活多样的后福特主义特征，其实施主体包括国家权力机构主体、社会组织主体和私人利益主体三类。三大主体为实现各自目标相互博弈，在一些情况下达成合作，推动城市发展。可以说，城市企业主义是地方政府和地方支持者吸引外来资金、促进城市发展而相互合作的行为，非政府力量的加入使得城市治理从以基础性的社会福利为导向转变为以培育自身竞争优势为导向的策略方式(张建清和张燕华,2014)。

企业式城市更新释放了自由市场的力量，但也造成了诸多社会问题。对城市企业主义的批判包括缺少对城市社会问题的回应、政策碎片化、缺乏长期性和协调性、过度依赖房地产的驱动，以及城市治理的官僚主义等。

## （二）文化空间的企业化策略

城市企业主义治理模式对土地资源的开发利用，深刻地改变了城市空间的发展格局和空间属性。城市中出现了诸多具有资本属性的新空间，其管理策略也随之改变，文化空间正是其中之一。城市文化空间的经营和管理，以政府为主导，而其具体的实施方案是非常多样化的。总体来说，文化空间管理的企业主义式策略表现为以下两个方面。

第一，文化空间作为城市文化品牌用于地方营销。地方营销(place marketing)是将现代营销理论用于提升城市形象以扩大城市影响力的实践活动。在城市竞争日趋激烈的环境中，概念似乎比现实更加重要。商业活动中用于促销产品的营销策略，被挪用于城市发展。向外界人士和本地居民介绍精心设计的城市形象，对城市地区进行营销，是城市企业主义模式的主要策略之一(塔隆,2017:166)。在宽泛意义上，地方营销并非近期的新现象，工业时代的英国滨海度假区，就曾利用地方营销策略吸引工人阶层坐火车去度假(厄里和拉森,2016)。在后工业化时代，全球范围流行的地方营销与城市而非乡村更加紧密相连。为了刺激后工业化经济，地方营销的主要目的在于将地方营造成为家居之所、乐业之地和旅游首选。

空间是城市崛起的重要动力，城市空间逐渐品牌化。在城市空间品牌化中，文化空间与其他消费空间一样采取商业化的形式，如利用公共空间开展户外活动和展览，设置销售区域和娱乐设施。此外，随着消费主义的蔓延，名目繁多的消费庆典被人为制造出来，说明后工业化经济对符号意义的依赖程度越来越深，商业资本以文化节庆的形式将城市空间品牌化的过程中，不自觉地挪用了文化传承的说辞。城市文化空间在这个过程中被重新定义。文化空间用于地方营销，不仅是作为推动后工业化城市崛起的一种手段，更重要的是，它暗示了后现代城市是符号的表意与再现的实践，是有意识和有计划的。从这个角度来看，地方营销构成地方管理的现行哲学。

然而，地方营销也招致不少批评，认为营销的商业意识形态浓重，目的在于操纵城市的形象和内涵，而事实上，城市的宣传形象与其真实情境之间存在选择性关系。20 世纪七八十年代的纽约经过一系列的改造而焕然一新，经过商业开发后的纽约“新东村”品牌，早已不是那个充满抗议色彩的移民聚集区和文化实验场。宣传所构建的城市形象，通常是针对少数的富裕人士，而忽略了经济条件欠佳人群的需求。城市中负面的或者缺乏诱惑力的内容被选择性过滤了，地方营销所塑造的正面形象，如同面具一般，隐藏了城市存在的真实问题。

第二，文化空间的投资运营引入社会资本。城市企业主义治理模式的核心要点之一是“公私合作”，中国城市企业主义模式中称之为“政府与社会资本合作”。在 PPP 模式之前，公共产品供给主要有政府供给、第三部门供给和私人供给三种模式。政府在与后两者的关系中，更多情况下是对后两者进行管理和控制。PPP 模式搭建了政府部门与非政府部门之间的合作伙伴关系，通过契约机制来约束，非政府部门提供公共产品的生产，政府以付费机制给予补偿或创造收益回报条件。PPP 模式作为一种新型公私合作模式，广泛运用于社会公共服务领域，在国内外城市管理的理论和实践中都取得了不少成果。在文化领域，文化产品和服务的 PPP 模式处于探索阶段。2015 年，《关于在公共服务领域推广政府和社会资本合作模式指导意见》提出将文化领域作为 PPP 模式的推广范围之一。2017 年 4 月，《文化部“十三五”时期文化产业发展规划》提及，“推广实施文化领域政府和社会资本合作模式，征集适宜采用政府和社会资本合作模式的文化项目”，鼓励和引导社会资本进入文化产业，进入文化企业孵化器、文化资源保护开发等领域。

城市更新进程中的文化空间改造实践，有不少是PPP模式的探索。例如，20世纪80年代，英国的城市更新实践中，采取公私合作模式，出现了大量的城市开发公司，典型例子是伦敦码头区，从工业遗址转化为滨水豪华住宅商业区，带动了泰晤士河口区快速更新。如果说哈维指出的城市企业主义关键特征之一是“公—私伙伴关系”，如巴尔的摩的海滨地区改造、澳大利亚墨尔本剧院，那么中国城市空间再利用中，更多情况是显著的“公—公伙伴关系（public-public partnership）”。

社会资本的投入有助于文化空间开拓新的领域。美术馆领域常见的企业赞助商包括地产、时尚、汽车等，随着信息科技的发展，科技类企业、互联网企业也投入了对文化空间的赞助和支持，探索与文化结合的发展方向。并且新媒体和数字艺术展览能够吸引网络和高新技术产业的支持。2017年11月，北京故宫博物院与腾讯创新平台联合举办“新融合：走向日常的科技与人文暨腾云峰会”，双方联合举办了“传统文化×未来想象”的数字文化艺术展，成立联合创新实验室，共同在大数据、云计算和人工智能等领域展开探索合作。

### （三）城市文化管理的理念转型

与传统文化生产多数属于个体性创作不同，当代文化生产表现为社会化生产。文化产业所涉及的不只是文化领域，作为一种正在成长的经济形态，与政治、经济等领域产生深度互动，理所当然地成为政府管理的重要对象。问题是，政府管理以何种方式在尊重文化特殊性的基础上加以管理（单世联，2017）。

威廉斯的《关键词：文化与社会的词汇》对“管理（management）”进行了溯源。英文词汇“manage”源自意大利语“maneggiare”，指管理、指挥，尤其是驾驭或训练马匹，随后拓展为指挥作战，16世纪初期开始被扩大解释为掌控、负责、指挥。该词的词义演变受到与法文词汇“menager”混合使用的影响：“menager”

指家庭、家人,17、18世纪两者的含义开始部分重叠,使“manager”的含义从训练者和管理者(maneggiare)转变为细心照顾的管家(menager)。“management”是表示上述活动过程的名词,最初专指管理部门的一群人,后指在剧院管理或经营部门,18世纪开始用于购物和商业活动。“management”在20世纪中的普遍含义与两种历史潮流有关:第一种潮流是持续雇用一群支薪的经纪人来管理日益扩张的公司;第二种潮流指将资本主义的经济关系神秘化。在当代艺术管理中,艺术管理者的重要特征是需要具备平衡的技能:一方面具有学者、鉴赏家的素质,另一方面又需要是一个筹款人、善于交际的人。(2016:323)

西方语境中的文化管理,作为研究对象,由“艺术管理”拓展而来。从操作层面来说,《国际公共政策与管理百科全书》对艺术管理的界定:

> 将计划、组织、人事、监管和控制这五个传统管理职能实施到促进表演艺术和视觉艺术的生产中,并将艺术家的作品呈现给观众的过程。管理和创作过程的促进及其与观众的沟通,无论是对公共、非营利机构(如非营利剧院、博物馆和表演艺术中心),还是私立、商业、盈利的艺术实体(如商业剧院、私立画廊)而言都是共有的。(张,2017:9)

在中国语境中,文化管理还包括意识形态的管理。当代中国文化管理体制主要包括思想理论、文学艺术、广播影视、新闻出版、网络媒体和对外宣传等方面(蒯大申和饶先来,2015:2)。文化管理体制包括管理主体、管理对象、管理手段和管理理念四个基本要素。其中,管理理念,指制度之所以如此的理论和观念,是文化管理体制的灵魂,其精神和倾向体现在另外三个要素之中。

城市文化管理兹事体大。就城市更新进程中的文化空间实践来说,文化空间推动文化管理的理念转变,可以从两个方面来理解:文化审查、文化补贴。

其一,文化审查。作为管理主题之一,文化审查一般指政府机构、宗教团体、民间社团以及社会风俗等基于主观判断而对文化内容和形式作出某种程度的检查。文化审查由来已久。朱光潜在总结西方文化史上有关文艺与道德的讨论后指出，柏拉图是第一个主张文艺要经国家审查的人，虽然他的理想国并未实现。艺术能够影响并教育公众，因此，柏拉图高度重视文艺的教育功能，但是当时几乎所有形式的艺术都不能带来良好的伦理/政治效果，特别是诗歌，以其恶与劣的特征，无法完成教育公民的重大使命，于是柏拉图提出了一套文化审查理论。禁止与限制是文化管理中对“异端”而言的一种手段。

空间和文化生产的关系并不简单。由闲置工业空间转型而成的文化空间，以其高灵活度和强包容性，最初确实为艺术家提供了一定程度的自由。但是与此同时，新空间和参与空间重建的机构也给文化生产设置了约束。城市企业主义模式中，有关文化空间的运营应用了诸多市场化策略，但是鉴于文化的特殊性，政府对文化空间的管理仍然维持了部分行政管理手段，如官方认定创意产业园区、设立艺术区管理委员会。一般情况下，经过管理委员会批准入驻园区的艺术家，可以自由创作，但是一些敏感的作品不允许展出。展览活动以安全为由需要申请报批。北京 798 艺术区从一个充满争议的工厂区变成艺术区，关键性时刻之一是 2005 年 12 月，北京市文化创意产业领导小组授予北京 798 区“文化创意产业集聚区”，随后北京市朝阳区政府与七星集团共同设立了北京 798 艺术区管理委员会。如此一来，由自由艺术家们开创的 798 艺术区获得了合法化的地位。政府机构和国有企业开始利用“文化产业”“文化创意”等全球化的、具有时代特征的口号和话语，将艺术家的成果朝着符合社会主义主流意识形态的标准修改(吕澎，2014)。

其二，文化补贴。这是与文化审查相对应的另一种手段，是以补贴方式鼓励和支持符合政府标准的文化。英国经济学者凯恩斯(John Maynard Keynes)对文化艺术也有高度敏锐认知，在他看来：

> 艺术家需要经济方面的保障，需要得到足以为生的收入；在这两点得到满足的情况下，他希望在为公众和雇主服务的同时，保持自己的独立性。给艺术家提供帮助不是一件容易的事。其原因在于，艺术家需要敏感的时代

精神，这一点是人们无法刻意制造的。(2014：415)

凯恩斯是明确认为政府应该资助艺术的。作为文化精英的凯恩斯认为，政府资助不应该仅限于高雅艺术、精英文化，还应该鼓励扩展中的、变化中的流行文化、公共文化。凯恩斯清楚地意识到，艺术的公众及潜在公众比一般预估的范围要广，由此强调政府资助艺术的目的在于把艺术带给那些被剥夺了接近艺术权利的公众，激活公众的艺术创造力和欣赏水平(单世联和刘述良，2016)。

文化补贴也可以需要引入社会资本。长期以来，文化领域，特别是公共文化产品和服务，主要依靠政府投入。公共服务强调普惠性、均等化，但是这不代表免费性、单一化，加大政府投入也不意味着排斥市场机制的作用和市场竞争的存在。在文化领域引入社会资本，既能够解决文化创意项目初期发展资本短缺的难题，又能够提高文化产业的市场化程度，将政府的高信用与社会资本运营的高效率结合，增强社会资本的投资意愿和投资信心，还有利于打破公共文化与文化产业之间的传统界限，体现大文化发展的理念。这种理念符合文化发展的内在逻辑，有利于城市文化的长远发展。

时至今日，不论高雅艺术还是流行文化，多以文化产业的方式发展。在“大文化”发展理念下，各类文化形态理应都成为文化补贴的对象。当然，文化支持具有标准和立场，支持一些文化艺术的同时意味着限制另一些文化艺术。

## 参考文献

[1] 巴特.神话修辞术[M].屠友祥，译.上海：上海人民出版社，2016.
[2] 厄里，拉森.游客的凝视[M].第3版.黄宛瑜，译.上海：上海人民出版社，2016.
[3] 费瑟斯通.消费文化与后现代主义[M].刘精明，译.南京：译林出版社，2000.
[4] 费瑟斯通.消解文化：全球化、后现代主义与认同[M].杨渝东，译.北京：北京大学出版社，2009.
[5] 佛罗里达.创意阶层的崛起：关于一个新阶层和城市的未来[M].司徒爱勤，译.北京：中信出版社，2010.
[6] 哈丁，布劳克兰德.城市理论：对21世纪权力、城市和城市主义的批判性介绍[M].王岩，译.北京：社会科学文献出版社，2016.
[7] 哈维.资本的城市化：资本主义城市化的历史与理论研究[M].董慧，译.苏州：苏州

大学出版社，2017.
[ 8 ] 凯恩斯.凯恩斯社会、政治和文学论集[M].严忠志，译.北京：商务印书馆，2014.
[ 9 ] 凯夫斯.创意产业经济学：艺术的商品性[M].康蓉，译.北京：商务印书馆，2017.
[10] 坎贝尔.浪漫伦理与现代消费主义精神[M].何承恩，译.台北：五南图书出版股份有限公司，2016.
[11] 蒯大申，饶先来.新中国文化管理体制研究[M].上海：上海人民出版社，2015.
[12] 吕澎.中国当代艺术史：2000—2010[M].上海：上海人民出版社，2014.
[13] 迈尔斯.消费空间[M].孙民乐，译.南京：江苏教育出版社，2013.
[14] 默克罗比.创意生活：新文化产业[M].何道宽，译.北京：商务印书馆，2017.
[15] 瑞泽尔.赋魅于一个祛魅的世界：消费圣殿的传承与变迁[M].罗建平，译.北京：社会科学文献出版社，2015.
[16] 斯科特.浮现的世界：21世纪的城市与区域[M].王周扬，译.南京：江苏凤凰教育出版社，2017.
[17] 史都瑞.文化消费与日常生活[M].张君玫，译.台北：巨流图书公司，2002.
[18] 单世联，刘述良.政府资助艺术：支持与反对[J].上海财经大学学报，2016，18(1)：11—24＋128.
[19] 单世联.文化大转型：批判与解释：西方文化产业理论研究[M].北京：中国社会科学出版社，2017.
[20] 塔隆.英国城市更新[M].杨帆，译.上海：同济大学出版社，2017.
[21] 王伟.中国三大城市群空间结构及其集合能效研究[D].同济大学，2008.
[22] 王磊，李莹，田超.中国的城市企业主义——表现形式、制度基础与影响效应[J].公共行政评论，2012，5(2)：43—66＋179.
[23] 威廉斯.关键词：文化与社会的词汇[M].刘建基，译.北京：生活·读书·新知三联书店，2016.
[24] 德里克·张.艺术管理[M].方华，译.上海：上海书店出版社，2017.
[25] 张建清，张燕华.城市企业主义理论研究：路径与趋势[J].理论月刊，2014(5)：5—8.
[26] GRIFFITHSG R. Making sameness: place marketing and the new urban entrepreneurialism[J]. *Cities, Economic Competition and Urban Policy*, 1998: 41—57.
[27] HARVEY D. From managerialism to entrepreneurialism: the transformation in urban governance in late capitalism[J]. *Human Geography*, 1989, 71(1): 3—17.
[28] JESSOP B, SUM N L. An entrepreneurial city in action: Hong Kong's emerging strategies in and for (inter) urban competition[J]. *Urban Studies*, 2000, 37(12): 2287—2313.
[29] STOREY J. Cultural Theory and Popular Culture: An Introduction (7th)[M]. NY: Routledge, 2015.

# 从产业集聚区到场景运营商

## ——以“77 文创”为例探讨场景理论下文创园区发展模式转型

| 张　铮　于伯坤（清华大学新闻与传播学院）

**摘要：**

随着后工业时代的到来，文化消费逐渐成为市民消费的新热点，文化要素与人们生活联系日益紧密，文化基础设施建设及其空间布局开始影响城市居民生活，这使得城市中聚集了文化资源要素的文化创意产业园区承担了传播城市区域文化以及促进市民文化消费的重担。但是，现在城市中对于文创园区的发展评价标准过于注重其内部硬件设施，而忽略了园区文化价值的体现以及园区文化服务对社区百姓生活的互动。本文使用特里·克拉克(Terry Clark)提出的场景理论为框架，采用访谈与专家评测的方法探讨该理论如何赋能文创园区的建设与价值传播。通过使用场景理论中对于城市场景的测量方法来分析北京77文创品牌下的四个文创园区，本文认为文创园区当前已从产业集聚区转型为场景运营商，利用其内部以及周边的便利设施构建的场景来打造实体文化空间、激发消费欲望、更新城市建筑和构筑创意社区。

**关键词：** 场景理论；文化产业园区；便利设施；场景测量方法；文化价值

**Abstract**: With the coming of post-industrial era, cultural consumption has gradually become the new hot spot of resident consumption, with cultural elements increasingly related to people's lives, and cultural infrastructure construction and space layout beginning to affect urban life. However, the evaluation criteria of cultural and creative parks in cities pay too much attention to their internal hardware facilities, while neglecting the embodiment of cultural values of the parks and the interaction of cultural services of the parks on the community. In this paper, Terry Clark's Scene Theory is used as the framework to discuss how it empowers the construction and value transmission of cultural and creative industrial parks by means of interviews and expert evaluation. By using the Scene Theory to urban scene of measurement method for the analysis of 4 creative parks of Beijing's 77, this paper argues that creative parks are transforming from the current industrial concentration area to scene operator, by using the convenience of the internal and surrounding facilities as "scenes", to build physical culture space, stimulate consumption desire, update urban construction, and construct the creative community.

**Keywords**: Scene theory, cultural industrial parks, amenities, scene measurement method, cultural value

## 一、背景

随着后工业时代的到来，文化产业逐渐成为城市新兴产业的发展重点，文化设施建设情况逐渐成为衡量区域城市发展的标准，文化消费水平逐渐成为人们选择居住城市时需要考虑的因素。作为城市中文化资源聚集地的文创园区，因其在提升城市文化品位、推动城市经济增长、吸引人们消费、提高城市竞争力等方面都有促进作用，而得到人们的关注（王伟年，张平守，2006）。

文创园区作为链接政府、市场、企业、市民之间的文化中介角色，其发展经历了企业扎堆、政策洼地、要素聚集几个阶段。当前，文创园区在发展中逐渐进入挖掘内生价值、与周边社区呼应并走向开放的过程。同时，文创园区作为创意产业空间集聚与文化价值传播的载体，其发展目的不仅仅是推动产业，还在演变为特定类型文化产品的消费与传播空间。此外，随着城市的发展与演变，文创园区成为创意凝聚与输出的枢纽，参与构建城市文化的发展蓝图。文创园区将曾经被抛弃的老旧社区或毫无生机的办公大楼变为创意区域，赋予土地空间一定的文化价值和情感因素，为其注入创意文化因素，这样不仅仅提高了土地本身的价格，为潜在消费者提供了体验空间，同时也传播了区域文化价值，改变了其以集聚产业为日的初期发展中所扮演的“二房东”角色。

学术界与文创园区的管理部门已经建立的用于评价园区的标准多注重于园区的硬件设施和产业指标，比如文化相关企业的入驻数量、文化基础设施的建设情况等，而这些静态的标准忽略了园区的文化价值、园区文化消费设施的建构以及园区与社区居民之间的互动。而在注重文化消费的后工业时代，人们开始将一个地方的文化基础设施分布纳入自己是否选择该地区居住的主要因素，文化消费水平也逐渐成为衡量城市发展水平的标准，对于城市居民来说文化的含义不再仅仅存在于艺术学术中，它已逐渐转变为一种世俗的文化，存在于周遭一切事物中，与人们日常生活紧密相连，甚至已经成为人们生活本身(Williams, 倪伟译,2013)。基于此，本文以场景理论为框架，量化测量评价园区文化发展情况，探讨我国文创园区的转型趋势。

## 二、场景理论与场景识别

### （一）场景理论

场景理论是芝加哥学派的特里・克拉克(Terry Clark)提出的城市研究新范式，该理论在后工业时代文化消费与城市布局的背景下提出，将文化和美学融入了社会学理论范式之中。他将都市娱乐休闲设施与市民生活的组合看作都市"场景"，并认为这些不同的场景蕴含着不同的文化价值取向，这些文化价值进而吸引着不同的人群前来进行文化实践，最终为区域创造经济价值。换言之，该理论探讨的是"究竟是以什么方式，以及是什么原因使一类人群聚集到一种文化活动中，并且在这种文化活动中，人们之间相互联系的纽带是建立在种族、收入、宗教等传统人口地理特征之上的"(Silver, Clark,祁述裕,吴军,2019)。

在场景理论中，每一个场景都具备多重意义，没有一个单独的特征可以定义场景。与以往其他城市地区文化研究所作的相同的是，克拉克以城市中的便利设施(Amenities)作为研究单位以及数据收集来源，通过收集和记载城市中成千上万的便利设施，进而来描绘一张全面的场景图。但其强调的是对场景的全面认识，将每个便利设施都置于该场景中去分析，因为单一的便利设施产生不了任何的场景，同时每一个便利设施都在用不同的方式致力于构造一个全面的场景(Silver, Clark,祁述裕,吴军,2019)。

以水果摊这一便利设施为例，将其置于以下三个不同的场景中，其包含的文化与给人传递的感情是不同的。场景一,欧洲小镇中的水果摊,慵懒的下午,店主站在店铺外一边摆弄着自己摊上的水果,一边和身边的老朋友聊着天,妇女提着竹篮子驻足在店铺前,思考着自己要买哪种水果。场景二,北京居民住宅旁菜市场中的水果摊,店主大声叫卖,看到路过的人便努力推销自己的水果,一边招呼过往的居民,一边切着手中只剩下一半的苹果,喊着"尝一块尝一块,不甜不要钱",匆忙路过的家庭主妇,拿起一块切好的水果放在嘴中品尝后,开始和店主砍价。场景三,处在金融街上的进口超市中的水果摊,每个水果都被清洗得干干净净,精致的包装上印有"有机"两个字,售货员不会去主动推销自己的水果,只是站在那里,时不时摆一下摊位上的水果,身着正装、脚踏高跟鞋的职场女性,拿起一个包装好的苹果,看一看包装上标注的营养价值表,之后将其放入自己的购物筐中。以上三个场景都包含"水果摊"这一便利设施,但是其构成的场景却包含了不同的活动和文化意义,刺激着不同的人群前来活动与消费,这些活动同时也会反作用于该便利设施所蕴含的特征。

### (二)通过便利设施进行场景识别

想要识别场景,首先需要明确场景所包含的元素,克拉克指出,任何一个场景都包含五个主要元素,分别为以社区为代表的邻里(Neighborhood)、以实体建筑物为代表的物理结构(Physical structure)、出入场景的多样性人群(Persons labeled class, gender, education, etc)、场景中存在的各种活动(Combinations of these and activities)以及在场景中存在的文化价值(Legitimacy, Theatricality and Authenticity)。五个元素均与城市中的便利设施(Amenities)相关,邻里由便利设施构成,物理结构则为便利设施本身,多样性人群出入于便利设施,人们的活动作用于便利设施,文化价值也自然产生于便利设施。

因此,想要对场景进行识别,首先需要识别城市区域中的便利设施。便利设施多与消费娱乐有关,它强调的是能给人们带来愉悦感的东西,城市中的咖啡厅、公园、瑜伽工作室、健身房等都可以被纳入便利设施这一范畴内。

城市中的便利设施通常被定义为从工资和生活成本考虑中抽象出来的当地对个体的吸引力。许多研究利用便利设施来测量美国的生活质量和生产力差异(Blomquist, Berger, Hoehn, 1988),有研究关注城市中便利设施对企业地点选择和就业增长的影响(Gottlieb, 1994),认为便利设施与商业地点和经济增长之间的关系较弱。还有对便利设施与人口的关系的研究,Clark 和 Cosgrove(1991)认为城市人口变化模式受便利设施的影响,若对城市中的便利设施进行评估可以使一些社区比其他社区更具吸引力,并能解释城市地区之间的差异,因为消费者对特定区域的偏好,决定了该区域内便利设施对当地经济所产生的积极影响的大小。

Clark(2018)认为不是所有的城市中的物体都能被算作便利设施,并能够被运用到对场景理论的解释中。相比于随处可见的 ATM 取款机,那些充满反叛元素的文身店和能够为艺术家提供随意表达机会的画廊能为场景贡献更有趣的文化意义。

在识别城市中不同场景时,研究者需要像导演拍摄一样,不仅仅要包括范围广泛的便利设施,也要判断什么样的便利设施可以创造场景(Silver, Clark,祁述裕,吴军,2019)。虽然一个场景的产生显然不仅仅取决于某些便利设施,但这些便利设施仍然提供了关于特定场所的特定体验和实践特征的重要信息。学校、教堂和游乐场描绘了一个场景;文身店、独立艺术家和大麻店则是另一个场景(Silver, 2012)。

场景理论在对便利设施进行分析时,将设施分别放到包含着三个主维度(真实性、戏剧性、合法性)和 15 个子维度的场景框架中,探究设施物理空间层面下所包含的价值取向。

## 三、场景理论下 77 文创园区的场景分析

### (一) 77 文创四个园区介绍

既有的场景研究表明,便利设施的不同组成能够构成有意义的场景,进而影

响社会形态。那么,如何来识别城市或区域中的场景,则是研究者首先要考虑的问题。本研究对于场景维度的识别以及测量打分方法均采用 *Scenescapes: How Qualities of Place Shape Social Life*(Silver, Clark, 2016)和其译本《场景:空间品质如何塑造社会生活》(Silver, Clark,祁述裕,吴军,2019)中对于场景的测量方法。

本研究以北京77文创园品牌下的四个园区为例。建立于2012年的77文创园由北京东方道朴文化资产运营管理有限公司负责建造运营,该公司是东城区区属文化企业天街集团旗下的专业文化园区运营公司。到目前为止,77文创园已经在北京建立了77文创"美术馆"、77文创"国子监"、77文创"雍和宫"、77文创"亦庄"等不同主题的园区。本研究以上述四个园区作为研究对象,对园区信息进行梳理,并根据场景理论中包括地理位置、邻里、基础设施等列出相应元素。

77文创"美术馆"文创园位于东城美术馆后街胡同中,它改造于北京胶印厂老厂区,以戏剧影视为主题的该园区四周围绕着众多"艺术建筑",充满着浓郁文化氛围。园区前身是拥有五十多年历史的首都第一家使用胶印技术的北京胶印厂。其简介如表1所示。

**表1　77文创"美术馆"情况简介**

| | |
|---|---|
| 地理位置<br>Location | 77文创"美术馆"其影视主题的设定与园区地理位置极其相关。园区位于东城区美术馆后街77号,东西两侧分别为美术馆后街和小取灯胡同,南边为亮果厂胡同,园区周围建筑均与戏剧、艺术相关,切合创园主题。园区北边为中央戏剧学院,南侧是北京人民艺术剧院和中国美术馆,西边是中法大学旧址,以及首都剧场、东宫影剧院、风尚剧场、蓬蒿剧场等一系列剧场。77文创"美术馆"园区在发展过程中也吸引着其周围聚集的艺术人才和戏剧影视圈的从业人员。此外,"文化东城""戏剧东城"是东城区文化产业发展的重要方向,政策上的支持也是园区自身定位的重要元素之一。 |

（续表）

| | |
|---|---|
| 邻里<br>Neighborhood | 园区周围方圆1公里之内一半以上的便利设施都与文化艺术类相关。其次，因为其地处胡同中，所以周边与居民生活相关的便利设施占比也相对较大。园区周边方圆1公里之内有：<br>以中国美术馆、北京人民艺术剧院为代表的文化艺术类便利设施89个(55%)。<br>以皇城根遗址公园为代表的自然历史古迹类便利设施25个(15.4%)。<br>以什刹海小学、便利店为代表的其他类便利设施48个(29.6%)。 |
| 物理结构<br>便利设施<br>Physical structure | 园区内聚集了以影视和戏剧为核心内容的主题文化公司及建筑，入驻企业均为戏剧、影视、设计界的领军企业，园区内现有入驻企业14家。入驻企业分别被分为自营类、生产性以及非生产性的企业，其中具有代表性的企业包括：<br>**77剧场(自营)：**该剧场位于园区核心区域，在保留了原始的工业气息的基础上将其改造为一个钢铁铸成的黑匣子，可以容纳近300名观众。剧场还可以随时变更其整体构造，以建构不同的活动场景。2018年年底，该剧场拿到演出场所经营单位备案证明，这意味着其成为合法、正式的演出场所。<br>**北京剧目排练中心(自营)：**该中心主要用途不仅仅是向入驻艺术公司提供场地、收场地费，而且还通过民间市场化力量来塑造戏剧产业链。在与戏剧团队和公司的合作中建立，在向一些艺术团体以低价格(将近市场价一半的价格)出租空间的同时，排练中心想发掘更优秀的精品剧目和创作人才，实现无形文化资产与有形园区的真正结合。<br>**77啤酒精酿生活馆(自营)：**成立于2017年的文化空间品牌。店内不仅出售精酿啤酒，作为生活馆的它还以精酿啤酒为媒介，打造文创产品和平台，输出文化内容。<br>**无用生活空间(生产性)：**无用生活空间位于77文创“美术馆”进门处，其空间1 000多平方米，原6米高的厂房被分割为两层。走进无用会发现楼内粗糙陈旧的木地板、昏暗的布景，屋内幽静的环境与楼外马路上的喧杂形成鲜明的对比，设计呈现出一种反现代生活的场景。<br>**M house Beijing(生产性)：**M house Beijing是园区内集葡萄酒、美食、咖啡、展览空间及私人俱乐部于一体的文化艺术空间，同时也被创作者称为是向葡萄酒文化致敬的艺术空间。该空间不仅仅提供葡萄酒以及咖啡等产品，同时还有不定期的艺术展览，包括每月根据不同酒庄而更换一个主题的“步入式橱窗”展览，以此举致敬行业里以精品制作为使命的酒庄，此外还会在每一季邀请艺术家在二层进行自由创作。M house的二层是M Art的艺术空间，该空间致力于呈现艺术，布置“致敬100部经典影片中的葡萄酒文化”展览，与一层的葡萄酒销售等一同建构以葡萄酒为主题的场景。<br>**暖流文化传播有限公司(非生产性)：**以贾樟柯的全球电影资源为核心的商业电影公司，该公司致力于电影投资、制作、发行于一体，同时专注于电影教育和电影消费以及培养扶持电影工业发展所需的相关人才，同时还旨在打造新型的影院生态，让影院的社交功能重新回归生活。 |

（续表）

| | |
|---|---|
| 场景中<br>的活动<br>Activities | 园区每年举办近200场活动，举办活动频繁，活动类别多样，吸引了不同人群前来。其中包括为期四周的77文创生活节、两岸小剧场节等纯文化类自营活动，该类活动园区自已策划举办。还有一类园区与其他主办方合作举办的文化类活动，包括“汉字之美青年设计大赛”、类似于TED演讲的一刻-TALKS、凤凰读诗会、新京报好书致敬、国家地理新书发布会等。娱乐类活动包括奇葩说发布会、Music Radio发布会、鲁豫有约、李荣浩歌迷见面会等，以及文化产品宣传类活动，其中包括Gucci展览、内蒙古旅游推介会、海尔颁奖礼以及户外品牌-始祖鸟新品发布会等。 |

77文创“国子监”园区位于国子监40号，总占地面积约2 000平方米。园区所处街道是全市唯一一条以街命名的市级文物保护街道，也是北京市保留下来的唯一的一条牌楼街。其前身是方家胡同小学国子监校区，老舍先生曾任第三任校长。2012年经东方道朴公司设计改造后，已变成以国学教育、中国传统文化为主题的文创园区，其周边国学氛围浓郁。有关情况简介如表2所示。

**表2　77文创“国子监”情况简介**

| | |
|---|---|
| 地理位置<br>Location | 园区所处的街区内集中了国家级文物保护单位国子监、孔庙等文化遗产，同时该街道拥有代表着曾经是中国最高学府的国子监以及四大文庙之一的孔庙。乾隆曾言“京师为首善之区，而国子监为首善之地”。1990年，北京市将国子监街公布为北京市第一批历史文化保护区。 |
| 邻里<br>Neighborhood | 园区周围一半以上为与学校以及教育相关的便利设施，国子监也被称为“充满学习气氛的地方”。园区又因为地处雍和宫附近，周边还有许多文化古迹、历史文化古街。园区周边方圆1公里之内有：<br>以国子监博物馆和北京五中分校为代表的学校以及教育相关类便利设施25个(41.7%)。<br>以北京孔庙和雍和宫为代表的古迹类便利设施23个(38.3%)。<br>以餐厅和茶庄为代表的其他类便利设施12个(20%)。 |
| 物理结构<br>便利设施<br>Physical structure | 园区内聚集了以传统文化和东方美学为主题的企业。入驻企业相较美术馆园区少，但其分类也均被分为自营类、生产性以及非生产性的企业，其中具有代表性的企业包括：<br>**77啤酒精酿生活馆：**该生活馆依旧是秉承以精酿啤酒为媒介，呈现其背后蕴含的深厚的文化资源空间，它也会配合园区举办一系列活动，比如在世界杯举办期间，举办啤酒畅饮活动以吸引人群前来消费。 |

（续表）

| | |
|---|---|
| 物理结构<br>便利设施<br>Physical structure | **正安中医**：正安中医是一家致力于提供中医相关课程的企业，它经常会在园区内定期举办中医课程以及相关讲座。<br>**中国手工艺发展研究中心**：在2016年由前央视主持人赵普发起成立的一家NGO组织，其主要致力于寻找有样本价值的传统手工艺，并对它们进行保护。<br>**东家会客厅**：东家是在2015年成立的一家从内容切入的电商，它在上线后一直在围绕手艺人、用户搭建社区，手艺人可以上传自己的作品，为众多默默无闻的东方手作匠人提供一个曝光和展示的平台，并提出将文化概念可消费化。东家的经营被称为是将东方文化可消费化，会客厅是其线下的活动空间。这里会经常在园区中举办一些与设计、手工业专家大师的对话活动。 |
| 场景中的活动<br>Activities | **“东家会客厅系列对话”**：东家会客厅曾举办一系列对话活动，邀请设计、美学等领域大师一同讨论东方手艺、生活方式，探讨东方生活传统与哲学，探究如何让东方的生活之美融入现代生活。东家会客厅曾邀请漫画巨匠蔡志忠、建筑设计大师黑川雅之、中国漆艺大师甘而可、中国设计师马可等人来到园区。<br>**正安文化中医课程**：正安文化提供的活动并不是开放性的，而是需要付费报名的一系列中医文化相关课程。因为课程并不免费对外开放，所以正安文化对于园区的场景贡献大部分体现在其外部装修上。<br>**77文创生活集市**：77文创 & 初秋跳蚤市集是77文创举办的“集市革命”，该活动主要以二手闲置售卖 & 交换为主。活动融合时尚跳蚤市集创意元素、摆客文化，在制造文艺氛围的同时，打造文创创意贴近生活的品牌主题，文创园中的77精酿也成为活动的一部分，在人们逛累的时候，坐下来点一杯啤酒。<br>**77精酿生活馆 & Jaq Jaq Bird亲子艺术沙龙**：亲子艺术沙龙是在传承千年儒家文化孔庙旁的传统文化创意园中的西方儿童艺术创作品牌活动，是东方传统与西方生活之间的创意碰撞。这个在周末举办的互动旨在吸引带孩子消磨周末时光的家长们。 |

77文创“雍和宫”开园于2015年，园区位于雍和宫东侧的青龙文化创新街区中，该地区是东城区的创新创意文化核心区，园区前身为北京童装厂。77文创“雍和宫”运营重点是通过丰富科技创新内容、文化创意项目进而激发区域创新创业活力，创造创新空间。打造科技文化融合的创新孵化园是77文创“雍和宫”发展的核心原动力。

表3　77文创"雍和宫"情况简介

| | |
|---|---|
| 地理位置<br>Location | 园区地处胡同中的77文创"雍和宫"旨在成为"胡同里的创意工厂",通过优化胡同创意生态,孵化扶持初创和小微企业。 |
| 邻里<br>Neighborhood | 园区虽然处在胡同中,但是在青砖绿瓦内的却是创业的激情,园区周边便利设施依旧是以传统文化建筑以及居民居住地为主,其中也包括歌华大厦在内的一些现代化便利设施。园区周边方圆1公里之内有:<br>以东雍创业谷为代表的科技创新类便利设施23个(25.3%)。<br>以雍和空间艺术区为代表的文化类便利设施28个(30.8%)。<br>以北京励学慧文教育书店为代表的教育类便利设施12个(13.2%)。<br>以东城区司法局为代表的其他类便利设施28个(30.7%)。 |
| 物理结构<br>便利设施<br>Physical structure | 以科技创新为主题的园区除了内部有中关村科技园区东城园入驻外,还有众多初创企业,相比其他园区,该园区没有自营企业,更多的是配合东城园在2007年提出的"腾笼换鸟、筑巢引凤"的思路,打造创意胡同。<br>**中关村科技园区东城园:**国家级文化和科技融合示范基地,国家版权局认定的"国家版权贸易基地",北京市首批认定的文化创意产业集聚区,是东城区在"首都文化中心区"建设中的重点。<br>**梦想加空间:**一个专注科技办公体验的智能共享办公空间品牌,类似于we work,梦想加将其在雍和宫的办公室打造为一个产品,通过改造实体空间而创造会议室使用场景。<br>**一刻talks:**类似于TED的媒体平台,主要是以内容为核心,邀请各个领域的精英领袖来演讲,例如张朝阳、雷军、李开复、徐峥等都有来过一刻进行分享。 |
| 场景中的活动<br>Activities | 园区内会时常吸引初创企业前来进行路演,在梦想加空间中举办各种与创业创新相关的活动。与其他园区相比,雍和宫园区活动相对开放性低且针对性强,更多的是以创业公司为受众。 |

77文创"亦庄"园区位于亦庄经济技术开发区隆庆街,园区建设选址初衷与其他园区相同,即改造老旧厂房。这里曾经是北京经济技术开发区的第一代老厂房,6 000余平方米的厂房最初被北京百富强食品有限公司生产使用,后分别被北京当纳利印刷有限公司生产办公使用。2014年,77文创联合清华建筑设计院对该项目进行了设计改造,拆除了近1 000平方米的违章建筑,将老旧厂房改造成一个包含着巨大自然采光围合的开放文化核心区,作为园区内商户路演、开幕式以及剧场等多种形式的场地。园区改造迎合了2017年北京经济技术开

发区的重点工作，即落实全国科创中心建设任务，加快推动“亦庄制造”迈向“亦庄创造”。

**表4　77文创“亦庄”情况简介**

| | |
|---|---|
| 地理位置<br>Location | 园区位于亦庄经济技术开发区隆庆街，亦庄整体区域中含有较多的工业厂区和传统写字楼，许多大型企业将其研发地点设在这里，该区域绝大多数区域都用作企业的研发以及生产办公，同质化严重，很少有文化企业入驻和开发。77文创“亦庄”在此尝试将工业遗存建筑打造成为文化创意产业生态系统。 |
| 邻里<br>Neighborhood | 园区周边主要由大型公司、科技园区组成。科技园、工业园等类别的便利设施共20个，其中包括中航技北京工业园、北京开发区体育中心、瑞赛科技园等。 |
| 物理结构<br>便利设施<br>Physical structure | 该园区注重企业入驻，至今为止已引进企业16家，其中科技创新类8家，文化类4家，设计服务类4家。教育类企业包括国内首家美术专业细分领域的教育机构，图兰朵教育咨询有限公司；科技创新类企业以北京宽厚医药科技有限公司和乐众科技(北京)有限公司为代表；文化类企业以三联韬奋书店为代表，该书店为开发区第一家知名品牌实体书店；设计服务类企业以九瀛室内设计顾问有限公司为代表，公司主创设计师为清华美院毕业生的组合设计团队。园区内除了入驻企业外，还建设了智慧足球场，可以举办走秀的旋转钢梯、露天草坪等公共空间。 |
| 场景中的活动<br>Activities | 清华五道口全球创业领袖班与知名球星高峰、周宁等举行足球联谊赛，三联举办的新书发布会、文化讲座、阅读会、读诗会等一系列活动。 |

### （二）场景理论测量维度

Clark在其对城市场景的研究中将场景划分为三种体验主维度(见表5)和15个子维度。如果能在一定范围内识别出这些子维度中的因素，就能够根据一个地方的便利设施来识别场景的存在，因为这些设施反映了场景是如何赋予人们体验价值的。三种主维度分别为：真实性(Authenticity)、戏剧性(Theatricality)、合法性(Legitimacy)(Terry, Clark,2007)。

真实性、戏剧性和合法性是一个概括的维度，它可以用来分析一个场景的大致类型以及该场景会吸引什么样的人群。若进一步分析每一个场景则需要更加具体的维度。Silver 和 Clark(2010)将这三大维度具体化为 15 个子维度,如表 5 所示。

表 5　场景维度划分

| 真实性(Authenticity) | | 戏剧性(Theatricality) | | 合法性(Legitimacy) | |
|---|---|---|---|---|---|
| 本土的 Local | 全球的 Global | 迷人的 Glamorous | 普通的 Ordinary | 传统的 Traditional | 新奇的 Novel |
| 种族的 Ethnicity | 非种族的 Non-ethnic | 炫耀的 Exhibitionistic | 保守的 Reserved | 领袖魅力的 Charismatic | 常规的 Routine |
| 国家的 State | 非国家的 Anti-state | 睦邻的 Neighbourly | 冷漠的 Distant | 功利主义的 Utilitarian | 非生产性的 Unproductive |
| 企业的 Corporate | 独立的 Independent | 越轨的 Transgressive | 遵从的 Conformist | 平等主义的 Egalitarian | 特殊的 Particular |
| 理性的 Rational | 非理性的 Non-Rational | 礼节的 Formal | 非礼节的 Informal | 自我表达的 Self-expressive | 照本宣科的 Scripted |

1. 真实性(Authenticity)

真实性,代表着身份,一个人或地方的本源,对于消费者来说,通过消费能够体现出一个人的本质,也就是通过真实性可以识别社会个体的身份内涵。在真实性这一主维度下所包含的子维度是:本土的(Local),全球的(Global),种族的(Ethnicity),非种族的(Non-ethnic),国家的(State),非国家的(Anti-state),企业的(Corporate),独立的(Independent),理性的(Rational),非理性的(Non-Rational)。

真实性是对于“我到底是谁”的判断,以及对真假的判断。以下为各维度含义的解释以及在各园区周边拥有该维度的便利设施。

(1) **本土的(Local)**是指一些没有受到过外来习俗浸染的场景(Silver, Clark,祁述裕,吴军,2019)。比如胡同里的菜市场、操着当地口音的小商小贩沿街叫卖、出售具有该区域特色的工艺品小店等。打分者在对便利设施进行打分时应该考虑和该设施相关的活动是否有鲜明的当地传统色彩。在 77 文创园区内和园区周围拥有该场景的便利设施包括小肠卤煮店、老北京涮肉、皇城根遗址公园、老舍纪念馆等。与之相反的是**全球的（Global）**维度，包括园区内的比可蒙多国际特效公司、国际手工艺发展研究中心、北大培元国际幼儿园等。

（2）**种族的（Ethnicity）**是指根深蒂固的种族习俗，而且不受到同质化的、抽象的全球单一文化影响（Silver，Clark，祁述裕，吴军，2019）。纽约唐人街上的中国春节庆典、牛街街道上的伊斯兰建筑以及超市中陈列的清真食物也是代表场景。打分者在对便利设施进行打分时应该考虑和该设施相关的活动是否有根深蒂固的种族习俗，且不受到同质化的全球单一文化影响。在77文创园区内和园区周围拥有该场景的便利设施包括西部少数民族青年美术家创造展、北京基督教宽街教堂、清真寺、白魁清真老字号餐厅等。与之相反的是**非种族的（Non-ethnic）**，体现在麦当劳、星巴克等。

（3）**国家的（State）**是指带有着国家标志与印记的事物。国家历史博物馆、国画、天安门广场的升旗仪式、国庆节时的阅兵、抗日战争纪念馆都是在强化国家这个特征的场景。打分者在对便利设施进行打分时应该考虑和该设施相关的活动是否带有着鲜明的国家标志与印记。在77文创园区内和园区周围拥有该场景的便利设施包括国家文物局、和敬公主府、北京市东城区人民政府、文化部中外文化交流中心、孔庙、国子监等。与之相反的是**非国家的（Anti-state）**元素。

（4）**企业的（Corporate）**代表着集团、国际大公司等具有合作意识的组织或设施。打分者在对便利设施进行打分时应该考虑和该设施相关的活动是否包含鲜明的团体的品牌和标准化等特征。在77文创园区内和园区周围拥有该场景的便利设施包括麦当劳、星巴克、711便利店以及园区内举办的奥迪汽车展等国际品牌活动。与其相反的则是**独立的（Independent）**这一子维度，除了以上所列举的国际连锁餐厅和便利店或商场，其他的便利设施均可以涵盖在独立的这一维度内。

（5）**理性的（Rational）**：理性源于思考，遍布大学、研究院的地方，科技高新区等通常富含理性主义这一维度场景（Silver，Clark，祁述裕，吴军，2019）。打分者在对便利设施进行打分时应该考虑和该设施相关的活动是否强调科学性。在77文创园区内和园区周围拥有该维度的便利设施包括东四妇产医院、北京市第一六五中学、北京科技研究开发机构等。而玄学书店、算命小摊贩等则属于**非理性的(Non-Rational)**,例如在77文创“国子监”附近的算命小店、风水咨询公司等。

2. 戏剧性(Theatricality)

戏剧性代表着看与被看(Silver, Clark,祁述裕,吴军,2019),强调外表以及人们或建筑如何展示自己的方式。戏剧性代表着表象,因为参与活动进行消费是一个向他人展示自己的过程,这个维度强调注重人们在场景中如何通过自己的衣服、言语、举止等方面来展现自己。比如一个想要展现优雅高档且与葡萄酒相关的酒吧会在自己店里播放不同电影中主角喝红酒的镜头,展现一种“异国”的风情;一个滑板店则会满墙涂鸦,为展现一种“越轨”的风格。“戏剧性”的外在风格可以体现出该场景,以及出入场景的人会表现出什么样子。在戏剧性这一主维度下所包含的子维度是:迷人的(Glamorous),普通的(Ordinary),炫耀的(Exhibitionistic),保守的(Reserved),睦邻的(Neighbourly),冷漠的(Distant),越轨的(Transgressive),遵从的(Conformist),礼节的(Formal),非礼节的(Informal)。以下为各维度在Silver和Clark研究中对含义的解释以及在77文创各园区周边拥有该维度的便利设施。

(1) **迷人的(Glamorous)**:迷人的场景的特点是耀眼且光鲜靓丽,比如身着晚礼服站在舞台中央主持晚会或者在闪光灯下走过红地毯。打分者在对便利设施进行打分时应该考虑该设施本身以及与其相关的活动是否主张用最前卫时髦的方式展现自己。在77文创园区内和园区周围拥有迷人元素的便利设施及场景包括高档女装服装店、高档美容店、美甲店,园区内则包括电影发布会、Gucci展览、77精酿酒吧、电影主题的咖啡厅等。与迷人的维度相反的是**普通的(Ordinary)**,代表便利设施及场景包括雍和宫街道胡同中的便民菜市场、交道口大街上的小卖部、711便利店、加油站等。

（2）**炫耀的（Exhibitionistic）**是指将个人变为公众的关注点或仰慕的对象（Silver，Clark，祁述裕，吴军，2019）。一些典型爱炫的场景包括舞台聚光灯下表演者的自我展现，比如健身房中锻炼的人不仅仅是为了增强体质，同时也是在向其他人展现自己的身材。打分者在对便利设施进行打分时应该考虑和该设施相关的活动是否主张自我展现。在77文创园区内和园区周围拥有爱自我表现的便利设施和场景，包括我是科学家演讲、绘画工作室举办的绘画活动、嘻哈包袱铺、北京人民艺术剧院等。与之相反的则是一些**保守的（Reserved）**、低调的场景，比如财政部幼儿园、府学小学或者教堂。

（3）**睦邻的（Neighbourly）**：该场景特征表现为热情问候、相互关心，彼此熟知。其强调的是亲密性和面对面的亲昵关系（Silver，Clark，祁述裕，吴军，2019）。打分者在对便利设施进行打分时应该考虑和该设施相关的活动是否主张建立和谐、温馨、密切的私人关系。在77文创园区内和园区周围拥有睦邻元素的便利设施及场景包括景山街道群众社区舞蹈活动公告、园区组织街道居民进行表演培训、胡同清晨街坊之间的问候、老职工楼中老人们在天气好的下午一起打牌、胡同里的水果摊等。与睦邻维度相反的是**冷漠的（Distant）**，该元素存在于雍和宫商务写字楼、东城区法院、中国移动办公楼等。

（4）**越轨的（Transgressive）**是指打破了传统的呈现方式，打破了大多数人对于着装和举止的正常期许（Silver，Clark，祁述裕，吴军，2019）。越轨的概念是建立在传统和主流的基础上的，一个越是经常打破传统与主流的场景，其所包含的越轨性就越强烈。打分者在对便利设施进行打分时应该考虑和该设施相关的活动是否主张打破主流文化和价值观。在77文创园区内和园区周围拥有越轨元素的便利设施及场景包括文身店、园区内布满涂鸦的墙、橘色成人性用品商店、烟酒销售店等。与该维度相反的是**遵从的（Conformist）**，该元素存在于东城区劳保检察院、景山工商局等。

（5）**礼节的（Formal）**是指被高度仪式化的场景，人们的着装或者活动都被限定在一定标准内，强调符合规则。打分者在对便利设施进行打分时应该考虑和该设施相关的活动是否主张高度仪式化，人们的着装等被限定在一定范围标准之内。在77文创园区内和园区周围拥有礼节元素的便利设施及场景包括国家文物局、中国美术馆、律师事务所，也包括穿着礼服去看歌剧等。与该维度相反的是**非礼节的(Informal)**，该场景存在于77文创举办的夏日音乐节、77精酿酒吧等。

3. 合法性(Legitimacy)

合法性，代表着道德信仰，体现为人们对某些事情对与错的判断，什么使你相信自己的行为是正确的。合法性是人们对于社会行为对与错的判断，这种判断是以道德和传统为基础的。因此，不同时间、不同地区的人们对于合法性判断的标准是不同的。例如在无国界医生团体中，他们深信世界人类都有获得医疗的权利，认为让任何人都能平等地接受治疗是正确的做法。对于消费者而言，意味着什么样的消费能够使我们证明自己的做法是符合当地传统的。例如在北京的回民聚居区牛街，消费者购买清真产品以及牛羊肉才是正确的，穿着符合伊斯兰教的服饰进清真寺里才是尊重穆斯林的正确做法。在合法性这一主维度下所包含的子维度是：传统的(Traditional)，新奇的(Novel)，领袖魅力的(Charismatic)，常规的(Routine)，功利主义的(Utilitarian)，非生产性的(Unproductive)，平等主义的(Egalitarian)，特殊的(Particular)，自我表达的(Self-expressive)，照本宣科的(Scripted)。

(1) **传统的(Traditional)**是对于历史文化习俗的延续，传统存在于与历史相关的建筑或活动之中。阅读档案室中的陈旧档案、欣赏古典音乐、抚摸老城城墙时都会带有历史感和传统感。那些一直延续至今的传统权威场景包括教堂、历史纪念碑和档案馆等设施建筑(Silver, Clark，祁述裕，吴军，2019)。打分者在对便利设施进行打分时应该考虑和该设施相关的活动是否有历史文化习俗的元素。在77文创园区内和园区周围拥有该维度的便利设施包括北京孔庙、雍和宫、嵩祝寺及智珠寺、段祺瑞执政府旧址、和敬公主府等。而反传统主义的场景则是包含**新奇的(Novel)**元素的新东方语言学校等。

(2) **领袖魅力的(Charismatic)**往往和英雄相关，令人想要追随。其可以是民族英雄,同样也可以是娱乐明星。有着领袖魅力的场景可以是明星经营的餐厅、某著名电影的取景处、明星发布会、历史名人故居、民族战争纪念地等。打分者在对便利设施进行打分时应该考虑和该设施相关的活动是否与英雄、明星相关,令人想要追随。在77文创园区内和园区周围拥有该维度的便利设施包括贾樟柯的暖流电影工作室、前央视主持人赵普的东家会客厅以及在园区内曾举办过的明星发布会。与领袖魅力相反的**常规的(Routine)**场景则可以体现在某办公楼的行政办公室、循规蹈矩的税务局工作等。

(3)**功利主义的(Utilitarian)**:功利主义场景会存在于所有可以盈利的地方,比如大型企业、金融街、咨询公司、证券交易所等。打分者在对便利设施进行打分时应该考虑和该设施相关的活动是否有计划地获取利润,且强调盈利本身。而那些崇尚自然、散漫、悠闲的建筑或生活则是**非生产性的(Unproductive)**。在77文创园区内和园区周围拥有该维度的便利设施,包括马可"无用"工作室、园区内保留的老旧工厂设施、为周围居民提供的散步天台和休息的座椅等。

(4)**平等主义的(Egalitarian)**:其合法性在于对人类平等的尊重(Silver,Clark,祁述裕,吴军,2019)。不论民族、肤色、职业、身份,所有人都应享受同样的权利。国际组织、无国界医生、慈善协会都是具有平等主义的场景。打分者在对便利设施进行打分时应该考虑和该设施相关的活动是否任何人都可以出入,且主张强调对人类平等的尊重。在77文创园区内和园区周围拥有该维度的便利设施包括所有可以随意进出的场所。相反,一些私人会所、俱乐部等是具有**特殊的(Particular)**场景。

(5)**自我表达的(Self-expressive)**:这是指一些能够允许个人表达自我、展现自我的场景,比如戏剧场、乐队表演、个人演讲等场景。打分者在对便利设施进行打分时应该考虑和该设施相关的活动是否允许个人表达自我、展现自我。在77文创园区内和园区周围拥有该维度的便利设施几乎都含有自我表达元素,比如77剧场、排练中心、艺术绘画工作室、少儿体能培训等。相反,大合唱、集体表演、学校的课间操则是缺少这一维度的场景,是**照本宣科的(Scripted)**。

## 四、计算方法与结果

### （一）计算方法与数据来源

本研究中对于园区周围以及园区中的基础设施进行打分，采用场景理论提出者在其研究中的分析与计算方法，研究一共招募4名打分人员，在每位打分者对每个便利设施对于场景理论中15个子维度进行打分后，结合15个维度的表现分数来评价该文创园区所处的场景以及其内部场景。为让打分者清晰易懂且标准统一，在打分者为每个基础设施进行打分前，他们会被要求进行关于场景概念的培训，以及熟悉评分标准与流程。在培训之后，每个评分者都可以将场景理论中的3个主维度和15个子维度与便利设施联系起来，并将所有便利设施信息转化为场景维度信息。

每个子维度的评分范围为1～5，评分者在参与观察便利设施后，按照评估手册上的指南将该便利设施置于每一个子维度中，并为其打分。首先，评分者需要判断一便利设施是肯定了某一子维度还是否定了该维度，如果该便利设施符合这一维度，评分者应给其4分或者5分，若该便利设施不符合这一维度，评分者应给其1分或者2分。

例如，打分者对【胡同里的菜市场】这一便利设施在“睦邻的”这一维度的评估时应首先阅读评估手册，判断“【胡同里的菜市场】本身以及与其相关的活动是否表现为热情、相互关心，是否体现亲密性和面对面的亲昵关系？”与周围居民建立日常紧密联系的菜市场显然是社区生活的一部分，这里既是出售蔬菜的地方，也是居民偶尔相聚讨论生活琐事的场所，因此，【胡同里的菜市场】对于“睦邻的”这一维度有着正面价值。在评分4和5之间，打分者应继续判定温馨密切的私人关系对于【胡同里的菜市场】来说是否是必不可少的，相比于大超市中的蔬菜出售点，聚集着一个社区居民的胡同中的菜市场必然是温馨密切的，因此，【胡同里的菜市场】对于“睦邻的”这一维度评分为5。相应地，【胡同里的菜市场】这一基础设施对于“越轨的”这一维度的评估则是反向的。评分者在观察这一场景后询问自己“和【胡同里的菜市场】相关的活动主张展现自己的方式是否违反主流文化和价值观”，答案是或否，接着评分者需要在1分、2分中进行选择，场景维度打分过程如图1所示。

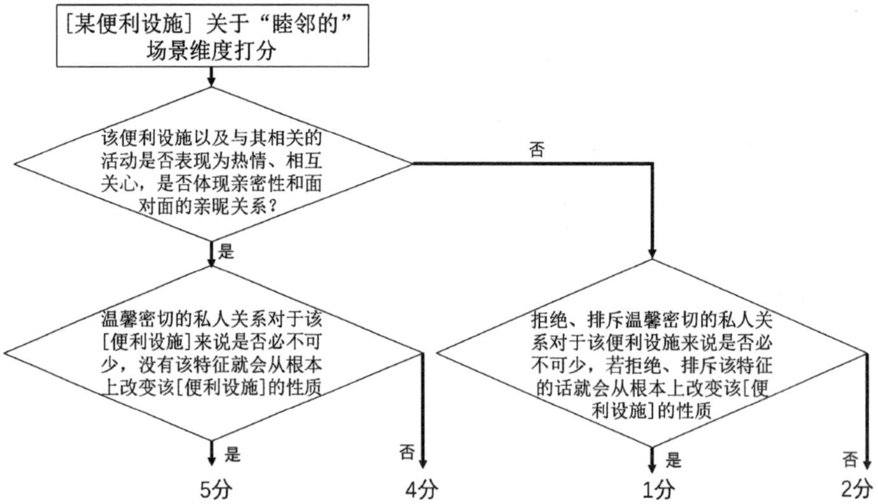


**图1　场景维度打分过程流程示例图**

对于场景分数的计算，本研究分别对每个园区周围的便利设施进行场景维度计算，当计算一个场景子维度的分数时，将该维度所有分数相加之后除以该维度中便利设施的综合数量。

某区域本土性表现分数＝该区域所有便利设施本土性得分总和/该区域所有便利设施数量。例如：77文创“美术馆”本土性维度分数＝（白魁老字号本土性得分＋外贸皮革店本土性得分＋西北楼牛肉拉面本土性得分＋……＋东宫影剧院本土性得分）/所有便利设施数量。

在将便利设施信息转变为场景信息前，研究需要对于文创园区周边便利设施进行收集。研究采用归纳方式定位场景，对于文创园内的基础设施以及周边的基础设施进行实地观察和记录。本研究采用实地考察办法对以文创园为中心、其方圆1公里内的便利设施进行收集。以上述15个维度为标准，记录每一个基础设施以及场景中的特征。每个场景/基础设施的特征,究竟是传统的、族群的还是越轨的、炫耀的。

除了沿街行走记录每一个场景,研究也会配合使用互联网地图(百度、高德、谷歌地图)来记录每个文创园区周边的基础设施。

最后研究者收集了77文创"美术馆"园区周边方圆1公里内共162个便利设施;77文创"雍和宫"园区周边方圆1公里内共91个便利设施;77文创"国子监"园区周边方圆1公里内共60个便利设施;77文创"亦庄"园区周边方圆1公里内共20个便利设施,并分别对这333个便利设施进行打分。

### (二)研究结果

按照上述编码计算方法,每个园区周边场景在不同维度的得分如表6~表9所示。

**表6 77文创"美术馆"周边场景子维度得分情况表**

| 子 维 度 | 平均分(Mean) | 标准差(S.D.) |
| --- | --- | --- |
| 本土的 | 3.8 | 2.2 |
| 种族的 | 2.2 | 1.5 |
| 国家的 | 3.0 | 2.2 |
| 企业的 | 2.8 | 2.0 |
| 理性的 | 1.6 | 1.6 |
| 全球的 | 3.0 | 1.9 |
| 非种族的 | 2.0 | 1.3 |
| 非国家的 | 2.0 | 2.2 |
| 独立的 | 2.0 | 1.8 |
| 非理性的 | 2.2 | 1.6 |
| 迷人的 | 4 | 2.0 |
| 炫耀的 | 3.5 | 2.0 |

（续表）

| 子　维　度 | 平均分(Mean) | 标准差(S.D.) |
|---|---|---|
| 睦邻的 | 3.7 | 1.7 |
| 越轨的 | 2.4 | 0.7 |
| 礼节的 | 3.6 | 2.0 |
| 普通的 | 2.9 | 2.1 |
| 保守的 | 2.0 | 1.5 |
| 冷漠的 | 2.1 | 1.2 |
| 遵从的 | 1.9 | 1.5 |
| 非礼节的 | 1.5 | 0.9 |
| 传统的 | 3.3 | 3.0 |
| 领袖魅力的 | 3.4 | 2.5 |
| 功利主义的 | 3.5 | 2.6 |
| 平等主义的 | 4.6 | 0.8 |
| 自我表达的 | 4.6 | 0.8 |
| 新奇的 | 3.9 | 1.0 |
| 常规的 | 3.0 | 1.7 |
| 非生产性的 | 2.5 | 1.4 |
| 特殊的 | 1.9 | 1.7 |
| 照本宣科的 | 1 | 1.4 |

77文创"美术馆"地处老北京胡同中，以"戏剧影视"为主题的园区周边场景在戏剧性主维度下的"迷人的""睦邻的"以及"礼节的"这几个子维度的得分相对较高，主要因为其地处北京胡同中，与周围居民具有紧密联系，园区外侧的胡同中还立着东城区街道精神文明榜的宣传栏。其次，园区周边具有较多的风格独特、艺术气息的便利设施，例如，开在胡同中的复古风格八角楼咖啡厅、拥有中国风的风铃酒馆、飘满茶香的御茗苑茶艺馆、古色古香充满历史文艺气息的老舍纪念馆、贝子宏昨府、梁实秋旧居等历史建筑，独树一帜的高级女装设计师店、绚

丽高雅的中国嘉德拍卖中心等便利设施。

在合法性这一主维度下，其周边便利设施在“自我表现的”“平等主义的”和“新奇的”这几个子维度的得分较高，主要是因为园区周边有大量的剧场汇聚在一起，包括北京人艺实验剧场、首都剧场、人艺、中国儿童艺术剧院等十个左右大大小小的剧院，这些不仅仅是剧场，更是一个个展现自我的舞台。每个剧场会不定期地开展不同类型、不同内容的演出，并且这些活动对所有人开放，体现了平等主义的特色。

在真实性这一主维度下，文创园区周边便利设施在“本土的”这一子维度下得分较高，主要是“白魁老字号清真餐厅”“老北京修脚店”“北京府学胡同小学”“老北京涮肉”“小区健身器械”“老舍纪念馆”“和敬公主府”等包含了本土元素的便利设施较多。

相反，77文创“美术馆”周边场景在“理性的”“非礼节的”“照本宣科的”这几个维度的场景得分较低。

**表7　77文创“雍和宫”周边场景子维度得分情况表**

| 子　维　度 | 平均分(Mean) | 标准差(S.D.) |
|---|---|---|
| 本土的 | 3.2 | 2.0 |
| 种族的 | 2.0 | 2.1 |
| 国家的 | 4.0 | 2.4 |
| 企业的 | 3.5 | 2.2 |
| 理性的 | 3.2 | 2.0 |
| 全球的 | 3.2 | 2.0 |
| 非种族的 | 3.3 | 1.9 |
| 非国家的 | 2.0 | 2.3 |
| 独立的 | 3.1 | 2.4 |
| 非理性的 | 3.0 | 1.3 |
| 迷人的 | 2.6 | 2.1 |

（续表）

| 子 维 度 | 平均分(Mean) | 标准差(S.D.) |
| --- | --- | --- |
| 炫耀的 | 2.8 | 2.2 |
| 睦邻的 | 3.0 | 1.9 |
| 越轨的 | 1.6 | 0.6 |
| 礼节的 | 3.3 | 1.4 |
| 普通的 | 2.7 | 0.9 |
| 保守的 | 3.2 | 1.2 |
| 冷漠的 | 2.2 | 0.9 |
| 遵从的 | 3.0 | 1.7 |
| 非礼节的 | 1.8 | 1.0 |
| 传统的 | 3.3 | 2.4 |
| 领袖魅力的 | 3.0 | 2.6 |
| 功利主义的 | 4.0 | 2.6 |
| 平等主义的 | 2.8 | 1.0 |
| 自我表达的 | 4.6 | 2.5 |
| 新奇的 | 4.0 | 2.5 |
| 常规的 | 2.0 | 2.1 |
| 非生产性的 | 2.8 | 2.2 |
| 特殊的 | 2.0 | 1.4 |
| 照本宣科的 | 2.4 | 1.7 |

77文创“雍和宫”地处雍和宫附近，以“科技创新”为主题的园区周边场景在主维度真实性中“国家的”“企业的”以及“非种族的”这几个子维度得分较高，主要是因为该园区地处“青龙创新胡同”中，该胡同曾被东城园管委会结合北京市城市发展总规划提出了建设“青龙文化创新街区”规划概念。其周边遍布着与创新创业有关的便利设施，例如，“东雍创业谷”“北京同友创业信息技术有限公

司”“中关村创新型孵化器”“xlab技术创新中心”等，同时还具有“版权保护中心”等相关的服务便利设施，这些设施提升了该园区所处场景在“国家的”以及“企业的”维度的分数。

在合法性的主维度中，由于该区域倡导创新理念，因此在这里，“新奇的”“特殊的”被认为是正确且提倡的。此外，这些与创新企业相关的便利设施其目的与盈利相关，其工作内容提倡创新理念，因此，该区域场景在“功利主义的”以及“自我表达的”和“新奇的”这些维度得分较高。

在戏剧性这一主维度中，77文创“雍和宫”在“睦邻的”“保守的”以及“礼节的”这三个子维度得分较高。原因是其地处在北京老胡同中，园区周边遍布着大量的老居民住宅，使其周围具有睦邻气氛。与其相距不远处便是雍和宫，增加了其在礼节维度的场景得分。

相反，77文创“雍和宫”周边场景在“越轨的”“非礼节的”等维度得分相对较低。

**表8　77文创“国子监”周边场景子维度得分情况表**

| 子　维　度 | 平均分(Mean) | 标准差(S.D.) |
|---|---|---|
| 本土的 | 4.4 | 0.5 |
| 种族的 | 1.7 | 1.0 |
| 国家的 | 2.4 | 3.2 |
| 企业的 | 2.3 | 1.8 |
| 理性的 | 1.7 | 1.7 |
| 全球的 | 0.7 | 0.5 |
| 非种族的 | 3.3 | 1.0 |
| 非国家的 | 2.7 | 2.4 |
| 独立的 | 2.7 | 1.6 |
| 非理性的 | 3.5 | 1.1 |
| 迷人的 | 2.7 | 2.2 |

（续表）

| 子　维　度 | 平均分(Mean) | 标准差(S.D.) |
|---|---|---|
| 炫耀的 | 2.3 | 1.9 |
| 睦邻的 | 4.0 | 1.8 |
| 越轨的 | 1.0 | 0.0 |
| 礼节的 | 4.0 | 1.5 |
| 普通的 | 2.0 | 0.3 |
| 保守的 | 3.7 | 1.6 |
| 冷漠的 | 2.2 | 1.2 |
| 遵从的 | 4.0 | 1.8 |
| 非礼节的 | 1.1 | 0.1 |
| 传统的 | 4.1 | 1.9 |
| 领袖魅力的 | 1.9 | 2.0 |
| 功利主义的 | 2.9 | 1.6 |
| 平等主义的 | 2.2 | 1.5 |
| 自我表达的 | 2.6 | 2.3 |
| 新奇的 | 2.2 | 2.4 |
| 常规的 | 2.1 | 2.5 |
| 非生产性的 | 2.9 | 2.3 |
| 特殊的 | 3.0 | 2.5 |
| 照本宣科的 | 2.7 | 1.5 |

77文创“国子监”地处国子监胡同中，以“国学和传统文化”为主题的园区在主维度真实性下的“本土的”以及“非理性的”子维度得分较高。除了园区坐落在胡同中，被胡同中的平房以及四合院包围外，园区周边还存在着许多与算命、看手相风水相关的店铺，这些基础设施提升了园区在“非理性的”维度的得分。

在合法性的主维度中，园区在“传统的”这一维度得分突出。从法轮殿、柏林寺到中国诵学院再到北京面馆、北京胡同文化酒店，每个便利设施都存在着传统这一维度的元素。

在戏剧性这一主维度中，园区在“睦邻的”“礼节的”“保守的”以及“遵从的”这些维度分数较高。

相反，77文创“国子监”在“全球的”“非礼节的”“越轨的”等与传统文化和国学文化相反的一些维度上得分较低。

**表9　77文创“亦庄”周边场景子维度得分情况表**

| 子　维　度 | 平均分(Mean) | 标准差(S.D.) |
|---|---|---|
| 本土的 | 1.3 | 0.9 |
| 种族的 | 1.0 | 0.1 |
| 国家的 | 3.8 | 3.4 |
| 企业的 | 4.4 | 2.2 |
| 理性的 | 3.1 | 0.9 |
| 全球的 | 3.7 | 0.9 |
| 非种族的 | 4.0 | 0.1 |
| 非国家的 | 1.2 | 3.4 |
| 独立的 | 0.4 | 2.2 |
| 非理性的 | 2.3 | 1.9 |
| 迷人的 | 1.2 | 0.3 |
| 炫耀的 | 1.3 | 0.2 |
| 睦邻的 | 1.3 | 0.3 |
| 越轨的 | 1.1 | 0.1 |
| 礼节的 | 3.3 | 0.4 |
| 普通的 | 3.8 | 0.5 |
| 保守的 | 2.8 | 0.5 |
| 冷漠的 | 3.0 | 0.7 |
| 遵从的 | 3.1 | 0.3 |

（续表）

| 子　维　度 | 平均分(Mean) | 标准差(S.D.) |
|---|---|---|
| 非礼节的 | 1.0 | 0.1 |
| 传统的 | 1.0 | 0.1 |
| 领袖魅力的 | 1.2 | 0.3 |
| 功利主义的 | 4.4 | 2.2 |
| 平等主义的 | 4.2 | 0.1 |
| 自我表达的 | 1.8 | 1.8 |
| 新奇的 | 3.5 | 0.2 |
| 常规的 | 3.7 | 0.2 |
| 非生产性的 | 1.6 | 1.7 |
| 特殊的 | 1.2 | 0.4 |
| 照本宣科的 | 2.7 | 0.3 |

77文创“亦庄”地处亦庄经济开发区中，相较其他园区，以“体育、教育、科技”为主题的园区内有更多的企业入驻。在主维度真实性中，“企业的”这一维度得分最高。

在合法性的主维度中，园区在“功利主义的”“平等主义的”以及“新奇的”这几个维度上的得分突出，因为园区主要由企业聚集构成，企业主要目的为盈利。

在戏剧性这一主维度中，园区在“普通的”这一维度中分数较高。相反在“种族的”“独立的”“越轨的”“传统的”以及“非礼节的”这些维度上的得分较低。

## 五、总结

在场景理论视角下评价城市中文创园区的发展，有利于促进文创园区跳出以租赁为主的运营模式，脱离“二房东”的角色，进而转向场景运营商。通过园区内以及其周边的便利设施所组成的场景来评价一个园区的文化发展可以成为衡量园区软文化的新视角，促使文创园区在今后的发展中需要在维持自身盈利的基础上承担起服务并促进城市居民文化消费与传播区域文化的重任。场景理论考虑到了实体空间作为媒介的传播潜能以及空间中人们的知觉和感受，该理论还揭示了社区环境、城市基础设施、居民文化需求以及不同人群价值观这些因素之间的联系，使得其恰恰可以为文创园区发展提供指导，让园区可以利用场景特征打造实体文化空间，利用场景文化价值激发消费欲望，建立以文化价值为核心的园区发展模式，重塑场景文化更新城市建筑。

### （一）园区利用场景特征打造实体文化空间

很多研究将城市中的便利设施、城市的区域特征以及创意性群体联系到一起，说明城市中便利设施的分布和数量能够吸引创意人群，进而影响城市经济发展。一直以来，便利设施对于城市经济学家来说至关重要，这是因为它们增加了土地价值，但是这些设施使土地增值的过程却在很大程度上被忽视(Silver & Yanez, 2010)。同样值得探讨的是城市区域中不同的便利设施聚集起来所形成的物理空间又建构了什么样的场景，进而吸引多样性人群形成不同的文化空间的。人们通常认为“文化”是指歌剧艺术、京剧和古典音乐，但是它同时也包括许多城市区域本土的东西，比如北京的胡同，杭州的茶叶，甚至是一种方言。文化所涉及的也不仅仅是艺术，它还能够延伸到更多的审美视角：街角的菜市场、海滩娱乐、本土餐馆、街头生活、艺术手工艺博览会等。

场景，这一链接了便利设施与区域本土文化的概念，不仅为不同人群提供了特定的社会环境，使他们能够根据彼此对饮食、音乐、艺术等方面的共同点来进行情感间的互动，也为文化分析提供了新的支点(Silver & Yanez, 2010)。但若要了解场景的构成便离不开对便利设施的分析，因为场景的构成需要通过便利设施和基于消费的共同情感表达，将个体以及那些真实的事物联系起来。可以说场景包括了便利设施，但又超越了便利设施进而表现为一种价值观(徐晓林, 2017)。

在本研究对77文创每个园区周边便利设施的打分分析中可以看出园区自身的主题定位与其所处区域场景特征是一致的，每个园区在主题设计上参考了其周边整个社区环境的场景氛围，园区用与社区同样的文化价值建设自身，使其和社区融为一体。77文创“美术馆”将自身定位为影视戏剧主题的首要原因是东城区政府在打造“戏剧东城”，同时美术馆区域周围也遍布着大大小小的戏剧场馆与影视院校；改造于方家胡同小学的77文创“国子监”将自身定位为以传统文化和东方美学为主题的园区，是因为其所处位置集中了国家级文物保护单位国子监、孔庙等大量历史文化遗产，浓缩了中国传统文化精华，而且这里也是北京市保留下来的唯一一条牌楼街；以打造文化科技创新为主题的77文创“雍和宫”地处青龙文化创新街区，是区政府为打造创新空间而改造的街区；77文创“亦庄”的教育、科技、运动主题则是因其地处经济开发区有足够的空间来进行打造，因此从每个园区所处的大体场景特征便可看出园区自身定位的缘由。

本研究继而对园区周边便利设施所构成的场景进行分析，研究不再专注于单一类型或某几个便利设施的分析，而是考虑其周围所有便利设施所构成的场景以及在地理上（和时间上）不同的便利设施组合所带来的对园区的设计建构的影响。

根据打分结果显示，77文创“美术馆”园区所处社区具有**迷人的（4.0分）**气氛，其周边包括美术馆在内的很多大大小小的艺术馆提供了各种各样的展览活动，供人们前去参观并表达自己对于艺术的看法，戏剧院则给人们提供了上台表演、相互交流的机会，为该区域营造了一个允许个人**表达自我（4.6分）、炫耀自我（3.5分）**的场景氛围。相应地，77文创“美术馆”园区也试图将自身打造成具有相同场景特色的园区。园区在其内部建设了国内首个舞台艺术孵化基地——北京剧目排练中心，77剧场也在前不久获得了演出场所经营单位备案证明，使其在今后可以正式地进行文艺戏剧演出，这些空间都为从事以及喜爱戏剧表演的人群提供了**表达自我、炫耀自我**的空间，也为场景文化的传播打造了物理空间，园区中央以及露天看台为文艺范儿很浓的入驻企业以及前来游园的文艺青年营造了**自我展示**的舞台。

> 入驻企业F1：选择在77，一是77的地理位置优越；二是东城是北京文化氛围最浓的区域。
>
> 入驻企业F2：周边环境既高雅迷人又接地气，和园区气场很匹配，有首都剧院、三联书店、中国美术馆、北大红楼、艺术8、嘉德艺术中心、南锣鼓巷等，文化氛围较好。
>
> 园区游客F3：麻雀虽小，五脏俱全。这个小小的文创园区里面的内容还是很多的。里面的建筑和商铺都很有个性，和那些文艺创作者的特质相符。
>
> 园区游客F4：小而迷人的园区。感受到浓浓的戏剧文化气氛，剧场貌似常年有活动，想偶遇明星也不是不可能。

77文创“国子监”园区位于国子监，该街道有着曾经代表中国最高学府的国子监。园区周边的历史建筑营造着充满传统文化的气氛(**传统4.1分**)，胡同中的老四合院没有现代城市中光鲜亮丽的绚丽感(**自我炫耀2.3分**)，而更多的是传统低调的元素(**保守3.7分**)。由于其地理位置与雍和宫相近，宗教色彩也相对浓重，从园区周围的一些算命和看手相的店铺中可以看出**非理性(3.5分)**的元素。因此，国子监园区除了要考虑如何创新，还要考察怎样将其自身融入周遭的国学气氛中，拥有着**遵从(4.0分)**元素和强调**礼节(4.0分)**的环境。在此基础上，该园区将自身定位为以传统文化和东方美学为主题的园区。

> 园区游客F5：坐落在碧树掩映中的历史名街国子监上的77文创园区，园区里还有与中医相关的活动，很有东方特色，而且园区一点也不喧闹，旁边便是孔庙、雍和宫，让人很有敬畏感。置身于古时候皇子上课的地方，有强烈的穿越感。规规矩矩地遛胡同，都是老北京胡同，这里却和南锣鼓巷截然不同。
>
> 园区游客F6：今日漫步国子监孔庙，偶遇77文创园区，浓浓的算命味。

城市中的文创园区，其本身的建设具有促进城市经济增长的任务，尤其是那些建设在注重消费的大城市中的文创园区。因为一些城市的消费价值可能产生于其拥有的那些含有价值的建筑。巴黎作为一个消费城市的吸引力部分来自其服务业和其所创造的产品，但是同样也是因为城市中的那些迷人的建筑。

77文创园区在建筑设计之初便设定了怎么去建构场景，细致到需要考虑园区中单个建筑的设计对于整体场景的贡献，运营者会根据每个单体的情况进行具体分析。园区改造的老厂房所展现的工业感设计力求达到远观吸睛的效果，园区拒绝打造由毫无特色的办公写字楼构成的复制感极强的面貌，而是试图在老旧建筑上做文章，建构独特的场景外观。

以戏剧影视为主题的77文创“美术馆”，其整体框架和外立面的设计风格主要是由钢铁和老旧斑驳的红砖架搭建组合而成，钢铁搭成的楼梯和天台给人一种**冷漠(2.1分)**的工业特色，和胡同文化形成了鲜明对比，展现了园区**迷人(4.0分)**的另一面。它并没有采用现代感强烈、光鲜亮丽的钢琴漆面，只为保留厂房原有的**本土(3.8分)**元素。在保留了原有老旧厂房的主要格局基础上，园区利用厂房高挑的特点，将其改造为园区主要剧场——77剧场。这个可以容纳近300名观众的钢铁铸成的黑匣子剧场伫立在园区进门口的地方，为整个园区的工业设计感起到了定基调的作用。开放的**(平等主义的4.6分)**园区保留了沧桑老旧红砖砌成的墙面，使其与深沉的钢铁支架相互对应，那些老旧的红砖墙体被刻意地裸露出来，不加修饰地展现在园区，因为不同时期该工厂经历了不同的改造，这些历史的修建都被记录在了一块块砖瓦上，77文创“美术馆”在改造之中原封不动地保留了这些痕迹，同时还保留了这些可以看得见的**传统的(3.3分)**工业艺术品。此外，园区内也包含有大量**新奇的(3.9分)**设计，比如在正中央伫立的废弃烟囱成为整个园区的垂直建筑，它被创意性地**(新奇3.9分)**改造成了一个“温度计”，不仅为园区增加了一个制高点，还同时方便了周边社区百姓了解实时温度。

77 文创创始人 F7：我们对于建筑的外形、外立面也进行把控。不会让企业将自己建筑的外形跳出整个园区以及整个街道的风格。园区整体风格为复古，工业风格，不会允许入驻企业将自己的建筑改造为小清新的外形风格。77 文创“美术馆”改造曾获得了 2018 建筑奖，在改造过程中我们会尊重设计师的设计理念，考虑园区与街道的融合以及成本问题，我们不会允许后期的调整改造对原有的设计理念跟风格进行颠覆。

入驻企业 F8：周围历史文化浓重，有故宫、景山，但也有成片老百姓生活的灰顶瓦房，园区虽然在外观上是工业风，但走进园区却有一种温馨感。

园区游客 F9：很有风格的一个剧场。外观就让人很舒适，年代沉寂出的钢铁质感，不冰冷，反而很温馨。内部同样让人很舒适，设备齐全，色调典雅却不奢华，很适合坐在那儿用心品评一场秀。

77 文创“国子监”的改造在最大程度上尊重了原始建筑（**本土的 4.4 分**），也意味着其改造在最大程度上尊重了其所处的社区和社区中的居民（**睦邻的 4.0 分**）。国子监园区是所有园区中唯一一个用木质材料做大门的园区，也是所有园区中拥有木质结构建筑最多的一个。其外形与胡同中的其他店铺住宅融为一体，宽阔的院子、青色的瓦片、木质的台阶等元素均与周遭具有老北京**本土（4.4 分）**建筑特色一致，开放的园区也经常成为附近居民散步的场所，具有**睦邻感（4.0 分）**。此外，园区周围没有过于商业化（**功利主义 2.9 分**）的商店与商场，这使得该区域**企业（2.3 分）**气息少。

园区游客 F10：园区设计比较内敛保守，像原始的老建筑，进入园区后便是窄窄的过道，很像改造前的胡同，里面便是一个很大的院子，曲径通幽的感觉。

### （二）利用场景文化价值，激发消费欲望

许多对场景进行不同方面的研究表明，场景应该被设想成为创造社会消费

乐趣而形成的实践场所。场景应该被认为是产生有意义的社会消费空间，而不是工作空间或单纯的住所(Silver & Yanez, 2010)。也有城市研究者发现人们没有对城市作为消费中心这一角色起到足够的重视，人们往往从生产角度来观察城市，并且认为城市在生产领域具有优势，而在消费领域具有劣势。传统视角往往是从居住或生产的角度来审视城市，将其看作是居住地和生产地。在这种视角下，经济与文化是割裂的。但是随着后工业时代的到来，社会发展越发依靠消费驱动模式的拉动，如今区域生产和劳动种类已受到后工业化和全球化趋势的严重影响；文化活动对城市经济活力的影响越来越重要(Silver & Clark, 2015)。文创园区本身便是一个文化设施高度集中，空间有限，鼓励文化使用、生产和消费的区域。以场景理论的角度去看文化产业园区的发展，其创造活力的核心是文化与消费的集聚，而不是像传统创意产业园区那样仅仅是企业的一种简单组合，其价值远远大于通过售票、工资或艺术品销售来衡量其对整个社会和经济的贡献。

此外，人们不仅仅追求他们想要的东西，更渴望有趣的体验(Knitht, 2000)。创造这些体验的途径便是对场景进行营销，通过分析园区周边所处的场景特色，便可以描绘出出入该区域的人群特点。

在77文创“国子监”园区营销场景时，最便捷也是最有效的办法是利用其所处的在地文化(**本土的，传统的**)，将其周边的文化附载于园区的建筑、活动甚至商品中，再对这些负载着文化的载体所组成的场景进行营销，便能够很自然地将人们带入场景之中，利用周边场景特色的营销才能“润物细无声”地激发人们的消费欲望。地处77文创“国子监”的77精酿生活馆便是利用了周遭充满**本土(4.4分)**色彩的场景，共同勾勒出了一个文化消费场景。园区本土的魅力吸引了那些对于麦当劳化和全球化文化感到厌烦的人群，满足了对于某一区域当地文化以及产品(五道营的素食餐厅、本地咖啡馆)感兴趣的人群的需求(Silver, Clark，祁述裕，吴军，2019)。

场景营销应该是自然且合情合理的，那些生硬的场景营销只能让参与者感到尴尬,比如在陈年老旧的胡同中跳出一个黑白墙面配有玻璃门的耐克运动装销售门店,或者在国子监街道中出现一个肯德基餐厅,这种断裂的、缺乏一致文化价值的场景很难激发人们的消费欲望。在77文创“国子监”中,主要消费者为前来参观国子监和雍和宫的外国游客,他们在游逛胡同时,会选择坐在精酿馆外的露天椅子上,一边聊天一边欣赏老北京胡同中的种种。此时他们消费的不仅仅是一扎扎啤酒,更重要的是由精酿啤酒与老北京胡同共同构成的文化场景。与工业啤酒不同的是,精酿啤酒不加人工添加剂,酿造时间长,仅用麦芽、啤酒花和水酿造,以追求最原始的(**传统的4.1分**)味道的特点,以及它需要人们慢慢品尝而非举杯畅饮,这些特征和老北京胡同文化有相似之处,与那历史老街的陈旧感、胡同居民的悠闲感(**睦邻的4.0分**)以及四合院中那一砖一瓦的原始感有相似之处,它们共同营造出一个文化消费场景。

在对77文创“国子监”精酿啤酒生活馆中消费者的访谈中可以看出,他们想要消费的不仅仅是一杯啤酒,而且还是坐在传统小院中喝啤酒、看胡同、聊闲天的场景。

> 园区消费者F12:我们无意中发现了这个啤酒馆,啤酒+胡同是个很新鲜的结合,在饭馆喝酒是要下饭,在这里品酒则是要享受体验生活。
>
> 园区消费者F13:老北京胡同是有陈旧历史感的,精酿啤酒也是有沉淀感的,两者很配。不知道以前的皇子在这里上学的时候能不能喝酒。

### (三)重塑场景文化更新城市建筑

文创园区的选址建设逐渐从圈地重建转向重塑老旧厂房,园子中的厂房、老楼等实体建筑物变成了文创园区中最基本的单位,这些物理结构也同样是场景理论中的元素之一,场景不仅仅为园区本身带来了新活力,同时也在更新城市以及传播城市文化的过程中起到了重要作用。城市研究者将城市看作是人类的艺术创作,其重要的因素不是经济发展水平或人口规模大小,而是对人文精神的塑造。城市学家芒福德曾在其研究中指出，人们之所以来到一个城市并选择居住在这里，是因为这里可以更好地生活（芒福德，宋俊岭译，1988）。因此，被改造的城市中的老旧厂房不仅仅是文创园区中最基本的单位、场景理论中的元素，也是一个城市文化风貌的体现。

近年来，城市发展规划的制定者也逐步开始注重如何对文化场景进行塑造与传播，以凸显一个区域便利设施的本土独特性，以增强该区域的文化竞争力。从政策的出台情况来看，各级政府在早些年间便意识到了闲置文化资产再利用的潜力，认识到如何利用好城市中的老旧厂房是关乎城市文化传播、精神传承以及经济发展的重要一步。北京东城区政府在2007年时提出“腾笼换鸟、筑巢引凤”的概念，指对埋没在城市肌理与建筑中的旧厂房进行渐进式改造。2014年国家发改委发布的《关于推进城区老工业区搬迁改造的指导意见》以及同年发布的《关于推进文化创意和设计服务与相关产业融合发展的若干意见》显示出国家对于改造老旧厂房的支持，不仅仅是要保护旧时文化，同时也要提升城市区域文化内涵和价值，发挥文化领域的经济效益，创造价值。2017年北京市政府在《关于保护利用老旧厂房拓展文化空间的指导意见》中提出鼓励保护利用好老旧厂房，发展文化创意产业，建设新型城市文化空间，从这几项政策来看，对老旧工业厂房进行再利用这一路径越发受到市场和政府的青睐。政策措施中对老旧厂房转型为文化产业空间、公共文化服务空间的鼓励催生着更多的实践。就北京市而言，截至2018年初，全市腾退老旧厂房共有242个，总占地面积达2 500万平方米，已转型利用老旧厂房占地面积为601万平方米。

近年来，《北京城市总体规划（2016年—2035年）》提出要有序疏解非首都功能，优化提升首都功能，加强历史文化名城保护，强化首都风范、古都风韵、时代风貌的城市特色，之后，东西两城开始出台一系列政策方案以响应该规划。西城区政府提出要以街区更新作为老城复兴的统筹抓手，加快不可移动文物腾退亮相；东城区政府提出要推进“历史文化精华区”建设，展示“老胡同、新生活”的优美景观，同时列出了13片具有突出历史和文化价值的文化精华区，其中国子监-

雍和宫、琉璃厂-大栅栏-前门都被编制在历史文化街区风貌保护管控导则之内，政策要求强化这些区域文化展示与传承，挖掘有文化底蕴、有活力的历史场所，在唤起人们对老北京的文化记忆的同时，保持历史文化街区的生活延续性。77文创园区的“美术馆”、“国子监”、“雍和宫”以及77精酿啤酒生活馆“前门店”都是被划分在文化精华区中，这也就意味着园区要在分析了解其所处区域文化场景特征的基础上，再对自身进行打造。

77文创创始人F14：这一转型对于园区是有一定压力的，因为园区之前直接面向企业，大部分收入来自租金，园区只需要负责对自身进行管理，但之后将要面对文化服务以及文化消费端，园区要做的工作就不再仅仅是管理自身场地，这就需要园区完成转型以及对资源进行整合。在北京强调首都功能之后，在核心城市中产业就不再是最关键的了，关键的是对于四个中心(政治中心、文化中心、国际交往中心、科技创新中心)的定位。77文创想要围绕着全国文化中心的建设，做好传承并且传播文化的工作，把空间和内容之间的关系做得更加紧密。

改造于城市中心老旧厂房的文创园区还担任着在北京市规划中提到的“老城不再拓宽道路，建设文化景观街道，强化整体空间联系……扩大步行空间，培育街道客厅”的任务。首先规划指出“老城不再拓宽道路”，但同时还要“扩大步行空间”，这就意味着改造于城市中心位置老旧工厂的文创园区在建设过程中通过场景赋能这些具有空间场所感的工业遗产，通过创意设计、产业置换以及空间再生理念，塑造出全新的文化价值。这一做法保护了城市的历史，留存了人们的记忆，创造了新的经济。有研究认为城市中的老旧区域既是历史遗产，也是城市的历史语言，更是城市传播的物质载体。因为文化的传承与发展是通过传播而实现的，传播则是需要依赖于媒介的，在城市文化的传播中，产生于城市的文化场景便是城市文化传播的媒介。美国社会学家芒福德认为，城市用其建筑记录了每个时代城市存在的事实(芒福德，宋俊岭译，1988)。陈旧的胡同、封闭的四合院、宽阔的大道、幽闭的庭院以及老旧工厂中年久失修的机器都在讲述着历史故事，这些建筑设施的存在也是在讲述有关人类命运的不同观念和思想。77 文创所有园区都是具有开放性的，园区在将老旧建筑改造成功后，不仅没有扩宽道路，同时也扩大了居民步行活动空间。此外，西方许多中小型城市在提升自己的竞争力时，都在思考如何创造引人入胜的场景，以突出本区域的 DNA，传播本区域的文化，城市规划者经常做的一件事便是邀请并鼓励人们在城市社区中散步，因为散步能够使人放慢脚步，欣赏并沉浸到文化场景中，同时这也是一种提升公民自豪感和参与度的方法。

《北京城市总体规划(2016 年—2035 年)》中所提出的“扩大步行空间”，强调的是对城市物质实体进行改造，“强化整体空间联系，培育街道客厅”则要求文创园区对其周边场景以及自身内容进行思考，因为只有当园区在外观和内容上都与其所处场景特征一致吻合时，才能成为整体的一部分，才能使园区本身变成本街道的客厅，而不是邻居家的阳台。

77 文创创始人 F50：截至目前，北京市现有具备文物价值的地点多达 5 000 多处，绝大多数都没有被利用起来，且处在一个比较破败的状态。例如名人故居、老旧工厂、会馆等地方具有很大的空间利用价值。77 文创在寻找城市中被遗落的文化空间的同时，将自身转变为文化运营商，将文化内容、文化活动以及文化生活结合起来。

园区改造尊重历史文化的原因在于，无论是北京胶印厂、方家胡同小学国学分校、北京童装厂还是亦庄的百富强食品厂，都存留着当地居民的历史记忆。这些储存着市民记忆的老旧工厂是属于城市生活空间的，它们是经由人的活动和心理认同才形成的场所(韩怡，2011)。这也使得除了亦庄以外的所有园区在睦邻的(3.7 分，3.0 分，4.0 分)这一维度上都达到了很高的分数。这也就意味着这里空间的构成蕴含着特殊的文化意义和这个城市独特的 DNA，使其本身有别于其他城市区域的地方。

通过对场景的测量可以发现，场景理论可以进一步推动我国文化创意产业园区的发展，改变其“自上而下”响应政策的发展模式，开始主动挖掘空间价值的内生性与传播价值，同时场景理论也为人们评价园区内生文化发展水平提供了新的衡量方法与维度。

## 参考文献


[1] 王伟年，张平宇.(2006).城市文化产业园区建设的区位因素分析.人文地理，21(1)，110—115.

[2] Bennett，A.，Peterson，R.，eds.（2004）*Scenes: Local，Translocal，and Virtual，Nashville*，TN，Vanderbilt University Press.

[3] 吴迪.(2013).基于场景理论的我国城市择居行为及房价空间差异问题研究.经济管理出版社.

[4] Straw，Will.（2004）. Cultural scenes. *Loisir et Société / Society and Leisure*，27(2)，411—422.

[5] 吴军，夏建中，特里·克拉克.(2013).场景理论与城市发展——芝加哥学派城市研究新理论范式.中国名城(12)，8—14.

[6] 徐晓林，赵铁，特里·克拉克.(2012).场景理论：区域发展文化动力的探索及启示.国外社会科学(3)，101—106.

[7] Shank，B.（1991）. *Identity，community and postmodernity: the rock'n'roll scene in austin*，texas.

[8] Silver，D.，Nichols Clark，T.（2015）. The power of scenes. *Cultural Studies*，29(3)，425—449.

[9] 西尔，克拉克.(2019).场景：空间品质如何塑造社会生活.社会科学文献出版社.

[10] Silver，D.，Nichols Clark，T.（2016）. *Scenescapes: how qualities of place shape social life*，University of Chicago Press.

[11] Albouy，D.，Leibovici，F.，Warman，C.（2013）. Quality of life，firm productivity，and the value of amenities across Canadian cities. *Canadian Journal of Economics / Revue canadienne d// "économique*，46(2)，379—411.

[12] Kimelberg，S. M.，Williams，E.（2013）. Evaluating the importance of business location factors：the influence of facility type. *Growth and Change*，44(1)，92—117.

[13] Silver，D.（2012）. The American scenescape：amenities，scenes and the qualities of local life. *Cambridge Journal of Regions，Economy and Society*，5(1)，97—114.

[14] 吴军.(2015).文化动力：一种解释城市发展与转型的新思维.党政视野(11)，64—64.

[15] 蒋晓丽，梁旭艳.(2016).场景：移动互联时代的新生力量——场景传播的符号学解

读.现代传播(中国传媒大学学报),38(3),12—16.

[16] 彭兰.(2015).场景：移动时代媒体的新要素.新闻记者(3), 20—27.

[17] 李慢,马钦海,赵晓煜.(2014).网络服务场景对在线体验及行为意向的作用研究.管理科学(4),86—96.

[18] 郜书锴.(2015).场景理论：开启移动传播的新思维.新闻界(17),44—48.

[19] 孙玮.(2012).作为媒介的城市：传播意义再阐释.新闻大学(2),41—47.

[20] Mangun, J. C., Carver, A. D., Ylli, V. (2009). Values of place: measuring attitudes of community leaders toward scenes from rural landscapes. *Society & Natural Resources*, 22(7), 665—673.

[21] 朱筱倩.(2018).传播与劳动：景观社会中的网络直播.今传媒,26(08), 61—62.

[22] 詹小秀,简博秀.(2013).城市文化创意园区研究——以台北华山 1914 文化创意园区为例.上海城市规划(6).

[23] 闫云霄.(2013).文化创意产业园的中国境遇.现代传播(中国传媒大学学报)(3), 166—167.

[24] 李兰.(2010).文化产业园区建设：一个文献综述.改革(9),146—148.

[25] 张鸿.(2018).中国文创产业园发展图谱.中国外资,No.410(11), 52—53.

[26] Chrisman-Campbell, K. (2009). The invisible flâneuse? gender, public space and visual culture in nineteenth century Paris, by Aruna D'Souza, Tom McDonough; modern women and Parisian consumer culture in impressionist painting, by Ruth E. Iskin; women in impressionism: from mythical feminine to modern woman, by Sidsel Maria Søndergaard. *Womans Art Journal* (2), 37—42.

[27] Silver, D., Clark, T. N. (2013). Buzz as an urban resource. *Canadian Journal of Sociology*, 38(1), 1—31.

[28] 王建国.(2003).场地、场所和场景——新千年安藤忠雄设计趋向述评.世界建筑(6),22—26.

[29] Currid, E., Williams, S. (2010). The geography of buzz: art, culture and the social milieu in Los Angeles and New York. *Journal of Economic Geography*, 10(3), 423—451.

[30] 范玉刚.(2017).文化场景的价值传播及其文化创意培育——城市转型发展的文化视角.湖南社会科学(02),164—171.

[31] Lew, A. A. (2018). A review of "scenescapes: how qualities of place shape social life", edited by Daniel Silver and Terry Clark. *Tourism Geographies*, 20(3), 573—575.

[32] 宋俊岭.(1988).刘易斯·芒福德和他的《城市发展史》.城市问题(1),62—65.

[33] 刘磊,陈红,温潇.(2016).场景盛行下的新媒体人际传播.当代传播(5),40—43.

[34] 韩怡,王一江,陈舒捷.(2011).历史文化城市的生活空间场所系统研究.建筑历史与理论.

[35] 刘路,王安中.(2009).城市传播研究学科交叉常态化建设的创新路径.社会科学辑

刊(6),52—56.
[36] Clark, N., Terry. (2007). Making culture into magic: how can it bring tourists and residents? *International Review of Public Administration*, 12(1), 13—25.
[37] Silver, D., Yanez, C. C. J. N. (2010). Scenes: social context in an age of contingency. *Social Forces*, 88(5), 2293—2324.
[38] Silver, D., Miller, D. (2013). Contextualizing the artistic dividend. *Journal of Urban Affairs*, 35(5), 591—606.
[39] Boschma, R. A., Fritsch, M. (2007). Creative class and regional growth — empirical evidence from eight European countries. *SSRN Electronic Journal*.
[40] Kimelberg, S. M., Williams, E. (2013). Evaluating the importance of business location factors: the influence of facility type. *Growth and Change*, 44(1), 92—117.
[41] Manlow, Veronica. (2010). Glamour in six dimensions: modernism and the radiance of form. *Visual Studies*, 25(1), 108—109.
[42] 毛宣国,李灿.(2018).城市让生活更美好——刘易斯·芒福德城市理论的美学意义.湖南大学学报(社会科学版)(1).
[43] 周妍.(2012).城市传播理念与路径研究.当代传播(3).
[44] 王纵横.(2016).文化创新与文化消费形态.理论视野(7),18—21.
[45] 苏玲玲.(2017).消费文化下城市慢生活场所的空间结构研究.(博士论文).
[46] Sasaki, M. (2010). Urban regeneration through cultural creativity and social inclusion: rethinking creative city theory through a Japanese case study. *Cities*, 27(supp - S1).
[47] Chapain, C., Clifton, N., Comunian, R. (2013). Understanding creative regions: bridging the gap between global discourses and regional and national contexts. *Regional Studies*, 47(2), 131—134.
[48] Flew, Terry. (2010). Toward a cultural economic geography of creative industries and urban development: introduction to the special issue on creative industries and urban development. *The Information Society*, 26(2), 85—91.
[49] Comunian, R. (2010). Rethinking the creative city. *Urban Studies*, 48(6), 1157—1179.
[50] Okano, H., Samson, D. (2010). Cultural urban branding and creative cities: a theoretical framework for promoting creativity in the public spaces. *Cities*, 27(supp - S1).
[51] Bellandi, M., Santini, E. (2017). Resilience and the role of arts and culture-based activities in mature industrial districts. *European Planning Studies*, 25(1), 88—106.

# 文化经济

# 企业化城市与创意产业集聚

## ——从上海“创意产业集聚区”探索“中国企业化城市”的概念①

| 郑　洁（香港中文大学亚太研究所城市与区域发展研究中心）

**摘要：**

“企业化城市”(entrepreneurial city) 或“城市企业化”(urban entrepreneurialism) 的概念及其相关讨论在西方城市地理学科中颇为重要。中国城市研究的学者十多年前将这一概念引入中国城市研究，认为中国改革开放以来，不少大城市(尤其如上海)出现了“城市企业化”的特征。本文聚焦于一个较新的中国城市现象：出现于21世纪初的“创意产业集聚区”。文章以上海的创意产业集聚区为例，研究集聚区对上海城市企业化发展的影响，同时透过这一现象，探讨“企业化城市”概念是否能够应用于中国。“企业化城市”概念在西方的学术环境中具有两层意思：其一，指城市美化以吸引投资与消费，是为“商品化城市”(commodification)；其二，支持企业创业，致力于推动产业发展，是为“创业型城市”(entrepreurship)。虽然创意产业集群通过靓丽的城市风景在吸引企业方面发挥了重要作用，但在培养人才和促进创意产业方面的

① 本文英文版为：Jane Zheng，2011，“‘Creative Industry Cluster’ and the ‘Entrepreneurial City’ of Shanghai.” *Urban Studies*，Abingdon，Oxfordshire：Carfax Publishing，48(16)：3561—3582. 缪晓雷翻译。

贡献有限。上海的企业化城市有三个特点：第一，政府吸引资金和专业人士；第二，城市持续商品化；第三，现有政策中城市商品化形式的多样性和创新性。然而，这种新型商品并未完全顺应创意产业的发展要求。文章关于“创意产业集聚区”的讨论拓展了“中国企业化城市”的概念。

**关键词**：创意产业；集聚；企业化城市；上海；中国企业化城市

**Abstract**: This article evaluates the impact of "creative industry clusters" (CCJQs) on urban entrepreneurialism in Shanghai. It aims to introduce the concept of "creative industry clusters" into the discussion of the "entrepreneurial city" in China, and it develops the concept of "entrepreneurial city" in China by testing two arguments regarding the role of creative industry clusters. The major argument is that CCJQs are playing an important role in upgrading the city's entrepreneurial features particularly in attracting business. However, they have made a limited contribution to boosting creative industry entrepreneurship. A feature of the "entrepreneurial city" of Shanghai is the government's stance of attracting capital and professionals. The government sees the CCJO's as an urban commodity providing diversified work settings but does not recognize or support creative talent or the innovativeness of CCJQs as strategies within current urban policies nor does it enact new policies especially for creative industries.

**Keywords**: creative industry, cluster, entrepreneurial city, Shanghai, entrepreneurial urbanism in China

## 一、引言

近年来,后工业城市经济(特别是创意产业)被认为是影响城市发展的重要实体,内城通过城市景观和建成形态的美化所呈现的靓丽风景,往往不乏新兴产业和集群的身影。美国加州大学洛杉矶分校的著名文化经济学者 Alan Scott 指出,创意产业正在影响城市发展的方向(Scott, 2008)。其他学者(Hanningan, 2003; Hutton, 2006, 2009; Gospodini, 2006)也论述过创意产业作为城市更新和重建的催化剂,在重新塑造城市景观及内城形象过程中发挥的重要积极作用。受到创意产业的影响和推动,旧城区往往改造工业遗产的建筑功能,并重新设计其形象,提供独特的环境设施,并重新定义消费和生活方式,重塑当地的身份认同,其结果之一是旧区的士绅化(即利润丰厚的产业取代现有居民和艺术家)(Scott, 2006; Gospodini, 2009)。

值得注意的是,创意产业对城市发展的影响,在不同国家和城市有着不同的侧重点、过程和表现形态。究其原因,或与各地不同的创意产业制度、生产文化、产业关联方式、生产场所及条件等有关。例如在希腊雅典,大量建设文体设施是城市企业化的重要特征之一(Gospodini, 2009)。在一些亚洲城市,如新加坡,集聚文化活动的当地店屋成为地方营造和推广的杠杆与工具(Chang & Teo, 2009)。近年来上海也出现了“创意产业集聚区”(简称集聚区或园区,拼音缩写 CCJQ),然而,它们对于上海城市发展的影响,目前尚欠研究。

研究这个问题,因涉及创意产业的产业形态以及空间作用,在理论上反映出一个如何理解“中国企业城市化”概念的更宽泛的议题。“中国企业化城市”的概念源于西方城市地理学术界探讨的“企业化城市”(entrepreneurial city)或“城市企业化”(urban entreprneurialism)(Harvey, 1989; Jessop&Sum, 2000)。这一概念始于“企业化政府”(entrepreneurial state)的讨论。后者将中国的各级政府与商业企业进行类比(Oi,1992; Nee,1992 等)。20 世纪 90 年代,“企业化城市”或“城市企业化”的概念被引入中国。著名城市研究学者叶嘉安、吴缚龙等将中国地方政府的企业化活动与城市政府的新自由主义实践相联系,突出他们的企业化策略(Yeh & Wu,1999; Zhang,2005)。吴缚龙等学者(2007)指出中国城市正在通过全球网络和扩大市场机制,竞相吸引外资投资地方城市。上海是一个典型的例子,以企业化城市治理和实践闻名(Hook,1998; Olds,1997 等)。然而,截至目前对中国城市企业化的研究,尚未将“创意产业集聚区”纳入考察范围,既有的“中国企业化城市”概念是否能够解释“创意产业集聚区”现象呢?因此,本文的具体目标是将“创意产业集聚区(CCJQ)”这一概念引入有关“中国企业化城市”的学术讨论,试图确定上海的创意产业集聚区对城市发展的影响,从而进一步认识“中国企业化城市”的概念。

与此同时,认可“创意产业集聚区”也代表了政府影响创意产业发展的举措。政府干预可推动创意产业集聚区的形成和发展(Evans,2004; Newman &Smith, 2000; Pratt,2009)。Evans(2009)总结了六种政府干预类型。① 而上海创意产业集聚区的举措,与西方有所不同,其影响效果如何呢?本研究采用定性和定量两种方法。在 2007 年,作者考察访问了 51 个允许进入的创意产业集聚区②,通过观察法和空间分析,研究了这些集聚区的景观和城市形态特征。定性数据分析的方法是提取所有创意产业集聚区的共性,并发现其发展趋势。研究过程中,根据研究目的,有选择性地采访了 100 位受访者,包括政府官员、开发商和租户。

---

① 这六类干预包括企业支持、商业咨询、社区支持、住房、社区和文化设施、培训和商业融资。后五项为以地产为基础和以区域为基础的措施(Evans,2009)。

② 在研究期间,75 个创意产业集聚区中的 20 个仍在建设中。

此外，作者回顾了报纸和可用的官方文件，为辅助定性方法。定量研究则基于一项问卷调查。2007年3月，作者在上海创意产业中心(SCIC)的协助下，对7个具有代表性的集聚区租户进行了问卷调查。这7个园区的出租率皆达100%，并且经营有序。问卷设计的方式，受英国环境部1988年同类研究的影响(DoE，1988)。调查共发放200份问卷，回收有效问卷112份，文中利用卡方检验(chi square)进行数据分析。

本文的主要论点是，虽然创意产业集聚区令上海的城市形象更富魅力，提高了城市对投资和商业资本的吸引力(即城市商品化)，但在扶持创意产业企业成长方面的贡献，却较为有限。

## 二、概念框架："创意产业集聚区"与"企业化城市"

本节通过文献回顾，归纳了城市地理学中"企业化城市"一词的两种不同含义："商品化城市"和"创业型城市"。继而将"创意产业集聚区"的概念移植入这两种论述，从而提出一系列"创意产业集聚区"所可能表现出来的企业化城市特征，以便再通过实证加以检验。

### (一) 从企业化城市角度理解"企业化城市"

从企业化城市角度理解"企业化城市"，有三个要点：第一，企业化城市代表着政府的企业化经营思维。不少学者指出，"企业化城市"的概念，逻辑上乃由新自由主义规范演变而来(Leitner，2007；Hubbard & Hall，1998)。Harvey等人认为，20世纪70年代以后，政府已调整自身定位，探索促进经济发展和就业增长的新的方式，即"政府的创业化运作姿态"(Harvey，1989b；Roberts & Schein，1993)。政府以公司的方式运作(Harvey，1989b；Jessop，1998)，并致力于提供良好的营商环境，以及各种优惠政策，为地方吸引投资(Harvey，1989a；Roberts & Schein，1993)。企业化政府同时通过文化与资本的结合来提高生产效率，并保持充足的消费(Hubbard & Hall,1998)。

第二,在企业化城市中,地方的概念获得重构,被理解成可供消费的商品。通过形象改进和地方营销活动,创造出具有吸引力的营商环境,导致办公场所数量的快速增加(Philo & Kearns,1993; Harvey,1989a)。此外,因为大量城市采用这种策略,企业化城市之间吸引国际资本和人才的竞争激烈(Hubbard,1996; Marcuse,1989),每个城市都以“更好、更快、更美、更强”等词语描绘自身的“独特”优势(Fretter,1993)。

第三,“企业化城市”从创新战略的角度,为城市的经济发展提供了新思路。Jessop(1998)揭示了 Schumpeter 的经济创新定义和城市企业化之间的相似性。Jessop 和 Sum (2000)将之解释为“企业化城市追求创新策略,以保持或提高其经济竞争力”“企业化城市的推动者往往会采用企业化论述”(Jessop & Sum,2000)。企业化城市具有与城市形态相关的城市特征,如大型城市景观和标志性项目的大量出现、日趋碎片化和封闭化的城市形态等。企业化城市集中了商业与工业场地,并在城市竞争中出现大量的市容复制和标准化(Harvey,1989b)。

### (二)创意产业集聚区与文化引领的商品化城市策略

创意产业集聚区已被认为是地方营销策略之一(Bayliss,2004; Rains,2004),这一论点根植于通过文化策略进行地方营造和营销的商品化城市思维。20 世纪 70 年代以后,文化策略在西欧广泛采用,以改善重工业衰落之后这些发达国家和地区所面临的经济危机。文化引领城市发展的策略是将文化看作一种重要的“象征资源”(Evans,2001a)。Booth 和 Boyle(1993)指出,文化策略包括包装与重新包装现有的城市文化,整理其他城市资源,并应用城市设计技巧来创造想象中的美妙景象。Binns(2005)认为,这一系列策略的目标是创建一个具有文化活力和吸引力的城市形象,以吸引流动人口、中产阶级、高科技或知识产业工作者,以及房地产项目和全球投资。因此,文化策略为实现新自由主义城市商品化策略之一，有助于改善地方形象，提升城市吸引力，并促进消费。

部分讨论偶有涉及“文化区”（cultural quarter）和“创意产业集聚区”（creative industry cluster），视之为地方营造文化策略之一。其特点是营建一组承载文化艺术服务与活动的建筑，运用建筑设计语言营造空间，并培育与之相匹配的身份认同（Roodhouse，2006）。不少文化区或集聚区重新利用冗余废弃的工业遗产，更其为文化企业办公空间或休闲设施，令其焕发出新的活力和意义（Bianchini，1993；Evans，2001a）。创意产业集聚区提供了适合居住、工作和娱乐的地方，适应小众市场，从而吸引游客和商业投资（Hubbard & Hall，1998；Miles，2005；Brown，2000；Jansen-Verbeke，1988）。这便是创意产业集聚区所代表的文化引领城市商品化发展的思路和策略。

创意产业集聚区影响下的企业化城市景观具有以下特征：① 旗舰式文化基础设施、旗舰式休闲场所和城市大型景观项目的建设；② 中、高收入阶层及其生活方式在当代社会中取得合理化认可；③ 城市遗产和历史建筑的转身，及其作为地方形象重塑的重要资源；④ 促进文化旅游，重构地方身份认同（Harvey，1989；Evans，2001a；Bayliss，2004）。此外，企业化城市形态（urban morphology）亦有其独特之处。Hubbard（1996）解释道，企业化城市“补丁”丛生，区块林立，空间形态趋于碎片化。

### （三）文化生产视角：创意产业集聚区助推创业

不同于商品化城市的解释，另一派学者将“城市企业化”解释成“创业型城市”。有学者认为，创意产业集聚区作为文化生产中心，其核心功能是提供有利于创意产业发展的文化环境，继而推动经济发展（Fleming，2004；Scott，2004）。尤其是，集聚区可以协调众多技术，以此来增强企业的创业活动（Heur，2009）。创意产业区为文化产业提供了一个创意环境，这种环境充满了创意、创新、知识转移、协同工作、空间认同，以及与之相应的创意工作之快感（Andersson，1985；Flew，2002）。Scott（2004）指出，创意产业集聚区并非利用象征元素来创造地方形象，意即类似“商品化城市”的投资与消费吸引物，并非其价值所在。创意产业集聚区是第二代城市发展策略的典型代表，具有特定的环境特质，体现社会文化基础设施和创意产业之间的有机连续性。

这里，集聚效应是创意产业集聚区的关键特征。学者认为，创意产业集聚区比马歇尔提出的知识和技术集聚更具磁性效应，吸引了众多具有创造性思维的人才（Evans，2004；Florida，2002；Hall，2000；Blau，1989；Scott，2004）。另外，集聚效应为独立艺术家和小型文化创意企业带来了创新能量（如信息、观点和文化敏感度）（Storper & Scott，1995；Rantisi，2002），通过三个竞争优势培育创业精神，包括接触专业智库获取专业投入、获得劳动力、知识和技术；通过信息交流促进创新；提供新的业务模式（Flew，2002；Fleming，2004）。与此同时，被贴上“创意产业集聚区”的标签，但其实并不具备集聚和网络效应的所谓“集聚区”则颇受诟病，被批评为只是一些文化创意产业活动在地理上同在一地，却缺乏相互联系、区位优势或附加价值（Evans，2004）。由此可见，这派学者认为，创意产业集聚区的优势和价值在于扶持和培育产业发展。

创意产业集聚区的另一个显著特征是，小微企业构成创意产业集聚区驻户的主体。这是因为小微企业能够有效推动文化产业的创新和创造力（Evans，2004；Scott，2004；Lash and Urry，1994）。小微企业集聚的合理性在于它们自身组织结构和财务上的弱势，集聚有助于公司之间相互支持，并形成一个整体的品牌效应，以增强集群竞争实力（Evans，2001b）。

如此，创意产业集聚区是小微文化企业之间互联的载体，提供一个符合创意人生活风格的环境，以及非正式接触的机会，从而推动公司之间的相互信任，促进协同工作，并且共同创造“集体品牌”知名度，转而惠及个体生产力，以及商业竞争能力（Bon，1999；Kloosterman，2005）。

### （四）评估矩阵模型：分析框架

基于以上理论梳理，本研究总结了两派观点及其与创意产业集聚区之间的关系，本节提出一个评估矩阵模型。该模型在“政府姿态”“城市性质”和“城市特征”三个层面讨论“企业化城市”的两派观点。该模型被用作本文的论述及分析框架，评估创意产业集聚区对城市企业化发展的影响。正文的评估标准和次序与本框架一致(见表1)。

**表1　创意产业集聚区对企业化城市(EC)发展影响的评估矩阵模型**

| 企业化城市的概念 | 政府姿态 | 创造性产业集聚区带来的商品化城市特征 | 创意产业集聚区助推创业，体现创业型城市特征 |
|---|---|---|---|
| A. 企业化的政府姿态 | 发展为本的立场 | — | — |
| B. 企业化城市的性质：提供城市商品 | — | 提高城市的吸引力，创造有利于中产阶级的营商环境 | 培养和支持创意界别的人才 |
| C. 企业化城市的特点：创新的企业化城市战略 | 制定专门针对创意产业的企业化运作政策；采用创业论述 | 发展企业化城市景观；发展企业化城市形态<br>a) 新的城市大型景观和标志性项目；<br>b) 更加碎片化和封闭的城市形态；<br>c) 日趋激烈的城际竞争 | 提供支持资源和杠杆工具<br>a) 获得专家意见、知识和技术；<br>b) 品牌效应；<br>c) 高度的企业间联系；<br>d) 对小微文化企业的重要支持 |

## 三、上海政府部门的企业化姿态

自20世纪90年代末以后，上海废弃的工业建筑群中出现了充满活力的艺术，以及设计与媒体产业活动。两个独特的艺术家和创意工作者集聚区崭露头角：位于苏州河畔的M50艺术区，以及泰康路田子坊艺术街区。前者是艺术家自发租用及改造废旧工业建筑，形成集聚；后者是当地街道办事处主持的通过艺术项目重新利用闲置厂房和街道菜场。此外，静安以及其他区的一些国有企业在市经济委员会的“都市工业楼宇”计划①的提倡下，允许创意产业企业租用其闲置的工业楼宇，提高空间使用的合理化，并拓宽企业的生财之道。自发形成、街道主导，以及国有企业的场地出租：可见上海创意空间的起步模式五花八门。这种多元机制的共存反映出早期上海文化创意产业集聚区缺少专门的政府关注。

2003年，艺术及文化产业活动在废置城市空间的自发发展引起了上海政府部门的关注，成立了隶属于市经济委员会的上海创意产业中心来加以管理。自2005年以来，上海创意产业中心分四批向75个园区授以“创意产业集聚区”招牌，以示政府认可(Zheng, 2010)。本文研究的对象，即是此类由政府授牌及规管的“创意产业集聚区”，而非城市早期的自发艺术集丛。本节的论点是，政府企业化姿态的主要特征是将现有的城市政策向创意产业集聚区延伸(而非专门针对创意产业的特性来制定政策)，辅之宣传，从而通过创意产业集聚区从事地方营造和地方营销。

### (一) 推动创意产业集聚区发展的企业化政策

上海市政府介入创业产业集聚区的发展是以城市发展为导向的(Zheng, 2010)。本节的一个分论点是，创意产业集聚区政策的重点是重新利用冗余工业建筑来促进房地产业的繁荣，但对创意产业企业发展的支持有所不足。

创意产业集聚区政策植根于市经济委员会的“都市工业楼宇”计划，其广阔的城市政策背景是20世纪90年代上海的经济结构调整，鼓励制造业向城市外围转移，调整中心城市空间，吸引海外投资、技术和管理技能，以适应第三产业，即服务业的发展。如上文所述，在授牌指定创意产业集聚区之前，市经济委员会的计划只代表了工业楼宇重新利用的众多动机和模式之一，但在2004年以后，

① 该计划鼓励国有企业将其闲置的房产出租给企业。旨在挽救衰退的国有企业，增加地方政府的税收收入，并为服务业提供办公场所(Zheng, 2010)。

它成了主导创意产业集聚区发展的唯一模式。市经济委员会将“创意产业集聚区”定义为“都市工业楼宇”计划的升级版本(He,2006)。为了促成更多的打着“创意产业发展”旗号的工业建筑功能置换,上海创意产业中心发布了“三不变五变”的新政策。所谓“三不变”是指国有企业将厂房租赁给集聚区开发商时,“房屋所有权”仍属国家(管理权归国有企业);工业建筑尽管未必具有足够优点,能获文管会评级,但仍属历史建筑,为规避历史建筑保护的争议,出租方希望开发商能够保持其建筑结构的完整性,即“建筑结构不变”;此外,大部分工业厂房属国家划拨性质,出租的另一个条件是“土地性质”不变[①]。该政策的“五变”指的是集聚区开发运营中的雇佣结构、管理、租户类型、商业组织形式和企业文化将发生变化(He,2006)。这一政策有助于创意产业集聚区项目避免因为土地用途由行政划拨的工业用途转变成商业用途而牵涉的法规及税收的纠葛。

此外,还有两个隐含的创意产业集聚区政策。首先,主管方集聚区数量的增长等同于(或作为一个重要指标反映)创意产业的发展。上海创意产业中心秘书长谈道:“创意产业需要容器。我们必须把建设创意产业集聚区放在工作的首位,从而推动创意产业的发展。”(He,2006)其次,创意产业集聚区被视为一种吸引投资和商业的办公楼宇。官方文件表示集聚区会被用来改善城市形象,将是“展示上海创意产业的窗口”,并鼓励开发商将集聚区打造成为一道靓丽的城市景观(He,2006)。这些均显示出政府企业化运作的姿态,试图将创意产业集聚区作为文化主导的商品化城市发展策略。

另一方面,政府没有认识到创意产业作为一种新兴产业,需要制定专门针对文化产业的政策来加以扶持。政府的主要兴趣仍然是制造业和服务业。代表官方的发言人强调,发展创意产业,其目的是服务于制造业和服务业,尤其是后者,以及科教兴国政策(He,2006; Li,2004; Xia,2006)。

---

① 有两种土地状况:出租土地和行政划拨土地。国有企业的房屋是行政分配的土地。

### (二) 关于创意产业集聚区的论述

尽管政策层面的创新性不足,但其实践中的各种创新做法却不断涌现。除了上文提到的"三不变五变"的政策外,创意产业集聚区的各种论述亦颇有创新亮点。

上海创意产业中心引导对上海创意产业和创意产业集聚区的宣传,该中心的鸿文伟论盛行于上海的主流媒体:

> 创意产业实现 54.94 亿元附加值,占 2005 年全市总产值的 6.9%。上海的目标是创意产业实现两位数增长,我们预计创意产业对城市 GDP 的贡献将在 2010 年达到 8%,而上海创意产业附加值的目标则将高于 10%(SCIC,2006b)。
>
> 根据世界组织的研究,上海将与纽约、伦敦和东京并肩,成为全球四大创意产业中心之一(S. Wang,2006)。

这些论述不仅盛行于媒体,还往往与各种地方营销手段相互结合。

利用创意产业集聚区策划的旗舰活动是提升上海全球形象的重要手段之一。其中,旨在为上海创意产业打造品牌的年度国际创意产业周(SCIC,2006a)便是行之有效的宣传举措。该活动由上海创意产业中心组织,得到了多个政府部门、区政府和半官方机构的支持。2005 年以来,为了创造"国际化印象",每年都会邀请发达国家和地区的学者、机构举办讲座或展览,这些旗舰活动和展览的主场地设在设计靓丽的创意产业集聚区中[①]。此外,得到商界的支持,市经济委员会在淮海路商业街设立了一个专门的宣传机构——"创意之窗",每年组织大量的主题展览,宣传上海创意产业的成果。

总之,标志性活动和宣传机构提高了创意产业集聚区的地位和市场形象,在上海创意产业中心的领导下,企业化宣传为集聚区在上海的发展描绘了积极且

---

① 第一届活动周在 Hi-Shanghai 举行,第二届在 8 号桥创意园,第三届在 1933 老场坊,第四届在 Show 800。

有希望的前景。

## 四、创意产业集聚区和商品化城市的特征

本研究结果显示，创意产业集聚区提升了商品化城市的特征。以下先后讨论集聚区作为一种新型城市商品吸引资金和专业人才，以及集聚区在发展企业化城市景观和形态方面的作用。

### （一）创意产业集聚区作为一种城市商品，推广城市新形象

在政府授牌的四批创意产业集聚区当中，多数第二批及之后授牌的创意产业集聚区由私人开发商或公私合作开发，其商业特征明显。

首先，与其他地产项目一样[①]，“好地段”是促成更高租金的重要因素。这里说的“好地段”包括地理和社会关系邻近的基础设施和营商服务（如邮局、酒店、图书馆等），所有的地段优势都在集聚区的宣传地图上清晰标识（例如：同乐坊、Hi-Shanghai）。

其次，不同于早期艺术家自发地重新使用旧工业空间，大公司租用宽敞办公区域是创意产业集聚区商业特性的第二个标志。作为早期自发形成的园区，2000年前，田子坊内49%的商户，其租赁面积不到60平方米，相比之下，许多区内含独立式建筑物的集聚区开发商只对大公司租户感兴趣，尤其是愿意租用整栋建筑者，或者是能租用一个或两个整层的商户。那些需要较小分割空间的商户则不受瞩目。

第三，创意产业集聚区项目和其他上海房地产项目一样，为适应专业白领阶层的品位，营造了舒适的工作和娱乐环境（Fraser，2001）。不少集聚区设配套餐

① Fraser（2001）认为，上海的高档住宅广告在地图上强调了两点：内部公寓的平面图显示了各种的房间布局；外部地图显示了其地理和社会背景下的住房位置。精英品质的机构有特别标注。

厅和零售设施(如: 8 号桥、同乐坊、2577 创意大院),以凸显中产阶级消费者“生活方式”的时尚感。第三批和第四批授牌的集聚区设计更为讲究,开始包括豪华的室内设计。一个公司的办公套间含职员办公室、会议室和为总经理专设的豪华办公套房,内有总经理办公室、休息室和卫生间,以此体现所谓的“新生活方式”(如: 绿地阳光园)。

创意产业集聚区为住户提供了一种精英身份(Wu,2004),一如这个城市的豪华住宅区,只不过在功能和社交关系方面有异于后者。[①] 不少商品化集聚区的租赁策略是首先招募大型的有影响力的公司,然后再利用它们的声名去吸引其他有志于加入这一所谓“世界级商户圈”的潜在租户(如 1933 老场坊)。

创意产业集聚区的这些商业运作策略已被证明对企业颇具吸引力。根据作者 2007 年对 7 个创意产业集聚区调查问卷的数量分析,其中,34.2%的租户是大公司[②],见表 2。而且,集聚区还吸引了表 3 所示的国内和国际资本。

**表 2　创意产业集聚区的规模(年销售额): 根据企业数量的百分比**

(单位: %)

| 创意产业集聚区 | 年销售额 | | | | | | |
|---|---|---|---|---|---|---|---|
| | A | B | C | D | E | F | G |
| 创意仓库 | 8 | 8 | 0 | 23 | 23 | 38 | 0 |
| 创意园 | 10 | 20 | 40 | 30 | 0 | 0 | 0 |
| 2577 创意大院 | 0 | 0 | 14 | 28 | 15 | 15 | 28 |
| 静安传媒文化园 | 0 | 0 | 15 | 85 | 0 | 0 | 0 |
| 静安现代产业大厦 | 7 | 23 | 8 | 31 | 8 | 23 | 0 |
| ONLY 创意公园 | 0 | 0 | 3 | 37 | 20 | 10 | 30 |

① Fraser(2001)指出,人们购买豪华私人住房不仅要获得住所,还要显示自信和成功。人们通过豪华住房的社会功能和经济地位,憧憬精英生活。

② 不同国家、不同行业的中小企业标准有所不同。中国对创意产业缺乏专门的分类。本研究将小微企业定义为年销售额在 50 万元以下的企业(选择 A 和 B);小企业 50 万到 500 万元(选择 C,D);大企业 500 万元以上(选择 E,F,G)。

（续表）

| 创意产业集聚区 | 年销售额 | | | | | | |
|---|---|---|---|---|---|---|---|
| | A | B | C | D | E | F | G |
| 周家桥 | 0 | 6 | 23 | 42 | 19 | 6 | 4 |
| 百分比/% | 11.7 | | 54.1 | | 34.2 | | |

注：A=低于100 000元；B=100 000～500 000元；C=500 000～1 000 000元；D=1 000 000～5 000 000元；E=5 000 000～10 000 000元；F=10 000 000～300 000 000元；G=超过3亿元。

**表3　创意产业集聚区中租户公司的资本结构按照公司数量的百分比**

（单位：%）

| 创意产业集聚区 | 公司类别 | | | | |
|---|---|---|---|---|---|
| | A | B | C | D | E |
| 创意仓库 | 25 | | 8 | 50 | 17 |
| 创意园 | 100 | | | | |
| 2577创意大院 | 57 | | 14 | 29 | |
| 静安传媒文化园 | 67 | | 16 | | 17 |
| 静安现代产业大厦 | 57 | | 14 | 29 | |
| ONLY创意公园 | 73 | 20 | 3 | 4 | |
| 周家桥 | 77 | | | 10 | 13 |

注：国内投资：A=中国民营企业；B=中国国有公司。境外投资：C=中国台湾、香港或澳门投资者拥有；D=外国投资公司；E=联合投资公司。这个表格表明，具有更好的设计特点和区位的创意产业集聚区（如创意仓库）对于国际公司更具吸引力。

### （二）创意产业集聚区创造商品化城市景观和都市形态

如下将讨论创意产业集聚区的城市景观和城市形态，以证明集聚区在发展企业化城市特征中的作用。

1. 创意产业集聚区和商品化城市景观：崭新设计风格于沪上兴起

建筑保护是中国城市发展30年来的一项艰巨任务（Wu，2007）。创意产业集聚区策略使得历史建筑保护范围扩大，创意产业集聚区内的老厂房绝大多数是未定级的普通工业建筑。根据从前的标准，它们一般被视为不具有历史建筑价值的构筑物,然而,集聚区的授牌认可,以及“三不变五变”的政策执行,令其历史建筑的价值得以为世人所认识。此外,集聚区倡导以地域(district or quarter)为基础的成片更新,与之前的单栋建筑及独立纪念碑式的保护理念与措施迥然不同。由此,激发了历史街区更新、再利用的趣味,从而鼓励了城市象征性环境的可持续发展。

集聚区的实践,在上海启发了新一波的建筑审美眼光:欣赏历史工业建筑的特征,以及各种元素和细节,在建筑设计中的角色,与新型材质形成对比,并相互映衬。这一潮流以旧衬新,糅合新旧材质,以及工业与装饰元素,开启了新潮建筑设计的风格。试举数例如下:不少集聚区(例如上海国际雕塑中心)保留了由屋顶桁架、大梁、地梁和支撑构成的开敞式屋顶支撑系统。铸铁钢门、楼梯及其他构筑物灵活使用,成为装饰物件,启发人们对于逝去工业时代的想象(例如创意仓库、上海时尚中心、98 创意园、8 号桥创意园)。有些以独立混凝土柱(呈倒伞形)作为室内设计的特征(例如 1933 老场坊)。有些将钢铁淬火池转化成有趣的展览空间(例如上海国际雕塑中心)。也有的以巨大的工厂烟囱作为文化区的象征符号(例如 1933 老场坊)。而其他工业铁制品则能提高室内空间的美感(例如田子坊尔冬强艺术工作室)。再有便是保存在玻璃屏幕后面的机械,配上合适的灯光,创造出一种创新而又怀旧的工业形象(例如 M50 创意园)(见下页图)。

创意产业集聚区设计强调新旧元素和材质的并列与对比,体现未来植根于历史记忆中的和谐的秩序(Rogers,1988)。上海早期的一个成功案例是新天地项目,然而,创意产业集聚区以工业建筑为主题,创造了一种新的建筑设计风格。例如,8 号桥创意园保持了建筑结构的完整性,却创造了各种建筑原色的对比,打破了工业建筑外墙的单调连续性。单体建筑平台之间的鲜艳色彩与大面积的旧灰色砖墙形成鲜明对比,显示着历史工业机械主题所孕育的一个新时代的活力。

创意产业集聚区设计风格的另一个特征是对历史的浅薄解释,所用的征引

**融入创意产业集聚区设计的工业元素**

资料来源：建筑设计图由创意产业园区管理员提供，照片由作者拍摄。

资料与象征图像暗示大多肤浅，产生出一种与戏剧场景非常相似的建筑舞台设计效果。其设计手法：首先，取材于历史建筑元素；其次，将设计集中在一个建筑立面或墙壁，而非覆盖整个建筑物。8号桥创意园即为一例，该区建筑师采用这种设计手法，创造了与历史舞台背景相类似的虚幻形象，其中时间的深度和意义丧失殆尽(Xue & Peng,2006)。8号桥的另一独特对比设计技巧，可称为“弃体存面”，设计聚焦于建筑群之间的路径与建筑侧立面之间的甬道，形成了完整的甬道形象和破碎的建筑形象之间的对比。深度和坚实的建筑形象在这道风景中蒸发。

由此可见，结合工业建筑的特点，运用体现时代特征的新旧对比与拼接手法，混合肤浅的历史背景元素，便是这种以工业形象为主题的新型建筑设计风格。

2. 创意产业集聚区和上海商品化城市形态

本研究显示,创意产业集聚区在提升商品化城市特征方面贡献甚巨,这体现在城市旗舰标志的涌现、城市碎片化特征的日趋显著,以及城市竞争的加剧。

(1) 创意产业集聚区作为新的城市标志

在上海,20 年来的城市发展创造了大量旗舰式构筑物,其中大部分是壮观的摩天大楼,亦有大型纪念碑的雕塑,间有部分历史遗产和标志性文化设施补充其列。而如今,随着创意产业集聚区的出现,一种把集聚区发展成为城市旗舰标志和纪念碑式空间实体的新趋势已然昭彰。

集聚区的开发商,尤其是那些与区政府或市政府合作的开发商,明显青睐规模宏大的建筑形式。早前自发形成的文化场馆占地面积在 1 000 到 4 000 平方米之间(如苏州河的创意仓库和早期艺术空间)。受当地支持的商业化的创意产业集聚区,其规模则不断扩大。例如,同乐坊建在由余姚路、海防路和西康路构成的三角地带,占地面积 11 300 平方米;2577 创意大院占地 66 000 平方米;Hi-Shanghai 占地 84 900 平方米。SVA 越界创意产业园项目更以其雄构巨制,予人深刻印象,其占地面积达 105 000 平方米,包括三个分区,其中七个主要建筑群沿两轴展开(徐汇区规划局,2007),其规模相当于五个上海博物馆或上海大剧院。后者为上海的标志性文化建筑。不难看出,这种趋向于新的城市旗舰标志,背后隐藏的是大手笔发展的宏图野心。

城市旗舰建设在文化引领的复兴中,将文化遗产、工业古迹和城市区块混为一体(Wilkinson,1992),创意产业集聚区也呈现出同样的趋势。上海市《"十一五"旅游规划》(上海市徐汇区,2006)便将创意产业集聚区列为一种城市旅游的吸引物。[①] 该规划谈道:

---

① 80%的创意产业集聚区给予公众有限的访问权限,但是如果访客说明缘由,申请进入,通常可获批准。

> 利用创意产业集聚区，以历史建筑来承载传媒文化和创意设计活动，我们可以创造一批融合文化、创意、休闲，并具较高审美价值的旅游景点（上海市徐汇区，2006 年）。

上海工业旅游发展综合规划(SITPC & SNUTDPC，2005)将所有创意产业集聚区列为旅游景点。集聚区被用来发展“中央娱乐商业区”(CRBD)的概念，这是“中央商务区”(CBD)的升级版本。例如，静安区政府计划开发一个由四个项目组成的 CRBD 项目，其中一个便是同乐坊，其定位即为“景观地标”，结合“纪念碑”的建筑特征与商业旗舰活动(静安区政府，2006)。

创意产业集聚区的悄然兴起，令上海新的城市旗舰项目和纪念碑式区块如雨后春笋般地次第涌现。

(2) 城市碎片化

有学者认为，城市旗舰建筑作为城市形象的营销工具，常常伴随着城市碎片化和竞争，这与城市地区的综合规划的精神背道而驰(Harvey，1989b；Wilkinson，1992)。创意产业集聚区出现之前，上海的城市发展已经显现出这一特色：旧社区被封闭社区、大型购物中心和科技园取代，从而导致城市碎片化(Wu，2000)。而创意产业集聚区的发展，则令这种城市碎片化的趋势加剧。

创意产业集聚区与周边城市肌理的巨大反差造成了高度的城市碎片化。大约 80%的创意产业集聚区，出于租户安全考虑，采用硬性边界。访客须登记他们的身份证明，并向入口处保安解释他们的到访目的。此外，创意产业集聚区的真实形象与周边城市景观差异较大，许多集聚区在外墙和建筑的立面采用鲜艳色彩；相比之下，周围的砖木结构的民居则大都色调灰白(如周家桥公园、X2 空间)。此外，根据城市规划，原计划让位于新的城市开发项目的旧工业区因被指定为“创意产业集聚区”而获保留(如 M50 创意园、田子坊)。他们的工业建筑资产与周围地区正在进行的重建形成对比。由此产生的城市格局是现代主义摩天大楼环抱中的历史工厂建筑群，宛如高大闪亮的群山环抱中的山谷(如智慧局和时尚街)。

这表明,创意产业集聚区对上海的城市碎片化格局已产生了相当影响。

(3) 城市竞争

创意产业集聚区还令城市竞争更趋激烈。然而,不同于 Harvey (1989) 关于城际竞争的论断,集聚区的竞争多发生在较低的层级,即区一级和集聚区一级。区政府利用集聚区创造新的地方形象,并吸引更广泛的税收业务(区政府官员访谈,2007)。试举一例,虹口区政府认为,历史建筑更新和再利用是一个在区际竞争中获胜的策略(虹口区政府,2006)。徐汇区政府则通过增加集聚区的数量来与其他地区竞争。根据上海市徐汇区《"十一五"旅游规划》,到 2006 年,该区共有 9 个指定的创意产业集聚区,2007 年又发展了 13 个(建筑面积: 3 135 万平方米),将给区政府带来约 3.04 亿元税收。

在区块层面,集聚区开发商之间的竞争甚是激烈。这些开发商皆致力于获取交通便捷之地段、扩大项目之建设规模、营建更有吸引力的形象和舒适的环境,并提供更好的服务和设施。例如,虹口区某集聚区的目标客户最初是同济大学周围的建筑设计公司,但在与同济校区附近的其他集聚区和办公楼的竞争中败北,集聚区入住率始终不高(销售部门经理访谈,2007)。1933 老场坊,在地理位置,小区形象,市、区政府之支持,以及吸引投资资金等方面,皆具优势(Zheng,2010),是一个极富竞争力的集聚区。项目负责人何增强自豪地说:"这个集聚区像外滩 18 号一样时尚,像新天地那样生机勃勃,像田子坊一样具有艺术气息。"(W. Wang,2006)①

这些竞争的结果是产生规模更大的项目、更趋碎片化的城市肌理,以及一个更吸引人的城市形象。伴随着城市竞争的另一个特征是,由于集聚区开发商希望从他人的成功范例中学习,因此,集聚区形象照搬复制的做法较为普遍。例

① 外滩 18 号是一个改建的历史建筑项目。它获得了联合国教科文组织历史建筑保护和可持续技术奖。

如，木条百叶窗板最初出现在 8 号桥创意园，用于遮蔽空调压缩机的外部，既具实用性，又富装饰性。旋被用于 X2 空间的设计，后又在其他创意产业集聚区中出现，如集聚公园、1933 老场坊、湖州丝绸厂等。

从这些案例中，可以看到存在于区政府之间以及创意产业集聚区开发商之间的激烈竞争，与西方城市地理学中“企业化城市”概念所涉及的城际竞争特征的异同。

## 五、创意产业集聚区和创意产业的创业

上文论证了创意产业集聚区对城市商品化特征的推动，所遗问题乃集聚区是否助推创意产业的创业和发展？下面基于 2007 年对 7 个创意产业集聚区的租户公司进行问卷调查，以及对数十位开发商和租户的访谈，就此问题做研究。分析结果显示，创意产业集聚区在促进企业创业及发展方面，并非有效的政策工具。由此可见，创意产业集聚区只是提供了工作空间，恐非扶持产业发展的有效政策措施。

### （一）服务创意产业、吸引人才

在接受采访的集聚区开发商（管理者）当中，多数关心其潜在公司租户的业务类型。然而，这与管理者对租金收入的关注相比，相对次要。业务类型的准入分界线设在制造业和服务业之间：从事制造业的租客，一般并非创意产业集聚区的理想选择。然而，创意产业和其他服务行业并不被集聚区管理者清楚区分。一些管理者透露，他们更喜欢贸易公司和会计公司，胜过某些创意产业公司（如广告和艺术），因为前者财务状况通常更为稳定。只有当管理者面对两个或以上具有同等财力竞争一个单位的租客时，他们才会考虑选择创意产业公司。与访谈的结果一致，问卷调查显示，集聚区内有三分之一的工作与创意产业无关，其中 12.9％是零售业（占总就业人数的 4％），如餐馆、酒吧和纪念品商店。其余包

括各种各样的服务业界别，如法律咨询、会计、工程、建筑、项目管理和工商管理。在创意产业范围内，集聚区管理者更青睐利润较丰的行业。问卷调查显示，在受访的7个集聚区中，四分之一的业务（以工作计）在建筑设计业中（25%），这是当今中国收益颇佳的设计行业，其余则为广告（12%）、研发（9%）和咨询规划（8%）。更低的比例的业务与传统艺术及文化商业相关，包括纯美术、音乐、表演艺术、电影和录像，以及古董市场。

研究还显示，部分创意产业集聚区吸引了一些优秀的艺术家和设计公司①，但是他们加入集聚区的动机，往往与集聚区的"助推"政策或措施无关，事实上，多数集聚区并不存在助推政策，比如，人才界定、成就奖励机制、教育培训或业界牵线等，便未曾出现在集聚区中。② 而且，集聚区所谓吸引公司入驻的条件亦常欠稳定。例如，租金经常上涨。据当地报纸报道，从1998年到2008年，上海不少创意产业集聚区的租金提高了6到10倍，大批艺术家和小文化企业被迫出局。此外，地方政府通过集聚区管理方承诺的激励措施（例如减税），在某些情况下，未能兑现。问卷调查中的一条书面意见指出：

> 我希望政府之前提出的激励措施能够落实。此外，政府需要实现创意区的其他职能，以确保园区能够成为名副其实的创意产业集聚区（问卷调查，2007）。

类似呼声，亦不鲜见，可见，承诺的"激励政策"对维持创意产业集聚区的吸引力，其实功效有限。

### （二）扶持产业创业

本节通过检测两个假设来评估集聚区的影响，两者皆关系到集聚区扶持创

---

① 例如，泰康路艺术区的一些企业引入了新技术、新商业模式，开创了新的事业。

② 其他城市的文化创意产业集聚区并非如此。例如，在维也纳的Quartier博物馆，艺术家通过"21世纪"项目获得了奖金。香港的石硖尾文化区也有一套选择艺术家的标准。

意产业创业方面的角色。

1. 创意产业集聚区中的“知识获取和品牌建立”

以下检验了两个分假设：① 集聚区提供专业知识输入、促进知识和技术转移；② 集聚区创建区域品牌来令区内租户受益。研究发现，集聚区的发展商往往将功能性集聚区的优点转变成商品化的卖点，而落实措施欠缺。

上海创意产业中心旨在通过提供公共服务技术平台，支持创意产业，如保护知识产权、提供投资和法律咨询、开展学术研究，以及提供培训等（SCIC，2006a）。然而，本文调查显示，多数集聚区租户受益有限。部分原因是，这些服务大部分已被转化为上海创意产业中心一家下属公司的收费服务（Zheng，2010），降低了集聚区入驻商户的可及性。集聚区管理方则对企业业务培育方面关心较少。

在创意区管理的层面上，不少90年代的孵化园在获授牌成为“创意产业集聚区”之前，已经存在（例如，交大高科技商业中心下的4个孵化园）。它们被列入第一批集聚区，但并不代表集聚区发展的方向。典型的集聚区是办公园区。它们的开发商重新诠释“专业投入，知识和技术获取”，将之解释为地理位置邻近大学，以此作为商品的卖点进行商业宣传。例如 Hi-Shanghai，由于靠近同济大学，租金较高。另一园区则因与复旦大学邻近，亦租金高起。然而，实质上，该园区并没有与大学的知识、技术和人才库等建立实质性的联系，也未采取任何其他政策或措施，去落实“专业投入，知识和技术获取”的承诺（集聚区租户访谈，2007）。

本研究还显示，创意产业集聚区的品牌对提高创意园租户的竞争力有所裨益。调查中的一个问题是：“您觉得此创意园在多大程度上将贵公司当地竞争对手的客户吸引到本园区？”回应正面较多，这在一定程度上证实了多数集聚区的品牌效应（见表4）。

尽管早期的创意产业区（如田子坊、M50创意园和周家桥等）自发地实现了创意园的品牌，但后续的集聚区得益于开发商的宣传，而开发商亦同时将品牌作

**表4　受访者对创意产业集聚区从竞争对手吸引业务的重要性的评估**

| 公　　司 | 非常重要 | 重　要 | 不重要 | 合　计 |
|---|---|---|---|---|
| 创意仓库 | 1 | 7 | 7 | 15 |
| 创意园 | | 1 | 9 | 10 |
| 2577 创意大院 | 1 | 4 | 1 | 6 |
| 静安传媒文化园 | | 6 | | 6 |
| 静安现代产业大厦 | 1 | 5 | 5 | 11 |
| ONLY 创意公园 | 1 | 8 | 14 | 23 |
| 周家桥 | 7 | 22 | 1 | 30 |

为提高入场门槛的手段。这也是大而有影响力的公司成为集聚区主流的原因之一。品牌已经成为集聚区商品化中的象征资本。

2. 创意产业集聚区企业间自发而不稳定的联系

量化方法的第二个假设涉及创意产业集聚区中企业间的关联。分析结果支持作者的论点，即集聚区只不过是具有建筑形态的“容器”，而非辅助产业发展的推手。[①] 集聚区场馆包含一些自发形成的企业间联系，如分工合作和交流，但这些联系有欠稳定，且以浅层联系居多。

调查中的一个问题是：“贵公司与创意园其他公司或艺术家之间是否在产业链上建立了合作关系？”结果显示一定程度的企业间联系，包括合作和竞争。表5显示，29%的住户认为在其创意园中有不同程度的合作。对问题的进一步回应则表明，合作是主要的联系，而不是竞争。

然而，这些公司间的联系的重要性有限。如表5所示，71%的公司（按工作数量衡量）回答“否”，或最多只有一小部分的联系（低于10%）。部分具有较高

① 世界其他创意产业集聚区并非如此。以韩国亚洲文化中心城为例，积极为其租户开发合作脉络。本文作于2009年，笔者在2015年对上海新出现园区的访问，显示亦有部分增加了园区服务，如设会员制，定期邀请演讲等。因具体情况有待深入调研，本文暂时不将这些纳入文章更新。

表 5　不同程度现场合作的工作数量

| 创意产业集聚区 | 0% | 1%～10% | 11%～30% | 31%～60% | 61%～100% |
|---|---|---|---|---|---|
| 创意仓库 | 162 | 30 | 82 | 30 | 0 |
| 创意园 | 17 | 62 | 20 | 1 | 0 |
| 2577 创意大院 | 65 | 0 | 26 | 0 | 0 |
| 静安传媒文化园 | 0 | 6 | 12 | 103 | 30 |
| 静安现代产业大厦 | 209 | 61 | 14 | 0 | 6 |
| ONLY 创意公园 | 764 | 615 | 13 | 412 | 0 |
| 周家桥 | 223 | 116 | 128 | 69 | 6 |
| 合计 | 1440 | 890 | 295 | 615 | 42 |
| 百分比% | 70.99 | | 27.73 | | 1.28 |

注：$\chi^2(7, N=111)=1\,517.67$, $p<0.01$

住户间关联度的园区，如静安媒体文化园区、静安现代工业园区和周家桥等，在获授牌前已经达到了这一水平。成为官方认可的“创意产业集聚区”并没有令这些园区获得更多的优势来发展商户之间的关联。卡方检验显示，抽样创意园的合作程度因园而异，且差异明显。

此外，企业间的联系亦有欠稳定。由于关注租金收入主导了集聚区的准入政策，园区管理方对引入携带客户脉络，具有带动性的企业考虑不足。由于企业间的竞争日益激烈，租户的流动性也相应增加(创意园管理者访谈，2010)，当企业迁出时，集聚区内企业间的联系也就此终止，这使得企业间的联系有欠稳定。静安区一家创意产业集聚区于 2006 年斥资 100 万元人民币，通过中介，招募业内有影响的创意产业企业入驻园区，令区内企业联系有所加强(反映在 2007 年的调查中)。然而，根据作者 2010 年的后续调研，这些优质租户当中的相当一部分已被其他地方吸引，迁往他处，而园区内的企业脉络也有所消减。

## 六、结论

本文的目的在于评估创意产业集聚区对城市企业化发展的影响。虽然有不少学者就此做过研究，但实际情况可能因地而异。本文以上海创意产业集聚区为例，探讨了中国的情况。其研究发现对中国企业化城市的讨论，或有一定启示意义。

理论上，本文旨在填补两个主要的空缺。首先，将创意产业集聚区的概念引入“中国企业化城市”的讨论中。本研究归纳出“创意产业集聚区”概念的两层含义，并检验它们是否能够解释上海的创意产业集聚区现象。其次，文章探讨了“企业化城市”概念在中国环境中的适用性。为此，本文研制了一个评估矩阵模型，将企业化城市概念与创意产业集聚区论点相结合，形成分析框架，包括政府企业化的姿态，城市企业化的性质和特征。此外，本研究的一个次要目标是评估上海创意产业集聚区所体现的政策及措施的效果。研究结果概要如下：

第一，创意产业集聚区在企业化城市发展中发挥着重要作用。研究结果强烈支持集聚区有助于提高商品化城市建筑特征的观点，已成为一种吸引投资和商业业务的城市商品。集聚区开创了以上海工业遗迹为主题的新潮建筑设计风格，令市容焕发异彩。与此同时，集聚区提升了既有的企业化都市形态，为之增添新的城市景观和旗舰项目。同时，创意产业集聚区所带来的城市形态方面的影响，亦符合企业化城市的特征，例如，城市碎片化加剧，行政区及园区之间的竞争更为激烈。作为通过文化途径推动城市企业主义的一种手段，创意产业集聚区体现了旗舰休闲场所与中上层城市生活方式相结合的趋势。这种生活方式欣赏城市文化遗产，推崇文化旅游，催生新的身份认同。另一方面，集聚区与企业化城市理念的显著差异在于，后者强调地方政府在城际竞争中统一的施政方式，而创意产业集聚区所反映的是市、区、区块等多层施政主体的介入，及其在较小行政区和园区层面的激烈竞争。从这个意义上说，“企业化行政区”或“企业化集聚区”比“企业化城市”或许更能有效地抓住集聚区所体现的企业化城市特征。

本研究还发现，与城市商品化相反，上海的创意产业集聚区在促进创意产业创业与产业发展中的作用有限。集聚区主要是通过自身建筑特色和设施来吸引和服务创意工作者，然扶持产业集聚的配套政策、措施以及服务等较为缺乏。在集聚区管理中，租金收入被优先考虑，造成了一批非创意产业租户和高利润行业主导的情况。集聚区内功能性集聚的成分较低，功能性集聚的优点，如获取知识和技术等则被开发商简单转化成商业宣传口号，借以包装普通办公园区，以提高入场要价。这种做法对于集聚区租户来说，可能鲜有益处。此外，集聚区所承载的企业间的联系以合作为主，但比重不高，且有欠稳定。与之相应，商业宣传所带来的品牌效应，成为园区客户受益的主要优点之一。

这予我们怎样的启示？上海的创意产业集聚区在推动城市企业化中的作用，以提供多样化的办公楼宇，从而提高城市对资本投资和商业业务的吸引力为主。集聚区对扶持创意产业的发展，则功效有限。由此，本文提供了一种解读创意产业集聚区的途径，以之作为分析“中国城市企业主义”概念的又一领地。

第二，本研究支持“企业化城市”概念在上海案例中的适用性，但这需要进行一些修改。首先，上海的企业化城市具有明显的地方政府促进增长的特点。通过房地产开发改善城市环境，并刺激经济增长（特别是服务业），在政府的议程之内。但这不是培育本地创意产业成长的姿态，而是吸引海内外投资和成熟公司、引入资本和技术的策略。其次，中国企业化城市的本质是一个持续的城市商品化的过程，创意产业集聚区代表了利用文化和象征资本来提升房地产价值的做法。再次，中国企业化城市理念具有创新性和不创新两方面的特征。政策层面的创新不大，只是将既有的城市政策，尤其是房地产政策和引资政策，延伸到创意产业集聚区，令其成为另一种地产商品。然而，与此同时，政策在实践层面上，屡有创新举措，例如，“三不变五变”的机制，以及利用创意产业集聚区论述展开地方营销。集聚区亦作为改善城市景观的新策略。伴随着创意产业集聚区的出现和发展，一道以历史工业建筑为主题的城市风景线已然呈现。因此，“中国企业化城市”概念的内涵是坚持城市商品化方向，同时发展多样化城市商品的创新战略。

第三，政府的介入有可能加快创意产业集聚区商品化的进程，而对扶持创意产业的创业恐作用有限。

## 参考文献


[ 1 ] Andersson, A. E. (1985) Creativity and regional development, *Papers of the Regional Science Association*, 56, pp.5—20.

[ 2 ] Bayliss, D. (2004) Creative planning in Ireland: the role of culture-led development in Irish planning, *European Planning Studies*, 12, pp.497—514.

[ 3 ] Bianchini, F. (1993) Remaking European cities: the role of cultural policies, in: F. Bianchini and M. Parkinson (Eds) *Cultural Policy and Urban Regeneration: The West European Experience*, pp.1—20. New York: Manchester University Press.

[ 4 ] Binns, L. (2005) *Capitalizing on culture: an evaluation of culture-led urban regeneration policy*. The Futures Academy, Faculty of the Built Environment, DIT, Ireland (http://www.dit.ie/DIT/built/futuresacademy/publications/docs/CAPITALISING - ON - 2005.doc).

[ 5 ] Blau, J. R. (1989) *The Shape of Culture: A Study of Contemporary Cultural Patterns in the United States*. Cambridge: Cambridge University Press.

[ 6 ] Bon, S. V. (1999) *The cultural industries: fostering the local in the network economy*. MA thesis, Tilberg University.

[ 7 ] Booth, P. and Boyle, R. (1993) See Glasgow, see culture, in: F. Bianchini and M. Parkinson (Eds) *Cultural Policy and Urban Regeneration*, pp.21—47. Manchester: Manchester University Press.

[ 8 ] Brown, A., O'Connor, J. and Cohen, S. (2000) Local music policies within a global music industry: cultural quarters in Manchester and Sheffield, *Geoforum*, 31, pp. 437—451.

[ 9 ] Chang, T. C. and Teo, P. (2009) The shophouse hotel: vernacular heritage in a creative city, *Urban Studies*, 46, pp.341—367.

[10] DoE (Department of Environment) (1988) *An evaluation of the enterprise zone experiment*. PACEC, Cambridge.

[11] Evans, G. (2001a) *Cultural Planning: An Urban Renaissance?* London: Routledge.

[12] Evans, G. (2001b) Small is beautiful? ICT and SMTEs: a European comparative, *Information Technology and Tourism*, 2, pp.1—15.

[13] Evans, G. (2004) Cultural industry quarters: from pre-industrial to post-industrial production, in: D. Bell and M. Jayne (Eds) *City of Quarters: Urban Villages in the Contemporary City*, pp.71—92. Aldershot: Ashgate.

[14] Evans, G. (2009) Creative cities, creative spaces and urban policy, *Urban Studies*, 46, pp.1003—1040.

[15] Fleming, T. (2004) Supporting the cultural quarter? The role of the creative intermediary, in: D. Bell and M. Jayne (Eds) *City of Quarters: Urban Villages in the Contemporary City*. pp.93—108. Aldershot: Ashgate.

[16] Flew, T. (2002) *Beyond ad hocery: defining creative industries*. Paper presented to

*Cultural Sites, Cultural Theory, Cultural Policy*, the *Second International Conference on Cultural Policy Research*, Te Papa, Wellington, New Zealand, January (http://europeforvisitors.com/switzaustria/articles/vienna_museum_quarter.htm).

[17] Florida, R. (2002) *The Rise of the Creative Class*. New York: Routledge.

[18] Fraser, D. (2001) Inventing oasis: luxury housing advertisements and reconfiguring domestic space in Shanghai, in: D. S. Davis (Ed.) *The Consumer Revolution in Urban China*, pp.25—53. Berkeley, CA: University of California Press.

[19] Fretter, A. D. (1993) Place marketing: a local authority perspective, in: G. Kearns and C. Philo (Eds) *Selling Places: The City as Cultural Capital, Past and Present*, pp.163—174. Oxford: Pergamon Press.

[20] Gospodini, A. (2006) Portraying, classifying and understanding the emerging landscapes in the post-industrial city, *Cities*, 23, pp.311—330.

[21] Gospodini, A. (2009) Post-industrial trajectories of Mediterranean European cities: the case of post-Olympics Athens, *Urban Studies*, 46, pp.1157—1186.

[22] Hall, P. (2000) Creative cities and economic development, *Urban Studies*, 37, pp. 639—649.

[23] Hanningan, J. (2003) Symposium on branding, the entertainment economy and urban place building: introduction, *International Journal of Urban and Regional Research*, 27, pp.352—360.

[24] Harvey, D. (1989a) *The Condition of Postmodernity: An Enquiry into the Origins of Cultural Change*. Oxford: Basil Blackwell.

[25] Harvey, D. (1989b) From managerialism to entrepreneurialism: the transformation in urban governance in late capitalism, *Geografiska Annaler*, 71, pp.3—17.

[26] Heur, B. V. (2009) The clustering of creative networks: between myth and reality, *Urban Studies*, 46, pp.1531—1552.

[27] Hook, B. (Ed.) (1998) *Shanghai and the Yangtze Delta: A City Reborn*. Hong Kong: Oxford University Press.

[28] Hubbard, P. (1996) Urban design and city regeneration: social representation of entrepreneurial landscapes, *Urban Studies*, 33, pp.1441—1461.

[29] Hubbard, P. and Hall, T. (1998) The entrepreneurial city and the 'new urban politics', in: T. Hall and P. Hubbard (Eds) *The Entrepreneurial City: Geographies of Politics, Regime and Representation*, pp.1—23. Chichester: John Wiley & Sons.

[30] Hutton, T. (2006) Spatiality, built form, and creative industry development in the inner city, *Environment and Planning A*, 38, pp.1819—1841.

[31] Hutton, T. (2009) Trajectories of the new economy: regeneration and dislocation in the inner city, *Urban Studies*, 46, pp.987—1001.

[32] Jansen-Verbeke, M. (1988) *Leisure, Recreation and Tourism in Inner Cities*. Amsterdam: Netherlands Geographical Studies.

[33] Jessop, B. (1998) The narrative of enterprise and the enterprise of narrative: place marketing and the entrepreneurial city, in: T. Hall and P. Hubbard (Eds) *The Entrepreneurial City: Geographies of Politics, Regime and Representation*, pp.77—99. Chichester: John Wiley & Sons.

[34] Jessop, B. and Sum, N. L. (2000) An entrepreneurial city in action: Hong Kong's emerging strategies in and for (inter) urban competition, *Urban Studies*, 37, pp.2287—2313.

[35] Kloosterman, R. (2005) The creative hype, in: S. Franke and E. Verhagen (Eds) *Creativity and the City: How the Creative Economy Changes the City*, pp.56—65. Rotterdam: NAi Publishers.

[36] Lash, S. and Urry, J. (1994) *Economies and Signs and Space*. London: Sage.

[37] Leitner, H., Peck, J. and Sheppard, E. S. (2007) Contesting urban futures: decentering neoliberalism, in: H. Leitner, J. Peck and E. S. Sheppard (Eds) *Contesting Neoliberalism: Urban Frontiers*, pp.1—25. New York: Guilford Press.

[38] Marcuse, P. (1989) "Dual city": a muddy metaphor for a quartered city, *International Journal of Urban and Regional Research*, 13, pp.309—344.

[39] Miles, M. (2005) Interruptions: testing the rhetoric of culturally led urban development, *Urban Studies*, 42, pp.889—911.

[40] Nee, V. (1992) Organizational dynamics of market transition: hybrid forms, property rights, and mixed economy in China, *Administrative Science Quarterly*, 37, pp. 1—27.

[41] Newman, P. and Smith, I. (2000) Cultural production, place and politics on the south bank of the Thames, *International Journal of Urban and Regional Research*, 24, pp. 9—24.

[42] Oi, J. (1992) Fiscal reform and the economic foundations of local state corporatism in China, *World Politics*, 45, pp.99—126.

[43] Olds, K. (1997) Globalizing Shanghai: the "global intelligence corps" and the building of Pudong, *Cities*, 14, pp.109—123.

[44] Philo, C. and Kearns, G. (1993) Culture, history, capital: a critical introduction to the selling of places, in: G. Kearns and C. Philo (Eds) *Selling Places: The City as Cultural Capital, Past and Present*, pp.1—32. Oxford: Pergamon Press.

[45] Pratt, A. (2009) Urban regeneration: from the arts "feel good" factor to the cultural economy: a case study of Hoxton, London, *Urban Studies*, 46, pp.1041—1061.

[46] Rains, S. (2004) Quarterizing the city: the spatial politics of the Joyce industry in Dublin, in: D. Bell and M. Jayne (Eds) *City of Quarters: Urban Villages in the Contemporary City*, pp.131—205. Aldershot: Ashgate.

[47] Rantisi, N. (2002) The competitive foundations of localized learning and innovation: the case of women's garment production in New York City, *Economic Geography*, 78,

pp.441—463.

[48] Roberts, S. M. and Schein, R. H. (1993) The entrepreneurial city: facilitating urban development in Syracuse, New York, *Professional Geographer*, 45, pp.21—33.

[49] Rogers, R. (1988) Brief in the future is rooted in the memory of the past, *Royal Society of Arts Journal*, November, pp.873—884.

[50] Roodhouse, S. (2006) *Cultural Quarters*. London: Intellect.

[51] Scott, A. (2004) Cultural-products industries and urban economic development: prospects for growth and market contestation in global context, *Urban Affairs Review*, 39, pp.461—490.

[52] Scott, A. (2006) Creative cities: conceptual issues and policy questions, *Journal of Urban Affairs*, 28, pp.1—17.

[53] Scott, A. (2008) Inside the city: on urbanisation, public policy and planning, *Urban Studies*, 45, pp.755—772.

[54] Storper, M. and Scott, A. J. (1995) The wealth of regions: market forces and policy imperatives in local and global context, *Futures*, 27, pp.505—526.

[55] Wilkinson, S. (1992) Towards a new city? A case study of image-improvement initiatives in Newcastle upon Tyne, in: P. Healey, S. Davoudi, T. Solmaz *et al*. (Eds) *Rebuilding the City: Property-led Urban Regeneration*, pp.174—211. London: E. & F. N. Spon.

[56] Wu, F. L. (2000) The global and local dimensions of place-making: remaking Shanghai as a world city, *Urban Studies*, 37, pp.1359—1377.

[57] Wu, F. L. (2004) Transplanting cityscapes: the use of imagined globalization in housing commodification in Beijing, *Area*, 36, pp.227—234.

[58] Wu, F. L., Xu, J. and Yeh, A. G. (2007) *Urban Development in Post-reform China: State, Market, and Space*. London: Routledge.

[59] Yeh, A. G. O. and Wu, F. L. (1999) The transformation of the urban planning system in China from a centrally-planned to transitional economy, *Progress in Planning*, 3, pp.167—252.

[60] Zhang, X. Q. (2005) Development of the Chinese housing market, in: R. C. Ding and Y. Song (Eds) *Emerging Land and Housing Markets in China*, pp. 183—231. Cambridge, MA: Lincoln Institute of Land Policy.

[61] Zheng, J. (2010) The "entrepreneurial state" in "creative industry cluster" development in Shanghai, *Journal of Urban Affairs*, 32, pp.143—170.

[62] He, Z. Q. (2006) *Creative city and the clustering of creative industries: the practice and exploration of creative industry clusters in Shanghai* (http://www.ccmedu.com/detail.px?boardID=54&IKD=26160).

[63] Hongkou District Government (2006) Promoting the construction of creative industry clusters in Hongkou District with high standards and quality, in: SCIC (Ed.) *Shanghai*

*Cultivating Creative Industry*: *Research and Practice*, pp. 63—66. Shanghai: Shanghai keji wenxian chubanshe [in Chinese].

[64] Jing'an District Government (2006) *The eleventh five plan of tourism development in Jing'an District in Shanghai*. Unpublished official documents [in Chinese].

[65] Li, W. W. (2004) New creativity in old factory buildings, *Renmin Ribao*, 22 July, p. 19 [in Chinese].

[66] SCIC (Shanghai Creative Industry Centre) (2006a) *Shanghai international creative industry week*. Printed material provided by the Shanghai Creative Industry Centre [in Chinese].

[67] SCIC (2006b) The eleventh five-year plan for creative industry development in Shanghai, in: SCIC (Ed.) *Shanghai Cultivating Creative Industry*: *Research and Practice*, pp. 29—42. Shanghai: Shanghai Science and Technology Literature Publishing House [in Chinese].

[68] Shanghai Xuhui District (2006) *The Eleventh Five-year tourism plan of Shanghai*. Unpublished official document [in Chinese].

[69] SITPC (Shanghai Industry Tourism Promotion Centre) and SNUTDPC (Shanghai Normal University Tourist Developing and Planning Centre) (2005) *A comprehensive plan for Shanghai's industrial tourist development*. Unpublished official document [in Chinese].

[70] Xia, Y. (2006) Fostering creative industries: strengthening innovation dynamics of the city, in: SCIC (Ed.) *Shanghai Creative Industries Development Report*, pp.3—11. Shanghai: Science and Technology Literature Publishing House.

[71] Xue, C. Q. L. and Peng, N. (2006) An alternative modernity and metropolitan fantasy: an analysis of space of architecture by Japanese architects since 1980, *Time Architecture*, June, pp.124—129 [in Chinese].

[72] Xuhui District Planning Bureau (2007) Xuhui: new century, new Xuhui and new life, *Shanghai Urban Planning*, 1, pp.27—34 [in Chinese].

# A Brand Culture Approach to Brand Literacy: Consumer Co-creation and Emerging Chinese Luxury Brands

| Jonathan Schroeder (Rochester Institute of Technology, USA)
Janet Borgerson (Rochester Institute of Technology, USA)
Zhiyan Wu (Shanghai International Business and Economics University, China)

**Abstract**: This study focuses on brand literacy in the emerging market of China. Results reveal Chinese consumer desire to express a deep resonance between Chinese values and aesthetics and a favored brand identity. Chinese brands such as Shanghai Tang and Shang Xia — developed in collaboration with leading European luxury brands — build upon Chinese culture, values, and aesthetics to create distinctive, culturally infused brand identities. At a basic level, culture, which includes aspects of particular histories of meaning, and moments of creative innovation, can be perceived as a resource upon which branding processes and practices can draw. Yet, brand culture refers not to a simple process of applying "culture" to a brand.

**Keywords**: brand literacy, brand culture, consumer, luxury brands

Under what conditions may we perceive the many ways in which branding — and brands themselves — go beyond cultural branding, and indeed, co-create culture in relation to consumer processes and practices? One way of thinking about how brands and culture interact draws upon the notion of brand literacy — how well consumers are able to "read," understand, and engage brands and brand messages. We explore a growing brand literacy among Chinese consumers based upon their perceptions and responses to Shang Xia's current position in the Chinese market, and reveal how brand literacy is embedded in a cultural context and contributes to brand culture. Compared to extensive research on related, but distinct concepts of media literacy and visual literacy (e.g., Argerinou and Pettersson, 2011; Potter, 2014), brand literacy remains relatively under studied, and not well understood. Given how important brands are in the lives of consumers, this represents an important gap in consumer research knowledge. This study highlights multidimensional aspects of brand literacy and represents an initial step toward a more developed framework in the context of brand culture.

## Brand Culture

Although it is widely agreed that cultural resources provide potentially productive areas for brand development (Holt, 2002, 2004; Schroeder, 2009), most marketing scholars have yet to take notice of historical culture's important role in brand development research. Our research focuses on a Chinese consumer context, deploying a cultural approach and examining particular narratives and potential paths regarding ways in which Chinese brands globalise. The focus on China acknowledges its steady rise as a global economic power, with the role of brand literacy poised to increase within its enormous market.

Brand culture focuses on how brands share and exchange stories, solve problems, and build communities (Schroeder and Salzer Mörling, 2006). A brand culture approach directs our attention to shifts and changes that occur through repeated interactions between various brand actors across time and space, drawing attention to new knowledge and practices emerging around the co-creation and circulation of brands and cultures. Studies in international marketing and consumer research often overlook the co-creative power of multiple brand actors. Although market conditions, as well as other contexts and situations, may be acknowledged to influence, if not determine, brand meanings, the ways in which brand development contributes to public discourse and other aspects of living culture are underplayed.

That brand meaning is a product of co-creation is not a new concept. Fournier provides a foundation for this approach. She argued that consumers invest brands with particular meanings by consuming them in socially negotiated ways, and further, brands as companions co-create and contribute to life experiences (Fournier, 1998). Indeed, the cultural meanings of brands are often developed by "various authors" as these intersect with popular culture and important stake-holders (Bengtsson and Östberg 2006). Social and ethical negotiation between consumers, managers, and other employees also contribute to the cultural meanings of brands (e.g., Borgerson, 2005; Cova and Dalli, 2009; Holt, 2002, 2004; Schroeder, 2009; Zwick, Bonsu and Darmody, 2008). In sum, brand meanings are not fixed. Aspects of intended meanings — brand identity — might be expressed by text and images in marketing communications and other brand stimuli. However, consumer perception, experience, and aspiration may intervene with unintended meanings — brand image (Keller, 2003). Thus, the cultural knowledge of consumers filters brand communications, as consumers comprehend and sometimes reconstitute meaning into forms that are not fully consistent with brand builders' intentions (Puntoni, Schroeder and Ritson, 2010; Scott, 1994).

## Brand Literacy

It has been suggested, however, that brand authors can understand and reconstitute what would function as relevant brand meanings only if they possess a minimal level of competency or brand literacy, which facilitates the reading and digesting of brand messages (Oswald, 2010). Competency is desirable as it helps determine how authors will conduct themselves vis-a-vis brands in commercial and social situations (Peñaloza and Gilly, 1999). Meaning construction in relation to brands and brand messages operates through flexible socio-cultural codes written by, and decoded between, varied authors whose interpretation of brand messages exerts a powerful effect on brand development and brand success. Market interpreters focus on reading and decoding consumer codes, partially accessed through consumer activities and choices, and through messages relayed by mass media and shareholders (Kates, 2006). This suggests that brand meaning and brand culture include a complex bundle of personal and socio-cultural meanings (e.g., Allen, Fournier and Miller, 2008; Borgerson, et. al. 2009; Schroeder, 2009).

Related to consumer learning and expertise (e.g., Hutchinson and Eisenstein, 2008), consumer socialization (e.g., Chaplin and John, 2005; John, 1999), as well as advertising interpretation (e.g., Hirschman and Thompson, 1997), current conceptions of brand literacy draw upon a cultural approach to understanding how consumers "read" brands, and engage with brand meaning and symbolism (cf. Wallendorf, 1993). Brand literacy constitutes "the ability of the consumer to make sense of and compose the signs of a brand culture and to understand the meaning systems that are at play" (Bengtsson and Firat, 2006, p. 377). For example, Bengtsson and Firat argue that highly brand literate consumers contribute to the life and meaning of the brand, and fully participate in the culture of brands, in that they do not merely follow the brand's cultural meanings, but are able to play with and redefine brands through their co-creative activities (Bengtsson and Firat, 2006).

Oswald suggests that emerging market consumers travel through several stages of brand literacy, rapidly covering ground that took Western consumers decades to learn (see also Dong and Tian, 2009; Eckhardt and Houston, 2002; Wong and Li, 2014; Zhan and He 2012; Zhao and Belk, 2008). Interesting for our purposes here, Oswald distinguishes between Chinese consumers and Western consumers: "The distinct cultural heritage of consumers in the People's Republic of China forms a contrast with Western concepts of luxury that is no less dramatic than the contrast between the Chinese and English languages" (Oswald, 2012, p.133). As Oswald concludes: "The 'next generation' of the new rich in China may expect more of their luxury goods than to display their money and success. They expect luxury brands to both express and inform their savior faire, personality, and taste" (Oswald, 2012, p.135). In the next section, we suggest that Shanghai Tang represents Chinese consumers' perceptions and interpretations of an emergent hybrid, multi-cultured Chinese lifestyle. Further, a brand culture perspective on brands such as Shanghai Tang and Shang Xia can shed light on how brands interact with cultural history, dialectical images, and the formation of identity.

## Setting the Stage: Shanghai Tang

Previous research in this vein focused on Shanghai Tang, a brand that promotes itself as the first and only luxury brand to have emerged from China (Shanghai Tang.com, 2014). Shanghai Tang fuses iconic elements of Chinese culture with stylish fashion for the current globetrotting shopper (Chua and Eccles, 2010). The brand includes a range of goods from wearable and affordable luxury to bespoke tailoring for suits and dresses, all of which convey the image of a modern Chinese lifestyle. The Shanghai Tang brand serves to address an important unanswered question: how do Chinese brands draw upon Chinese aesthetics to build brands, and how do consumers "read" such efforts? One study showed that Shanghai Tang plays a role in 'the myth of the modern Chinese lifestyle,' that is, Shanghai Tang provides a set of codes that contemporary cosmopolitan Chinese consumers might embrace or reject in identity construction and maintenance (Zhiyan, Borgerson, and Schroeder, 2013). Consumers found Shanghai Tang's strategic citation of Chinese features, such as mandarin collars, frog closures, and butterfly buttons, intriguing and involving, and they enjoyed deciphering the complicated symbols in the brand's designs.

Consumers clearly read the messages implicit in Shanghai Tang's designs, displaying brand literacy in identifying Chinese cultural symbols deployed by the brand, such as gold ingots which signalled ancient Chinese exchange goods, and elaborate designs that incorporated elements from Confucianism, Imperial Chinese history, and 20th Century socialism (Zhiyan, Borgerson, and Schroeder, 2013). Informant comments about Shanghai Tang products underscore an emphasis on subtlety in Chinese aesthetics: For example, grandness, when it is expressed in Chinese aesthetics, appears in representations of landscape, which exemplifies the harmonious convergence of diverse formal patterns and designs (e.g., Henderson, Cote, Leong, and Schmitt, 2003; Li, Li, and Kambele 2012; Wong and Ahuvia, 1998). In other words, Chinese consumers exhibit a growing and culturally based brand literacy directed toward a Chinese luxury brand, a kind of functional brand literacy that highlights the ability to recognize and articulate brand meanings.

## Shang Xia

Shang Xia, a Chinese luxury lifestyle brand, has chosen a focused and dense branding strategy around the use of Chinese culture and history, from which Shang Xia draws inspiration and concrete ideas for decoration, detail, and design. At its core, Shang Xia offers low-key luxury products that relate to a shared cultural activity, the tea ceremony (Red Luxury, 2012). From the shapes of early teapots, and the scents, textures, and colors of the tea leaves, to the elegant, slow pace of the practice itself, the tea ceremony offers a deep well of material culture and Chinese aesthetics. Recently, the brand expanded into the European market: "Shang Xia, which aims to revive Chinese crafts that were nearly destroyed by China's Cultural Revolution, including ancient styles of porcelain, cashmere, felt and furniture, is part of a new generation of Chinese brands elbowing their way into the crowded European luxury goods market" (Wendlandt and Denis, 2013). In this case, the brand maintains a connection to cultural practices, but with a historical fluidity (Bergstrom, 2012).

Shang Xia was established as a joint venture between the Hermès Group and renowned Chinese designer Jiang Qionger in 2008. The Shang Xia brand promises a quiet, simple and harmonious way of life in the midst of harried, shifting contemporary China. Shang (meaning "up" or "top") and Xia (meaning "down" or "bottom") reflects a state of harmony achieved through the exchanges between up and down, east and west, past and future, tradition and innovation, urban and nature. Shang Xia has three boutiques designed by Japanese master architect Kengo Kuma. Shanghai's boutique space opened on the Bund in 2010 and has a futuristic Zen-like setting; Beijing (2012) has a Great Wall theme; and the Paris Shang Xia (2013) is the first shop outside China (Song, 2013). Shang Xia's product lines include furniture, housewares, accessories and clothing, all of which communicate aesthetic values, attitudes, and practices that radiate out from the Chinese tea ritual. Shang Xia also develops a range of limited edition "cultural objects" every year. It is noteworthy that Shang Xia has thus far refrained from advertising, or participating in fashion shows or other standard marketing activities (Red Luxury, 2012). In an interesting diversion from typical brand promotion, Shang Xia holds two three-week-long showcases, which include live demonstrations exhibiting high quality materials and consistent craftsmanship in its products and cultural objects, with prices ranging from RMB 500 ($80) to upwards of RMB 150,000 ($25,000).

## METHOD

The relevant aspects of the Shang Xia case study consist of retail visits and observation, website analysis, and a set of interviews conducted in 2012 and 2013. This paper focuses on the interview data, informed by insights derived from the other sources. Interviews took place in Shanghai and Beijing, and lasted from 60 to 150 minutes. We used a snowball sampling technique to generate a set of interviews with consumers who were engaged and interested in the brand. We interviewed a Shang Xia brand manager and five consumers — two males and three females, who ranged from age 30 to 42 years old. We met and interviewed a Shang Xia brand manager in Shanghai first. During an observational visit, we met a 42-year old female Shang Xia customer and asked if she would be willing to participate in an interview. She introduced us to two more women, and they introduced us to their husbands.

The interviews were conducted in Chinese, and then translated into English by the interviewer, a native Chinese speaker. The interviews were then further translated and interpreted by a native English speaker, who checked the resulting meanings with the original translator. In analyzing our interviews, we discerned several themes that vividly capture aspects of these consumers' brand literacy in relation to Shang Xia (Spiggle, 1994).

## Interviews: Themes of Brand Literacy

We suggest that these themes help reveal creative and co-creative aspects of brand literacy in a context of brand culture.

### *A Unifying Cultural Thread*

A 30-year old man, who is a hairdresser and works in Beijing, was interviewed at a Beijing coffee shop. After commenting on the high quality of Shang Xia's products, he said:

> *Shopping in a Shang Xia store was a unique experience. Its stores were like a gallery of craftwork (cashmere felt, eggshell porcelain, silver and crystal necklaces and bracelets, purple sandalwood and bamboo marquetry). In these galleries, splendid simplicity held sway in the extravagant details.*

He was quite articulate about the brand message, continuing:

*So it "threads" its product lines through a Chinese tea ceremony, rather than a commercial brand structure. As we all know, the tea ceremony was of the highest significance in Chinese hospitality. During the tea ceremony, we often need a nice tea set to serve the tea, a comfortable chair to sit in, a conformable dress, necklace or bracelet to wear, the great scent of sandalwood incense to enjoy. So you know, since Shang Xia's collection stems from Chinese lifestyle, its collection provided an extended experience of tea to its guests.*

*In its stores, as soon as a visitor walks in, a shop assistant brings him (her) tea in a small, white porcelain tea cup, and then the assistant acts like a guide and will explains each product's history and origin. Customized music plays in the background in each store, with a breathtaking video of the Chinese composer Dou Wei giving a performance using different sized Shang Xia porcelain bowls as instruments.*

This consumer appreciates subtle aspects of the brand, and demonstrates a keen understanding of the "unifying thread" of Shang Xia's brand culture. In an advanced stage of brand literacy, he recognizes and espouses the symbols of the brand, and reveals a strong connection between the brand and aspects of emerging contemporary Chinese culture.

***Resonance Between Esteemed Cultural and Aesthetic Values and the Brand***

Another consumer expressed a resonance between the aesthetics and values of China's first lady and the Shang Xia brand. A 42-year old woman who works in the Shanghai Drama Art Center was interviewed at a coffee shop in Shanghai. She pointed out that:

*I was touched by the outstanding craftsmanship, the simple designs and the fine materials that it [Shang Xia] used. In fact, almost everything Shang Xia offered was of otherworldly beauty. It was called a certain kind of "splendid simplicity". [...] Such simplicity was totally different from a bling-bling or logo brand. [...] Taking this floor-length cashmere felt robe as an example [she pointed to the robe in her bag]; this robe was created with a seamless piece of fabric and a Mongolian yurt-making technique. This completely handcrafted robe was a simple cocoon design where the front lapels fall to the floor in waves — all achieved with no cutting.*

After sipping a coffee, she went on: "They [Shang Xia's products] all looked simple yet graceful, in the mode that Peng Liyuan wore on her first trip overseas as China's new first lady." She pointed to a TV screen in the coffee shop, which was reporting that Peng Liyuan had become an instant media sensation in China during first trip abroad as China's first lady: she had a smile on her face, dressed in a simple black pea coat and carried an elegant unbranded bag. "When I bought this [Shang Xia] coat, for example, it felt like attending a private club; no one knew what it was while its stuff was gorgeous — zitan [a rare wood associated with the imperial Chinese court], eggshell porcelain, and hand-crafted cashmere among other materials sourced from far-flung ateliers around China."

In these comments, she reveals a "fluency" in Shang Xia's codes that most Western consumers would not (Oswald, 2012). She represents what Oswald calls the "next generation" of Chinese consumers who associate luxury not necessarily with expense or high quality, but with Confucian values of harmony and simplicity (Oswald, 2012; see also Wong and Ahuvia, 1998; Zhiyan, Borgerson and Schroeder, 2013).

***Revaluing Chinese Traditional Craftsmanship and Creativity***

A 45-year old French-Chinese art teacher was interviewed at the coffee shop at a Shanghai Hong Kong Plaza Service Apartment. Then, the interviewer accompanied her to Shang Xia's store in Shanghai Hong Kong Plaza. She is insightful and articulate about the brand's origins and mission:

> *It was time we worked together to bring back craftsmanship or keep it going all together. Mass production was not the answer to luxury, but Shang Xia perhaps was. It was simply transferring the three legacies of craftsmanship, creativity and style into a different environment.*

She reveals an awareness of a deep cultural connection to Shang Xia:

> *Both the name and the concept of Shang Xia were fabulous. The word "Shang" meant "top" while "Xia" meant "bottom". At first, you might feel that the brand was confused or joking. But consider further. You realize that "Shang" (top) often stood for Heaven and the Past while "Xia" (bottom), stood for Earth and the Present. The Heaven and Earth was a very important subject in Chinese culture as both, in balance, could create peace and harmony. [...] I think Shang Xia stands for a balanced and harmonious lifestyle from the social sphere to the private; from the urban to nature. This requires a kind of splendid simplicity. We may feel that the words "Shang" and "Xia" stood perfectly for this concept and no other words could replace them. This is the charm of the topsy-turvy.*

At Shang Xia's store in Shanghai Hong Kong Plaza, she went on to explain the why he liked various products, pointing them out within the retail space as she spoke:

*In terms of heritage and innovation, the first case that came to mind was this collection [She pointed to the zitan table, which is part of the Da Tian Di collection]. The Da Tian Di collection was inspired by traditional Ming dynasty-style furniture and had smooth, graceful and modern lines. It used a more complex square outline with rounded inner lines, instead of the common rounded outer lines. Then with hundreds of thousands of polishes, a mortise-and-tendon joint was developed by perfectly aligning the round stool with the square back of the chair. Handcrafted zitan wood has the most comfortable and velvety texture.*

Not all consumers might make these cultural connections, but for this highly brand literate one, Shang Xia offers a complex constellation of Chinese aesthetics, industry, and meaning. She seems intrigued by heritage and innovation beyond functional attributes or status hierarchy. She exhibits knowledge of what Bengtsson and Firat (2006) call a "brand professional" — willing and able to engage with and fully participate in the brand culture of Shang Xia.

## DISCUSSION

Our informants described Shang Xia as a Chinese modern lifestyle brand committed to inheriting Chinese traditional culture and rejuvenating Chinese craftsmanship, in part by supporting Chinese artisans from throughout China. This positioning has resulted in a broad category and product range, as well as intensive labor in making the products. Shifting Chinese brands, such as Shanghai Tang and Shang Xia, away from a focus on indiscernible cheap commodities, toward high quality, as well as, brand development, provides an opening for new insights from brand culture.

We argue that as Chinese consumers change and Chinese brands develop, the tools of a brand culture approach allow us to discern and capture the growth of brand literacy. Indeed, brand literacy emerges as a key construct with which to understand consumers in emerging markets. In articulating themes of a unifying cultural thread, resonance between esteemed cultural and aesthetic values and the brand, and revaluing Chinese traditional craftsmanship and creativity, our interview subjects revealed a profound sense of brand knowledge and expertise, showing off their brand literacy, rooted in deep knowledge of and appreciation for Chinese aesthetics and Chinese values, as articulated by an emerging Chinese luxury brand. Whereas, Chinese consumers have been perceived to buy luxury products solely to display status and affluence in a hierarchal society, our informants understood, articulated, and were willing to participate in brand culture beyond typical expectations of Chinese consumers. We see not only a functional or creative brand literacy, but also an articulation of the co-creation of brands and cultures, as a brand culture approach would suggest.

The study is limited by a relatively small sample, and a restricted set of brands, in a particular market. Further work will be necessary in other cultural contexts, and with more diverse brands. Despite these limitations, this study contributes to research on emerging markets, branding, and understandings of brand literacy. As an initial step toward rethinking brand literacy, these cases proved useful exemplars of highly symbolic brands, with a strong cultural orientation. Prior analysis of Chinese brand culture suggested that aesthetic values and historical culture inform, and hold out possibilities for a global as well as local reception of branded products and services. The Shang Xia research further offers a lens through which to observe productive and co-creative aspects of Chinese brand development in the global marketplace, and sheds light on the ways in which a growing brand literacy supports brands and culture in circulating and constructing each other.

We suggest that brand literacy has several aspects as seen through the lens of brand culture, including functional brand literacy, creative brand literacy, and co-creative brand literacy, each expressed in particular cultural contexts. Functional brand literacy consists of the ability to recognize and describe qualities of brands. Creative brand literacy involves pushing beyond what the brand is expressing, creating personal and cultural associations to the brand. Co-creative brand literacy implies engaging and perceiving the brand's participation in the creation and circulation of brands and cultures. In this way, the brand culture approach helps reveal distinct aspects of brand literacy.

## CONCLUSION

This study revealed highly brand literate consumers. Brand literacy was shown to have a number of dimensions that emerged from analysis of interview data. Interestingly, notions of media literacy and visual literacy include critical thinking skills and encompass the ability to produce media and visual communication — for example to "create and distribute our own media messages" (Media Literacy Project, 2014), whereas work on brand literacy has yet to embrace an active consumer, managing his or her own brand, or participating in brand communities. In the age of social media, this marks an important omission in our understanding of brand literacy. Furthermore, the role that brand literacy plays in consumer research arenas such as digital environments, emerging markets, and young consumers is somewhat unclear. The consumer interviews reported here reveal that brand literacy is not merely an act of "reading" brands and deciphering brand messages. From a brand culture perspective, brand literacy reveals an active consumer and an active brand, co-creating meanings and culture. This study represents a step toward a more coherent and culturally based theory of brand literacy. Finally, there may be more aspects of brand literacy, including critical brand literacy.

**Table. Aspects of Brand Literacy**

| | *Concept* | *Study Examples* |
|---|---|---|
| Functional Brand Literacy | ability to recognize and describe qualities of brands in a particular cultural context | description of fashion and retail practices; appreciation of brand symbols |
| Creative Brand Literacy | pushing beyond what the brand is expressing, creating personal and cultural associations to the brand | understanding how brand expresses personal, social and cultural values |
| Co-creative Brand Literacy | participation in the creation of brand meaning and values | production, sharing and use of brand aesthetics and values in relation to particular |

## REFERENCES

[ 1 ] Allen, Chris, T., Susan Fournier and Felicia Miller (2008), "Brands and their Meaning Makers," in Curtis P. Haugtvedt, Paul M. Herr, and Frank. R. Kardes, eds. *Handbook of Consumer Psychology*. Mahwah, NJ: Lawrence Erlbaum Associates, 781—822.

[ 2 ] Argerinou, Maria D. and Rune Pettersson (2011), "Toward a Cohesive Theory of Visual Literacy," *Journal of Visual Literacy*, 30 (2), 1—19.

[ 3 ] Bengtsson, Anders and A. Fuat Firat (2006), "Brand Literacy: Consumers' Sense-making of Brand Management," Advances in *Consumer Research*, 33, 375—380.

[ 4 ] Bengtsson, Anders and Jacob Östberg (2006), "Researching the Cultures of Brands," in Russell W. Belk, ed. *Handbook of Qualitative Research Methods in Marketing*. Cheltenham: Edward Elgar, pp.83—93.

[ 5 ] Bergstrom, Mary (2012), *All Eyes East: Lessons from the Front Lines of Marketing to China's Youth*. New York: Palgrave.

[ 6 ] Borgerson, Janet L. (2005), "Materiality, Agency, and the Constitution of Consuming Subjects: Insights for Consumer Research," Advances in *Consumer*

Research, 32, 439—443.

[ 7 ] Cayla, Julien and Giana M. Eckhardt (2008), "Asian Brands and the Shaping of a Transnational Imagined Community," *Journal of Consumer Research*, 35, 216—230.

[ 8 ] Chaplin, Lan Nguyen and Deborah Roedder John (2005), "The Emergence of Self-Brand Connections in Children and Adolescents," *Journal of Consumer Research*, 32, 119—125.

[ 9 ] Chua, Roy Y. J. and Robert G. Eccles (2010), "Managing Creativity at Shanghai Tang," Harvard Business School *Case 410 -018*.

[10] Cova, Bernard and Daniele Dalli (2009), "Working Consumers: the Next Step in Marketing Theory?," *Marketing Theory*, 9 (3), 315—339.

[11] Dong, Lilly and Kelly Tian (2009), "The Use of Western Brands in Asserting Chinese National Identity," *Journal of Consumer Research*, 36 (3), 504—523.

[12] Eckhardt, Giana M. and Michael Houston (2002), "Cultural Paradoxes Reflected in Brands: McDonalds in Shanghai, China," *Journal of International Marketing*, 10 (2), 68—82.

[13] Fournier, Susan (1998), "Consumers and their Brands: Developing Relationship Theory in Consumer Research," *Journal of Consumer Research*, 24 (1), 343—373.

[14] Henderson, Pamela W., Joseph A. Cote, Siew Meng Leong and Berndt Schmitt (2003), "Building Strong Brands in Asia: Selecting the Visual Components of Image to Maximize Brand Strength," *International Journal of Research in Marketing*, 20 (4), 297—313.

[15] Hirschman, Elizabeth and Craig J. Thompson (1997), "Why Media Matter: Advertising and Consumers in Contemporary Communication," *Journal of Advertising*, 26 (1), 43—60.

[16] Holt, Douglas B. (2002), "Why do Brands Cause Trouble? A Dialectical Theory of Consumer Culture and Branding," *Journal of Consumer Research*, 29(2), 70—90.

[17] Holt, Douglas B. (2004), *How Brands become Icons: the Principles of Cultural Branding*. Boston, MA: Harvard Business School Press.

[18] Hutchinson, J. Wesley and Eric M. Eisenstein (2008), "Consumer Learning and Expertise," in Curtis P. Haugtvedt, Paul M. Herr and Frank R. Kardes, eds. *Handbook of Consumer Psychology*. Mahwah, NJ: Lawrence Erlbaum Associates, 103—131.

[19] John, Deborah Roedder (1999), "Consumer Socialization of Children: A Retrospective Look At Twenty-Five Years of Research," *Journal of Consumer Research*, 26 (3), 183—213.

[20] Kates, Steven M. (2006), "Researching Brands Ethnographically: An Interpretive Community Approach," in Russell W. Belk, ed. *Handbook of Qualitative Research Methods in Marketing*, Cheltenham: Edward Elgar, pp.94—103.

[21] Keller, Kevin Lane (2003), "Brand Synthesis: The Multidimensionality of Brand Knowledge," *Journal of Consumer Research*, 29 (4), 595—600.

[22] Li, Guoxin, Guofeng Li and Zephaniah Kambele (2012), "Luxury Fashion Brand Consumers in China: Perceived Value, Fashion Lifestyle, and Willingness to Pay," *Journal of Business Research* 65, 1516—1522.

[23] Media Literacy Project (2014), "Introduction to Media Literacy," available: http://medialiteracyproject.org/learn/media-literacy

[24] Oswald, Laura R. (2010), "Developing Brand Literacy among Affluent Chinese Consumers: A Semiotic Perspective," Advances in *Consumer Research*, 37, 413—419.

[25] Oswald, Laura R. (2012), "What do Affluent Chinese Consumers Want? A Semiotic Approach to Building Brand Literacy in Developing Markets", in *Marketing Management: A Cultural Perspective*, Lisa Peñaloza, Nil Toulouse, and Luca M. Visconti, eds. London: Routledge, 130—144.

[26] Peñaloza, Lisa and Mary C. Gilly (1999), "Marketer Acculturation: The Changer and the Changed," *Journal of Marketing*, 63 (3), 84—104.

[27] Potter, W. James (2014), *Media Literacy*, 7th Edition, Thousand Oaks, CA: Sage.

[28] Puntoni, Stefano, Jonathan E. Schroeder and Mark Ritson (2010), "Meaning Matters: Polysemy in Advertising," *Journal of Advertising*, 39 (2), 51—64.

[29] Red Luxury (2012), "Shang Xia Bets Big On Bringing Chinese Culture To Luxury," Red Luxury blog, October 12. Available: http://red-luxury.com/brands-retail/shang-xia-bets-big-on- bringing-chinese-culture-to-luxury.

[30] Schroeder, Jonathan E. (2009), "The Cultural Codes of Branding," *Marketing Theory*, 9, 123—126.

Schroeder, Jonathan E. and Miriam Salzer-Mörling (eds.) (2006), Brand Culture, New York: Routledge.

[31] Scott, Linda M. (1994), "Images in Advertising: The Need for a Theory of Visual Rhetoric," *Journal of Consumer Research*, 2, 252—273.

[32] Shanghai Tang. com (2014), Shanghai Tang: Re-Orient Yourself. Available at: https://www.shanghaitang.com/

[33] Song, Sophie (2013), "Backed By Hermès, Shang Xia, A Luxury Brand Influenced By Traditional Chinese Design Elements, Is Expanding Overseas," International Business Times, May 21, Available: http://www.ibtimes.com/backed-hermes-shang-xia-luxury-brand-influenced-traditional-chinese-design-elements-expanding.

[34] Spiggle, Susan (1994), "Analysis and Interpretation of Qualitative Data in Consumer Research," *Journal of Consumer Research*, 21 (3), 491—503.

[35] Wallendorf, Melanie (2001), "Literally Literacy," *Journal of Consumer Research* 27 (4), 505—511.

[36] Walley, Keith and Chen Li (2014), "The Market for Luxury Brands in China: Insight Based on a Study of Consumer's Perceptions in Beijing," *Journal of Brand Management*, online.

[37] Wendlandt, Astrid and Pascale Denis (2013), "Hermes Tests European Appetite for its Young Chinese Brand," Reuters online, September 11, Available: http://www.reuters.com/article/2013/09/11/us-hermes-shangxia- idUSBRE98A11X20130911.

[38] Wong, Nancy Y. and Aaron C. Ahuvia (1998), "Personal Taste and Family Face: Luxury Consumption in Confucian and Western Societies," *Psychology and Marketing*, 15(5): 423—441.

[39] Zhan, Lingjing and Yanqun He (2012), "Understanding Luxury Consumption in China: Consumer Perceptions of Best-known Brands," *Journal of Business Research* 65, 1452—1460.

[40] Zhao, Xin and Russell W. Belk (2008), "Politicizing Consumer Culture: Advertising's Appropriation of Political Ideology in China's Social Transition," *Journal of Consumer Research*, 35(2), 231—244.

[41] Zhiyan Wu, Janet Borgerson and Jonathan Schroeder (2013), From *Chinese Brand Culture to Global Brands: Insights from Aesthetics, History and Fashion*. London: Palgrave Macmillan. Zwick, Detlev, Sammy K. Bonsu and Aron Darmody (2008).

[42] "Putting Consumers to Work: 'Co-Creation' and New Marketing Govern-mentality," *Journal of Consumer Culture*, 8(2), 163—196.

# 新近书评

# 我们不断向后看，是为了寻找向前的力量
## ——读《文化大转型：批判与解释——西方文化产业理论研究》

| 李舒涵（上海交通大学媒体与传播学院）

单世联教授编著的《文化大转型：批判与解释——西方文化产业理论研究》以文化产业的核心问题为导向，以20世纪西方文化理论为选材范围，将西方文化产业相关评论、阐释、研究置于文化大转型的背景下，以“文化产业是制作文本的产业”为起点，将其综合为七大基本论域和五种话语样式，重建西方文化理论的批判论据和解释逻辑。著作将“文化产业理论”理解为对西方“文化大转型”的批判和阐释，通过长时段的文化历史视野对西方文化理论进行研究，广泛清理，精心勾连，对西方文化史中的文化产业相关理论展开趋近于全景式、多方位的动态扫描。对该著作的研读，如同跟随单世联教授走完一场西方文化理论的越境之旅，饱览当代思想交锋。**本文尝试从《文化大转型：批判与解释——西方文化产业理论研究》一书的理论选材、写作逻辑、叙述框架、思考样式、论述方式五个维度展开对该著作的述评。**

## 一、当我们在谈论“文化产业”时，我们在谈论什么（理论选材）

《文化大转型：批判与解释——西方文化产业理论研究》一书

最大的独特之处在于其对于西方文化理论的选材方式。相较于成熟的理论领域而言，文化产业领域理论更显零碎，广义上，有关动画、电影、出版、娱乐等理论均可算作文化产业理论，资料泛泛难以归类；而狭义上，聚焦明确的文化产业理论相对空白。面对浩繁的文化理论，如何选材是文化产业理论研究中面临的重要问题。

文化产业是20世纪中叶才出现的现象，但文化产业自身有其酝酿、形成和完善的过程，并非无源之水、无本之木。文化产业不只是文化形态，也不只是经济现象，而是社会演化、政治议题和生态变迁等整体性过程的一份“索引”。如今对文化产业的讨论一般不包含对弗洛伊德、韦伯、拉康等这些学者思想的讨论，但他们的思想对当代文化产业产生了巨大影响，研究文化产业不能回避这长长的“前史”。基于此，著作中对文化产业理论的选材首先基于作者对文化产业相关书籍的文本细读、理解和消化，在此基础上形成对文化产业的基本理解并从中提炼出文化产业领域的核心问题，最后根据所提炼的问题组织理论材料。该著作对文化产业理论材料的组织方式，就是建立在扩大对文化产业认识的基础上，对文化产业理论的选材范围进行拓展，将西方文化理论中与文化产业相关的重要思想和概论转化到文化产业当中，并在各种理论间建立起关联和联系，把种种概念和观点置于历史演变与理论逻辑的双重语境中，溯其理论渊源。所以该著作选材不限于直接讨论文化产业的理论，而是从19世纪以来的文艺理论、社会思想史、政治历史等领域引入若干不为文化产业学界所关注的人物和理论，如韦伯、弗洛伊德、丹尼尔・贝尔、卡尔・波兰尼、拉康等人。放大范围、延伸评论，较为充分地把握了西方理论的渊源。

单世联教授在著作的第一部分“历史脉络”中，对西方文化产业正式形成之前的理论“前史”进行了阐述，着重提到了韦伯以及本雅明等法兰克福学派的重要人物。按照单世联教授的理解，法兰克福学派虽未直接论证文化产业，但已然是一种相对成熟的文化批判，法兰克福学派从宏观角度批判文化工业，认为经济技术的发展在很大程度上压制并摧毁了文化，文化工业化直接导致了对文化的破坏，在讨论文化工业这一过程中，法兰克福学派提到了与当代文化产业息息相关的问题，比如文化生产的标准化、模式化以及文化工业和社会现状的关系等问题，这些问题在当代文化产业中仍然在被关注和讨论，因此对当代文化产业的发展具有参考价值。单教授根据研究需求确定西方文化产业理论范围，以内在研究逻辑将其串联，洞见出文化产业的理论渊源，并进行有效的理论拓展。

## 二、从“文化工业”走向“文化产业”：西方文化理论的演变之路（写作逻辑）

《文化大转型：批判与解释——西方文化产业理论研究》一书开篇，单世联教授引用了诗人歌德在小说《威廉·迈斯特》中所表达的对于工业文明到来的担忧：“迅猛发展的机器制造业令我感到苦恼和害怕，它像一场风暴滚滚而来，慢慢地、慢慢地；但这股风云方向已定，它就要来临”，以此引出本书的主题。单世联教授把文化产业放在整个西方历史的长河中论述，以西方文化理论的演变之路为写作逻辑。在著作的第一部分“历史脉络”中，单世联教授以“西方理性化”为线索，通过回顾西方现代及其理论解释，对西方文化产业及其理论渊源进行了阐述，认为文化产业的前提是工业化，“文化工业”这一概念及其所指称的对象、事态内含于西方文化的现代进程之中，而这一进程的主旋律就是“理性化”，工业化则是长期以来西方理性化的沉淀。

单世联教授将韦伯和本雅明关于西方理性与文化工业的零散叙述，归纳为西方文化工业的理论雏形，认为韦伯对现代资本主义进行了社会学层面的分析，在论证现代资本主义对于人类命运意义的同时，以“祛魅”这一概念形象描绘了西方文化“商品化”的过程，即文化理性化的过程。“祛魅”意指文化的世俗化、文化的自律性、文化技术的进步以及文化生产的标准，“祛魅”导致了文化的商品化，并影响了后续的文化生产过程，使得文化产品从具备美感和艺术感的艺术品变为可生产和复制的商品。韦伯之后，本雅明继而提出“灵韵”的消散，认为西方文化进入工业化生产阶段后，由于其可量产和可复制等特性，文化产品丧失了艺术的“灵韵”。韦伯从文化史和文明史的宏观角度对文化的“商品化”进行描述，而本雅明则是从微观角度论证技术如何导致传统艺术的解体。著作从韦伯和本雅明对西方文化进入工业化、产业化的观点说开，构建起“文化工业”向“文化产业”转变的历史渊源，虽未明确提出“文化工业”的概念，但已经走到了文化工业的门口。

韦伯和本雅明之后，霍克海默与阿多诺的“文化工业批判理论”推动西方文化史进入了新的时代。阿多诺在本雅明“灵韵”消散学说的基础上提出了“文化工业”的概念。在论述法兰克福批判理论部分，单世联教授试图说明启蒙辩证法和文化的关系，意即文化工业在什么意义上是启蒙的辩证法：启蒙主义提倡科学，科学的目的是解放人类，但阿多诺却认为正是科学导致了人对自我的控制；启蒙运动强调道德的自律性，而在阿多诺看来，自立自主的道德是对人的感情控制；启蒙运动提倡艺术独立，而文化工业却使独立的艺术沦为普通的商品。单世联教授围绕“批判理论是历史野蛮化的一种政治抗议，是现代文化分裂的一种理论呈现，是工业文明的一种启蒙话语，是文化理论的一种历史形态”四个要点，对霍克海默与阿多诺的“文化工业批判理论”进行了客观评述，提到虽然霍克海默、阿多诺对文化工业的批判过于严厉，但也正是他们定义了文化工业的概念和范围，并将康德、韦伯这些第一流的理论引入文化工业的研究，使“文化工业”慢慢走向“文化产业”，为“文化产业”的形成打下了理论基础。在对西方文化理论脉络的梳理中，单世联教授阐释了法兰克福学派批判的若干具体理论，在众多理论的比照中，向读者厘清西方文化产业如何以不同的方式建构社会意义及其与资本、权力的关系等问题，揭示了文化工业的历史渊源。

单世联教授认为，“从文化工业到文化产业的演变过程，也正是西方社会的生产方式，价值取向，消费模式，文化观念的演变过程”，这四个要点既是西方当代文化演变的过程，也是这个过程中所凝练出来的理论概括。在西方从文化工业到文化产业的进程中，单世联教授以“如何看待文化产业内部的标准化和个性化的关系、文化产业产品的'中等化'问题、独创性与个体性不是文化产品的最高标准"三个问题作为讨论的起点,从劳动组织、消费社会、文化经济和文化类型等方面展开文化产业的复杂内涵,从理论传统与生产实践的演变来解说文化产业何以是西方文化的"大转型"。从古至今,"独创""原创""个性化"和"差异化"这些标准等一直是文化产业批判的主要理据,以批判的视角看我国当今文化产业的发展,既要认识到法兰克福学派文化批判理论的局限性,摒弃基于过往成见的严厉批判,又应不过分憧憬文化产业所能带来的文化盛世,重视文化产品的思想内容与审美价值,引导消费者把对文化产品的艺术欣赏与道德欣赏融合起来,突出人及其艺术的主体地位,在文化消费过程中注重人的全面发展。

## 三、不同论域和视角下的"西方文化产业理论"(叙述框架)

在《文化大转型：批判与解释——西方产业理论研究》的核心部分,作者背靠文化"大转型",以20世纪的文化理论为中心,连接古今思想,跨越学科分界,把丰富精深而又分散无序的各种评论、阐释、研究和批判综合为劳动方式、产品、意义、传播、消费、政府管理、全球竞争七个"基本论域",以技术解释、经济关系、政治能力、社会分析、欲望机制等五种"思维方式"展开对西方文化产业理论的历史演变、重要观点和思想内涵的讨论。

单世联教授在有关"文化产业劳动方式"的论述中提到,文化是一种劳动产品,但文化劳动尚不同于其他的劳动,文化劳动有其自身的特点——生产文化产品。单世联教授在著作中反复强调,文化是意义的生产、传播与消费的过程与实践。因此,在对"文化劳动的产品形态"相关文化理论的解释中,单世联教授遴选了"语言""符号""文本""景观""拟象"等虚拟世界的概念工具,尝试诠释文化生产过程中更多、更深刻的表意方式。文化产业中产品和服务的"意义"是被建构的。单世联教授基于此,提出文化研究的重点已不再是文化生产方式或商品的内在本质,而应聚焦其流通过程以及消费者对文化的接受程度、消费过程和方式，从根本上反驳了法兰克福学派“受众被动”的观念。除了对文化产品自身的讨论之外，著作还以马歇尔·麦克卢汉以及“后麦克卢汉”的学者让·波德里亚、鲍里斯·格罗伊斯和保罗·莱文森等人的理论为中心，对与现代艺术和文化密切相关的当代文化传播媒介理论作了梳理。诸多论域中，单世联教授基于相关文化理论对“文化消费”进行了模式分析，并提出对“消费经验”的历史性理解，即：消费是快感和满足感；消费是权力和资本控制；消费是再生产；消费建立区分。著作围绕对“文化消费”的这四方面理解组织理论材料，按照历史演变的线索对“文化消费”进行论述。“政府文化管理权限”是市场文化理论部分中的重要一环，单世联教授就这一“文化权力”问题，解释了政府应以何种方式（禁止、限制、引导、补贴）来审查、监管纠结在权力、金钱和价值等冲突之中的文化产业。除了关注政府对国内文化管理权限的探索，著作还把眼光放到文化产业在全球竞争环境中的作用与意义上，全球化语境下文化史的发展为各国各民族文化搭建了沟通与对话的桥梁，桥梁之上，文化发展的机会与文化霸权的威胁并存，如何最大限度地化解各国文化之间的利益冲突、避免不同文化间的对抗，共同探索人类共通的价值，本书或许能给我们一些启发。

文化产业不是文化本身，它自20世纪中叶兴起且不同于传统的文化艺术，单世联教授在书中以阿多诺的观点为引，提出从文化视角看待文化产业的两种方式，即：“艺术解体文化兴起”和“四个转向”。现代艺术已经不再是纯粹的艺术了，它与整个社会发生了关联，且以往的文化是观念和精神形态，如今的文化开始向身体和物质形态演变。因此从文化上看，文化产业的兴起使得文化的形态被改变，针对文化产业的解释，单世联教授提出了观察文化的五种视角，即从文化产业的“技术解释”“经济关系”“政治能力”“社会分析”“欲望机制”等维度阐释了文化产业的“文化话语”。技术解释层面，单世联教授将技术带来的进步和改变还原到文化语境中，认为任何一种产业的发展与繁荣一定是建立在技术生产力基础上的，文化产业也不例外，技术的进步推动传统文化产业结构更新并产生新的形态。现代文化是“媒介”的文化，而媒介的背后就是技术，文化产品的传播需要技术支撑，失去技术支撑的文化产品无法形成广泛而有效的传播。经济关系层面，在西方文化产业理论中，文化与经济代表了两种完全不同的价值且不存在完全融合的可能，把文化完全置于经济框架下进行研究、仅仅重视文化经济效益的创造，是十分狭隘的观点。单世联教授提到，“无论我们如何看待当代经济(市场/资本主义体制是当代经济的主导体制)的关系，都有一个以文化反制经济的问题”。而这个“以文化反制经济”的问题在“文化搭台、经济唱戏”、文化产业蓬勃发展并带来经济和社会双重效益的今天，变得尤为复杂，亟待商榷。政治能力层面，以弗雷德里克·詹姆逊为典型代表，西方诸多文化学者并不同意文化与政治能够完全分开，或者说政治能力只是文化研究中的“从属”立场，这类学者往往专注于相信政治能力在文化研究领域中的绝对性、永恒性和普适性，著作基于此着重探索了文化政治对现实世界的各种隐喻性，以及对文化软实力、文明的冲突、意识形态等问题的讨论。社会分析层面，单世联教授认为，文化同时是社会现象，我们的社会组织需要文化支撑，因此从社会学的角度讨论文化产业十分必要。欲望机制层面，单世联教授相信“人类的特异在其有理性，但人从来不是纯理性的生物”，欲望与生俱来。而从文化到文化产业的转型，可以从“从理性到欲望”“从时间到空间”“从心灵到身体”等方面的过程来解释。单教授在对文化产业欲望机制的解读中，阐释了西方资本主义的特征及其如何分配欲望，借助弗洛伊德“以欲望压抑文明、以欲望升华解释文艺”的观点，展开文化与欲望关系问题的探索。而在符号之外，单教授肯定了欲望对文化产业的解释力，并最终以德勒兹和瓜塔里的理论起源说开，勾勒出欲望生产与被生产的内理。

## 四、批判之外，我们该何去何从(思考样式)

文化研究的学科归属应当如何，是文化研究学者们一直在思索的问题，许多学者认为，文化研究的学科化必然导致文化研究的式微和边缘化。单世联教授在第四部分“思维风格”中，尝试从“后学科”的角度来看待文化研究，探索文化研究的意义。不同于传统学科研究，文化研究始终未曾建立严格的学术规范和规训制度，也鉴于此它才可以摒弃种种规矩法度的牵绊和制约，自由游离于各个学科之间。文化研究作为一种“左翼”文化批判或文化政治，必然需要政治导向的“跨学科”视野，这种“跨学科”并不是有意分野，而是为我们提供了文化研究阈限的新切入点。

古今中外，众多理论家和学者对于文化产业的观点和看法不一，有的高度礼赞文化工业和文化市场，有的则批判文化产业的堕落。总体而言，在 20 世纪的有关文化的论述中，以对文化产业的批判居多。著作第四部分以“文化产业理论何以是批判的”为焦点，对文化产业理论本身进行理论分析，意在回答文化产业理论为什么多取“批判”的形式。

单世联教授认为，导致批判居多的原因主要有三点：第一，知识分子天然的反市场反资本主义形态。知识分子具备精英意识，而市场对于大众而言是平等的，文化产品的流通打破了知识分子的阶级边界。第二，西方长期以来形成的文化衰落感。如同柏拉图所想的那样，大西洋的亚特兰蒂斯是古代最好的黄金城市。而文化亦是在古代繁盛，在现代堕落，现代文化产业不再是韦伯所讲的“祛魅”的过程，而是重新开始为这个世界赋魅。第三，文化产业自身巨大的生产能量。巨大的生产能量使得文化产业产能过剩，对社会经济发展带来负面影响。

文化研究自兴起之日，就同时具备意识形态的局限性和自身意义的开放性两种特性，西方文化学术界也在文化研究中分歧严重，不断在语境规范、理论延伸、话语范式等方面更新西方文化产业的理论和实践。多学科研究视域之下，“就批判作为一种否定而言，文化产业理论也永远需要批判。只要我们的文化生活还不完善，文化批判就不会终结。这句话并不一定具有特定的政治意图：因为文化批判正是我们理解文化与理解自我的一部分”。如今大多学者们关于文化理论的批判以援引法兰克福学派的批判理论为主要蓝本和评价框架，该著作则拓展了批判的视角，丰富了文化产业批判的理论基础。“理论本来就是批判的”，对文化产业进行基于现实的理性批判与再批判，是一种积极意义的对抗，这种对于文化理论细致的解剖与说明，也是西方文化产业蓬勃发展的主要外部动力。

《文化大转型：批判与解释——西方文化产业理论研究》的最后对文化理论话语方式和风格进行了分析，提出我们要如何把批判变成解释，或者说通过批判提供一种解释。文化产业理论的发展，既需要考虑这些批判的合理性，也需要回避这些批判背后的一些立场预设。批判只是理论的一种类型、一种功能。批判之外，我们还需要分析性、阐释性的理论。在对西方种种文化批判理论进行分析、判断和解释的基础上，单世联教授提出了对文化产业理论的反思和文化产业伦理的理论构想，并正面肯定了理论批判的意义，"只有尖锐对立的分析和判断，才能深入展开文化产业内在矛盾和多重效果，才能拉开文化产业理论的幅度，实现理论的自觉"，也只有不断地对文化理论进行反思、锤炼和矫正，我们才能不断靠近文化产业的实质与内核。

因此，文化产业的发展需要批判理论。一方面，正如该著作导论所言，理论本来就是批判的。著作中所叙述种种批判理论不只是简单的拒绝、抽象的抗议，而是对文化产业现状的评论、审查、考察，批判时也是一种分析、一种解释。批判和辩护，都是必要的。实际上，抛开文化产业批判理论，就不存在什么"建构性"的文化产业理论。在这个意义上，批判与解释都是对文化产业的一种理解，批判也是理解的一种方式，这也是该书较多关注文化产业批判理论的原因。另一方面，文化产业的兴起还不超过一个世纪，在数千年的文化史长河中，还处于婴儿期，难免稚拙和粗糙，需要批判理论的矫正。所以即使是反对文化悲观主义、为文化的市场化热情叫好的考恩，也正面肯定了批判理论。同时，著作当中也反复强调了，对文化理论的批判无关全盘否定与反对，批判之外，我们将不遗余力地探索整合在新框架内的批判理论的合理成果。

## 五、均衡互补之中，入精微而致广大（论述方式）

该著作以作者自身对文化产业相关问题的理解和判定来组织材料，并在各章节内对具体理论进行介绍。其论述方式不受传统理论系统的固定框架限制，在内容纵横跨度大、涉及范围广的文化理论研究中，“入精微而致广大”。面对繁复艰深的西方文化的理论话语，通过文化的大视野相对准确地还原语境、适当切割，在主干思路清晰的基础上采用多重进路的叙述模式，使读者通过这种相对开放的叙述模式，能够对卷帙浩繁、广博浩荡的西方文化史料进行大面积接触，并尝试演绎多重分析的可能性。著作中所论的每一个问题，都有相当多的历史线索、观点争议和潜在关联，考据严谨且全面。

单世联教授在对西方文化理论的分析过程中，注重不同文本的相互诠释，尊重理论的自洽性，避免出现“理论马赛克”。在准确理解具体理论的基础上，对相关思想和观点进行意义关联，营造不同观点相互竞争、相互诠释的契机，重在意义的延展、修正与话语的交锋、转换，再现智性文本的思想魅力和言外之意。通过不同话语的对比、映照、矫正，彰显其隐含的、引申的意义，摒弃理论之间简单的对立和线性思维，借助多重隐喻、概念来对西方文化理论进行全方位解释和批判性理解，展开其文化纵深和解释幅度。在具体论述层面，根据每一章节的内在结构，以关键人物和重要理论流派为线索，串联起相关理论并进行穿插比较，尽可能完整地把现代西方自1960年以来的人文社会科学领域理论一网打尽，更新读者对西方文化理论的认识。

再者，在叙述相关理论观点时，以注释的方式引入中国传统的相关观点，为下一步建设中国文化产业理论提供部分线索，增强了理论的丰富性。

## 六、结语

系统地研究西方文化理论、文化产业理论，是人文社会科学领域的崭新课题。作为掌握西方文化理论的入门书、分析中国文化产业的工具书，该书在国内外都是第一部，虽由于知识结构的限制，著作中缺乏经济学、管理学的论证角度，但总体而言，该著作以发展的眼光来看待西方文化史中的社会文化形态的构成，对当代文化产业发展的态度既审慎又不乏乐观。诚如单世联教授所言:“我们不断向后看,是为了寻找向前的力量”,有鉴于西方“追求相续,如波斯荡,光华烂漫”的文化史,这种有意义、有根基的学术实践使我们看到了文化研究领域的坚守与新变,并为日后我国开拓文化产业的本土研究空间打下理论基础。

# 作为学科的文化管理
## ——读《世界文化管理与教育》

| 张　楠（上海交通大学媒体与传播学院）

1993年,"文化艺术事业管理"四年制本科专业在上海交通大学设立,正式拉开中国文化管理学科建设的序幕。随后,文化管理以及相关学科,如文化产业管理等,如雨后春笋般在全国各大高校设立。我国二十几年来的文化管理学科发展历程并非一帆风顺,而是如摸石头过河般磕磕绊绊。如何进行文化管理学科和相应课程体系的建设,已成为必须面对但仍悬而未决的首要问题。此间,各大高校为解答这一问题进行了各不相同的尝试和探索:《美国的艺术管理研究生教育》(安小兰,2009)、《美国艺术管理研究生教育课程设置探讨》(董峰,2015)、《美国高校艺术管理教育探讨》(陆霄虹,2008)、《伯克利音乐学院艺术管理专业教育及其启示》(张秋月,2011)针对美国艺术管理教育展开相应研究和探讨;《艺术管理教育的观念——欧美艺术管理教育述评》(方华,2014)、《欧美国家艺术管理人才培养模式及其对当代中国的借鉴意义》(高迎刚,2012)则放眼欧美艺术管理教育展开剖析和讨论;《西方文化管理概述》(陈鸣,2006)以及《文化大转型:分析与评论——西方文化产业理论发展研究》(单世联,2017)则立足于整个西方文化管理对文化管理学科发展进行研究;《艺术管理概论:香港地区经验及国内外案例》(郑洁,2009)、《香港公共艺术发展与公共艺术教育:以香

港中文大学管理文学史课程为例》(郑洁,2015)围绕香港艺术管理教育对艺术管理科学建设提供案例研究。目前国内文化管理学科相关探讨已取得部分成果,但该研究领域仍存在知识盲点。艺术管理研究方面的成果较多,但对于文化管理学科整体发展脉络、嬗变历程、学科性质的研究则较少,对业内关注的文化管理教育议题,如学科归属问题、教育程度问题、学术研究问题、教育成效问题的解答作用有限。另一个知识盲点是国内文化管理学术界对于该学科在西方的发展历程,以及教学实践,研究明显不足。出版于2006年的《西方文化管理导论》(作者:陈鸣)是国内到目前为止对西方文化管理最系统的论述,但并未涉足文化管理的教育,因此对文化管理课程设置的指导意义,颇为有限。

读《世界文化管理与教育》一书,了解学科发展的历程,洞悉相关名词的含义,并接触到各种文化管理课程的设计,颇有一种疑窦顿释、豁然开朗之感,又如跂足泰山,群岭尽小。该书借梳理整合西方文化管理学科发展之经验脉络,为中国文化管理学科之建设提供国际经验,以资本国文教之发展。该书作者郑洁老师学术背景涵盖文化管理多元基础学科领域,2012年受邀参与香港中文大学文学院文化管理文学学士课程筹建工作,并成为该课程首位教员。由此,她开始着手搜集文化管理相关学术文献以梳理探索学科发展历程与性质,并操刀设计该课程的核心课程。尽管此后该课程多次更换课程主任,课程发展遇到各种挫折,但作者并未放弃对文化管理学科的研究。作者在研究与实践中充分意识到文化管理这一新设课程建设的必要性和复杂性,遂积极奔走参与文化管理学科建设相应活动,与业界同僚分享自己对文化管理学科研究的成果,从专业角度为文化管理新设课程进行评估和咨询。在面对国内文化管理定义难解、学科发展历程及趋势不明、文化管理学科性质模糊、课程设计无从入手等各种困扰与挑战时,作者希望借由系统地回顾西方文化管理学科的发展过程、学科理论基础、讨论议题以及全球文化管理课程的概况,对中国文化管理教育界有所启迪。正是抱着这样的初衷,《世界文化管理与教育》一书历经三年有余的打磨和雕琢,终于正式问世。

《世界文化管理与教育》共分为上、下两卷：上卷为主体部分，包含理论篇和实证篇，从理论和实证两个角度对全球文化管理学科及教育进行了梳理分析；下卷为概览篇，汇总世界发达国家及地区的760个文化管理课程，并简明扼要地对这些课程作了介绍。上、下两卷相辅相成，下卷丰厚的资料成果为上卷文化管理课程发展历程的厘清、课程发展现状的实证分析提供了充足的数据和信息支撑，两卷从不同的视角为读者呈现了一幅全球文化管理学科建设发展之图景。《世界文化管理与教育》一书的问世从文化管理的概念与兴起和文化管理的课程体系两大维度为中国文化管理学科建设提供了庞大、系统的理论和经验基石。

## 一、文化管理的概念阐释

《世界文化管理与教育》上卷理论篇中，作者从历史深处回溯、延伸文化管理发展之脉络而来，辑百家之说，将有关“文化管理”的概念、学科形成及发展的历程，以及相关重要议题详加陈述，呈现于读者面前。值得肯定的是，作者以细致、严谨的态度面对名词概念界定模糊的研究现状，提出要兼顾语义分析和词义所指向的学科性质和范畴两个角度的观点，力图尽可能为读者详尽展示各学派及组织对这些关键性名词和概念的阐释，以多元的解构视角帮助读者更好地解构出基于这些名词建构而成的文化管理学科特点。

何谓文化管理？该书（第144—145页）罗列的概念有Katsioloudes和Library, Inc.（2002）从管理学角度作出的定义。根据该定义，“文化管理”指的是以管理的方法（包括引领、协调，以及制定策略）影响文化领域。同样从管理学视角出发的，还有Devereaux（2009），认为“文化管理”乃是针对文化组织的管理活动，而文化组织运作的目的，则与宏观政策相关，涉及文化生产、教育、传播、展示等一系列目标，最终达致文化繁荣，以及个人创造力的充分发挥。美国艺术管理教育者协会（Association of Arts Administration Educators，简称AAAE）多年来致力于艺术及文化管理学科范畴的界定，强调管理的终极目标是推动创意的表达,促进文艺作品的创作,并鼓励体验,管理则是为达致这一目的,所采用的引领、协调、管理、评估文化组织的手段。另有,本国作者陈鸣对文化管理的四个领域作出的界定,包括艺术推广、公共及非牟利艺术组织管理、文化及创意产业管理,以及文化政策。作者认为虽然目前的学术界对于“文化管理”一词的定义并未达成共识,然而AAAE的定义从文化管理的目标、涉及的领域,以及管理的方法几个方面进行了论述,最是值得借鉴。

与此同时,该书论述的丰富之处,还在于通过文献梳理,系统地展现了文化管理领域发展及形成的过程,令读者在学科发展的背景下,深刻理解各种“文化管理”定义的内涵。作者将学科及专业领域发展的历程归纳为艺术推广—艺术管理—文化管理三个阶段。20世纪60年代以前,艺术活动的辅助工作被称为艺术推广,其从业人员受雇并服务于艺术家个体,在艺术家与观众之间搭建沟通的桥梁。但这些活动并不足以令“艺术推广”成为现代意义上的一门学科,而傲立于高等学府之堂庑。促使艺术推广脱胎换骨的乃是二战以后艺术政策的东风。当时,艺术基金会陆续成立,政府则于60年代大力培养公民的国家身份意识,并推广公民教育;而这些政策目标,主要通过公共及非牟利的艺术机构,如博物馆、图书馆、剧院、艺术中心等来加以实现。因为体现的是国家及政府的意志,充盈的财政拨款令这些机构拥有良好的基建设施、系统的内部管理体系。它们完全致力于保存及推广人类文明,以及符合主流观念的精致艺术审美标准,同时因部门繁多、分工细致、行政手续复杂,且要应对各种政府指令及公文,从业人员最好经过专门培训。艺术机构的次第成立,催生出对艺术机构专业管理人才的需求,于是在60年代后期,美国、加拿大、英国等国纷纷在高校开设了“艺术管理”专业,文化管理学科应运而生。

至此,“文化管理”发展进入第二阶段,即“艺术管理”阶段。该书以60年代艺术机构的出现为分水岭,清晰区分了“艺术推广”与“艺术管理”两大概念的区别,明确指出高等学府的“艺术管理”专业的定位并非教授艺术市场的中介技巧,而是培养管理公共及非牟利艺术机构的专业资质。如果联系到本土环境,作者所传达出来的信息是,西方创立"艺术管理"学科的初衷,乃是致力于培养能够管理如上海大剧院、上海博物馆等正规文化事业单位的专门人才,而不是在东台路兜售玉器、古画的小贩。[①] 这一定位,又在作者下文所列的 AAAE 的标准课程清单上得到了印证。该组织所列课程科目,如财务管理、人力资源管理、法务、机构领导力、营销等明显致力于艺术机构的管理,而非艺术市场的个人中介(第 71—73 页)。该书的这一清晰阐述纠正了大中华地区文化管理学术界长期存在的两大认识误区:其一,不少学人以为"艺术管理"就是"艺术推广",致力于教授沟通艺术家与市场的技巧,基于这一认识,他们又开始怀疑"艺术管理"学科的合理性,即为什么需要单独成立"艺术管理"学科,而不能使之从属于艺术学科?如果理解了本书的解释,便会疑云顿消。其二,也有不少学人认为"艺术管理"的根本属性是市场属性,即通过管理艺术活动,产生经济效益。这一认识同样背离了"艺术管理"专业及学科领域成立的初衷。"艺术管理"的本质是政府艺术政策的延伸,通过对公共及非牟利艺术组织的管理,达到政策目的。而 60 年代所谓"艺术政策"的目标,乃是塑造国民性格和身份认同,基本不关经济。阐述从"艺术推广"跨度到"艺术管理"的学科建立过程,并明确"艺术管理"学科的性质,乃是该书在"文化管理"概念辨析方面的第一项重要贡献。

该书概念辨析的第二项重要贡献,乃是清晰阐述了从"艺术管理"到"文化管理"的学科领域嬗变的过程。该书引用了 Dewey (2004, 2005) 的论述,指出 90 年代末期的艺术管理面临着四大环境变化的挑战,即全球化、艺术领域的扩张、艺术政策向文化政策的转变,以及艺术机构资金来源及筹款方式的改变(第 52—67 页)。这些变化令原本内顾一地、以扶持高雅艺术为宗旨、依赖政府财政拨款或私人基金会赞助的艺术组织,不得不与商业文化和私人牟利组织融合,最终在创意产业受到追捧的 2000 年之后,将文化及创意产业管理纳入版图。艺术

① 尽管这一行当后被纳入创意产业,在 2000 年以后的文化管理中,以"创意产业"类别之一的形式出现。然而,该阶段的着眼点乃是文化及创意产业的管理。

范畴的扩大、组织性质从非牟利向牟利与非牟利并举的转变，成为“艺术管理”蜕变成“文化管理”的基础。而至于这一蜕变何时形成，学术界尚没有相关陈述。但毋庸置疑的是，在艺术管理向文化管理范式的转变中，创意的重要性日益提升并超越了艺术管理赖以生存的“艺术卓越”。因此，在对陈鸣、Sikes、Suteu 等学者的观点比较研究后，作者对文化管理何时形成提出了自己的观点，即文化创意产业、文化政策及发展被纳入文化管理的学科范畴标志了文化管理学科的形成。基于此观点，作者将文化创意产业作为文化管理学科发展过程中的重要环节和内容。此外，文化及创意产业发展的引擎是高科技，无论是在媒体行业还是设计行业。因此，从“艺术管理”到“文化管理”，课程训练的重点也发生了变化，“文化管理”更注重教授各种基于电脑操作的设计及管理技能。再则，因为文化及创意产业企业活跃于市场上，应对政府公文的机构生存能力便不再是焦点；“文化管理”训练商业头脑及技能，培养全球化眼光以及经营理念。

总之，今天在世界不少地方，言及“文化管理”，人们的认识已不再局限于公共及非牟利艺术机构的管理。① “文化管理”将管理的范围，从“艺术管理”拓展到了文化及创意产业管理，以及文化发展（文化规划、文化旅游等）。综合该书所述，“文化管理”完整的概念当为：对公共及非牟利艺术组织，或文化及创意产业企业的管理，亦可包括文化发展政策咨询，致力于延续一国/一地之文明，或营造有利于产业发展的环境，扶持产业发展，最终达致文化艺术的繁荣、个人创意及才智的发挥，以及/或者经济效益的增长。本书辨析关键概念的第二项贡献，是界定了“艺术管理”与“文化管理”的异同。

## 二、文化管理的课程体系

《世界文化管理与教育》实证篇有三大贡献。其一，该篇对搜罗的 760 个课

① 在我国，“艺术管理”与“文化及创意产业管理”分为两个学科，其实较为准确地把握了“文化管理”学科变化的历程和趋势。

程，从各大洲、各主要国家、教育程度、课程类型、教学目标等各个方面作了统计，并以图表展示数量比较，从而以量化的形式令读者对当前全球发达国家及地区的文化管理教育概况有所了解。其二，该篇从大量真实课程案例中提炼出文化管理学科（分艺术管理与创意产业管理两部分）的课程设计模式以及教学手法，并引用典型案例加以说明，帮助读者了解目前西方文化管理课程的全貌，启发后来之文化管理学科建设。其三，文化管理课程毕业生的出路往往是学子及家长关心的议题，该篇基于其收集的"大数据"，附带将毕业生的出路作了初步阐释，从而令这本书对学生的升学辅导有了实际指导意义。

全球文化管理课程现状如何？这是该书文化管理课程体系研究部分所要解决的不可或缺的基础性研究工作。该书以 AAAE 等文化管理课程较为集中的专业协会和网站为基础，并以"艺术管理""艺术行政""文化管理""创意产业"和"策展"为关键词逐一搜索维基百科世界学校列表进行补充和完善，形成基本列表。但考虑到这一方法可能大量遗漏非英语课程，因此，作者又借助联合国教科文组织等机构编写的清单以及聘请非英语研究助理进行相关搜索加以补救，最终搜集到的文化管理课程信息涵盖亚洲、欧洲、北美洲以及大洋洲四大洲，38 个发达国家和地区，共 760 个文化管理课程，囊括了艺术管理、艺术行政、创意产业、文化领航等课程。综合这些资讯，本书下卷概览篇以表格的形式从课程名称、所属院校、课程简介、职业前景、所属协会和官方网址 6 个维度对这些课程进行了清晰明了、系统合理的介绍。其中课程简介部分又包括了对这些课程的课程宗旨、教学理念、课程设计的简要描述，细致地描绘了当下全球文化管理课程的图景。这是全球范围内第一次对西方文化管理课程做全面的分类数量统计。

实证篇则以概览篇为数据基础，对全球文化管理课程体系进行了不同维度的描述性统计：① **文化管理课程数量分布**，全球的文化管理课程以欧洲为最，达 357 个，占 47%；北美次之，达 309 个，占 40%；亚洲发达国家与地区 63 个，占 9%；大洋洲 30 个，占 4%，数量最少。具体到重点国家，美国文化管理课程数量居首，共 285 个。研究还发现，美国的文化管理课程不仅数量众多，而且已经在

AAAE设定课程规范下稳步有序发展，教学目标与课程设置均形成统一标准，对于条块分割明显的中国文化管理学科建设具有借鉴意义。② **文化管理课程类型分析**，研究发现传统艺术管理仍是当今世界文化管理课程的主流，在文化管理课程中占绝大多数，达43%。此外，研讨型课程占16%，受创意产业影响的艺术管理课程占15%，创意产业管理课程占16%，传统泛文化议题与管理占16%。这些课程共同构成了文化管理课程类型的主流。具体到各洲，欧洲各类型文化管理课程相对均衡，传统艺术管理课程占25%，创意产业紧随其后占23%。相对其他洲，欧洲尤为重视创意产业相关课程。同时，欧洲传统艺术管理课程较为重视传统人文学科基础，以研讨会的授课形式帮助学生认识文化界别的社会政治议题，与侧重组织管理的美国艺术管理学科有显著区别。与之不同的是，传统艺术管理课程在北美占据绝对主导地位，且文化政策、艺术实践与创意等类型课程仅占据1%～2%的比重，北美洲文化管理课程分布呈现不均衡的态势。亚洲发达国家与地区的课程分布在追随欧美的基础上，呈现出艺术管理和创意产业两大主题并驾主导的局面。但亚洲的效仿并没有学习到欧美之精髓，其变调作者认为主要体现在两个方面。其一是对“文化管理”“创意产业”等移植名称的把握和诠释含糊，“创意产业”在一定程度上与传统的艺术管理混为一谈；其二亚洲部分文化管理的课程设计仅效形却没有把握其精魂。效仿北美洲却缺少符合AAAE课程标准的课程设计，效仿欧洲却缺少对艺术创作和新媒体实践的洞见以及对全球化趋势的把控。③ **文化管理课程教育程度分析**，研究发现全球文化管理课程的教育程度及类型丰富多样，正式学位课程有学士（包括文学学士、理学学士）、硕士（包括文学硕士、理学硕士、艺术硕士、工商管理硕士、研究型硕士），以及博士。亦有不少课程以某本科专业的一个专修，或向全国开放的副修课程的形式出现。此外，文化管理教育并不拘泥于大学正规课程，非正式课程也较为活跃。而就其数量而言，全球绝大多数的文化管理课程为硕士课程。欧洲和大洋洲的文化管理课程明显以硕士程度为主，占比分别高达64%和60%；仅北美洲本科课程多过硕士课程。④ **具体到课程设计思路**，美国课程仅仅围绕艺术管理所需要的核心能力展开，而欧洲和亚洲都更加倾向于人文学科。此外，该书还对文化管理课程的教学目标和就业预期进行了描述性统计。

《世界文化管理与教育》一书尽可能通过描述性统计的实证研究方法，从不同的维度，用数据描述了全球文化管理课程的分布、设计与课程结构特征。该书的一个重要贡献即以典型的案例和翔实的数据，帮助读者深入理解所提炼出来的课程模型及重要的教学手法。

《世界文化管理与教育》在文化管理课程体系研究方面的第二个贡献在于，第五、第六章以概览篇中全球文化管理学科案例为基点，从既有的760个全球文化管理课程信息中，归纳了文化管理课程的典型课程设计及教学方法。其中，艺术管理课程的课程设计模式总结为六种，分别为视觉艺术与表演艺术管理课程设计模式、结合艺术和商业管理的课程设计模式、注重艺术创作实践的课程设计模式、“四大支柱”课程设计模式、“七方模式”课程设计模式、顺应创意产业大环境的课程设计模式；以及根据创意组织管理原理设计的课程模式、围绕创意产业生产与管理的课程设计模式、围绕创意产业生产与核心技术的课程设计模式、围绕创意产业核心特征的课程设计模式、针对创意产业不同界别的课程设计模式、注重创意产业的商业和法制环境的课程设计模式、聚焦创意地方营建与文化政策的课程设计模式共七个创意产业课程体系的设计模式。围绕每个设计模式，借助典型课程体系案例进行深入剖析，点明不同设计模式不可取代的优点。结合对比研究和作者的学科建设经验，列举各设计模式之下值得推荐的最佳设计方案，对其设计思路进行剖析和点评。帮助读者在批判的基础上发展性地借鉴和继承，为后来之文化管理课程建设提供不同借鉴模式及案例，对文化管理课程体系的设计具有极大的参考价值。

实证篇的第三个贡献在于该书第七章归纳了文化管理的教学和毕业生的出路。强调平衡理论与实践，并列举在实务训练方面富有特色的教学技法，如创造真实感、体验式教学、项目教学法、帮助积累人脉等。作者发现不同于其他传统学科，文化管理教学更加强调实践的重要性。安排实习、实践项目等实践性活动成为全球各课程中不可或缺的课程内容。在比较不同形式的实践与理论结合方式的课程教学安排后，作者认为传统认知上的先学习后实践的教学方法较为割裂，不利于学生学以致用，并以美国纽约大学、美国纽约巴德学院为案例，介绍了实践与教学交替的教学方法。基于实践的重要性，作者以自己在香港文化管理课程的本科教学方法以及所取得的教学成果，补充案例分析、田野调查和以项目为基础的教学方法。而在毕业生出路方面，传统艺术管理课程的毕业生从事与艺术行业相关工作的人数较多，分别从事各种艺术机构、社区艺术组织、艺术基金会等相关文化职位。创意产业教育则培养学生在创意产业公司以及政府咨询机构就职，其中具有媒体技术本科背景的文化创意产业硕士往往能获得更好的发展。作者就此列举大量文化管理毕业生实例进行分析介绍。

## 三、对中国文化管理学科建设的启示

《世界文化管理与教育》一书通过对西方文献的梳理和对 760 个发达国家(地区)文化课程信息的搜集、陈列和统计研究，既很好地回顾了文化管理领域形成的宏观历程，详细地呈现了目前全球文化管理课程的发展现状和规律，也讨论了目前学界热门议题，为中国文化管理领域的发展和研究完成了一项重要的基础性工作。作为一个学科建设者，作者结合自身经历和西方优秀案例，形而上地为我国文化管理学科建设归纳出了非常具有参考价值的课程设计模式、教育方法和大量可供借鉴的优秀课程案例分析。尽管因为跨学科的复杂性以及各国不同的政治和文化背景，该书难以结合各国国情，深入解释各国文化管理教学的异同及其成因。且在理论篇中就“文化创意产业”和“创意产业”略有前后不一致之处。但总体而言，该书抓住了西方文化管理学科形成及教育发展的主要脉络，既从理论研究角度为文化管理学科建设的相关研究提供了文献归纳和研究角度，同时也为文化管理学科的建设思路和教学设计提供了大量参考案例，是文化管理与教育这一领域理论和实践维度的双重丰碑，对中国文化管理学科的发展具有切实的可借鉴作用。

文化作为“想象”共同体的象征符号是国家建构的关键。规范人伦道德的儒学精神，散布各地的历史人文风情，以及璀璨耀眼的非物质文化遗产等，共同构成了中国敦实而美丽的文化版图，筑起华夏儿女的精神脊梁。随着全球化的兴起，最具身份辨识度的地域性文化重要性凸显，其表达和凝结民族共同体的作用成为文化政策的重点。同时，消费主义和文化经济化驱动下文化的经济效益充分彰显，悠久的华夏文化脉络成为推动当代中国发展的重要助推力。自中共十七大《文化产业振兴发展规划》制发以来，发展文化产业成为我国重要战略任务，文化产业也在实现全面振兴和调整产业结构等关键发展领域发挥着重要作用。文化产业管理学科正是把握时代的脉搏，响应国家发展的需求，肩负起为文化产业输送专业人才的使命而在众多高校得以建立。至此，继政治、经济之后文化也开始走向规范化、科学化、专业化管理的道路。

愿景虽美，其路修远。我国文化管理学科的兴起与发展带有亚洲文化管理学科发展的通病，即在效仿欧美成功经验的道路上并未能习得其精髓。相较于全球各发达国家、地区，我国文化管理学科和文化产业的发展均起步较晚，因而并不符合《世界文化管理与教育》所归纳出的脉络清晰的文化管理三阶段发展模式。取而代之的是艺术管理与文化管理几乎同步在探索中兴起和并行发展。在此背景下效仿欧美三阶段发展模式，致使“艺术管理”和“文化管理”、“文化产业”和“文化创意产业”等决定学科体系和基调的关键概念界限含糊，更有甚者将其混淆使用。相同的学科名称之下却出现截然不同的学科体系、教学目标，不同学科名称之下却又有着共同的追求。这无疑是造成我国文化管理学科难以形成统一的学科体系标准的重要原因。

我国文化管理学科建立于欧美的经验之上，但却比之肩负着更大的社会责任。较之欧美应社会需求而生的专业学科发展，我国的文化产业与文化管理学科皆处于起步阶段。文化管理学科不仅要为产业发展输送专业人才，还要担负辅助文化政策制定、指导产业优化升级的重要任务。基于社会快速发展的需求，我国文化管理学科的实践性得到更多的注重,如何切实有效地投入落实和生产成为整个社会对于文化管理学科发展的期待和要求,而随之相应的理论研究被轻视。这也就造成了我国文化管理学科发展的一大矛盾点,一方面社会期待着专业人才的输出,注重学科建设的实践性;另一方面对于理论研究的轻视,使发展初期的文化产业管理学科持续缺乏专业师资队伍以及系统的专业教材,难以培养出契合社会需求的专业性管理人才。

文化管理学科发展的另一大矛盾在于,对于文化管理的重视与对文化管理学科的重视尚不匹配。我国公共管理、经济管理等一级学科体系完备、发展迅速,文化管理却一直未能作为一级学科而存在,现有文化管理学科多数依附于历史、艺术、人文、传媒等一级学科之下。且作为相对边缘化的二级学科,较难获得一级学科的教育资源、科研经费的倾斜,难以获得作为新兴发展学科所需的关注和青睐。再者,依附于不同的一级学科之下,对于跨学科且具有复杂要求的文化管理学科而言,难以在行政分割的院系体系之下集聚更多的跨学科教育资源辅助学科体系的构建,这无形中加大了文化管理学科建设、发展的难度。《世界文化管理与教育》一书借全球文化管理先进之经验,从理论和实证两个维度以丰富的案例和充足的数据启发中国之文化管理学科发展,可谓借他山之石,以琢我之玉。

# 征稿启事

《中国文化管理研究》由上海交通大学全球文化管理研究中心组织编撰。其出版宗旨是对中国文化管理发展中提出的重大理论和实践问题给出学术的回答,对全球文化管理的理论与实践给予中国学术界的关注。其研究目标是:学术性、原创性、公共性。

《中国文化管理研究》主张学术对话,倡导学术平等,坚持学术规范;主张全球视野,突出原创品格,坚持社会关怀。凡是关注文化管理的本土学者和海外学人,都可以参与进来发表研究成果。

《中国文化管理研究》每年出版两卷。主要栏目有:理论新篇、政策实践、行业观察、空间探索、文化经济、历史回望、全球环顾、新近书评等。内容涉及基础理论、专题热点、实践案例、国际译文、学术活动和成果评价等。

《中国文化管理研究》坚持以质取文,敬请投稿者注意以下要求:

(1) 要求格式规范,项目齐全,按顺序包括:文题、作者姓名、工作单位、主要研究方向、摘要、关键词、正文、参考文献、作者详细通信地址、邮编、电话号码、电子邮箱。

① 文题:一般不超过20个字,必要时可加副标题。

② 作者姓名:多位作者之间以逗号分隔,并在篇首页用脚注注明作者简介,包括姓名、出生年份、性别、民族、籍贯、工作单位、

职称、学位。

③ 工作单位：单位全称、省市名、邮政编码。

④ 摘要：从文章中摘出其主要观点和结论，不加评论和补充解释，300个字左右。

⑤ 关键词：选取反映论文主题内容的词或词组3～8个，关键词之间用分号分隔。

⑥ 正文：来稿字数15 000字左右。

⑦ 参考文献：参考文献置于正文之后。序号用方括号标注，引文起止页码在正文中用圆括弧标注。如第8页标为(p.8)，按正文中出现的次序标引，未公开发表的资料一般不宜引用。著录格式：

[期刊]作者，文题，刊名，年卷(期)；

[书籍]作者，书名，出版地，出版社，出版年，页码；

[报纸]作者，文题，报名，出版日期，版次；

[论文集]作者，引文文题，主编，论文集名，出版地，出版社，出版年，页码。

⑧ 注释：对正文特定内容的解释与说明采用脚注形式，按页编号，注释号①②③等标在相应正文右上角。

⑨ 数字：公历世纪、年代、年月日、时刻、图表的序号用阿拉伯数字。年份不能简写。千位以上数字小数点左右每隔3位空1/4格，5位以上数字以“万”“亿”作单位。

(2) 稿件若系省部级以上基金项目，需注明项目名称、编号，本刊将优先发表上述稿件。

(3) 勿一稿两投。投稿在3个月之内未收到录用通知者，请自行处理，来稿不退。

(4) 稿件用Word文档和pdf文档一并发E-mail：kanghua99@126.com。